Educational Psychology

교육심리학

김태호 · 이난

태영출판사

머리말

교육심리학은 교육의 실천과정에 관한 사항을 행동적 변화의 견지에서 연구하는 과학의 학문이다. 교육학은 그 내용적 측면에서는 철학에 근거를 두고 있지만, 교육을 실시하는 방법론적 측면에서는 과학에 근거를 두고 있는 학문이다. 교육심리학은 바로 과학에 근거를 두고 있는 교직과목이다. 교직과목으로 교육심리는 주간 2시간씩 15주 강의로 설정되어 있는데, 첫 시간 강의 안내와 중간고사 및 기말고사까지 고려하면 약 12주 정도의 24시간 수업이다. 상황에 따라 내용을 선별하여 다룰 수도 있고, 학생들에게 수업시간에 다루지 못하는 부분은 교재를 읽으라는 주문도 해 봤지만 별 성과가 없어, 교재내용의 일부를 수정 · 보완하여 다시 출간하게 되었다.

본 교재는 한 학기의 수업량을 고려하여 9개의 장으로 구성하였다. 제 1 장에서는 교육심리학의 기본적 개념으로 교육심리학의 필요성, 성격, 교육과 교육심리학, 교육심리의 연구방법을 다루었으며, 제 2 장에서는 인지능력과 지능으로 학습자의 인지발달 수준을 고려하여 학업성취를 높일 수 있도록 하기 위해서 피아제의 인지발달이론을 살펴보고, 지능의 개념과 구성요인 및 발달과정 그리고 지능을 설명하는 이론들을 다루었다. 제 3 장에서는 사회성과 도덕성의 발달로 에릭슨의 사회심

리발달이론과 콜보그의 도덕성 발달이론 그리고 사회화의 과정에서 대해서 다루었으며, 제 4 장에서는 학습의 동기로서 교사가 학습자의 학습동기를 유발시키고 유지시킬 수 있는 방안을 목표, 경쟁과 협동, 자아개념, 귀인성향, 상과 벌, 불안 및 무력감 등에서 탐구할 수 있도록 구성하였다. 제 5 장에서는 학습이론의 이해로 고전적 조건형성과 조작적 조건형성이론을 설명하는 행동주의 학습이론과 기존의 경험과 지식을 재배열하고 재구성하는 과정에서 학습을 설명하는 정보처리모델과 인지주의 학습이론을 다루었다. 제 6 장에서는 수업이론의 이해로 수업목표의 제시와 교사의 수업지도 형태에 따른 수업방법으로서 개념 및 원리 수업, 문제해결수업, 창의력수업, 그리고 정의적 영역의 가치와 태도를 형성하기 위한 수업을 제시하였다. 그리고 기존의 경험과 지식을 재배열하고 재구성하는 과정에서 얻어지는 통찰에 기초한 부르너의 직관적 사고와 내적 동기를 발견학습에 활용하는 방법 등 다양한 수업이론가들의 수업이론을 소개하였다. 제 7 장에서는 기억과 망각 그리고 전이의 내용으로 망각의 과정과 파지에 관한 연구를 토대로 학습된 내용의 망각을 방지하는 동시에 파지를 증가시키기 위해 파지에 영향을 주는 요인을 탐색하고, 파지된 학습내용이 다른 영역과 내용의 학습을 촉진시킴으로써 전이의 개념과 이론 등을 다루었다. 제 8 장에서는 성격발달과 적응으로 성격에 대한 전반적 이해, 그리고 인간의 적응과 부적응의 문제, 또한 부적응 행동을 도와 주기 위한 지도 방안 등을 살펴보고자 했다. 그리고 학생들의 적응문제를 정확하게 파악하기 위한 심리검사의 방법을 개괄적으로 탐색하였다. 제 9 장에서는 생활지도와 상담으로 청소년들의 부적응 행동을 건강하게 도와줄 수 있는 전략으로 생활지도와 상담에 대해서 구체적으로 살펴보고자 하였다. 생활지도와 상담이란 무엇이며, 왜 필요하며, 어떤 목적과 원리에 의하여 이루어져야 하는지 규명해 보고, 학교에서 생활지도가 어떤 내용과 방법으로 개선되어야 할 것인지 탐색하며, 생활지도를 실시할 수 있는 방법으로 상담을 살펴보았다.

각 단원마다 전체 내용의 선행조직을 돕기 위한 목적으로 개요와 연습문제를 제시하였다. 학습의 효과를 올리기 위한 방편으로 학습의 목표를 분명히 이해하는 것만큼 중요한 것은 없을 것이다. 단원의 학습목표는 학습의 과정은 물론 평가에도 활용될 수 있는 점을 고려하면 중요하게 다루어 나갈 부분으로 생각한다. 이 책의

수정 · 보완은 이제 시작한 수준이며 앞으로 더 많은 부분이 첨삭되어야 할 것으로 믿고 추진할 것을 다짐한다.

이 책의 수정과 보완을 격려해 주신 김현태 사장님과 편집부의 오세복 선생님을 비롯한 여러분에게 감사를 드린다.

2010년 7월

저자

차 례

제1장

교육심리의 의의

교육심리학의 연구 목적은 무엇이며 주요 연구 문제는 무엇인가? 교육심리학이 필요한 이유는 무엇인가? 교육심리 영역의 지식은 어떤 연구방법으로 축적되며, 학생지도를 올바르고 효율적으로 할 수 있는 유능한 교사가 되도록 교육심리의 지식이 어떻게 활용될 수 있는가? 학습자가 교육의 주체가 되어야 하는 이유는 무엇인가? 본 장에서는 이와 같은 문제들을 설명하고 논의함으로써 유능한 교사가 될 수 있도록 학생지도에 필요한 유익한 정보를 제공한다.

제1절 교육의 이해

1. 교육의 정의

인간은 출생에서 시작하여 노년에 이르기까지 가정과 학교와 사회에서 수많은 교육적 경험 속에서 성장하고 발달하는 존재이어서 누구나 교육을 필요로 한다. 그래서 인간을 "교육을 필요로 하는 유일한 존재다" 혹은 "인간은 교육적 동물이다"라고 지칭하기도 한다. 이는 교육이 인간에게 있어서 중요하다는 것을 의미한다. 즉, 인간이 아무리 성장력(잠재가능성)을 가지고 있다 하더라도 바르고 가치있게 성장 · 발달할 수 있도록 기회나 환경을 접하지 못한다면 그 잠재력의 실현은 불가능하다는 것이다.

그렇다면 교육이란 무엇인가? 교육의 개념을 탐색하기 위한 가장 초보적인 방법은 아마 어원적 분석에 의하여 교육의 의미를 파악해 보는 것일 것이다. 동양에 있어서 한자 '敎育'이라는 용어는 기원전 3세기경에 집필된 「맹자」의 진심편(盡心篇)의 '君子有三樂章'에서 비롯되었다. 즉, 군자의 세 가지 즐거움을 논한 가운데 '교육'이라는 말이 처음 등장하였다. 여기에서 '敎'는 '방향을 제시하여 그 곳으로 이끈다'는 뜻이고, '育'은 '올바르게 자라도록 한다'는 의미를 가지고 있다. 따라서 교육이란 외부로부터 올바른 방향을 제시하여 이끌어 줌으로써, 피교육자의 타고난 잠재가능성을 바르고 순조롭게 실현하도록 도와 주는 교도와 육성의 의미를 함께 갖고 있다. 한편 서양에 있어서의 교육의 어원을 살펴보면, 영어의 'education'은 'e'의 '밖으로'라는 의미와 'ducare'의 '끌어낸다'의 합성어인 'educare'에 그 어원을 두고 있다. 따라서 아동의 잠재가능성을 실현시키는 활동이 교육임을 알 수 있다.

이처럼 사전적 정의 이외 교육을 한 마디로 누구나 인정하는 개념으로 정의하는 것은 불가능하다. 하지만 교육현상을 기능적인 관점에서 보느냐, 아니면 목적적인 관점에서 보느냐 또는 조작적으로 규정하느냐에 따라서 그 의미를 다르게 해석한다.

기능적 관점에서의 교육에 대한 정의는 교육의 수단적 가치를 강조한다. 즉, 교육은 사회문화의 계승 및 발전의 수단, 사회(국가)를 존속시키고 발전시키는 수단 또는 국가의 정치 · 경제 · 사회 · 문화 발전의 원동력이라고 정의할 수 있다. 이러한 입장은 교육이라는 것 자체가 목적이라기보다는 교육을 수단으로 해서 혁신 · 변화를 이루려고 하는 측면을 강조하기 때문에 수단적 입장에서의 교육의 개념규정이라고 할 수 있다. 그렇기 때문에 여기에서는 특히 교육의 기능으로서 보존적 기능인 사회문화의 계승 및 전달 · 보존과 창조적 기능인 사회문화의 혁신 및 창조 · 발전이라는 양측면에서 교육의 개념을 정의한다.

목적적 관점에서의 교육에 대한 정의는 교육의 궁극적인 목적과 관련되어 규정된다. 즉, 교육을 통한 가치지향성이나 도덕성의 함양에 강조점을 둔다. 이러한 정의는 가치실현을 위한 교육 자체에 더 비중을 두고 있다. 따라서 이는 개인적 차원에서나 국가 · 사회 차원에서 모두 개인의 인격완성이나 자아실현이라는 내면적 가치나 영원한 진리 · 가치를 추구하는 것을 교육의 중요한 목표로 내세운다. 교육을 목적적 관점에서 보면, 교육은 민주적 인격의 계발과정이나 어떤 진리나 가치에로 접근하는 과정 또는 현실적 존재를 이상적 존재로 변화시키는 활동, 인간다운 인간을 만드는 활동이라고 볼 수 있다. 이러한 관점은 교육적 가치판단의 기준을 제시하여 교육 자체에 의하여 실현되어야 할 인간상을 명시적 또는 의미적으로 규정하기 때문에 교육의 가치지향성을 강조한다.

교육의 과학성에 중점으로 두고 교육을 조작적으로 정의하면, 교육은 인간행동의 계획적 변화로 설명하면서 교육의 대상으로 인간의 행동, 실제적 과정으로서의 계획성과 변화성의 개념을 제시하고 있다. 이 정의는 교육의 실제나 기본적 현성과 과정을 포함하고 있다고 보아 널리 수용되고 있는 정의이기도 하다. 왜냐하면 이 정의는 교육의 대상을 인간, 또는 인간의 행동으로 명시하고 있으며, 그 주요관심은 행동변화를 향하고 있으며 인간의 의지를 실현하고자 하는 의도성이 전제된 것으로 보고 있기 때문이다.

이러한 교육의 정의를 통하여 우리는 인간을 대상으로 하는 여러 가지 활동과 교육적 활동과의 차이점을 발견하게 된다. 첫째, 교육은 어떤 인간으로 변화 혹은 형성하겠다는 분명한 의도가 내포된 행위라는 점이다. 그것은 자연발생적으로 일어나는 행동의 변화나, 우연히 이루어지는 행동의 형성 따위와 같이 인간의 의도,

노력의 흔적이 없는 것은 교육으로 간주하지 않는다는 것이다. 둘째, 가치를 지향하는 활동이라는 점이다. 교육을 의도적 변화로 규정하는 것은 선정된 기준에 비추어 가치 있는 변화나 바람직한 방향으로 변화를 추구하는 것이어서 가치의 배제나 가치중립적인 행위는 아니다. 물론 바람직한 가치의 선정이나 선택의 문제는 달라질 수 있는 것이기는 하다. 그러나 교육은 언제 어디서나 가치를 전제하는 활동인 것이다. 셋째, 계획적인 활동이라는 점이다. 계획이라 함은 절차와 과정, 또는 적절한 방법에 따라 행해짐을 의미한다. 우리는 인간을 성장하는 유기체로 부른다. 이 성장의 개념 속에는 계속적 변화성을 내포하는 것이어서 이러한 유기체의 행동변화를 기대하는 교육활동은 성장 가능성이나 변화 가능성을 전제하게 되고 성장, 발달의 정도에 따라 적절한 방법과 절차를 또는 내용을 선정하고 이를 통하여 행동의 변화를 기대하게 되는 것이다. 무의도적 행동변화가 교육이 아닌 것처럼, 무계획적이며 자연발생적 행동변화 또한 교육활동이 아니다. 이 계획이 발달정도에 따라 얼마나 적절한가 혹은 얼마나 치밀한가에 따라 변화의 정도가 가늠되는 것이다.

2. 교육의 세 측면-목적, 내용 그리고 방법

교육을 설명하기 위해서는 우선 목적을 가지고 있어야 하며, 그 목적을 달성하기 위해서는 어떤 내용을 가르쳐야 하느냐가 결정되어야 하며, 그 내용을 실현할 방법이 결정되어야 한다. 이에 대해서 좀 더 자세히 살펴보자.

어느 시대 어떤 사회가 되었든 그 사회는 지향하고 구현하고자 하는 가치관, 신념 체제, 철학 또는 사상 등을 포함하는 이념을 가지고 있다. 이 이념은 사회에 따라 다를 수 있으나 그 사회의 정치, 경제, 사회 활동에 보편적으로 침투되어 있어 사회구성원의 행동을 규제하는 강력한 힘을 가진다. 이러한 이념은 그 사회가 실현하고자 하는 목적이기도 하고 사회가 지향하는 방향이 되기도 한다. 교육도 사회적 활동의 하나이기 때문에 그 사회의 이념의 영향을 크게 받으며 그 맥락 속에서 교육의 방향이 설정된다. 교육자는 교육 방향의 설정에 적극적으로 참여하고 교육의 방향 설정 과정에 응당한 전문적 지식을 제공하지만, 교육 방향의 설정은 교육자만의 전유 관심사가 아니라 사회 전반에 관여해야 할 일이다. 교육의 방향은 사회적,

개인적 수준에서 설정될 수 있다. 사회는 그 문화의 유지, 계승과 개조, 현실적 문제의 해결, 발전 등이 필요하다는 면에서 교육 방향 설정의 자원이 된다. 그러나 더 중요한 자원은 개인의 자아실현의 필요에 있다. 인간의 가능성을 개발하여 자아를 실현한다는 필요, 인간의 보편적 가치의 실현의 필요, 그리고 사회생활의 필수조건이 되는 지식과 기능 습득의 필요 등은 교육 방향의 설정에 반영되어야 한다. 교육 이념과 목적이 보편적 수준에서 교육의 구체적 실천 수준으로 갈수록, 즉 수업의 현장으로 가까워질수록, 교사의 관여도가 높아지며 교육목적을 행동특성으로 표현할 필요성은 높아진다.

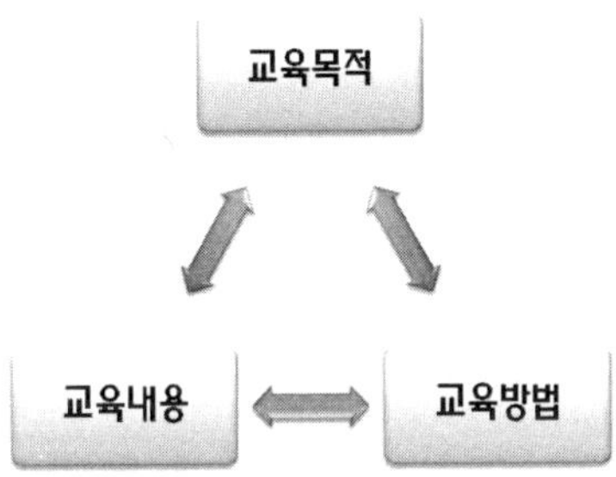

[그림 1.1] **교육의 세 측면**

교육내용은 교육과정을 의미한다. 교육과정은 학생과 교사를 연결해 주는 다리의 역할을 한다. 즉 학생과 교사는 교육과정을 가지고 상호작용하게 된다. 교육과정은 수학, 국어, 영어 등의 전통적인 교과목일 수도 있고, 사회문제, 인구문제, 환경문제 등 어떤 구체적인 토픽일 수도 있고, 게임, 운동, 노래 부르기 등 어떤 활동일 수도 있다. 넓게 말하여 교육과정은 그 사회 문화 전반을 축소하여 포함하며 지식, 예술, 가치관, 기능 등 모두를 포함한다.

교육과정을 결정하는 데에는 지식, 예술, 가치관에서 어느 것을 선택하며, 어떻게 조직하며, 그것을 어떻게 표현하느냐의 세 가지 문제가 있다(정범모, 1976). 첫째, 교육의 내용은 교육목적에 합당한 것을 선택해야 함은 물론이다. 과학적 사고력 개발이 목적이라면 과학이라는 내용이 선택되어야 하고, 표현력의 개발이 목적이라면 국어가 그 내용으로 선택되어야 할 것이다. 둘째, 교육내용의 조직이란 내용과 그것으로 영위되는 학습경험을 체계적으로 배열해야 한다는 것을 의미한다. 즉 교육내용은 "……중요한 내용과 경험은 계속 적당하게 반복될 수 있게(계속성), …… 그것이 계속되고 보다 새롭게 넓은 관련과 의의를 가지며 심화 및 일반화되게(계열성), ……그리고 그것이 다른 영역의 내용과 의미있게 종합되어 어떤 보다 높은 층의 통합적 학습효과를 이룰 수 있게(통합성) 조직되어야 한다." 셋째, 교육내용은 학습자의 능력수준, 연령수준에 맞게 표현되어야 한다. 간단히 말해서 어린 아동에게 너무 어려운 것을 가르칠 수 없을 것이다. 여기서 우리는 Piaget(1952)나 Bruner(1966) 등의 지적 발달단계설이 시사하는 것에 주목할 필요가 있다. Piaget는 인간의 지적 능력은 감각동작적 수준에서 구체적 조작 수준, 그리고 마지막으로 추상적, 논리적 사고가 가능한 형식적 조작 수준으로 단계적으로 발달해 나간다고 보았다. Bruner도 지식의 표현방식이론에서 지식은 동작으로 표현될 수 있고, 충분한 정의없이 그와 관련되는 일련의 영상으로 표현될 수 있고, 또는 명제의 입안이나 연역에 필요한 조직 · 법칙을 갖춘 한 상징적 체계를 사용한 일련의 논리적 상징으로 표현될 수 있다고 보았다. 즉, Piaget의 이론이나 Bruner의 이론은 교육내용이 학습자의 능력과 연령에 적합한 방식으로 표현되어야 한다는 것을 암시하고 있다. 교육내용의 선택, 조직, 표현 방식은 교육 실제, 즉 수업과 밀접한 관계가 있다는 것은 명백하다.

교육의 방법은 교육이 본령이다. 교육목적이 설정과 교육과정의 선택, 조직, 표현은 각각 교육에 관한 '왜'와 '무엇'에 관한 측면이다. 이제 우리는 이 내용으로, 이 목적을 달성하기 위한 교육의 방법, 즉 교육의 '어떻게'에 주목할 필요가 있다. 교육방법은 교육의 본령인 교육의 과정과 관련되는 것으로 교육목적을 달성하기 위하여, 학습자에게 일련의 학습경험을 하게 하는 과정이다. 이 교육의 실제적 과정에서 가장 핵심이 되는 것은 교사다. 왜냐하면 교육은 학습자와 교사의 상호작용으로 이루어지기 때문이며 그것이 바로 교사에 의한 수업이기 때문이다.

제2절 심리학의 이해

교육심리학이 어떤 학문이며 또 교사에게 어떠한 도움을 줄 수 있을 것인가 하는

것을 논의하기 위해서는 먼저 심리학의 학문적 특성에 대한 이해가 필요하다.

1. 심리학이란?

일반적으로 심리학은 유기체의 행동을 과학적으로 연구하는 학문영역이라고 규정된다(Shuell, 1996). 그러나 이 표현은 극히 포괄적이어서 여기에서 말하는 '행동' 및 '과학적' 등의 표현은 약간의 설명이 필요하다.

먼저, '행동'을 어떻게 이해해야 할 것인가에 대하여 살펴본다. 대략 반세기 전까지만 하더라도 심리학은 '마음(mind), 의식, 또는 경험의 과학'이라고 규정되었다(Kimble, 1956). 오늘날 이를 행동의 과학이라고 고쳐 부르는 까닭은 심리학 연구에 있어서 객관성 또는 과학성이 한층 더 강조되는 데 있다. 과학적 연구에서는(다음에 설명하는 바와 같이) 정확한 관찰, 즉 직접적인 관찰이 매우 중요한 요건인데, 마음이나 의식 또는 사고 등은 모두가 사람의 행동에 영향을 미치는 중요한 변인인 것은 사실이나 이 같은 변인들은 외현적으로 나타나는 행동처럼 직접적으로 관찰할 수는 없기 때문이다. 그렇다고 해서 의식이나 사고과정이 심리학의 연구대상에서 제외되는 것은 아니다. 이 같은 변인의 영향으로 나타나는 행동을 통해서 간접적으로는 관찰이 가능하기 때문이다. 그리고 근래에 와서 인지심리학의 입장에서는 이 같은 사고과정의 관찰을 매우 중요한 연구대상으로 보게 되었다. 이렇게 볼 때 심리학은 유기체의 행동을 과학적으로 설명하는 것을 주임무로 하는 학문이라고 할 수 있다. 이제 심리학에 포함된 여러 개념들에 대해서 자세히 살펴보기로 한다.

첫째로 여기서 말하는 행동이란 생물체의 움직임 모두를 뜻하는 것은 아니고 '생물체가 하는 것'만을 가리킨다. 시를 쓴다든가 산책을 한다든가 하는 것은 사람이 하는 것이다. 그러나 실족하여 계단에서 구른다든가, 길을 가다가 뜻밖의 소낙비를 만나는 것 등은 넓은 의미에서 사람의 움직임에 속하는 것이지만, 그것은 사람이 하는 일이 아니라 사람에게 '일어나는 일'이다. 이 같이 사람에게 일어나는 일은 심리학의 연구대상에서 제외된다.

둘째로 심리학은 행동 중에서도 비교적 그 단위가 큰 것을 연구의 대상으로 한다. 여기에서 행동의 단위가 크다 또는 작다 하는 것은 그에 대한 일정한 기준이 있는

것이 아니고 비교적 그렇다는 뜻이다. 예를 들어, 팔짱을 끼는 것도 미세한 여러 근육의 움직임으로 볼 수 있겠지만 그것보다는 공은 찬다든가, 그림을 그리는 행동의 단위가 더 크다.

셋째로 심리학은 순수한 행동을 연구의 대상으로 한다. 생리학자들도 행동을 연구하지만 그들은 행동과 관련된 근육, 분비선, 뇌 등의 작용을 주로 연구한다. 또 사회학자들도 행동을 연구대상으로 하지만 그들은 생물체의 집단적 특성을 밝히는 일에 주로 관심을 갖는다. 그러나 이 같은 학문영역의 구분은 개념적인 것에 불과한 것이며, 생리심리학 또는 사회심리학 등과 같이 심리학의 응용분야에서는 그 한계를 구분하기가 어려운 경우도 없지 않다. 그리고 이와 같이 다른 학문영역과의 구별이 분명하지 않다고 하는 것은 그로 인한 혼란을 염려하기보다는 상호보완적인 것으로 이해되고 있다.

다음은 '과학적'이란 표현에 대해서다. 어떤 연구가 과학적인가의 여부를 판단하는 기준은 그것이 증명될 수 있는가 하는 것이다. 그리고 증명될 수 있다는 것은 같은 결과를 재생할 수 있다는 것을 뜻한다. 가령 물 1몰(mole)을 화학분해하면 수소 1몰(H_2)과 산소 $\frac{1}{2}$몰(O)(그래서 H_2O)이 된다. 이 결과는 분해과정만 정확하다면 언제나 같다. 즉, 같은 결과는 재생(두 번 이상 관찰)할 수 있는 것이다. 물론 심리학의 연구결과도 자연과학에서의 연구와 같이 정확한 재생이 가능한 것은 아니다.

그럼에도 불구하고 심리학을 과학의 범주에 포함시키는 까닭은 연구에 있어서 자연과학의 연구방법을 적용하여 관련변인을 최대한으로 통제함으로써 객관성 있는 결과를 얻으려 하기 때문이다. 유기체의 행동을 대상으로 하는 연구에 있어서는 자연과학의 연구에서와 같이 엄밀한 결과를 얻을 수 없는 것이 보통이며 따라서 오차가 있게 마련이다. 그러나 그 오차가 아주 작은 것이라면 그런대로 과학적 연구로 볼 수 있지 않겠느냐 하는 의미에서 인정할 수 있는 오차의 범위를 별도로 정하고 있다. 그러므로 심리학의 과학성에는 어느 정도 제한이 있는 것이 사실이며, 엄격한 의미에서 심리학은 그것의 서술이 과학의 기준을 충족시키는 정도만큼만 과학적(Kimble, 1956, 12)인 것이다.

2. 심리학 연구의 목적

심리학은 유기체의 행동을 과학적으로 연구하는 학문이라고 하였다. 그렇다면 그 연구의 목적은 무엇일까? 우리는 인간의 행동에 대해서 많은 의문을 갖는다. 형은 차분하며 공부를 열심히 하고 성적도 좋은데, 동생은 침착성이 부족하여 앉아서 공부하는 것보다는 친구들과 어울리는 것을 더 좋아하고 학교성적에는 별로 관심이 없다. 한 가정에서 자라는 형제인데 왜 이 같이 서로 다를까? 또 언어의 발달과 사고력과는 어떠한 관계가 있을까?

우리는 이 같은 의문에 대해서 답을 찾으려 한다. 가령 생후 20개월의 어린이를 가진 어머니는 어린이의 언어발달이 혹시 늦지나 않을까 걱정이 되어 전문가에게 물어 보았다. 전문가는 그 어린이가 사용하는 어휘수를 세어 보라고 한다. 며칠 걸려 열심히 세어 보았다. 280단어였다. 2세까지에는 200～300단어(김재은, 1984, 276)를 사용하는 것이 보통이라는 말을 듣고 어머니는 비교적 빠른 편이라고 기뻐한다. 그러나 그에 만족하지 않고 또 의문이 생긴다. 어떻게 하면 어휘를 더 발달시킬 수 있을까? 또 어휘의 발달이 빠르다면 이 아이는 지능도 높은 것일까? 이렇게 호기심과 의문은 계속된다.

어린이의 언어발달은 모자관계, 어린이의 심신의 조건 및 환경과 밀접한 관계가 있다는 사실을 확인할 수 있었던 것, 그리고 Piaget(1929, 1964)가 자기중심적 어휘의 수를 그가 사용하는 어휘의 총수로 나누어서 어린이들의 자기중심적 사고의 정도를 판별하려 했던 것 등은 모두가 한 가지 궁금한 사항에 대한 답을 얻어서 단편적인 호기심을 충족시키는데 그치지 않고, 관련된 사항에 대한 의문을 계속적으로 제기하고 그에 대한 해답을 얻어 종합한 결과들이며, 이렇게 함으로써 개인의 행동특성을 보다 더 많이 이해할 수 있게 되는 것이다.

다음으로 제기되는 의문은 '이렇게 개인의 행동특성을 많이 이해해서 무엇을 하겠다는 것인가' 하는 것이다. 그리고 이것은 매우 중요한 질문이다. 행동특성 또는 행동발달에 관한 지식이 많이 축적되면 그 지식으로써 우리는 '주어진 상황에서 특정의 개인에게 나타날 가능성이 많은 행동을 예측'할 수 있게 되는 것이다.

이렇게 개인적 특성과 그에게 나타날 수 있는 행동적 특성을 예측하는 일이 가능하게 되면 다음 단계에서는 '행동발달의 과정에 개입하는 일'이 가능하게 된다. 개인에게 주어진 제반 여건을 가장 적절히 활용하여 그로 하여금 보다 많은 발달을 성취할 수 있도록 심리학의 지식을 활용할 수 있게 되는 것이다. 그러나 지금까지의 심리학의 많은 연구에도 불구하고, 그리고 그 지식을 적용하여 행동을 통제하려는 시도가 적지 않았던 것이 사실임에도 불구하고, 아직까지는 그 적용이 극히 제한된 범위에 머물러 있다. 사람의 유기적 구조는 매우 복잡하고 섬세한 것이며 사회적, 경제적, 지역적, 구조적, 지각적 제 특성을 포함하는 환경적 특성은 매우 다양한 것이므로 그 상호작용 또한 개인에 따라 헤아릴 수 없이 다양한 것이어서 그 인과관계를 간결하게 정리하여 만족할 수 있는 결과를 얻는 일은 매우 어렵기 때문이다. 그러나 사람의 가능성이란 그 한계를 짐작할 수 없으리만큼 큰 것이므로 앞으로의 계속적인 연구는 행동을 예측하고 통제하는 가능성을 더욱 높여줄 것이다.

3. 심리학과 교육심리학

심리학은 순수한 개인의 행동을 과학적으로 연구하는 학문영역이라고 하였다. 즉, 심리학(일반심리학)은 개인의 선천적 및 환경적인 요인과 그로부터 비롯되는 모든 행동결과와의 상호관계를 연구하는 학문으로서 그 관심의 영역은 매우 넓다. 그러므로 심리학에는 많은 하위 영역이 있으며 교육심리학도 그 중 한 가지다. 따라서 양자의 연구관심에도 차이가 있다. 전자는 모든 행동을 대상으로 하는 데 반하여 교육심리학의 주된 관심은 가르치고 배우는 과정에 있는 것이다. 그러나 이와 같은 개념의 구별은 원칙적인 것에 불과하며, 실제로는 그 구별이 뚜렷하지 않은 경우도 있다.

가령 교육과 관련된 심리적인 연구의 구체적인 예로서 지능, 성취동기 및 학습집단의 특성(독립변인)과 학업성적(종속변인)과의 관계에 관한 연구를 들 수 있다. 그리고 이 같은 연구는 성격상 분명히 교육심리학의 영역에 속하는 것이지만 그 같은 연구를 일반심리학자가 했다고 해도 그것이 잘못된 것은 아닌 것이다. 그러나 그것은 일반심리학자 중의 어느 한 개인의 관심사에 불과한 것이며 일반심리학의

주요 관심사는 아니다. 일반심리학의 관심대상은 모든 행동에 대하여 그 발달의 구체적인 과정을 연구하는 데 있는 것이기 때문이다. 따라서 일반심리학자들은 그들의 관찰결과나 이미 밝혀진 사실들에 대해서 새로운 가설들을 세우고 이를 주로 동물을 이용한 실험실 연구에 의하여 검증하게 된다.

앞에서 언급한 바와 같이 일반심리학자의 입장에서도 인간의 학습에 관한 연구가 있을 수도 있지만 그들의 주요 관심은 어디까지나 행동통제에 대한 지식 향상에 있는 것이며, 또한 그 같은 연구결과가 궁극적으로 학습에 활용될 수 있기를 바라기도 하지만 학습에 활용될 수 있는 연구를 그들의 임무로 생각하지는 않는 것이다. 즉, 일반심리학의 입장에서는 학습에 대한 관심은 극히 일반적인 사항에 한정되는 것이다. 그러나 교육심리학은 학습에 관련된 사항을 연구의 주대상으로 한다. 이 같은 연구는 그 결과를 교육활동의 효율성을 높이기 위하여 널리 일반화하고 또 교육활동의 기초자료로 활용하기 위한 것이다,

교육심리학의 연구에 있어서는 그 성격상 취급하는 변인들을 통제할 수 있는 가능성이 다른 학문영역에 비해 더 많은 것이다. 교육심리학에 있어서의 많은 연구가 실험적 연구의 성격을 띠게 되는 까닭도 여기에 있다. 이해를 돕기 위해 결과에 영향을 미칠 수 있는 변인을 통제하기 어려운 경우와 그것이 가능한 경우의 예를 들어 본다.

학교가 위치한 지역사회의 사회 · 경제적 수준과 학업성취와의 관계를 규명하려 할 때, 이 연구를 위해서 한 지역사회의 사회적 수준을 인위적으로 조작할 수는 없는 일이다. 따라서 사회 · 경제수준이 높은 지역과 낮은 지역(독립변인)의 학교를 선정하여 학업성취 수준을 비교할 수밖에 없다. 그러나 이 같은 연구에서는 고려되지 않은 제3의 변인의 작용을 간과할 수가 없다. 즉, 사회 · 경제적 수준이 낮은 지역에 우연히도 지능이 높은 사람이 많이 있어서 이 변인(제3의 변인)이 학업성취에 영향을 미쳤을지도 모른다. 따라서 두 지역사회의 학업성취를 비교한 결과만을 가지고 해석을 일반화한다면 사실과 다른 잘못된 해석이 될 수도 있을 것이다.

그러나 직후 피드백(immediate feedback)과 지연 피드백(delayed feedback)의 효과를 비교하는 연구의 경우를 생각해 보자. 이 연구에 있어서는 동질적인 두 집단을 구성해서 한 집단에는 직후 피드백을, 다른 한 집단에는 지연 피드백을 준 후 두 집단의 성취수준을 비교할 수 있을 것이다. 이 때 동질의 두 집단을 구성하는 것은

연구의 주요 관심사인 직후 피드백과 지연 피드백(독립변인) 이외의 변인을 통제하기 위한 것이다. 한 학교 내에서는 학급을 무선적으로 편성하는 것이 보통이므로 같은 학교에서 역시 무선적으로 선정하는 두 학급간에는 이 같은 변인—지능, 사회 · 경제적 수준, 학업성적—등이 비슷하다는 것을 전제로 실험을 실시하는 것이 보통이지만, 실험목적을 위해 그 같은 변인이 비슷한 개인들을 한 사람씩 짝지어서 두 집단에 배치함으로써 두 집단의 동질성을 높일 수 있다. 그리고 두 집단을 같은 방법으로 가르치고 피드백만 달리했다면 두 집단의 실험과목에 있어서의 성적의 차이는 피드백의 차이에서 온 것으로 볼 수 있으며, 이 해석은 상당한 신뢰성을 가질 수 있게 되는 것이다.

이상에서 교육심리가 다른 인접영역, 특히 일반심리학과 어떻게 다른가에 대해 설명하였다. 그러나 이 설명은 교육심리학의 주된 특성을 지적한 데 불과한 것이며 이 설명은 제한된 것임을 밝혀 두고자 한다. 그 까닭은 다음과 같다.

첫째로 다른 인접영역과의 구별은 반드시 상호배타적인 것만은 아니며 어느 정도 중복될 수도 있다는 것이다. 한 예로 지능과 학업성적과의 관계는 명백히 교육심리학의 관심영역이지만, 지능은 사회 · 경제 수준과도 관계가 있는 것이므로 교육사회학의 측면에서도 이 문제를 다룰 수 있는 것이다. 이와 같이 학문영역의 한계를 구분하는 것은 어려운 일이지만 이 사실이 연구의 실제에 크게 문제가 되는 것은 아니다.

둘째로 연구 결과의 해석에 관한 것이다. 교육심리학의 연구는 실험적 성격을 띠는 경우가 많으며 그 결과는 상당히 신뢰성을 가질 수 있다고 했지만 그 결과의 일반화에 있어서는 언제나 많은 조심성을 필요로 한다. 그 한 예로 어떤 연구결과를 토대로 하여 "산수공부에 있어서는 발견학습(discovery learning)이 전통적 학습방법보다 더 효과적이다."라고 결론짓는다면 이는 지나친 일반화일 수 있는 것이다. '발견학습', '전통학습', '산수공부'에는 많은 변인이 포함되어 있는 것이며 극단적으로 말해서 발견학습방법을 택했다고 해도 그 학습과정이 아주 서툰 것이라면 전통적인 학습방법만 못한 경우도 있을 수 있는 것이다. 따라서 연구결과의 활용이나 일반화에 있어서는 그 연구결과가 어떠한 변인들에 의해서 나타난 것인가 하는 것을 충분히 고찰해야 하는 것이다.

제3절 교육심리학의 이해

1. 교육심리학의 정의

교육심리학은 인간 생활에서의 실천적 과정인 교육과 인간의 행동과 정신과정을 과학적으로 연구하는 심리학의 결합 속에서 형성된 교육학과 심리학의 중간적 위치에서 교육학에 접근된 학문이다. 교육학은 교육의 현상과 과정, 또는 가치의 문제에 보다 많은 관심을 보이는 학문적 특성이 있다. 이와는 달리 심리학은 인간의 행동을 이해하고 기술하여 예언하고 통제하려는 데 주된 관심이 있다. 이와 같이 각각 별개 학문인 교육학과 심리학을 학문적으로 연계시켜 주는 위치에 있는 교육심리학이라고 할 수 있다.

물론 인간의 행동변화를 다룬다는 점에서는 교육심리학과 심리학은 동반적 관계에 있다고 하겠으나, 행동변화가 바람직하건 바림직하지 않건 간에 일단 의도적으로 행동을 변화시켰다면 학습이 이루어졌다고 보는 것이 심리학의 관점이다. 그러나 교육심리학은 변화된 행동 중에서 사회적으로 바람직한 행동변화만을 관심의 대상으로 삼기 때문에 학습보다는 교육, 즉 교수-학습의 가치와 효과의 극대화를 강조한다는 점에서 보면 교육학의 성격이 농후하다. 한편 교육은 인간을 인간답게 만드는 인간의 의도적 행위라고 전제할 때, 교육의 목적이 정립되고, 구체적인 방법이 있어야 하며, 평가의 능률성과 효과성이 요구되는데 이에 대한 지식은 심리학적 성격이 농후하다.

그렇기 때문에 교육심리학의 정의를 한 마디로 설명하기는 어렵다. 즉, 교육심리학을 설명할 때 어떤 입장에서 교육을 파악하려 하며 어디에 보다 관심을 많이 두느냐에 따라서 달라질 수 있다는 것이다. 하지만 우리는 교육심리학이 학문적 자리를 위해서 개념을 분명히 다룰 필요가 있기 때문에, 교육심리학의 개념을 정리해 볼 필요가 있다.

교육심리학의 형성기였던 1910년대에는 심리학적 발견이나 원리들을 교육의 실제에 단순한 응용이나 적용하는 데 관심을 갖고 있었기 때문에 "심리학적 원리를 교육에 응용하는 학문"으로 정의되었다. 그러나 교육의 관심영역이 환경적 문제, 적응과 지도, 교수-학습과정, 교육의 평가문제로 확대되면서 교육심리학은 단순한 심리학의 응용분야로 보지 않게 되었고, 새로운 교육이론들이 등장하게 됨에 따라 사회학, 생물학, 의학 등등의 관련 학문분야의 발달로 인하여 전통적 교육심리학의 재구조화가 이루어지게 되었다. 즉 관련 학문분야의 발달은 교육에서 인간의 성장 · 발달의 문제, 유전과 환경의 문제, 개인차, 동기, 성격과 적응, 교과의 문제, 특수아의 문제, 측정과 평가의 문제 등에 새로운 관심이 제기되었고, 또 한편으로는 독자적인 이론의 형성을 추구하게 되면서 교육심리학은 하나의 완전한 독립된 학문으로 자리잡게 됨에 따라 "교육의 과정에서 발생하는 문제를 심리학적 측면에서 연구하여 그 원리나 방법을 밝히고 교육활동에 도움을 주고자 하는 학문"으로 정의할 수 있게 되었다.

물론 교육심리학의 일차적 관심은 교수-학습의 개선과 효율성의 제고에 있는 것이지만, 나아가서는 학습의 의미성, 경제성, 영속성의 증대와 아울러 학습자에 의하여 이루어지건 혹은 교사에 의하여 이루어지건 간에 학습자의 더 나은 심신의 발달과 건전한 성격의 완성을 조장하는 데 필요한 기능을 갖는다는 학문으로서의 의미를 지니고 있는 것이다.

여러 학자들이 말하는 교육심리학이 개념을 간단히 살펴보면 다음 〈표 1.1〉과 같다.

표 1.1 교육심리학의 개념

학 자	개 념
Jordan (1942)	교육심리학은 교육에 적용되는 개인심리학 또는 사회심리학이다.
Craw (1949)	개체의 발생에서 노년에 이르기까지의 교육적 발달 가운데서 진행되는 학습 경험을 서술하고 설명하는 심리학이다.
Traw (1950)	교육심리학은 교수와 학습을 취급하는 심리학의 한 분과이다.

Guthrie (1950)	교육에 적용되는 개인심리학 또는 사회심리학이다.
Skinner (1958)	모든 종류의 교육적 문제에 대하여 독립된 심리학적 원리를 응용하는 학문이다.
Woolfolk (1987)	교육심리학자는 다른 분야로부터 지식을 응용하며 또한 지식을 창조한다.
Mayer (1987)	교육심리학은 인간의 인지과정과 지식상태를 조절하고 기술에 관한 과학적 연구에 초점을 맞춘다.
Grinder (1989)	교육심리학은 교육의 과정과 방법에 가장 밀접하게 관련되어 있기 때문에, 교육심리학을 교육방법의 과학적 · 이론적 근거를 확립하고 제공하는 학문이라고 규정하고, 그것을 토대로 하여 교육실천의 과정을 지원하고자 하는 것이다.
Seifert (1991)	교육심리학이란 학습이 발생하는 기제를 탐구하고 그러한 연구들이 실제적으로 학습에 도움을 줄 수 있는 방법에 대해 연구하는 학문이다.

2. 교육심리학의 연구문제

교육심리학의 연구 관심은 가르치고 배우는 과정에 있다고 하였다. 즉, 교육심리학은 교육의 실천과정에 관한 사항을 행동적 변화의 견지에서 연구하는 과학인 것이다. 따라서 교육심리학의 연구대상은 그 범주가 매우 넓은 것이어서 이를 일일이 열거할 수 없는 일이나 대략 다음과 같이 간추려 볼 수 있다.

1) 인간의 인지 능력의 발달

학교 현장에서 가장 중요시하고 있는 인간의 발달측면은 인지적 발달이다. 따라서 교사는 학습자의 인지적 발달과 지적 능력에 대한 이해를 중요하게 생각하여 학습하여야 하는 영역이다. 특히 피아제는 인간의 지적 발달단계를 감각운동기, 전조작기, 구체적 조작기 그리고 형식적 조작단계로 인지발달단계를 나누었고, 우리는 그 발달단계에 따라 학습지도전략을 구체적으로 학습현장에서 제시하여 수업과 학습을 진행할 수 있어야 한다. 그리고 최근 들어 지능에서 설명하고 있는 다중지능이론을 이해하여 학습자의 강점을 발견하고 약점은 강점으로 보완하여 기초학습을 갖추면서 각자의 잠재능력을 발휘할 수 있도록 도와 주어야 한다.

2) 사회성 및 도덕성의 발달

인간은 사회적 존재로서 누군가와 더불어 살아가야 하는 존재이다. 각 개체가 뛰어난 잠재능력을 갖추었다고 하더라도 그 능력은 사회적 관계 위에서 의미를 가지게 된다. 전인이란 인간의 인지능력, 정의적 능력 그리고 신체적 능력을 조화롭게 갖춘 사람을 말한다. 최근 우리는 교육현장에서 인지능력만 강조하다 보니 정의적 측면을 간과하게 되었고, 그로 인해 많은 문제들이 증가하고 있다. 따라서 더불어서 함께 살아가면서 수행해야 할 발달과업을 건강하게 수행할 수 있도록 사회적 능력과 판단과 결정을 현명하고 합리적으로 할 수 있는 도덕적 능력까지 갖춘 사람을 양성해야 한다.

3) 동기에 관련된 연구

동기는 인간의 행동을 뒷받침하는 중요한 원인이다. 행동의 방향과 강도를 결정하는 것은 동기이기 때문이다. 따라서 동기는 학습행동과도 직결되는 것이므로 동기가 결핍된 상태에서는 학습을 기대할 수 없는 것이다. 그런데 동기는 삶의 과정에서 당면하는 많은 경험의 영향을 받는 것이므로 그에 관련된 연구는 교육심리학에서 매우 중요한 비중을 차지한다. 교실 현장에서 학습자들의 동기를 유발시키기 위해서 다양한 전략들을 사용해야 한다. 목표, 경쟁과 협동, 상과 벌, 자아개념, 귀인성향, 무력감과 불안 등 동기를 유발시킬 수 있는 방안에 대한 계속적 노력이 필요하다.

4) 학습이론과 학습지도이론

교육심리학의 입장에서는 학습의 결과보다 학습의 과정을 더 중요하게 생각한다. 사람은 많은 것—지식, 태도, 공포감, 몸짓, 운동기능, 언어기능 등—을 배운다.

그리고 이 모든 것은 사람의 행동의 어느 측면에 있어서의 변화를 나타내는 것이다. 일반인(비전문가)들에게는 이와 같은 학습활동의 결과로 나타난 것 또는 특정한 행동의 변화를 학습이라고 보는 경우가 많다. 그러나 교육심리학의 입장에서는 어떠한 행동이 변화된 결과보다도 그 같은 변화를 가져오는 과정이 더 중요한 것이다. 그 과정을 설명하는 관점으로 행동주의 학습이론과 인지주의 학습이론이 있다. 파블로프와 스키너의 행동주의 학습이론과 정보처리모델로 설명하고 있는 인지주의 학습이론에 대한 내용을 숙지한 후, 교실 현장에서 그 이론을 토대로 실제적으로 수업을 진행해야 학습의 효과를 끌어낼 수 있을 것이다.

또한 일련의 수업은 몇 개의 구성요소로서 이루어진다. 수업목표의 제시, 출발점 행동의 진단, 수업의 진행 및 수업의 평가 크게 네 과정에 의해서 수업이 이루어져야 한다. 이런 과정에서 대하여 여러 관점들이 있으며, 우리는 그 관점을 숙지하여야 보다 효율적인 수업을 진행할 수 있을 것이다.

5) 성격과 적응의 이해

학교에는 많은 종류의 인간관계가 존재한다. 교사-학생간의 관계, 친구간의 관계, 선후배의 관계, 이성간의 관계 등이 존재한다. 그러한 관계가 잘 이루어져야 학교와 학습에 대한 흥미가 생긴다. 따라서 다양한 인간관계가 잘 이루어지도록 하기 위해서는 인간의 심리적 속성 중 성격이라는 요소가 크게 좌우한다. 자신에 대한 성격의 이해와 타인에 대한 성격 이해는 결국 인간관계를 원활하게 만들어 주며, 학교학습의 효과를 극대화시킬 수 있게 된다. 따라서 교사는 인간의 성격에 대한 이해를 중요하게 생각해야 한다. 만약 한 개체의 성격이 타인들에게 이해되지 못한다면 학교교육은 물론이고 부적응적인 문제를 야기시키기도 한다.

6) 생활지도와 상담에 대한 이해

최근 들어 학교에서 학교교육 이외의 교육과정이라고 할 수 있는 생활지도의 중요성이 인식되고 있다. 과거 청소년의 문제에 비하여 현대 청소년의 문제는 분명 달라지고 있다. 학업, 진로, 성격, 대인관계, 폭력, 일탈, 반사회적 행동, 왕따와

따돌림 등의 문제에 효과적으로 개입하여 도움을 주기 위해서는 교과교육의 방법으로는 한계가 있기 때문에 다른 방법이 필요하다. 그것이 바로 생활지도와 상담이다. 특히 상담의 현대사회에 들어오면서 중요한 단어로 자리잡고 있으며, 학교 현장에 있는 선생님들도 기본적 수준에서의 상담을 할 수 있어야 할 것이다.

이상은 교육심리학이 관심을 가지는 것 중에서 주요한 몇 가지를 열거한 것으로써 교육심리의 연구 과제를 모두 포함하는 것은 아니며, 또 각 항목은 그 자체가 넓은 개념이므로 더욱 여러 가지로 세분될 수 있는 것이다. 그리고 이 같은 사항들은 상호 배타적인 것이라기보다는 밀접하게 관련된 것으로 이해되어야 한다.

이와 같은 연구가 교육의 대상인 개인을 이해하고 학습의 과정을 설계하며 그것을 실천하는 데 있어서 매우 중요한 기초가 된다는 것은 의심의 여지가 없다. 일반적으로 교사는 교육심리학이 연구한 결과의 소비자이다. 즉, 당면하는 일상의 다양한 문제를 다룸에 있어서 교사는 심리학적 연구의 결과를 주로 활용하는 입장인 것이다. 그러나 교육심리학은 교육의 과정에 적절히 요구되는 지식의 생산과 그 지식을 보다 효율적인 교육의 성과를 위해 적용하는 양면에 모두 관심을 가진다. 그리고 생산과 적용의 두 측면은 서로가 밀접한 관계를 가지고 있어서 상호 보완적인 기능을 하는 것이다.

교육심리학은 단순히 가르치는 개인을 훈련하는 것을 목적으로 하지 않는다. 그보다 더 근본적으로 교사들에게 교수활동에 있어서는 물론 교육과 관련된 다양한 교육적 활동에 적용할 수 있는 이론적 배경을 제공하는 것을 목적으로 하는 것이다(Shulman, 1992). 특정 현상의 배경이론을 확실히 이해할 때 전문가는 필요에 따라 고정된 형식을 탈피할 수 있는 자유와 자신을 가지며, 새로운 접근 방법을 구상할 수 있는 것이다. 그러한 배경 지식을 가지지 않는다면 교사는 단순한 기술자에 지나지 않게 된다. 기술자도 좋은 기술을 가지고 있음으로 해서 그 기술의 범위 내에서 주어지는 일은 원만하게 수행할 수 있을 것이다. 그러나 그런 사람은 여건에 변화가 올 때 그에 대처할 수 있는 새로운 방법을 고안할 수 있는 통찰력을 가지지 못한다. 그런데 교육의 장에서는 매일 같이 새로운 상황이 발생한다. 그러므로 이론적 배경이 없는 교사는 임기응변의 기능 발휘에 제한이 따를 수밖에 없을 것이며 이러한 교사는 참다운 교육의 전문가일 수 없는 것이다.

3. 적용의 한계

교육심리학은 교사들에게 그들이 일상의 교육활동 중에서 직면하게 되는 다양한 문제를 다루는 데 있어 기초가 되는 정보(연구결과로써 얻어진 원리 · 법칙)를 제공한다. 그러나 교육심리학이 제공하는 것은 일반적인 원리와 원칙, 그리고 그것을 여러 가지 사례에 적용했을 때의 효과 등 많은 내용의 것이지만, 그것은 모든 교사가 그대로 따르기만 하면 실행한 연구에서의 동일한 효과를 거둘 수 있는 것을 보장하는 이른바 의사의 처방과 같은 성질의 것은 아니다(Borich & Bombari, 1997).

교육심리학이 제공하는 지식과 그것을 실제상황에 적용하는 것은 흔히 물리학과 공학의 관계로 비유된다. 예를 들어, 교량을 설계하는데 있어서는 물리학이 제공하는 역학의 원리를 반드시 따라야 한다. 그러나 교량을 실제로 설계하는 데 필요한 것은 역학의 원리만이 아니다. 투입할 수 있는 비용의 규모, 주변 환경과의 조화, 동원할 수 있는 기술과 장비 및 설계자가 가지고 있는 미적 감각 등 많은 변인들을 종합적으로 고려하여 하나의 다리가 설계되는 것이다. 물리학이 이 같은 세세한 부분까지 설명해 줄 수 없는 것은 너무나 명백한 사실이다.

같은 이치로 어떤 실험자 A가 교수과정을 나름대로 고안하고, 그것을 현장에 투입하여 좋은 결과를 거두었다고 할 때 B교사도 똑같은 교수과정을 거친다면, 역시 같은 수준의 효과를 얻을 수 있다는 것을 뜻하는 것은 아니다.

그 까닭은 실험자 A가 대상으로 했던 집단과 B교사가 담당하고 있는 학급 간에는 많은 차이가 있는 것이며, 또 지도자인 A와 B도 각기 다른 특성을 가진 개인이기 때문이다. 비록 연령이나 학년은 같다고 할지라도 기초학력, 학급분위기, 동기수준, 지역의 사회 · 경제적 여건, 기타 여러 가지 점에서 차이가 있는 것이다.

이 같은 차이가 학습의 과정에 많은 영향을 미치게 된다. 천원을 세배돈으로 받아도 좋아하는 어린이가 있는가 하면 그 정도는 돈으로 여기지도 않는 어린이도 있다. 다른 사람에게서 오천원, 만원을 받았다면 천원은 아주 적은 액수이기 때문이다. 이와 마찬가지로 같은 강화인자를 사용해도 민감한 반응을 보이는 어린이가 있는가 하면 거들떠 보지도 않는 어린이도 있다. 이것은 집단이나 개인에 따라 행동경향에 어떠한 차이가 있을 수 있는가에 대한 비근한 하나의 예일 뿐이다. 따라서 A연구자로부터 B교사가 배워야 하는 것은 교수과정에 대한 기본적인 원리 뿐이며 구체적인 사항은 자기 학급의 특성을 고려하여 B교사가 스스로 고안하여야 한다.

이 같은 차이는 수업지도에서만 나타나는 것은 물론 아니다. 가출하는 학생들은 모두가 같은 상황에 있는 것은 아니다. 따라서 가출한 학생의 지도도 개인에 따라 달라야 한다는 것은 너무나도 당연하다. 이에 대해 교육심리학이 제공하는 것은 이치를 따져서 설교식으로 지도하는 것은 대개는 효과가 없다는 것, 그러므로 학생으로 하여금 자기의 정서를 충분히 발산할 수 있도록 하는 대화를 먼저 시도해야 한다고 하는 것 등이다. 그 대화(상담)의 가정은 또한 대상자에 따라 다를 수밖에 없는 것이다. 이 같은 차이는 학생들에게만 있는 것이 아니다. K여인에게 잘 어울리는 옷이 L여인에게도 잘 어울린다는 보장은 없다. 체격이나 피부색에 따라 어울리는 옷이 개인마다 다르기 때문이다. A연구자의 옷이 반드시 B교사에게도 잘 어울리는 것은 아니다. 즉, B교사는 학생들이나 학급의 특성 외에도 자기의 특성을 고려해야 하는 것이다.

결국 교육심리학이 우리에게 줄 수 있는 것은 기본적인 원리와 원칙이다. 다리를 실제로 설계하는 데 있어서는 역학의 원리 이외에도 고려되어야 할 사항이 많은 것이다. 교육심리학으로부터 받을 수 있는 도움에는 이 같이 한계가 있는 것이다.

제4절 교육심리의 연구방법

1. 교육심리학의 연구목적

교육심리학의 연구목적을 요약하면 교육과 관련되는 현상을 이해하고 예측하고 통제하려는 것이다. 이해하기 위해서는 논리적인 방법에 따라서 변인들간의 관계를 설명할 수 있어야 되고, 예측하기 위해서는 주어진 변인의 값에 나타날 가능성이 있는 다른 변인의 값을 미리 알 수 있어야 하며, 통제하기 위해서는 원하는 어떤

변인의 값(목표로 하는 결과 : 종속변인)을 얻기 위해 그에 영향을 미치는 다른 변인(독립변인)을 조작할 수 있어야 한다(Gage & Berliner, 1984, 25~28).

1) 이해(understanding)

이해는 어떤 논리적인 관계를 파악하는 것이다. 예를 들면, 농구공은 테니스공보다 크고 테니스공은 탁구공보다 크다면, 농구공은 탁구공보다 클 것이다. 또 A가 B를 결정하고 B가 C를 결정한다면, A는 C를 결정할 것이다. 이와 같은 예에서 세 변인들 사이의 어떤 논리성을 발견한다면 이는 곧 이해를 한 것이다.

Bidwell과 Kasarda(1975)의 연구에서 보면, 학교재정은 교사 1인당 학생수와 관련되고 교사 1인당 학생수는 학생들의 학업성취와 관련된다. 따라서 학교재정과 학생들의 학업성취는 관련이 있다. 여기에서 이들 세 변인을 관련지음으로써 어떤 논리성을 발견할 수 있고, 논리적 관계성을 발견함으로써 이들 변인에 대한 이해를 할 수 있게 된다.

2) 예측(prediction)

우리는 학업성취도를 예측하기 위해서 학업적성검사를 이용하는 경우를 흔히 볼 수 있다. 예를 들면, 지능지수 120인 김(金)군이 지능지수 115인 이(李)군보다 성적이 좋지 않을 수도 있다. 어느 개인의 경우에는 이와 같이 예외가 있을 수 있지만, 일반적으로 지능이 높을수록 성적도 좋은 경향이 있다. 마찬가지로 반드시 그런 것은 아니어서 예외인 경우도 적지는 않지만 일반적으로 고등학교 때의 학업적성검사 점수(A)가 높은 사람일수록 대학 1학년 때의 성적(B)이 높을 가능성은 많다. 양자간에는 이 같이 관련이 있음을 많은 연구가 보여 준다. 그러한 관계가 있기 때문에, 만약 점수 A를 알면 점수 B를 어느 정도 미리 예측할 수 있게 된다.

때로는 예측관계가 어떤 논리적인 인과관계를 보이지 않는 경우도 있다. 예를 들어, 어느 특정 지역에서는 가구당 평균 알코올 소비량이 그 지역 중학생의 평균 학업성취도를 의미있게 예측하고 있다. 이러한 경우 그 자체로서는 어떤 논리적이거나 인과적인 관계를 추론할 수는 없는 것이지만 우연적인 예측관계로는 이용될 수 있다.

3) 통제(control)

어떤 글을 계속해서 5회 읽는 것(집중학습)보다는 1일에 1회씩 5일에 걸쳐 5회를 읽는 것(분산학습)이 읽은 횟수가 같음에도 불구하고 파지효과는 훨씬 컸다(Austine, 1911). 이와 같이 어떤 변인(독립변인 : 계속해서 읽느냐, 분산해서 읽느냐 하는 것)이 다른 어떤 변인(종속변인 : 얼마나 기억에 남아 있느냐 하는 것－파지량)에 어떻게 영향을 미치는가 하는 것을 안다면, 보다 좋은 효과를 위해서 독립변인을 통제 또는 조작하는 것(분산 학습방법을 택하는 것)은 너무나 당연하다. 통제란 이와 같이 알게 된 사실을 실제에 적용하는 것을 뜻하며, 이는 교육심리학의 궁극적인 목적이기도 하다.

과학적인 노력의 세 가지 목표인 이해, 예측, 통제는 변인들 간에 어떠한 관계가 있느냐에 달려 있다. 즉, 이해는 논리적인 관계에, 예측은 시간적인 관계에, 통제는 인과적 혹은 함수적인 관계에 각각 의존한다. 따라서 이들 세 가지 목표는 변인들간의 관계를 발견해야 하고, 그 같은 관계는 크게 상관관계와 인과관계로 나누어 볼 수 있으며, 그것은 각각 상관연구 방법과 실험연구 방법을 통해서 밝혀질 수 있다. 그리고 때로는 사례연구 방법을 택하기도 한다.

2. 교육심리학의 연구방법

1) 상관연구(correlational studies)

상관연구는 어떤 한 변인의 값이 다른 한 변인의 값과 함께 존재하는 경향이 있는가, 즉 상관관계가 있는가를 밝히는 방법이다. 이 때 상관관계는 원인과 결과의 관계를 의미할 수도 있고 그렇지 않을 수도 있다.

우선 상관연구를 위해서는 짝을 이루는 두 변인의 값이 필요하다. 예를 들면, IQ와 학업성적간에 상관이 있는가를 알아보기 위해서는 각 학생의 IQ와 학업성적 두 가지 변인을 사용하여 상관계수를 계산하게 된다. 상관계수는 －1.00(완전한 부적 상관)에서 ＋1.00(완전한 정적 상관)까지의 숫자로 표시되는데, －1.00 혹은 ＋1.00에 가까울수록 두 변인 사이의 관계가 더욱 밀접하고, 0에 가까울수록 두 변인의 관계는 점점 작아진다. 상관계수가 0이면 그 때의 두 변인간에는 아무런 관계가 없다는 것을 보여주는 것이다. 예를 들면, 신장과 지능은 거의 상관관계가 없을 것이므로, 이 때의 상관계수는 0에 가까울 것이다. 그러나 고등학교 성적과 대학성적은 어느 정도의 실제적인 관계가 있으며, 보통 이들 변인간의 상관계수는 .40～.60 사이를 나타낸다. 한편 달에서의 몸무게와 지구에서의 몸무게는 다르겠지만, 그것은 중력의 차이 때문이므로 이들 값은 완전한 상관, 즉 +1.00이 될 것이다. 이 경우 한곳에서의 몸무게를 알면 곧바로 정확하게 다른 곳에서의 몸무게를 예측할 수 있다. 두 변인이 완전한 상관을 이루고 있기 때문에 한 무게체제로부터 전혀 오차없이 다른 무게체제로 옮겨갈 수 있는 것이다. 이 때 지능과 학업성적과의 관계는 인과관계로 볼 수 있으나 달과 지상에서의 몸무게의 상관은 그 중 어느 하나가 다른 하나에 영향을 미친 결과라고 할 수는 없을 것이다.

이와 같이 짝을 이루는 변인들 사이의 관계를 규명하는 상관연구는 교육심리학에서 많이 사용되는 연구방법이다.

2) 실험연구(experimental studies)

실험연구는 한 변인(독립변인)의 변화가 다른 변인(종속변인)에 어떠한 변화를 가져오는가 하는 인과관계를 밝히는 데 사용되는 연구방법이다.

앞에서 언급한 읽기방법의 연구는 실험연구의 한 예이다. 시험이 임박하면 학생들이 배운 내용을 반복해서 읽음으로써 조금이라도 더 기억하려는 것은 흔히 있는 일이다. 그러나 이렇게 집중적으로 시험준비를 하는 대신에 같은 양의 노력을 분산시킨다면 그 효과가 어떻게 다를까?

이를 확인하기 위한 실험연구 중의 한 가지가 앞에서 언급한 연구이다. 이 연구는 한 변인의 변화(독립변인 : 계속해서 5회 읽는 것을 1회씩 5회에 걸쳐 읽도록 변화시킨 것)가 다른 변인(종속변인 : 파지량)에 어떠한 변화를 가져왔는가 하는 것을 실험적으로 연구한 것이다.

비슷한 또 하나의 연구를 보면 같은 영어교사가 같은 학년의 한 학급을 종전대로 가르치고(비교집단) 다른 한 학급은 수업진도를 약간 빨리하여 5분을 남긴 후 이 5분

동안에 그날 배운 내용에 대해 간단한 시험을 치고(실험집단) 그 점수를 학생들에게 알려주었다. 이렇게 4주간을 계속한 후 그 4주간에 배운 내용 전체에 대해서 시험을 쳤다. 그 결과 실험집단의 성적이 비교집단보다 80%나 더 높게 나타났다(유기섭 등, 1992).

이 연구는 독립변인을 45분 간 수업하는 것에서 40분 간 수업, 5분 간 시험, 시험점수 발표로 변화시키고, 이 변화가 성적(종속변인)에 미치는 영향을 밝힌 것이다.

이 같은 실험연구에 있어서는 특히 유의해야 할 사항이 있다. 그것은 실험조건(독립변인을 변화시키는 것) 이외의 다른 조건이 결과(종속변인)에 영향을 미칠 가능성을 최대한으로 배제해야 한다는 것이다. 위의 실험에서는 같은 학년의 두 반이었고, 또 무선적으로 학급을 편성하였으므로 비교집단과 실험집단의 학습능력이 거의 같을 것으로 본 것이다. 그리고 영어의 학습능력이 예상한 대로 비슷한 수준인가를 사전검사로써 확인하는 절차를 밟았고 그것은 확인되었다. 그러나 우연히도 실험집단에는 학습동기가 높은 학생들이 많이 있었다고 가정한다면, 그리고 비교집단이 학습분위기는 좋지 않았다면 실험의 결과는 독립변인을 변화시켰기 때문에 나타난 것만으로는 볼 수 없다. 학습동기나 학급의 분위기도 성적에 영향을 미치는 것이기 때문이다.

따라서 실험연구 결과를 검토할 때에는 투입하는 변인 이외의 변인(결과에 영향을 미칠 것으로 예상되는)이 잘 통제되었는가의 여부를 따져 보아야 한다. 교육현장에 있어서의 연구는 실험설계를 주의 깊게 한다고 할지라도 투입변인 이외의 변인을 완전히 통제하기란 매우 어렵다. 그러므로 보다 엄격한 통제가 필요한 경우에는 동물을 실험대상으로 사용한다. 동물실험에 있어서의 또 한 가지의 이점은 사람에게는 적용할 수 없는 실험조건도 적용이 가능하다는 것이다. 가령 심한 공복이나 갈증이 행동에 미치는 영향을 밝히려 할 때 사람을 오랫동안 굶기거나 식수를 차단할 수 없는 일이다. 물론 동물실험이 갖는 단점도 있다. 어떠한 법칙이나 원리를 밝히는 데는 편리하지만 그것을 사람에게 적용하는 데는 어느 정도의 제한이 따르기 때문이다.

3) 사례연구(case studies)

이상에서 기술한 상관연구와 실험연구에는 통계적인 접근방법을 사용한다. 즉, 이들 연구는 상당히 많은 수를 포함하고 있는 집단의 평균적인 현상을 찾아내는 것이다. 그런데 교육심리학에서는 이와 같은 방법 외에도 흔히 사용되는 방법으로서 사례연구방법이 있다. 사례연구는 집단의 현상보다는 어떤 특정의 개인이 가지고 있는 문제를 풀기 위하여 사용되는 경우도 있고 또 많은 대상자에게 동시에 적용할 수 없는 방법의 효과를 밝히기 위해서 사용되기도 한다.

가출의 원인에는 공통적인 것보다는 서로 다른 것이 더 많을 수도 있다. 따라서 원인이 다른 가출아를 많이 지도하는 것은 그 자체가 필요한 것이기도 하고 또 지도의 전문성을 향상시키는 과정에서 필요한 일이기도 하다. 그리고 이 같은 학생의 지도에 대한 연구는 전자의 경우에 속한다. 한편 조작적 조건화(5장 참조)의 형성과정을 적용하여 수업태도가 좋지 않은 학생의 행동을 지도(수정)하는 연구를 한다면 한꺼번에 많은 학생을 연구의 대상으로 할 수 없는 것이므로 후자에 속하는 사례연구가 된다.

연습 문제

1. 교육이 가르치고 기르는 것이라고 보는 관점의 근거는 학습자들이 많은 지식을 배우고 기억해 두면 필요할 때 그 지식을 활용할 수 있을 것이라는 가상적 전제를 가지고 있기 때문이다. 이와 같은 전제를 어떻게 비판할 것인가?

2. 학습자가 교육의 주체가 되어야 하는 이유에 대하여 논의하라.

3. 교육심리학의 연구방법을 적용한 교육심리의 연구문제를 생각해 보자.

4. 교육심리학의 연구주제에서 가장 중요하다고 생각되는 주제를 선정하여 그 이유에 대하여 논의하여 보자.

참고 문헌

김재은(1984). 유아의 발달심리. 서울 : 창지사.

유기섭 · 하종덕(1992). 수업 직후에 실시하는 시험의 효과, 한국교육문제연구소 논문집 제7호, 중앙대학교 한국교육문제연구소.

황종건(1969). 전문직으로서의 한국교원. 한국교육 20년. 한국교육학회 편. 서울 : 교육출판사.

Austine, S. O. M.(1921). A study in logical memory. American Journal of Psychology, 32, 147-155.

Bidwell, C., & Kasarda, J.(1975). School district origanization and student achievement. American Sociological Review. 40, 55-70.

Borich, G. D. & Tombari, M. L.(1997). Educational Psychology : A Contemporary Approach. New York: Longman.

Bruner, J. S.(1966). Toward a theory of instruction. Cambridge, Mass. : Harvard University Press.

Gage, N. L., & Berliner, D. C.(1984). Educational psychology(3rd ed.). Boston : Houghton Mifflin Co.

Garry, R., & Kingsley, H. L.(1970). The nature and conditions of learning(3rd ed.). N. J. : Prentice-Hall, Inc.

Kimble, G. A., & Garmezy, N.(1963). Principles of general psychology. New York : The Ronald Press Co.

Kolberg, L. & Mayer, R.(1972). Development as the aim of education. Harvard Educational Review, 42, 449-496.

Madsen C. H., Jr., Becker, W. C., Thomas, D. R., Koser, L., & Plager, E.(1968). Analysis of the reinforcing function of "sit-down" commands. In R. K. Parker (Ed.), Readings in educational psychology. Boston : Allyn & Bacon.

Piaget, J.(1929). The child's conception of the world(J. A. Tomlinson, Trans.). New York : Harcourt, Brace World.

Piaget, J.(1964). Development and learning. In R. E. Ripple, & V. N. Rockcastle(Eds.), Piaget rediscovered : A report of the conference on cognitive skills and curriculum development. Ithaca, New York : Cornell University, School of Education.

Strang, R.(1954). Characteristics of a classroom which promotes mental health. The Nervous Child, 10, 363-367.

Shuell, T. J.(1996). Teaching and learning in a classroom context. In D. C. Berliner, & R. C. Calfee(Eds.), Current issues of educational psychology. New York : Simon & Schuster Macmillan.

Shulman, L.S.(1992). Toward the pedagogy of cases. In J. H. Shulman(Ed.), Case methods in teacher education. New York: Teachers College Press.

제2장

인지발달과 지능

본 장에서는 뇌와 인지발달, 피아제의 인지발달이론, 지능의 개념과 지능이론 그리고 지능의 측정에 관한 지식을 바탕으로 학생들의 인지발달을 촉진하는 가운데 인지발달 수준을 고려하여 학업성취를 높일 수 있는 학습지도 방안을 탐색한다. 특히 피아제의 인지발달이론의 각 단계 수준별 적절한 교수-학습전략을 이해하고, 교실현장에서 어떻게 적용될 것인지 교육을 위한 시사점과 문제점을 논의한다.

제1절 뇌와 인지발달

1. 뇌와 신경계의 발달

출생시 영아의 뇌의 무게는 성인 무게의 25%에 불과하다. 그러나 생후 첫 1년 사이에 성인 뇌의 66%, 2세에는 75%, 5세 말에는 90%가 형성된다(Shaffer, 1993). 몸무게가 출생시 성인 무게의 5%, 2세에는 24%, 10세에 50%에 도달하는 것에 비교해 볼 때, 뇌가 얼마나 일찍 발달하는가를 쉽게 알 수 있다. 따라서 출생에서 2세까지를 뇌의 급진적 성장시기라 부른다.

우리의 뇌가 하는 기능은 실제로 신경계의 기능을 의미한다. 신경계는 신경원과 신경교 세포로 구성된다. 신경원은 신경충동을 전달하는 기능을 담당하며, 신경교는 신경원에 영양을 공급하고 신경충동의 전달을 촉진하는 수초로 신경원을 싸는 기능을 갖고 있다. 뇌만해도 약 1,000억 개의 신경원이 있으며, 신경교는 이보다 더 많다.

최근에 뇌신경계의 생리적 변화가 인지발달과 밀접하게 관련되어 있다는 연구결과들이 발표되고 있다. 인지발달과 관련될 수 있는 여러 가지 신경 생리적 변화들 중에서 시냅스 연결에 따른 시냅스 밀도의 변화와 수초와의 증가라는 두 가지 기제가 주로 관심의 대상이 되고 있다. 시냅스란 신경원과 신경원간의 신경충동 전달기제를 뜻한다. 일부의 연구들(Greenough et al., 1987 ; Turner & Greenough, 1985)에 의하면, 시냅스 연결은 초기에 과생성되었다가 점차로 불필요한 시냅스는 소멸되고 필요한 시냅스만 선택적으로 보존된다. 예를 들어, 뇌의 특정 부위의 시냅스 연결 평균수는 출생에서 1세 사이에 1만개로부터 10만개로 증가한다. 시냅스 밀도는 출생 후 2세까지 이처럼 급격히 증가하다가 그 후부터 서서히 감소하여 7세경에는 성인의 수준에 도달하게 된다. 6개월에서 7세 사이 아동의 뇌의 시냅스 밀도는 성인보다 약 50% 더 높다(Huttenlocher, 1979). Greenough 등(1987)은 초기 시냅스의 생성은 경험예기적 과정에 따른다고 가정한다. 경험예기적 과정이란 유전인자의 명령체계에 따라 성숙

에 의해 시냅스가 생성되는 과정을 뜻한다. 따라서 극히 비정상적인 환경경험이 있는 경우를 제외하고는 시냅스 생성은 유사한 발달을 보이게 된다. 그러나 풍부한 탐색기회가 주어진 쥐의 시각피질부 뉴런의 시냅스는 그러한 기회가 차단된 환경에서 성장한 쥐의 시냅스보다 20~25% 더 생성되었다는 보고(Turner & Greenough, 1985)로 미루어 볼 때, 경험예기적 과정에도 환경이 영향을 미치고 있는 것으로 볼 수 있다.

과생성된 시냅스 중 어느 연결이 선택적으로 유지되느냐의 여부는 경험의존적 과정에 의한다. 경험의존적 과정은 환경이나 경험의 영향을 민감하게 받는 신경활동에 의해 이루어진다. 정상적인 환경에서 신경활동은 정상적인 시냅스 연결을 유지하지만, 비정상적인 환경은 비정상적인 신경활동을 초래하게 되며, 따라서 비정상적인 시냅스 보존을 일으키게 된다. 이러한 시냅스의 선택적 보존의 정상성 여부가 초기 인지발달의 정상성 여부를 결정하는 주요 요인이 된다. 시냅스가 과생성되었다가 환경적 경험에 의해 선택적으로 보존된다는 사실은 경험의 영향에 따라 뇌의 발달의 가소성 폭이 그만큼 크다는 사실을 뜻한다. 또한 초기 경험이 인지발달에 미치는 중요성을 보여주는 기제이기도 하다. 시냅스 연결의 강도는 되풀이해서 사용하는 경험의 정도에 따라 성인기에도 변화할 수 있지만, 시냅스의 선택적 보존은 대체로 7세경까지 완성되므로 이 시기의 경험이 결정적으로 중요한 의미를 갖는다.

한편, 뇌에는 몇 가지 다른 영역이 있으며 어떤 영역은 특정 기능에 포함된다는 것을 기억한다. 그리고 깃털 모양의 소뇌(cerebellum)는 부드러운 무용수의 우아한 몸짓에서부터 포크로 찌르지 않고도 먹는 일상적 행동에 이르기까지 숙련된 동작을 조절하고 유연하게 통합시키는 것으로 보인다. 새로운 정보를 배우는 능력은 시상과 관련이 있는데, 특히 그것이 언어적일 때 그러하다. 그물 모양의 구조는 주의와 환기를 위한 역할을 하는데, 정보 처리를 위해 어떤 메시지들은 차단하고 다른 메시지들은 더 높은 뇌 중심부로 보낸다(Wood & Wood, 1993). 뇌의 구조는 크게 전두엽, 두정엽, 측두엽, 후두엽의 4개 영역으로 구분해 볼 수 있으며, 각각의 영역이 하는 기능은 [그림 2.1]과 같이 다르다.

영 역	기 능
전두엽	기억과 관련된 운동에 관여, 언어 구사 능력 및 언어 생성과 관련됨
두정엽	촉감 및 몸의 자세에 관련된 활동들과 결합됨
측두엽	말하기, 듣기, 그리고 일부 시각 정보 처리와 관련됨
후두엽	시각적 감각을 담당함

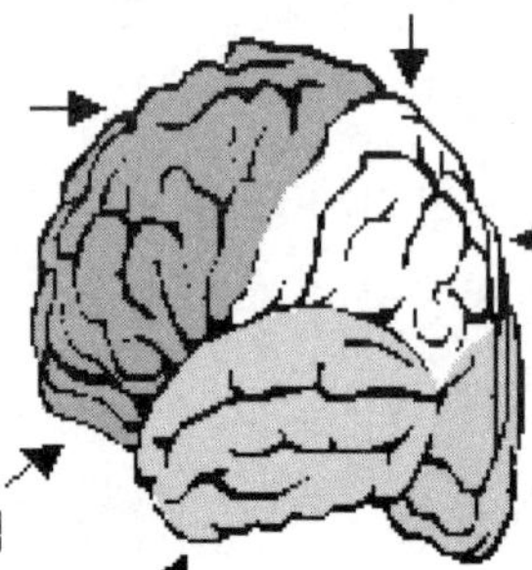

[그림 2.1] **뇌의 구조와 기능**

뇌의 각 부위의 발달속도 또한 다르다. 출생시에는 각성, 반사기능, 소화, 호흡, 배설 등 주로 생물학적 기능을 담당하는 뇌간과 중뇌가 먼저 발달해 있다. 생후 6개월경에 피질부의 운동영역과 감각영역의 발달이 이루어진다. 이들 영역의 기능이 발달되어 의도적인 운동을 하게 되면 생득적인 반사기능들이 사라지게 된다.

2. 뇌의 편재화

인지발달을 뜻하는 뇌 기능의 또 다른 측면은 뇌 편재화 혹은 뇌의 두 개 반구의 특수화를 들 수 있다. 대뇌는 좌뇌와 우뇌로 나뉘어져 있는데, 각각 반대편에 있는 몸의 지각과 운동을 담당하고 있다(Hetherington & Parke, 1993). 즉, 좌뇌는 몸의 오른쪽을, 우뇌는 몸의 왼쪽을 맡고 있다. 오른손을 움직일 때는 손과 반대쪽에 있는 좌뇌에서 오른손으로 명령이 내려진다. 따라서 뇌출혈이나 사고로 뇌를 다치면,

사고가 난 뇌의 반대쪽 몸에 이상이 나타나게 되는 것이다.

좌뇌는 언어뇌라고도 하며 언어중추가 자리잡고 있다. 좌뇌가 발달하면 언어구사 능력, 문자나 숫자, 기호의 이해, 조리에 맞는 사고 등 분석적이고 논리적이며 합리적인 능력이 뛰어나다. 일반적으로 아이들은 성장하면서 좌뇌를 많이 개발하게 된다. 우뇌는 이미지 뇌라고도 하며 그림이나 음악 감상, 스포츠 활동 등 단숨에 상황을 파악하는 직관과 같은 감각적인 분야를 담당한다. 또한 우뇌의 패턴 인식력이란 기억을 이미지화하여 머릿속에 파일 형태로 저장, 필요할 때 꺼내 쓰는 능력을 말한다. 아기가 부모와 남을 구별할 수 있는 것은 이 능력 때문이다. 공간 인식 능력은 사물의 공간적 위치를 판단하고, 행동을 계획하는 능력을 말한다. 예를 들어 미로에 빠졌을 때 목적지를 찾아낼 수 있는 것은 바로 이 능력 때문이다. 이렇게 좌뇌와 우뇌가 하는 일에는 차이가 있지만 좌뇌는 언어뇌, 우뇌는 이미지뇌로서 서로 정보를 교환하면서 공동 작업을 하고 있다.

좌뇌	우뇌
언어적	비언어적(시각적)
분석 - 논리적	직관 - 은유적
직역적	공간적
이성 - 인지적	감정 - 예술적
수렴적	확산적

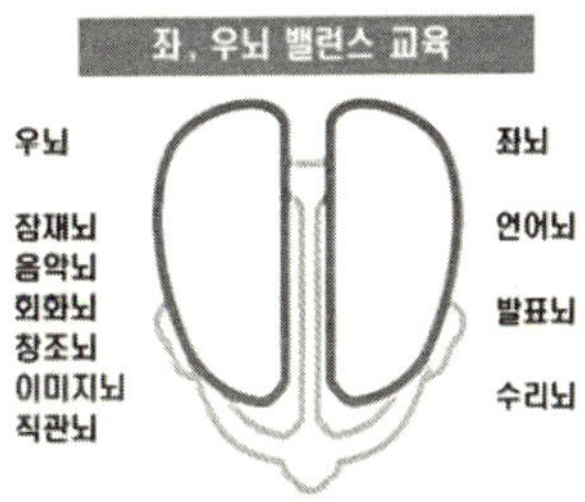

[그림 2.2] **뇌의 두 부분 : 좌반구와 우반구**

제2절 인지발달이론

1. Piaget의 인지발달이론의 개념

지난 반 세기 동안 스위스의 심리학자 Jean Piaget는 인간이 어떻게 정보를 수집하고 조직하며 세상에 대한 의미를 만들어 가는지를 설명하는 하나의 모델을 고안했는데(Piaget, 1954, 1964, 1970), 그 모델은 유아기에서 성인기까지의 사고 발달에 대한 설명을 제공해 준다.

우리는 아동에게 그의 발달수준에 걸맞지 않은 어려운 것을 가르치려고 하는 것은 무리한 일인 것을 누구나 안다. 아동이 배울 수 있는 것은 그 연령수준에서 발달되어 있는 사고력(지적 또는 인지적 능력)으로 감당할 수 있는 범위 내의 과제에 한정될 수밖에 없다. Piaget는 바로 이 같은 사실을 기초로 하여 아동이 어느 연령수준에서 배울 수 있는 것은 무엇이겠는가 하는 것을 밝히려 하였다. 즉 각 연령단계에 있어서의 지적 발달 수준 또는 인지적 발달 수준을 구분하고 그 수준에 맞는 학습과제가 무엇이 있는지를 설명하였다.

Piaget가 아동에 관한 연구를 시작할 무렵인 1920년경, 많은 학자들은 아동들도 본질적으로 어른들과 똑같은 방식으로 사고하고 추리한다고 생각했다(Zanden, 1980). 그러나 Piaget는 바로 이 점에 의문을 갖고 반론을 펴게 된다. 아동들은 어른의 축소가 아니며, 사고의 체계에도 어른의 사고체계와는 질적으로 다르고, 그들 나름대로의 독특한 방식으로 사고한다고 그는 믿는다. 그러므로 경험으로부터 자신의 세계를 만들어 가는 방법에 있어서도 아동들은 어른들보다는 미숙하다. 예를 들면, 아동들은 그들이 걸어가면 태양이 뒤따라오며, 꿈은 창문을 통해서 온다 등과 같은 말을 한다. 아동들의 그 같은 생각은 어리석고 잘못된 것이라기보다는 세상을 해석하는 데 있어 어른과 다른 정신구조 혹은 일련의 법칙을 사용하고 있기 때문이다. 그런 아동들이 성장하면서 점차적으로 미숙한 생각들은 보다 적절한 것을 위해 버리고 애매모호한 생각들은 보다 분명한 수준의 생각들로 전환되어 결국 성인들과 같은 수준의 추상적이고 논리적인 사고능력을 갖게 되는 것이다.

한편, Piaget는 아동들을 어른과 같은 하나의 적극적인 지적 획득자로 보고 있다. 즉 아동들도 주위환경으로부터의 정보를 단지 수동적으로 받아들이기보다는 적극적이고 능동적으로 그 정보들을 선택해서 받아들이고 해석한다는 것이다. 그리고 인간의 외부의 자극들을 받아들이고, 해석하고, 전환하고, 조직하는 일련의 정신구조(mental structure)가 있는데 이 같은 정신구조를 인지구조(cognitive structure)라고 한다. 그런데 이 인지구조는 화가가 그림을 그리는 것과 같은 단순한 복사가 아니라 각 개인이 경험으로부터 얻은 것과 환경으로부터 얻은 것을 더하고 빼고 한 것과의

독특한 조화에 의해서 형성되는 사고의 구조이다.

사고의 기본적 경향

Piaget에 의하면, 인간은 그들의 사고과정을 심리학적 구조로 조직화(organization)하는 경향을 가지고 태어난다. 이러한 심리학적 구조는 세계에 대한 이해와 상호작용을 위한 체계로 되어 있고, 단순한 구조들은 계속적으로 더 정교하게 결합되고 조정됨에 따라 더 효율적이 된다. 예를 들어, 아주 어린 유아는 사물을 손으로 접하게 되면 그것을 쳐다보거나 잡을 수 있지만, 보는 것과 붙잡는 것을 동시에 할 수는 없다. 유아는 발달할수록 이러한 두 개의 분리된 행동적 구조에서부터 물체를 쳐다보고, 잡으려고 손을 뻗치고, 그리고 붙잡으려는 조화된 하나의 더 높은 구조로 조직화한다(Ginsburg & Opper, 1988).

Piaget는 이러한 구조에 특별한 명칭을 붙였다. 즉 도식(schema)이라고 하였고 이 도식은 사고의 기본 단위로서 우리가 세상에서 사물과 사건에 대해 정신적으로 표상하거나 생각해 보도록 하는 조직화된 행동 또는 사고의 체계이다. 도식은 빨대를 통한 빨기 도식이나 장미를 인식하는 것과 같이 아주 작고 세부적일 수 있으며, 마시기 도식이나 식물의 범주와 도식처럼 보다 크고 일반적일 수도 있다. 인간의 사고 과정이 더욱 조직화되고 새로운 도식이 발달할수록 행동은 보다 정교하게 되고 환경에 더욱 적합해진다.

심리학적 구조를 조직화하는 데 있어서 인간은 또한 환경에 순응(adaptation)하는 경향을 가지고 태어난다. Piaget는 인간은 출생 순간부터 더 만족스럽게 순응하는 방식을 찾는다고 믿었다. 순응에는 두 개의 기본적 과정, 즉 동화와 조절이 있다. 동화(assimilation)는 인간이 세상의 사건들에 대한 의미를 만들기 위해 자신에게 존재하는 도식을 사용할 때 일어나는 것이다. 또한 우리가 이미 알고 있는 것에 맞춰서 새로운 것을 이해하려고 노력하는 것을 말한다. 종종 새로운 정보를 기존 도식에 맞추기 위하여 왜곡하는 경우도 있다. 예를 들어, 많은 아동들이 처음으로 스컹크를 보았을 때 그들은 그것을 '새끼 고양이'라고 부른다. 즉 그들은 동물을 규정하기 위해 새로운 경험과 기존의 도식을 조화시키려고 노력하는 것이다. 조절(accommodation)은 인간이 새로운 상황에 반응하기 위해 기존의 도식을 변화시켜야 할 때 일어난다. 만일 정보가 어떠한 기존 도식이 맞지 않는다면, 더 발달된 적절한 구조가 있어야 한다. 즉 우리의 사고에 정보를 적응시키는 대신 우리의 사고를 새로운 정보에 맞게 적응시키는 것이다. 아동은 동물을 규명하는 다른 체계들에 스컹크를 규명하는 도식을 첨가할 때 조절을 보여 준다.

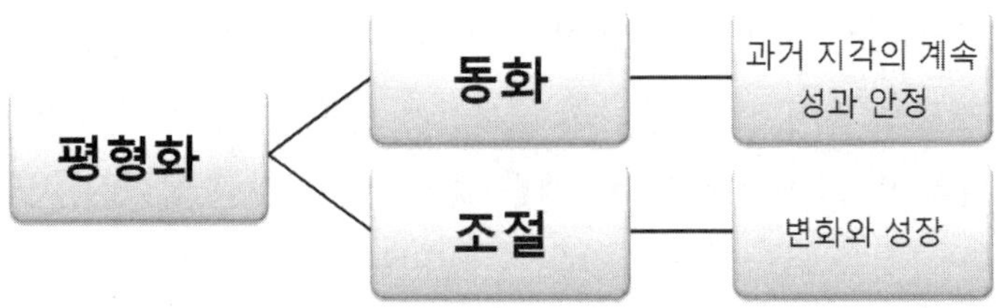

[그림 2.3] **피아제의 학습 상호작용**

인간은 이러한 도식이 작용할 때마다 기존 도식을 사용하고(동화), 또 새로운 어떤 것이 필요할 때 그들의 도식을 수정하고 첨가함으로써(조절) 복잡해지는 환경에 적응한다. 결국 인지성장 혹은 인지발달은 우리가 이미 알고 있는 것을 기초로 해서 약간 다른 새로운 정보를 받아들이기(동화)와 신 · 구 정보를 통합시키기 위해 기존의 도식을 재구조화하기(조절)에 의해 좌우된다고 할 수 있다. 그런데 정상적인 인간이라면 동화와 조절간의 균형을 찾기 위해 노력한다. 이러한 균형화 과정을 평형(equilibrium)이라고 한다. 적응은 바로 이 같은 동화나 조절 중 어느 한쪽에도 치우치지 않게 두 과정의 평형상태를 유지하는 것이며, 이 적응과정은 일생 동안 계속적으로 이루어진다. 따라서 인지발달의 각 단계는 특정한 일련의 도식들로 구성되어 있으며, 생애의 어떤 시점에서 나타나는 일시적인 평형상태를 가리킨다.

〈꿈의 도식〉

거인 꿈을 꾼 4살짜리 아이가 말하기를 "나는 무서워서 울었습니다. 거기에는 분명히 거인이 있었고, 내가 깨었을 땐 그 거인이 사라졌습니다. 나는 방바닥에서 그 거인의 발자국을 봤습니다"라고 하였다. Piaget는 이 어린 여자 아이의 행동을 우습고 바보스러운 것으로 생각하지 않았다. 그것은 단지 그 여자 아이가 꿈과 현실을 구분하지 못하는 발달의 어느 특정 단계에 있기 때문이다.

그런데 이 아이가 약 5세경에 이르면 꿈은 실제가 아니라는 것을 알게 될 것이다. 즉 그 아이는 발자국이 실제로 방바닥에 있지 않았다는 것을 알게 될 것이다. 이 같은 새로운 정보의 동화는 그 아동으로 하여금 현재 가지고 있는 도식에 의문을 가지게 하며, 결국 인지불평형을 불러일으킬 것이다. 이때 조절을 통해서

그 아동은 자신의 현재 사고구조 혹은 도식을 새로운 경험에 맞추기 위해 수정한다. 그렇게 되면 그 아동은 새로운 한 수준의 평형상태를 갖게 되는 것이다.

다시 말하면 꿈은 실제적인 사건이 아니라 상징적인 사건으로서 다른 사람들에게는 보이지 않는 것으로 해석하는 도식을 가지게 된다. 이 아동이 꿈은 실제 사건이 아님을 깨닫게 될 때쯤이면 다른 사람들이 자신의 꿈 내용에 관해 알지 못한다는 것을 알게 될 것이며, 이는 그로 하여금 그 같은 새로운 정보를 결합시킬 새로운 도식을 만들어 가게 할 것이다. 그리고 그 이전까지는 꿈을 실제 사건이 아니고 내적인 사건으로 보는 것에 의문을 갖고 있었으나, 그녀가 6~8세 정도가 되면 꿈은 비실제적 사건, 즉 자신의 마음 속에서 나타나는 생각일 뿐임을 깨닫게 될 것이다. 이와 같은 동화와 조절의 과정은 계속적이고 역동적으로 상호작용해 나간다.

2. Piaget의 인지발달단계

아동들이 연령에 따라 필요한 신체적 성숙이 이루어지는 것처럼 대체적으로 인지능력도 연령에 따라 점진적으로 발달한다는 것이 Piaget의 견해이다. 그리고 한 단계에서 다음 단계로의 발달적 전환은 다음과 같은 네 요인에 의해서 영향을 받는다고 한다(Piaget, 1963).

첫째, 성숙이다. 중추신경계, 뇌, 운동협응 발달 및 그 외의 신체적 성장이 일정한 수준까지 발달하기 전에는 아동은 걸을 수 없으며, 만일 아동의 환경에 대한 탐색이 제한된다면 환경에 대해서 배울 수도 없을 것이다.

둘째, 환경과의 상호작용을 통한 경험의 축적이다. 아동의 물리적 환경과의 상호작용은 발달의 속도를 높여 준다. 주위 환경의 여러 가지 사물을 관찰하고 조작하는 것은 보다 복잡한 사고에 도움을 주기 때문이다.

셋째, 사회적 발달이다. 여러 사람과의 접촉경험은 언어 및 읽기 발달에 영향을 미칠 뿐만 아니라 또래나 어른들과의 상호작용에도 많은 도움을 준다.

마지막으로, 평형 또는 자아조절이다. 이 요인은 불균형이 생겼을 때 그로부터 벗어나서 평균상태를 다시 회복시키려는 역할을 한다. 바로 이 과정에서의 동화와 조절을 통해 점진적으로 보다 높은 차원의 인지적 기능을 획득할 수 있게 되는 것이다.

한편, 피아제는 인지발달의 단계를 구분하는 기준으로 연령을 제시하였다. 하지만 연령은 절대적이고 정확한 것이 아니라 대략적인 것으로서, 어느 한 단계가 끝나면 곧바로 다음 단계가 되는 것을 의미하지는 않는다. 그리고 일반적으로 인지 발달도 신체적 성숙이나 환경의 경험에 비례하여 단계적으로 이루어진다. 따라서 어떤 아동들은 같은 연령일지라도 다른 아동들보다 빨리 발달할 수도 또는 늦게 발달할 수도 있다. 그러나 각 단계의 순서는 고정되어 있기 때문에 전단계의 발달이 이루어져야만 다음 발달단계로 들어가게 된다. 피아제가 제시한 발달단계는 다음 [그림 2.4]와 같다.

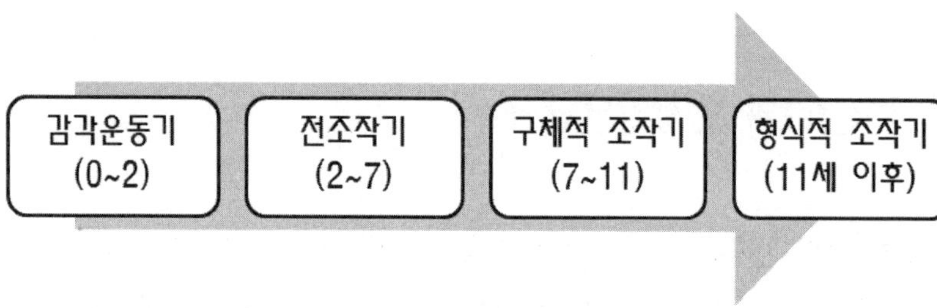

[그림 2.4] **피아제의 인지발달단계**

1) 감각운동기(sensorimotor stage, 0~2세)

이 시기 초의 유아들은 경험을 표현하는 방법으로 그들이 유전적으로 가지고 태어난 반사적인 행동을 사용하며, 감각과 운동을 통하여 세상을 받아들이고 적응해 간다. 즉 실제 대상물을 보기, 듣기, 움직이기, 만지기, 맛보기 등의 감각과 운동을 통해 조작한다. Piaget가 이 단계를 '감각운동'이라고 표현한 것도 바로 이 때문이다.

이 시기에 이루어지는 가장 중요한 성취는 대상영속성(object permanence)의 발달이다. 대상영속성이란 어떤 대상물이 본래 있었던 장소에서 옮겨졌거나 없어져서 자신의 시야에서 보이지 않아도 그 대상물이 계속 존재한다는 것을 이해하는 것이다. Piaget는 4~5개월된 아이가 장난감을 가지고 놀고 있을 때 그 장난감을 다른 물건 뒤로 굴러가서 그 아이의 시야에서 사라지면, 아이는 장난감을 닿을 정도로 가까운 장소에 있음에도 불구하고 그것을 찾으려고 하지 않음을 관찰하였다. 이것은 그 아이에게는 눈에 보이지 않는 것은 더 이상 이 세상에 존재하지 않는다고

생각하기 때문이다. 그러나 8~10개월 사이에는 대상영속성의 개념을 터득하고 보이지 않는 대상물을 찾으려고 한다. 이 개념의 발달은 대상물 혹은 경험 이후부터는 행동하기 이전에 그 행동에 대하여 생각하고 처음으로 언어와 같은 상징적인 표현방법을 사용하기 시작한다.

2) 전조작기 단계(preoperational stage, 2~7세)

전조작기는 감각운동기에서 조작 단계로 넘어가는 과도기로서 현저한 지적 발달을 성취한다. 감각운동적인 도식에서부터 개념적, 상징적 양식으로 기능을 수행하는 것으로 발달하게 되는데, 사상을 점점 내적으로 표상할 수 있게 되고, 직접적인 감각·동작행동에의 의존도는 줄어든다. 이 단계의 아동은 사물의 이름을 알게 되고, 단일 차원에서 사물들을 구분할 수 있게 되고, 또한 감각운동 능력도 정교화하게 된다. 특히 전조작기에는 언어의 발달, 자기중심성, 중심화, 불가역성 등의 인지적 특징들이 발달하게 된다.

이 단계의 아동이 가지는 가장 명백하고도 뚜렷한 특징은 언어의 발달이다. 그러나 이 단계에서 말을 사용한다는 것이 반드시 개념화를 뜻하는 것은 아니다. 아동은 어른들과는 다른 방식으로 사물에 이름을 붙이고 행동한다. 예를 들면, 어떤 움직이는 것을 가리킬 때 그것이 트럭이든, 승용차이든, 기차이든, 자전거이든간에 관계없이 모두 '차'라는 단어를 사용한다. 한 유개념 속에서 한 종과 다른 종과의 유사성이나 차이점을 분명히 모르고 말을 사용하기 때문에, 이때 아동들이 사용하는 말이 비록 사물의 이름이 된다 하더라도, 어른과 같은 수준의 개념으로 사용하는 것은 아니다. 이런 종류의 개념을 Piaget는 전개념(preconcept)이라고 말하였다.

이 단계의 아동이 가지는 다른 하나의 특징은 자기중심성(ego-centrism)이다. 즉, 아동은 다른 사람의 역할과 견해를 고려할 줄 모른다. 다른 사람의 생각이란 그에게는 있을 수 없으며, 오직 자기가 생각하는 것, 자기가 생각하는 방식만 있을 뿐이다. 어른들에게도 가끔 자기중심적이란 말을 사용하긴 하지만 전조작적 사고기에서 나타나는 아동의 자기중심성과는 전혀 다르다. 자기중심적인 성인은 다른 사람의 견해가 있다는 것을 알고 그것을 받아들일 수도 있는데 받아들이지 않는 것을 말하지만, 전조작기 사고기의 아동들이 가지는 자기중심성이란 결코 다른 사람의 생각

이란 있을 수가 없는 것으로 되어 있다. 이 자기중심성은 아동의 언어에서도 명백히 나타난다. 아동들이 가끔 아무도 듣고 있지 않는데도 그들이 하고 있는 것에 대해 즐겁게 이야기하는 것을 보았을 것이다. 이것은 아동이 혼자 있을 때 또는 그가 집단 속에 있을 때 아무런 실제적인 상호작용이나 대화가 없어도 열심히 이야기할 수 있다는 것이다. Piaget는 이것을 집단적 독백(collective monologue)이라고 부른다. 그러나 자기중심적인 언어는 이 단계의 마지막에 이르면 상호소통적인 언어로 발달한다. 아동들은 생각을 서로 교환하게 되고, 이런 점에서 사회적인 대화가 된다. 또한 자아중심성과 더불어 중심화 경향도 발달하게 되는데, 대상들을 여러 관점에서 보지 못하고 한 가지 방식으로만 본다는 의미이다. 어떤 사물의 자극이 있을 때 아동은 그것의 한정된 지각 측면에서 고정시켜서, 다른 모든 측면을 탐색할 수 없는 지각의 집중화를 보인다. 결국 이러한 중심화로 인해서 아동은 어떠한 사물의 피상적인 측면만을 동화하는 경향성을 가진다.

전조작적 사고기의 아동에게 있어서 뚜렷한 또 하나의 특징은 보존성(conservation)을 발달시키지 못하는 데 있다. 보존성이란 어떤 수, 길이, 물질, 면적, 부피 등을 그 순서나 형태를 바꾸어 여러 가지 다른 방식으로 제시한다 하더라도 그것들은 항상적으로 남아 있고, 변하지 않는다는 것을 아는 능력을 말한다. 예를 들면, 10개의 바둑알을 직선으로 놓든지, 원형으로 놓든지, 혹은 모아져 있든지 언제나 그 수는 10개이지만 이 단계에 있는 아동은 이것을 이해하지 못한다. 전조작 단계에 있는 아동들이 보존성을 발달시키지 못하는 것은 그들의 사고가 눈으로 보는 것과 밀접하게 관련되어 있기 때문인 것으로 생각된다. 논리적으로 사고하지 못하고 사물이 나타나 있는 모양 그대로를 봄으로써 직관적으로 사고한다.

〈전조작기의 아동 가르치기〉

- 구체적 준비물과 시각적 보조물을 가능하면 언제나 사용한다.
- 지시 사항들은 짧게 하되, 말뿐만 아니라 행동으로 보여 준다.
- 학생들이 세계를 보는 능력에 있어 타인의 관점과 일관되리라고 기대하지 않는다.
- 학생들에게는 같은 단어가 다른 의미를 가질 수도 있고 다른 단어가 같은 의미를 가질 수 있다는 가능성에 대하여 민감해야 한다. 그러나 아동들은 다른 사람들이 모두 자기들의 단어들을 이해해야 한다고 기대할지도 모른다.
- 독해력과 같은 좀 더 복잡한 기술을 위한 기초가 될 수 있는 다양하고도 실질적인 것들을 가지고 연습할

수 있는 기회를 제공한다.
- 개념과 언어학습을 위한 기초를 세우기 위하여 다양한 영역의 경험을 제공한다.

3) 구체적 조작기(concrete operation stage, 7~11세)

구체적 조작기에 이르면 아동은 논리적 추리력을 갖게 된다. 그러나 비록 논리적인 사고력이 발달하지만, 그 사고 과정은 역시 아동이 관찰한 실제 사실에만 한정되어 있다. 예를 들면, 8~9세가 서로 다른 막대 X, Y(X가 Y보다 길다)를 보여준 뒤 Y, Z(Y가 Z보다 길다)을 보여주면, X와 Z를 직접 시각적으로 비교해 보지 않고도 X가 보다 더 길다는 것을 안다. 그러나 이 단계의 아동에게 순전히 언어로만 들려주고 비교를 요구하면 그는 대단히 혼란을 일으키게 된다.

이 단계에서는 아동의 자기중심성이 약해지고 다른 사람의 생각도 할 수 있게 된다. 따라서 아동의 언어도 사회화되어 간다. 다른 관점을 이해하게 되고, 한 사물이 여러 가지 모습으로 보일 수 있다는 것을 이해하게 된다. 수, 길이, 면적, 부피 등의 보존성이 나타난다. Piaget에 따르면, 보존 문제해결에 대한 아동의 능력은 세 가지 기본적인 추론(동일성, 보상성, 가역성)의 측면에 대한 이해에 달려 있다고 한다. 동일성에 대한 완전한 이해가 되면 아무것도 첨가되거나 제거되지 않는 한 그 물질은 동일한 상태로 남아 있는 것을 아는 것이고, 보상성에 대한 이해가 생기면 학생은 한 방향의 분명한 변화는 또 다른 방향의 변화에 의해 보상되어질 수 있다는 것을 아는 것이며, 가역성에 대한 이해가 생기면 학생은 변화된 것을 머릿속에서 상쇄시킬 수 있다는 것을 아는 것이다.

이 단계에서 또 하나의 중요한 조작은 분류(classification)이다. 분류는 환경 속에서 대상들의 한 가지 특성에 초점을 맞추는 학생의 능력과 또 그 특성에 따라 대상들을 군집화하는 능력을 말한다. 즉, 12개의 색과 모양이 다양한 물체들이 주어지면 구체적 조작기의 학생은 누구나 모양이 같은 것들을 찾아낼 수 있게 된다는 것이다. 분류는 가역성과 관련되어 있다. 과정을 정신적으로 가역할 수 있는 능력은 이제 구체적 조작기의 학생으로 하여금 한 집단의 물체들을 분류하는 데 한 가지 이상의 방법이 있다는 것을 알게 한다. 예를 들어, 학생들은 단추가 크거나 구멍의 수에 의해 분류되지 않고 색에 의해 분류될 수 있다는 것을 이해한다.

보존개념이나 분류 등과 같은 조작을 다룰 수 있는 능력을 가진 구체적 조작기의 학생은 궁극적으로 사고의 완전하고 아주 논리적인 체계를 발달시킨다. 그러나 이러한 사고의 체계는 여전히 물리적 현상과 연결되어 있다. 즉, 이 단계의 아동들이 개념을 발달시키긴 하지만, 아직도 아동의 사고는 직접 지각하고 손으로 만질 수 있는 구체적인 사물에만 한정되어 있음을 의미한다. 또한 아직 일어나지 아니한 미래의 가능성에 대해서 추상적으로 사고하는 능력은 아직 상상할 수 없다.

〈구체적 조작기의 아동 가르치기〉

- 계속해서 구체적 준비물과 시각적 보조물을 사용하되, 특히 수준 높은 자료들을 다룰 때 그렇게 한다.
- 학생들에게 물체를 조작하고 검증하는 기회를 계속해서 제공한다.
- 발표와 읽기가 간단하게 잘 조직화되었는지 확인한다.
- 복잡한 개념을 설명하려면 친숙한 예들을 사용한다.
- 점차적으로 복잡해지는 수준에서 물체와 개념을 분류하고 군집화할 기회를 준다.
- 논리적이며 분석적 사고를 요하는 문제를 제시한다.

4) 형식적 조작기(formal operation stage, 11세 이후)

형식적 조작단계는 지적 발달의 최고 수준을 발휘하는 인지발달의 마지막 단계이다. 이 단계에 이르면 아동은 가장 성숙한 인지적 조작능력을 갖게 되는데, 구체적이고 실제적인 상황을 넘어서는 문제를 다룰 수 있게 된다. 마음 속에만 존재하는 추상적인 사물들에 대해서 논리적으로 사고할 수 있다. 즉, 이론을 구성하고 그것에 관한 직접적인 경험을 하지 않았다 하더라도 그 결과에 대한 논리적인 결론을 이끌어 낼 수 있다. 탈중심화, 가역성, 추상적 사고가 충분히 발달되어 과학자들이 생각하는 것처럼 생각하며, 추상적인 문제를 해결할 수 있게 되는 것이다. 또한 자료를 조직하여 과학적으로 추리하며 가설을 설정할 수 있는 조합적 사고가 발달하게 된다.

가설적으로 사고하고, 대안을 고려하고, 모든 가능한 조합을 확인해 내고, 또 자신의 사고를 분석하는 능력은 아동들에게 흥미로운 결과를 초래한다. 그들은

존재하지 않는 세계에 대해 사고할 수 있기 때문에 종종 공상 과학에 흥미를 갖게 된다. 그들은 일반적 원리로부터 특수한 행동으로 추론할 수 있기 때문에 자신의 원칙과 모순되는 행동을 하는 것처럼 보이는 사람에 대해 비판적이다. 또한 그들은 최선의 가능성들을 이끌어 낼 수 있고 이상적 세계를 상상할 수 있다. 이것은 이 나이의 학생들이 왜 유토피아나 정치적 운동, 그리고 사회적 쟁점에 대해 흥미를 발달시키는가를 설명해 준다.

이 단계에서 또 하나의 특징은 청소년기 자아중심적 사고이다. 자기중심적인 어린 아동과는 달리 이 단계의 청소년들은 다른 사람이 서로 다른 지각과 신념을 가질 수 있다는 것을 부인하지는 않는다. 단지 자신의 아이디어에 초점을 맞추게 될 뿐이다.

〈형식적 조작기의 청소년 가르치기〉

- 구체적-조작적 교수 전략과 자료들을 계속해서 사용한다.
- 학생에게 많은 가설적 질문을 탐구할 수 있는 기회를 제공한다.
- 학생이 문제해결을 하고 과학적으로 추론할 기회를 제공한다.
- 가능한 한 지식뿐만 아니라 학생들의 삶과 관련 있는 자료와 아이디어를 사용하면서 광범위한 개념을 가르친다.

3. 교육을 위한 시사

이론과 실제 사이에는 언제나 어느 정도의 거리가 있기 마련이다. 이론은 일반적인 원리 혹은 원칙인데 반하여 그것을 적용하려는 실제의 상황은 매우 다양하기 때문이다. Piaget의 이론도 예외는 아니어서 자기의 이론을 교육의 현장에 적용함에 있어서는 신중을 기해야 할 것임을 Piaget(1970) 스스로가 강조하고 있다. 그러나 Piaget의 이론은 교육에 매우 중요한 시사를 한다는 것이 많은 학자들(Zanden, 1980; Siegal, 1969; Gaudia, 1974)의 의견이다. 그 중에서 중요한 몇 가지를 지적하면 다음과 같다.

첫째, 교수전략이나 학습의 과제는 아동의 발달단계에 적절한 것이어야 한다.

사람은 아는 것만 배울 수 있고 모르는 것은 배울 수 없다는 표현이 뜻하는 것처럼 어떤 지식이나 정보의 설명 중에 아동들이 모르는 언어가 있거나, 아동들이 이미 가지고 있는 인지구조에 의해서 개념을 형성할 수 없는 것이라면 아동들은 그것을 이해할 수 없는 것이기 때문이다. 새로운 정보는 아동들이 이미 가지고 있는 인지구조에 의해서 동화가 가능할 때에만 학습이 가능한 것이다. 그러므로 교사가 정확한 언어로 설명한다 할지라도 그 설명에 사용되는 언어가 학습자의 수준이 아니고 교사의 수준이라면 학습은 이루어질 수 없는 것이다. 예를 들어, 아동에게 어떤 시를 읽히고, 그 시를 썼을 때의 작가의 생각을 묻는다면 실망할 가능성이 더 많을 것이다. 교사가 생각하는 학습과제의 적절한 수준이 모든 학습자에게도 적절한 수준일 수는 없는 것이다. 그러므로 교사가 무엇을 가르치든 간에 학습자는 그 중에서 자기의 인지수준에 맞는 것, 그리하여 이해가 가능한 것만을 취하고 배울 수 있게 되는 것이다. 이런 의미에서 Piaget는 학습에 있어서의 행위자는 바로 학습자라는 것, 따라서 교육의 성과는 가르친 만큼 나타나는 것이 아니고 학습자가 적극적으로 학습활동에 참여하여 배운 만큼만 나타난다는 점을 강조한다.

둘째, 교육과정은 학습내용의 순서에 따라서 구성되어야 하며, 또 그것은 학습자의 인지적 발달수준을 충분히 고려한 것이어야 한다. 그러므로 어느 학년에 있어서의 교육프로그램은 물론 학년간의 연계에 있어서도 학습자의 준비성 및 교과 내용이 가지는 논리가 충분히 고려된 것이어야 한다.

셋째, Piaget는 학습의 과정이 자발적이고 활동적일 때 아동들이 보다 많은 것을 얻을 수 있다고 생각한다. 아동에게 어떠한 정보들을 말해 주는 것은 그 정보들을 기억하도록 해줄 것이고 질문하면 대답도 할 수 있을 것이다. 그러나 이 사실이 학습자가 그 정보들을 완전히 이해했다거나 새로운 지식을 획득했다는 것을 보장하는 것은 아니다. 예를 들면, 6학년 학생이 교과서적 용어로 복잡한 물리현상을 정확하게 설명할 수 있었다고 하자. 그러나 그 물리현상을 자신의 말로 설명하라고 하면 그는 아주 곤란을 겪을 것이며, 거의 이해도 못하고 있음을 나타내는 경우도 있을 것이다(Joyce, 1966). 이 사실은 바로 학습과정에서 아동들이 적극적이고 능동적으로 참여하여야 된다는 것을 시사한다. Piaget가 말하기를 “훌륭한 교육이 되기 위해서는 아이들 스스로 실험할 수 있는 상황을 제공해야만 한다. 즉 매우 광범위한 감각 — 무엇이 일어나는 가를 찾아보려 하고, 사물을 조작해 보고, 상징적인 것들

을 조작해 보고, 질문을 던지고, 자기 자신이 답을 찾아보고, 다른 시기에 발견한 것들을 조화시켜 보고, 자신이 발견한 것과 다른 아이들이 발견한 것들을 비교해 보고 하는 등 — 상황을 제공해야 한다"는 것이다. 능동적인 참여와 경험은 학습에 있어서 매우 중요한 요건인 것이다.

넷째, 교사는 학습자들의 현재의 사고능력을 과소평가 혹은 과대평가하지 말아야 한다. 학습자들은 아주 단순한 수업 또는 이해하지 못하는 수업이라고 해서 수업을 그만두지는 않는다. 예를 들면, 불평형은 성장을 촉진시켜 주는데, 학습자들은 자신이 생각했던 일(나무조각은 크기 때문에 가라앉을 것이다)과 실제 일어난 일(가라앉지 않고 떴다)과의 사이에 어떤 갈등(불평형)을 경험하였을 때, 그들은 이미 자신이 알고 있었던 것을 다시 생각하게 되고, 그럼으로써 그들은 새로운 지식을 얻게 될 것이다 (Hunt, 1961). 따라서 학습자들에게 잘못을 일으키게끔 상황을 설정함으로써 불평형의 적절한 수준을 경험시켜 줄 수 있다.

결론적으로 Piaget식 교육의 강조점은 아동들에게 단편적이고 개념적인 사실들의 전달보다는 보다 적절한 도식의 발달을 촉진시킴으로써 그들이 살아가는 현실세계에 적절히 적응해 나갈 수 있도록 하는 데 있다.

4. Piaget 이론의 문제점

Piaget는 발달심리학 및 교육학에 현저한 영향을 끼치기는 하였지만 그의 이론 중에는 비판을 받는 부분이 있는 것도 사실이다. 그 중에서 많이 거론되는 몇 가지의 문제점을 살펴보면 다음과 같다.

첫째, Piaget는 인지발달의 4단계를 자세히 설명한다. 그러나 인지구조에 있어서 이 같은 변화가 어떻게 해서 나타나는가 하는 데 대한 설명은 충분하지 못한 것으로 받아들여지고 있다. 전조작단계에서 조작단계로 옮겨가게 하는 것은 무엇일까? 아동이 필요한 도식 또는 지적 구조를 획득하면 다음 단계로 간다는 것이 Piaget의 설명이다. 그러나 이 설명은 쳇바퀴식이라 할 수 있다. "어느 아동은 보존개념이 발달되지 않았으므로 아직 전조작기에 있다"고 한다면 "그는 아직 전조작기에 있기 때문에 보존개념이 발달되지 않고 있다"란 표현도 가능한 것이다. 그뿐만 아니라 Piaget가 구분한 어느 한 단계에 있어서도 일관성이 없다는 것이다. 만약 단계로 구분되어 있다면 사고의 일관성도 유지해야 된다. 즉 아동들의 사고가 특정한 조작능력에 기초하고 있다면, 어느 한 아동이 일단 어떤 단계의 조작능력에 숙달된 후에는 같은 수준의 조작을 필요로 하는 문제도 일관성 있게 해결할 수 있어야 한다. 예를 들면, 보존능력을 갖게 되면 블록을 재배열하였더라도 그 블록의 수는 변하지 않았음을, 또는 찰흙 덩어리를 납작하게 했을 때도 그 흙의 무게는 변하지 않았음을 알 수 있어야 한다. 그런데 많은 경험적 연구에서는 그렇지 않았다. 보통 아동들은 무게 보존 능력보다 수보존 능력이 1~2년 더 빨리 발달하였다(Siegler, 1986). 300명의 아동을 대상으로 한 종단적 연구에 의하면, 대다수 유치원 아동들은 구체적 조작능력에 속하는 과제들을 수행하였지만, 그 아동들이 5~6학년이 되어서도 같은 구체적 조작능력을 필요로 하는 다른 과제들을 수행하지 못하는 경우도 있었다는 것이다(Klausmeier & Goodwin, 1975).

둘째, Piaget는 아동들의 인지능력을 과소 추정하고 있다는 것이다. 이는 아마도 Piaget가 연구에 있어서 아동들에게 제시한 문제들은 너무 어려웠거나 그 아동들에게 혼동을 일으키는 것이었을 수도 있어서, 아동들의 실제의 이해수준은 그들이 보여준 것보다 더 높을 수도 있다는 것이다. 예를 들면, 취학전 아동들의 수 개념에 대한 이해수준은 Piaget가 생각했던 것보다 못할 때도 있었지만 Piaget의 판단보다 더 많은 것을 알고 있는 경우도 있었다(Gilman, Meck, & Merkin, 1986 ; Miller & Gellman, 1983). 즉 그 아동들은 한 번에 몇십 개가 아니고 3~4개의 대상물만을 제시한다면 그것들이 널려 있건 또는 뭉쳐 있건 간에 그 수는 동일하다고 말한다.

셋째, 특별한 훈련으로써 인지단계를 가속시키려 하는 것은 별로 효과가 없다는 것이 Piaget의 견해이다. 여기에서의 문제의 핵심은 인지단계의 발달은 선천적으로 주어지는 성숙단계에 따르는 것이냐 아니면 그것을 다른 방법으로 설명할 수 있느냐 하는 것이다. 그런데 학습이론은 고차원의 기술은 선수지식을 필요로 하는데, 그 같은 선수지식은 학습이 가능한 것이라고 보는 것이다. 그러므로 교육자는 도식의 발달에 의존할 필요가 없고(그것이 발달할 때까지 기다릴 필요가 없고), 필요한 선수지식을 가르친다면 고차원의 기술도 학습할 수 있게 되는 것이다(Dembo, 1988).

넷째, Piaget는 인간의 인지 중 어느 것은 소홀히 다루고 있다는 의견도 있다(Zanden, 1980). Piaget는 수학적 및 과학적 사고에 대해서는 많은 설명을 하였지만 문학, 미술 및 음악 등에 포함되는 사고에 대해서는 거의 언급하지 않고 있다. 인지적 발달에 집착한 나머지 Piaget는 정의적 발달의 측면에는 소홀했다는 것이다. 특히 아동들의 공포, 불안, 극단적 경험, 희망 등에 대한 Piaget의 연구는 거의 없는 편이다. 그럼에도 불구하고 아동들의 사고 및 문제해결 과정에 대한 이해에 있어서 Piaget의 공헌은 높이 평가된다.

제3절 지능과 지능검사

1. 지능의 정의

한 교사로부터 같은 시간 동안 같은 장소에서 수업을 받아도 학습의 성과는 학생에 따라 많은 차이가 있게 마련이다. 교사의 특성 및 교수의 과정이 매우 중요한 것이기는 하지만 학습 성과는 교사 변인 이외에도 학습자의 변인, 즉 학습자의 신체적 성숙, 인지적 발달은 물론 그들의 경험, 동기, 태도, 흥미 및 목표 그리고 환경적 변인에 의해서도 크게 영향을 받는다. 따라서 학습자가 수업을 받아들일 준비상태를 고려하지 않고 일방적으로 계획하고 전개하는 수업에서는 기대하는 성과를 얻기 어려울 것이다. 그러므로 학습자에 대한 이해는 결코 소홀히 할 수 없는 것이며 이를 위해서는 학습에 영향을 미치는 학습자의 여러 가지 특성에 대한 많은 연구가 요구된다. 많은 연구들은 학교학습 장면에서 항상 관찰되는 현상은 학습자의 학습 성과에 개인차가 있다고 보고한다. 그리고 학습 성과에 차이가 생길 때, 그 원인을 지적 능력의 개인차에 귀착시킨다. 따라서 교육과 가장 밀접한 관계를 맺고 있는 학습자의 특성은 지적 능력이라고 할 수 있다.

일반적으로 지적 능력이란 흔히 말하는 지능을 뜻하며, 이는 교육 내에서 뿐만 아니라 교육 외에서도 많이 논의되고 있다. 그럼에도 불구하고 지능은 매우 애매한 것이어서 지능처럼 많이 논의되면서도 그에 대한 이해가 부족한 것 또한 사실이다(Dembo, 1988). 도대체 지능이란 무엇일까? 지능검사가 측정하는 것은 또 무엇일까? 지능은 유전과 환경적 경험 중 어느 것의 영향을 더 많이 받는 것인가? 또 그것은 한 개인에게 있어서는 고정적인 것인가 아니면 가변적인 것인가? 그 동안 행동과학자 및 심리학자들에 의해서 지능이 무엇을 뜻하는 것인가를 결정하려는 수많은 노력의 결과, 다음과 같이 지능을 설명한다.

지능이란 추상적 사고력이다. 일부의 학자들은 지능을 일상생활에서 당면하는 여러 가지 상황에서 개념이나 상징을 효과적으로 사용하는 능력이라고 규정하고 있다. 이 입장을 대표하는 것으로 볼 수 있는 Terman(1921)은 "한 개인은 그가 추상적인 사고를 추진할 수 있는 정도만큼 지능적이다"라고 본다. 그는 지능이란 명사 대신에 '지능적'이란 표현을 사용함으로써 지능의 의미를 설명하는 대신에 사고력만으로 개인의 행동적 특징을 비교한다. 정신능력은 그 수준이 개인에 따라 다르다 할지라도, 모든 개인이 다 가지고 있는 것이므로 비록 사고력이 아주 낮은 사람이라 할지라도 그 사람은 그 정도만큼 지능적이라고 보아야 한다는 것이 그의 견해인 것이다.

지능이란 적응 및 학습능력이다. 지능을 정의함에 있어서 삶의 생물학적 측면을 강조하는 심리학자들도 있다. 그들은 학습하는 능력 그리고 환경이나 삶의 여러 가지 측면을 조절하고 또 그에 적응하는 능력을 지능이라고 생각한다. 예를 들면, Stern(1914)은 "지능이란 개인이 의식적으로 생활의 과정에서 당면하는 새로운 문제나 조건을 조절하는 일반적인 능력"이라고 말한다. 이 견해는 Terman의 견해와 상반되는 것이 아니라 개념의 범위를 넓힌 것이다. 즉 그는 지능이 높은 사람은 지능이 낮은 사람보다 더 높은 수준으로 추상적인 사고를 수행할 수 있을 뿐만 아니라 일상생활의 여러 상황에 있어서 보다 적절히 행동하고 또 더 잘 적응할 수 있다고 생각한다. 같은 맥락에서 Colvin(1921)도 "한 개인이 일정한 수준까지 자기의 환경을 조절하고 또 그에 적응하는 것을 배웠다든가 또는 그것을 배울 수 있다면 그는 그 수준만큼 지능을 가지고 있는 것"이라고 말한다. Colvin의 이와 같은 견해는 본능적인 적응은 물론 경험에 의해서 얻어진 적응까지 포함하는 것이므로 지능의 개념을 지나치게 확대하는 것 같기도 하다. Freeman도 이에 속하는 학자 중의 한 사람이다. 그에 의하면 "지적인 행위란 일반적으로 선천적으로 주어진 지능에 의해서 수행되는 것이나 유기체의 성장의 결과로서 나타나는 것을 뜻하지는 않는다. 그것은 개인이 배워야만 수행할 수 있는 것, 그리고 일단 학습한 후에는 그 개인으로 하여금 자기의 욕구나 욕망을 보다 효율적으로 만족시킬 수 있게 하는

것이다"라고 설명하면서, 지능을 유기체가 새로운 행위를 할 수 있도록 배우는 능력이라고 보았다.

지능은 이처럼 학자에 따라 다르게 정의되고 있지만, 인간의 지적 능력을 나타내는 대표적인 심리학적 개념인 것만은 분명하다. 교사가 가지고 있는 지능의 개념은 학습자에 대한 평가에 영향을 줄 수 있으며, 또한 그러한 지능검사의 측정값은 학생의 지적 특성을 이해하고 진단하는 데 혹은 학교와 직업에서의 성공을 예언하는 데 중요한 지표로 활용되고 있다.

2. 지능이론

다양하게 정의되고 있는 지능을 보다 구체적으로 어떠한 특성 또는 요인으로 구성되어 있는가를 밝히기 위해 지능의 본질에 대한 이론적 관점을 살펴보면 다음과 같다.

1) Spearman의 일반요인이론

Spearman(1927)의 지능이론은 흔히 g요인설이라 불리운다. 물론 그는 인간의 지능이 두 가지의 주요 요인, 즉 일반요인(general factor : g요인)과 특수요인(specific factor : s요인)으로 이루어진다고 제안하였기에 지능의 2요인설이라고도 한다. 그러나 일반요인에 의해 대표되는 능력은 모든 지적 과제 수행에 관여하는 반면, 특수요인들에 의해 대표되는 각 능력들은 그렇지 못했기에 그의 특수요인은 심리학적 흥미의 대상이 되지 못하였다. 따라서 일반요인만이 심리학적으로 주목받게 되었다(Sternberg, 1985). 이 이론에서는 인간의 여러 가지 정신 능력이 상호 정적인 상관관계가 있음을 강조하면서 이러한 정적인 상관관계가 존재하는 것은 어떤 공통요인이나 또는 일반요인이 존재하기 때문이라고 본다. g요인이라고 불리는 이 요인은 경험을 통한 이해력, 관계추출, 상관추출 능력으로 구성되어 있다. 이 요인은 또한 물리 현상의 에너지와 같은 것으로 모든 정신작용에 존재하며, 누구에게나 존재하고 고정적이지만 개인 간에는 차이가 있다고 보았다.

Spearman(1923)은 자신이 제안한 일반요인의 본질에 대하여 다음과 같은 두 가

지 설명을 한다. 첫째, 일반요인의 개인차는 각 개인이 지적 과제 수행에 사용할 수 있는 정신에너지의 개인차와 관련해서 이해해야 한다는 것이며 둘째, 일반요인의 개인차는 경험의 포착, 관계의 유출, 상관인의 유출 등과 같은 세 가지의 질적인 인지 원리를 사용하는 능력의 차와 관련해서 이해되어야 한다는 것이다.

2) Thurstone의 기본정신능력이론(primary mental abilities : PMA)

이 이론은 Thurstone(1954)이 요인분석 방법에 의해 지능에는 일곱 개의 요인으로 구별되는 기본정신능력(primary mental abilities : PMA)이 있다는 사실을 확인하면서 제안한 것으로서, 지능의 다요인설을 정립하는 데 획기적인 전환점을 마련하였다. 현재 널리 보급되고 있는 지능검사들은 그의 다요인설에 영향을 받아서 기본정신능력을 보다 세분화시켜 지능 수준을 측정한다. 그가 밝힌 일곱 개의 요인은 언어이해요인, 단어유창성요인, 수요인, 공간시각요인, 기억요인, 추리요인, 지각속도요인이다. 그리고 7가지의 기본정신능력에 입각해서 기초정신력검사라고 하는 지능검사를 개발하기도 했다.

3) Guilford의 지능구조이론(structure of intellect : SOI)

Guilford(1959)는 Thurstone의 기본정신능력을 확장 발전시킨 학자이다. 그는 지금까지의 지능에 대한 설명은 일차원적이기 때문에 올바른 설명이 불가능하다고 주장하면서 삼차원적인 지능구조이론(structure of intellect : SOI)을 창안하였다. 그는 인간의 정신과제가 지능의 세 가지 차원, 즉 인지활동, 내용 그리고 결과와 관계된다고 주장한다.

Guilford의 지능구조 이론에 따르면, 인지활동차원은 인지, 기억저장, 기억파지, 발생적 생산, 수렴적 생산, 평가의 여섯 개 하위요인들로 나누어지며, 내용영역차원은 시각적, 청각적, 상징적, 의미론적, 행동적 내용의 다섯 개의 하위요인들로 구분되고, 결과차원은 단어, 유목, 관계, 체계, 변환, 함축의 여섯 가지로 나누어 다음과 같은 모형을 제시한다.

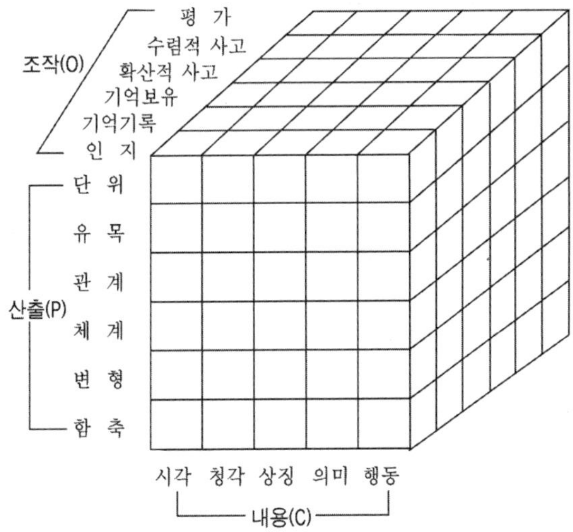

[그림 2.5] **Guilford의 지능모형**(Chiba, 1988)

그의 이론에서 지능이란 결국 이 세 차원을 구성하는 하위요소들이 상호 결합하여 얻어지게 되는 180개(6×5×6)의 상이한 능력들로 구성된 복합적 능력으로 파악된다. Guilford의 이론은 종래 지능검사에 의해서만 측정되던 지능의 협소한 개념을 연구자나 교사들이 확장시킬 수 있도록 하였다는 점에서 매우 중요한 의미를 갖는다. 그의 모델을 살펴보면, 학교에서는 평가, 발산적 사고, 관계성의 탐구와 같은 부분들이 실질적으로 무시되는 반면, 정의나 사실 그리고 규칙 등의 암기와 같은 지능의 일부분에만 시간과 자원을 불균형하게 사용하고 있음을 쉽게 알 수 있다(Gall, 1984; Goodlad, 1984). 그러나 Guilford의 이론은 그 모델의 복잡성으로 인해 교실에서의 공식적인 적용은 어렵다는 한계를 가지고 있다.

〈Guilford의 SOI 적용〉

질문 : 아버지와 아들의 관계는 어머니와 누구와의 관계와 같은가?
① 삼촌 ② 고모 ③ 할머니 ④ 딸

딸이 답인 줄 알 수 있는 지적 능력은 각각의 단어가 나타내는 의미적 내용(C)과 개념 사이의 상호관계성인 생산(P)의 관계를 이해하는 조작(O)의 인지작용에 의한다.

질문 : 단맛이 나는 음식을 아는 대로 써 보시오.
사탕, 팥죽, 껌, 엿, 꿀, 초콜릿 등의 응답을 할 수 있는 지적 능력은 의미적 내용(C)과 분석적 사고의 조작(O)과 유목의 생산(P)적 인지작용에 의한다.

Guilford는 지금까지 50개의 요인밖에 알려지지 않았으므로 나머지를 찾는 것은 앞으로의 연구 과제라고 말한다. 그리고 이 모든 요인을 찾기 위해서는 방대한 수의 검사결과가 필요하게 될 것이지만, 그 중의 많은 요인은 높은 상호상관을 가질 것이 예상되므로 지적 능력을 적절히 표집함으로써 그리 많지 않은 검사결과로 중요한 능력을 찾을 수도 있을 것이다.

4) Gardner의 다중지능이론(theory of multiple intelligence : MI)

최근에 통합적 지능이론을 연구한 또 다른 학자로써 Gardner(1983, 1993)는 지능이 높은 아동은 모든 영역에서 우수하다는 종래의 획일주의적인 지능관을 비판하고, 인간의 지적 능력이 서로 독립적이며 상이한 여러 유형의 능력으로 구성되어 있다는 다중지능이론(theory of multiple intelligence : MI)을 제시하였다.

그는 뇌 상해자에 대한 신경학적 연구, 신동, 자폐증 환자, 백치, 천재, 학습장애아 등 천재와 결손자에 대한 기술, 다양한 문화권의 다양한 종족과 그들의 생활 등에 관한 인류학적 보고, 기타 지능에 관한 문학적 기술 등 광범위한 자료를 종합하여, 한 문화권 혹은 여러 문화권에서 가치 있게 인정되는 문제를 해결하고 산물을 창조해 내는 능력으로서의 인간의 지능은 여덟 가지의 독립적인 지능으로 구성된다고 주장하면서 이론을 전개하였다. Gardner는 몇 가지의 기준을 설정하여 그 기준을 갖춘 일곱 가지의 지능을 주장하게 되었는데, 지능으로 인정하기 위하여 세운 기준을 몇 가지 살펴보면 다음과 같다.

첫째, 모든 지능은 신호체제가 있다는 것이다. 예를 들면, 음악적 지능은 음표로, 신체-운동적 지능은 몸동작으로, 언어적 지능은 언어로써 표현된다는 것이다. 둘째, 모든 지능은 발달곡선이 있다는 것이다. 예를 들면, 음악적 지능은 일찍부터 발달하여 노년기까지도 이어지는 반면에 논리-수리적인 지능은 청년기에 고조를 이루다가 장년기 정도 되면 이미 쇠퇴한다. 셋째, 모든 지능은 뇌의 어느 부분이 손상되면 영향을 받는다는 것이다. 예를 들면, 좌반구가 손상되면 언어적인 지능에 장애가 생기고, 우반구가 손상되면 음악적인 지능이 저하된다. 넷째, 모든 지능은 그 문화권에서 인정해 주는 궁극적인 목표 결과물이 있다는 것이다. 예를 들면, 많은 사람들이 인정하는 미술작품이나 연설문이나 정치가가 있는 것이다.

이러한 기준에 비추어 하나의 지능으로써 인정을 받는 여덟 개의 지능은 다음 [그림 2.6]과 같다.

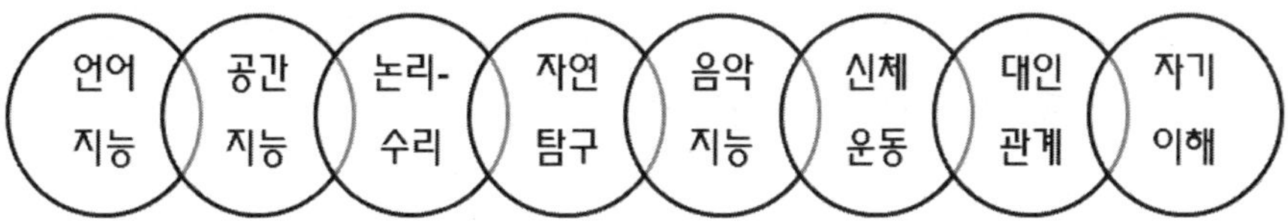

[그림 2.6] Gardner의 다중지능

언어적 지능이란 단어의 의미와 소리에 대한 민감성, 문장 구성법의 숙련, 언어 사용방법에 대한 이해력을 의미한다. 주로 책을 읽을 때나 말을 듣고 이야기할 때 사용되며, 언어적 지능이 높은 사람의 직업으로는 기자, 시인, 작가, 변호사 등이 대표적이다. 공간적 지능이란 시각적 세계를 정확하게 지각하는 능력, 지각된 것을 변형시킬 수 있는 능력, 물리적 자극 없이 시각 경험을 재생할 수 있는 능력, 구성에 대한 민감성 등을 의미한다. 주로 한 곳에서 다른 곳으로 이동할 때나 지도를 볼 때, 작은 가방에 많은 물건을 넣어야 할 때 등 사용되며, 이 지능이 높은 사람의 직업으로는 건축가, 사진작가, 화가, 파일럿 등이 대표적이다. 논리-수학적 지능이란 사물과 상징, 그 작용 및 작용간의 관계에 대한 이해, 추상적 사고능력, 문제를 인지할 수 있는 능력과 이유를 찾으려는 능력을 의미한다. 주로 수학문제를 풀 때나 세금을 계산할 때, 논리 문제를 풀 때 사용되며, 논리-수리적 지능이 높은 사람의 직업으로는 과학자와 컴퓨터 프로그래머 등이 대표적이다. 자연탐구적 지능이란 자연 현상에 대한 유형을 규정하고 분류하는 지능을 의미한다. 자연탐구적 지능이 높은 사람은 영화에 나오는 타잔처럼 자연 친화적이고, 동물이나 식물 채집을 좋아하며, 이를 구별하고 분류하는 능력이 높다. 산에 가더라도 나뭇잎의 모양이나, 크기, 지형 등에 관심이 많고, 이들을 종류대로 잘 분류하기도 하는 식물학자 등이 대표적이다. 음악적 지능이란 개개의 음과 음절에 대한 민감성, 음과 음절들을 더 큰 음악적 리듬이나 구조로 결합하는 방법에 대한 이해, 음악의 정서적 측면에 대한 이해력을 의미한다. 주로 노래를 부를 때나 악기 연주할 때, 작곡할 때 및 음악 감상할 때 사용되며, 이 지능이 높은 사람의 직업으로는 작곡가나 연주가 등이 대표적이다. 신체-운동적 지능이란 표현하거나 목적을 나타내기 위해 자신의 신체를 숙련되게 사용하거나 사물을 능숙하게 다루는 것을 의미한다. 주로 무용이나 운동 및 조깅 등을 할 때 사용되며, 이 지능이 높은 사람의 직업으로는 운동가나 외과의사 등이 대표적이다. 대인관계적 지능(개인간 지능)이란 타인의 기분, 기질, 동기, 의도를 파악하고 구분짓는 능력, 타인에 대한 지식에 따라 행동할 수 있는 잠재력으로 주로 타인의 의도나 심정을 헤아리고자 할 때 사용되며, 이 지능이 높은 사람의 직업으로는 행정가 등이 있다. 자기이해지능(개인내 지능)이란 삶에 대한 자신만의 감정에 대한 접근, 행동을 주도하고 이해시키기 위해 감정을 유도하는 능력으로 자신을 들여다 보고 스스로를 다스릴 때 사용되며, 이 지능이 높은 사람의 직업으로는 상담원이나 신학자 등이 대표적이다.

Gardner의 이 이론은 상당히 설득력이 있다. 이 이론을 적용하면, 우리 주변에서 말은 잃어버렸으나 음악적 재능을 가지고 있는 사람, 그림은 잘 그리지만 다른 것은 아무것도 못하는 사람, 일곱 자리 수와 여덟 자리 수를 곱하여 순식간에 답을 하는 사람에 대한 설명이 쉽게 된다. 이들은 각각 다른 음악적, 공간적, 수학적 정보처리 체계가 있다는 것을 보여 준다.

한편, Gardner는 종래의 지능이론들은 언어적 지능과 논리-수리적인 지능만을 지나치게 강조하여 그 이외의 영역에서 우수한 지능을 소유하고 있는 사람들의 능력을 제대로 인정하거나 개발해 주지 못했다고 지적하였다. 그러나 우리 모두 이 8가지 지능을 다 가지고 있으며 누구라도 노력하면 이 8가지 지능을 다 개발할 수 있다는 입장이다. 그는 지능이란 한 문화권 혹은 여러 문화권에서 가치있게 인정되는 문제를 해결하거나 산물을 창조해 내는 능력으로 보고 지적 발달을 이해하고 지도하는 데 있어서 중요한 것은 가능한 일찍부터 개인이 지니고 있는 특수한 능력을 바로 진단하고 적절한 교육을 통하여 이를 촉진하는 일이라고 주장한다.

5) Sternberg의 삼원지능이론(triarchic theory of intelligence)

Sternberg(1986)는 기존 지능이론들이 지능의 근원을 오로지 개인, 행동, 상황의 세 가지 요인 가운데 어느 하나로부터 구하려 했기 때문에 불완전한 이론이 되었음을 가정하고, 지능이론이 보다 완전한 이론이 되려면 이 세 가지를 모두 고려해야 한다고 주장한다. 그래서 그의 이론을 삼원지능이론이라고 부르며, 이 세 가지

요소는 성분적, 경험적, 그리고 맥락적 요소로 구성되어 있다고 설명한다.

성분적(componential) 요소는 지능을 내부 세계와 관련시켜, '어떻게' 지적 행동이 발생되는가에 초점을 둔 것으로 지능은 세 가지 정보처리 성분(상위 성분, 수행 성분, 지적 습득 성분)으로 구성되어 있다고 본다. 상위 성분은 어떤 과제 해결에 착수하거나 완수하는 과정에서 우리가 정신적, 신체적으로 행하는 모든 것을 조정하는 제어 과정의 기능을 하며, 수행 성분은 어떤 과제를 수행할 때 과제를 입력시키고, 관계를 추리하고, 가능한 해결 전략을 비교하는 정신 과정의 기능을 하며, 마지막으로 지식 습득 성분는 새로운 것을 학습할 때 적절한 정보와 무관한 정보를 구분하고, 새로운 정보를 기존의 정보에 관련시키는 정신 과정의 기능을 한다.

경험적(experiential) 요소는 지능을 외부 세계와 내부 세계를 매개하는 경험과 관련시키고, 행동이 '언제' 적절한가를 통찰하는 지능의 기능에 초점을 두는 요소이다. 또한 지능은 새로운 문제에 당면했을 때 낡고 부적절한 사고방식을 버리고 새로운 개념 체계를 선택하는 세 가지 통찰력(선택적 부호화, 선택적 결합, 선택적 비교)으로 구성되어 있다고 본다. 선택적 부호화는 사고나 문제해결 과정에서 중요하고 적절한 정보에 주의를 기울이는 능력이며, 선택적 결합은 처음에는 서로 관련 없는 요소들을 연관시켜 다소 다르거나 새로운 것을 창출해 내는 능력이며, 선택적 비교는 이미 있는 것들을 새로운 각도에서 보고 이로부터 새로운 것을 유추해 낼 수 있는 능력이다. 창의적인 과학자나 예술가, 새로운 이론을 개발해 내는 통찰력 있는 학자, 전문 경영인과 같이 여러 분야에서 탁월한 창의적 능력을 보이는 사람들이 이러한 경험적 능력이 우수한 사람이라 할 수 있다.

맥락적(contextual) 요소는 지능을 외부 세계와 관련시키고, 어떤 행동이 '누구에게', '어느 곳에서' 적절한가를 밝히는 데 초점을 두는 요소로서 외부 환경에 대응하는 능력, 즉 현실 상황에의 적응력을 의미한다. 여기에서 적응력은 세 가지 측면에서 나타난다. 기존 환경에 잘 적응하며, 자신의 필요에 맞게 현재의 환경을 변화시키며, 현재의 환경을 평가하고 새롭고 보다 나은 환경을 선택하는 측면이 그것이다. 이러한 능력은 전통적인 지능검사에 측정되는 지능지수나 학업 성적과는 무관한 능력으로, 학교교육을 통해 길러지는 능력이 아니라 일상의 경험에 의해 획득되고 발달된다. 이 능력이 최근에 실용적 능력이라는 새로운 개념으로 소개되고 있으며 일상의 문제해결 능력, 실제적인 적응 능력, 그리고 사회적 유능성을 포함하는 것으로 이해된다.

3. 지능의 측정과 지능검사

지능의 측정 또는 지능검사 개발의 필요성은 1883년 프랑스에서 의무교육제도가 실시되면서 교육적 필요에서 비롯되었다. 1904년 프랑스 정부는 학교에서 계속적인 교육적 지체를 보이는 아동을 가려 내어 그들에게 특별한 교육을 시킬 필요성을 절감하고, 이 같은 정신지체아(지적장애), 학습부진아를 변별하고 측정할 수 있는 방법 개발은 Binet에게 의뢰했다. Binet는 당시 동료인 Simon과 함께 1905년에 처음으로 아동의 지능을 측정할 수 있는 비네-시몬검사(Binet & Simon, 1916)를 제작하였으며, 이것이 공식적인 지능검사의 효시라고 할 수 있다. 이 검사는 판단, 이해, 추리 능력을 측정하는 30개의 문항으로 구성되었고, 이 문항들은 난이도 순서에 따라 배열되었다.

한편, Binet는 학습부진아를 선별하기 위하여 만든 이 문항들이 다른 학생들의 지적 능력을 비교하는 데에도 유용하다는 것을 알게 되었다. 나이가 많은 학생들은 나이가 적은 학생보다 높은 점수를 따는 경향이 있고, 또 영리한 5세 아동이 7세 아동의 평균과 같은 점수를 따는 것도 발견하였다. 학생이 얼마나 잘 하느냐를 하나의 지수로 표현하는 방식은 Binet 검사를 근거로 하여 미국에서 지능검사를 표준화한 Terman(1921) 교수가 고안하였다. 그는 학생의 지적 능력을 정신연령(mental age : MA)이라고 하고, 이 정신연령을 학생의 생활연령(chronological age : CA)과 대비시켜, 그 비율을 지능지수(intelligence quotient : IQ)라고 명명하였다. 따라서 IQ = MA/CA ×100이라는 공식을 고안하여 계산할 수 있었다. 예컨대, 8세 아동의 MA가 6세라면, IQ는 75가 되고, 10세 아동의 MA가 12년 6개월이라면, 그의 IQ는 125가 된다. 다시 말해서 IQ는 아동의 정신적인 속도를 그 나이에 기대되는 성장속도에 대한 비율로 나타낸 것이다. 따라서 이 IQ를 비율 IQ라고 한다. IQ가 75라면 그 아동은 평균 속도보다 느린 정신적 성숙도를 나타내며, 반면 IQ가 125인 아동은 평균보다 더 빨리 성장한다는 것을 말한다.

그런데 정신연령과 생활연령의 비율로 나타내는 IQ는 문제가 있음이 곧 밝혀졌다. 즉 연령이 다른 사람끼리 비율 IQ를 비교할 때나, 자신과 연령이 동일한 사람과 상호 비교할 때 어느 위치에 서는지를 알고 싶을 때에 문제가 생기는 것이다. 예컨대, 7세 학생의 MA, 7세와 12세 학생의 MA, 7세와 비교가 될 수 있는가라는 문제와 한 학생의 IQ가 같은 연령집단의 다른 아동과의 상대적 위치를 비교할 때 문제가 생길 수 있다는 것이다.

이 문제를 해결하기 위하여, Wechsler(1975)는 편차 IQ(deviation IQ)라는 개념을 제안하였다. 편차 IQ란 한 사람의 지능을 그와 동연령집단 내에서의 그의 상대적 위치로 규정한 IQ이다. 7세 아동의 점수를 다른 7세 아동들의 점수와 비교하여, 그의 점수가 평균 7세 아동보다 20점 높다면, 그의 IQ는 120이 되는 것이다. 이 편차 IQ의 어느 범위 안에서 득점하는 인원수의 백분율은 연령에 관계없이 일정하다.

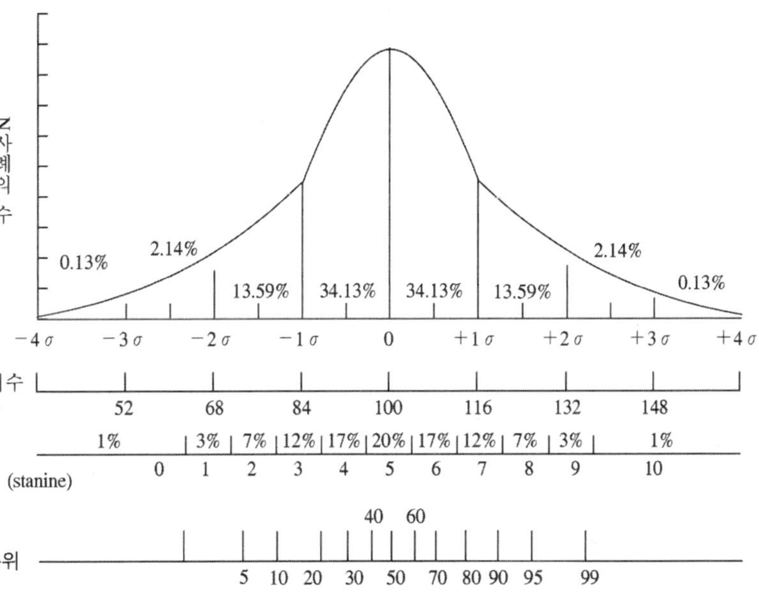

[그림 2.7] **편차 지능지수와 백분위의 규준**

위 그림은 정상분포곡선으로서의 여러 점수들을 평균으로부터의 표준편차로 나타내고 있다. 정상분포곡선은 표준편차와 표준편차간에 속하는 인원수의 비율을 보이고 있다. 예컨대, 평균에서 위로 1표준편차 사이에 약 34%, 평균에서 아래로

1표준편차 사이에 34%를 포함하고 있다. IQ 점수는 표준편차 단위와 관련해서 표시되어 있다. 즉 평균이 100이고 표준편차가 15인 Wechsler의 지능검사에서 동연령집단 인원의 약 68%가 IQ 85에서 115의 IQ를 가지고 있다는 말이 된다.

Binet의 지능검사는 최초의 실험적인 지능검사이며, 본격적인 지능검사는 아니었다. 그러나 그의 아이디어는 1908년 Goddard가 미국에 소개하여 1916년 스탠포드 대학교의 Terman 교수가 광범위하게 개정하였다. 그것인 'Stanford-Binet Intelligence Scale'이다. 이 검사는 처음 제작된 뒤 개정되어 아직도 널리 사용되고 있는 지능검사이다. 스탠포드 지능검사는 초기의 Binet 검사에서 유래하지만, 미국에서 표준화하였기 때문에 거의 새로운 검사라고 해도 과언이 아니다.

이 밖에 개인지능검사로 개발되어 널리 사용되고 있는 것으로는 Wechsler가 개발한 성인용, 아동용, 그리고 유아용 개인지능검사가 있다. 스탠포드-비네 지능검사가 거의 언어적 검사로 되어 있는 반면, Wechsler 검사는 언어적 검사와 비언어적(동작성) 검사를 결합해서 지능을 진단하도록 되어 있다. 그리고 11개의 서로 다른 하위검사로 부분 점수를 이루고 이것을 합해서 전체 IQ를 나타내도록 되어 있다. 따라서 스탠포드-비네 지능검사보다 아동의 지능에 대한 더 많은 정보를 제공해준다. 그러나 학교에서의 성취도에 예측에서는 주로 언어적인 문제로 되어 있는 스탠포드-비네 지능검사가 예언력이 더 높은 것으로 알려져 있다.

학교에서 주로 사용하는 지능검사는 개인지능검사와 집단지능검사가 있다. 집단지능검사는 1차 세계대전 때 미국 군인들 중 어떤 과제에 있어서의 적격자와 부적격자를 빠른 시간에 한꺼번에 선별해야 할 필요에 따라 개발된 육군알파검사(Army α Test)로부터 시작된 것이다. 알파검사는 언어로 된 것이며, 바로 이어 비언어적인 육군베타검사(Army β Test)로 개발되었다. 이 중 알파검사는 아주 성공적인 것이어서 그것이 기초가 되어 여러 집단에 실시할 수 있는 여러 형태의 집단지능검사가 개발되어, 그 이후 학교, 기업체, 정부기관 등에서 널리 사용되었다.

개인검사와 집단검사는 지능을 측정한다는 점에서는 본질적으로 같은 검사이지만, 그 용도가 다소 다르다. 개인검사를 그 실시에 있어서 1~2시간이 걸리는 검사로서 학생에게 어떤 교육적, 정서적 문제가 예상되어 그 원인을 확인해 보고자 할 때 주로 사용하게 된다. 그러므로 특수한 경우에 전문가가 실시하는 것이 상례이다. 이에 반하여 집단지능검사는 다수의 학생을 동시에 검사할 수 있다는 장점이 있지

만, 개인검사보다는 그 정확도가 떨어진다. 그것은 모든 학생들이 검사의 지시를 잘 이해했는지, 문항을 푸는데 충분한 시간이 주어졌는지, 또 외부의 방해를 받지 않고 주의집중을 했는지를 알 수 없기 때문이다.

우리나라의 최초의 지능검사는 1954년 서울대학교 사범대학 교육심리연구실에서 정범모(1965)에 의하여 제작된 간편지능검사이다. 이 검사는 당시 우리나라 교육이 아직 정상적인 궤도에 오르지 못하고 있을 때, 학습자의 학습 능력을 객관적으로 예측하기 위한 도구로 널리 사용되었다. 이 검사는 우리나라의 중 · 고등학생들을 모집단으로 하여 최초로 표준화했다는 점에서 그 의의가 크며, 그 검사의 출현으로 교육평가, 심리측정, 학생상담 등에서의 과학적 연구를 자극했다는 점에서도 그 의의를 찾을 수 있다.

한편, 지능검사가 지능 이외의 다른 어떤 것, 예컨대 정서적 적응, 사회 · 경제적 지위, 경험, 흥미, 경쟁심 등도 간접적으로 재고 있는가 하는 문제가 가끔 제기된다. 지능이 이러한 모든 요인들을 모두 포함하는 것인지, 아니면 이러한 요인들은 모두 제외한 나머지가 순수한 지능인지 하는 것이 교육심리학 논쟁 중의 하나이다.

지능검사가 재는 것을 알 수 있는 한 가지 방법은 그 점수가 무엇과 상관관계를 맺고 있는가를 밝혀 내는 일이다. 일반적으로 IQ와 학교성적 간에는 높은 상관관계(r=.60)가 있는데, 이것은 곧 지능검사가 학업적성이라고 할 수 있는 어떤 것을 재고 있다는 것을 의미한다. 또한 운동이나 문학, 예술, 지도력 등에서 뛰어난 학생들도 일반적으로 IQ가 높은 경향이 있다. 따라서 지능검사가 재고 있는 것이 무엇이든 간에, 그것은 광범위한 영역에서의 성공과 적응에 정적인 상관관계를 맺고 있는 것으로 보인다. 그러나 그 IQ가 개개 학생들의 능력과 판에 박힌 듯이 관련이 있어야 한다는 것을 의미하지는 않는다. IQ가 높은 학생이 다른 학생들보다 더 뛰어난 경향이 있기는 하지만, IQ가 높은 모든 학생들이 모두 이러한 특성을 가진다는 것이 아니며, 또한 IQ가 낮은 학생들은 누구도 이런 특성을 갖지 못하고 있다는 것도 결코 아니다. IQ가 높은 학생들이 학급에서 평균 이하의 성적을 올리는 것을 볼 때 의아해하는 교사들을 볼 수 있는데 단일 검사점수가 그 학생에 관한 모든 것을 말해 주지 않는다는 것을 감안한다면 전혀 의아해할 문제가 아니다. 검사점수가 무엇을 말해 주든지 간에 학생과 그 행동들을 보다 잘 이해하기 위해서는 검사점수를 항상 다른 자료들과 함께 고려해야 한다.

이처럼 지능지수는 어떤 측면에서도 절대적인 척도라고 할 수 없기 때문에, 그 사용에 있어서 상당히 주의를 기울이지 않으면 안 된다. 여기서 우리는 지능을 측정하는 검사를 사용할 때 유의해야 할 점 몇 가지를 간략히 살펴보자.

첫째, IQ를 개인의 지적 기능의 한 가지 지표로 생각해야 한다. 영수가 수리력 하위검사에서 80점을 땄다면 그가 그 정도의 수리력을 가지고 있다는 것 뿐, 그가 그러한 수준을 가지고 있다는 이유는 알 수 없다. 평소에 수에 대한 관심이 높거나 숫자를 다루는 경험을 많이 했거나, 타고난 재질이 있었거나, 또한 단순히 운수가 좋아서일 수도 있다. 교사로서는 학생이 수리력 검사에서 높은 점수를 땄다면, 격려해 줄 것이고 낮은 점수를 땄다면 특별한 지도를 해 주면 될 것이다.

둘째, 과잉해석은 피해야 한다. IQ가 125라면 높은 IQ 점수이지만, 이 학생이 모든 교과목이나 학교 활동에서 우수하리라는 기대는 할 수 없다. IQ 점수는 유용하지만 완벽하지 않다는 것을 명심해야 한다.

셋째, 지능검사의 하위 요인의 변산에 특별히 유의해야 한다. 하위검사는 항상 오차가 크고, 신뢰도와 타당도가 낮기 때문에 그 해석에 있어서 상당한 조심이 필요하다.

넷째, IQ 점수를 점수대로 생각해야 한다. IQ 점수가 고정된 것이 아니고 또 정밀하지도 않기 때문에, IQ 점수는 하나의 점수 범위로 생각할 필요가 있다. 영수의 IQ가 115라고 하기보다는 111~119 정도라고 한다면, 그리고 창수의 IQ를 113이라고 하기보다는 109~117이라고 한다면, 결국 영수와 창수는 같은 수준의 IQ를 가졌다고 말할 수 있다. 영수의 IQ는 115, 창수의 IQ는 113이라고 한다면, 영수가 창수보다 2만큼 머리가 좋다는 과잉해석이 나온다.

다섯째, 합리적이되 융통성을 가져야 한다. 한 시간 남짓 걸리는 지능검사가 학생에 관한 모든 것을 알려주리라는 생각은 비현실적이며 경직된 사고방식이다. 지능검사와 같은 심리검사에서 완벽한 신뢰성과 타당성이란 기대하기 어렵다. 지능검사는 무수한 이유로 부정확할 수 있다는 생각도 가지고 있어야 한다.

여섯째, IQ를 다른 예측 요소와 함께 사용해야 한다. IQ 점수는 학교성적의 유일한 예측자가 되리라는 기대는 절대로 해서는 안 된다. 과거의 성적, 정서적 성숙속도, 적응정도, 흥미, 건강 등 학생에 관한 다양한 정보를 함께 사용했을 때 사실에 가장 가까운 예측을 할 수 있다.

일곱째, IQ 점수를 근거로 하여 한 아이를 저능아라든지 천재아라든지 하는 라벨을 붙인다는 것은 지능지수의 측정의 오차가 크다는 사실로 미루어 보아 대단히 위험하므로 절대로 피해야 한다.

4. 지능의 유전과 발달

지능이란 유전적으로 부여되는 것인가 아니면 환경적 영향에 의해서 발달되는 것인가에 대해 많은 논란이 있어 왔다. 또 이를 확인하기 위한 연구 중에도 유전을 지지하는 연구가 있는가 하면 반대로 환경적 경험을 지지하는 연구도 있다. 이 같은 연구들 중에서 몇 가지를 살펴보기로 한다.

Burks(1928)는 비교적 일찍이 지능의 유전 여부를 밝히려는 연구를 수행하였다. 그는 214명의 양자와 양부모간의 지능의 상관을 105명의 아동들과 그들의 부모간의 지능의 상관을 비교하였다. 비교집단의 선정에 있어서는 아동들의 연령, 부모들의 교육수준, 직업 및 문화적 환경을 세밀히 고려하여 배합시켰다. 두 집단의 부모와 자녀간의 스탠포드-비네 IQ의 상관은 다음과 같다.

표 2.1 자녀들의 IQ와 부모의 정신연령과의 상관계수

정신연령 \ 집단	양자집단	비교집단
부의 정신연령	.07	.45
모의 정신연령	.19	.46

여기에서 보면 비교집단, 즉 자녀들의 생부 및 생모와의 상관이 양자들의 경우보다 높다. 이 같은 결과에 의해서 Burks는 개인의 지능의 차를 결정하는 데 있어서는 유전이 환경보다 더 중요한 역할을 한다고 결론지었다.

이와 같은 경향은 Burt(1958)의 연구에서도 불 수 있다. Burt는 영아기에서부터 고아원과 같은 시설에 위탁된 아동들의 경우, 그들의 지능은 부모 중 어느 한쪽 또는 양부모와 의미있는 상관을 보이면서도 동시에 그 아동들의 지능의 범위는

넓다는 것을 발견하였다. Burt는 이 아동들에게서 나타난 결과와 일란성 쌍생아들에 의한 연구결과를 다음과 같이 종합하고 있다.

표 2.2

지능측정치간의 상관계수

쌍생아와 형제 간의 변인 \ 지능검사와 평가	집단지능검사	개인지능검사	최종평가
같이 자란 일란성 쌍생아	.944	.921	.925
떨어져서 자란 일란성 쌍생아	.771	.843	.876
같이 자란 이란성 쌍생아	.542	.526	.551
같인 자란 형제간	.515	.491	.538
떨어져서 자란 형제간	.441	.463	.517
같이 자랐으나 혈연관계가 없는 아동간	.281	.252	.269

〈표 2.2〉에서 보면 상관계수가 일란성 쌍생아의 경우 .90 이상에서, 같이 자랐으나 혈연관계가 없는 아동간의 경우 .25가지 분포되어 있다. 여기에서 혈연관계가 가까울수록 높은 상관을 보이는 것은 유전의 증가라고 Burt는 보았다. 그러나 아이러니컬하게도 〈표 2.2〉의 자료는 연구자들이 말하는 바와 같이 유전의 증거만을 보이는 것이 아니라, 입장을 달리하면 바로 이 자료에서 환경적인 영향도 볼 수 있는 것이다. 즉 일란성 쌍생아의 경우라 할지라도 같이 자란 경우와 떨어져서 자란 경우의 상관이 다른데, 후자의 경우가 전자의 경우보다 낮은 것은 환경의 영향에서 오는 것이라고 볼 수도 있기 때문이다.

물론 환경이 지능의 발달에 영향을 미치는 것을 보여주는 연구도 있다. Wheeler(1942)는 테네시 주의 산간지방에 소재한 40여 개 학교의 3,252명의 학생들의 지능지수가 10년 사이에 약 10포인트나 높아진 것을 관찰했다고 한다. 그 10년간에 학교환경이 보다 향상되었고 취학률이 높아졌으며 교통의 발달로 외부적인 접촉이 많았던 것을 Wheeler는 원인으로 들고 있다. 즉 환경의 긍정적인 변화가 지능의 발달을 가속시킨 것이다.

이외에도 이와 관련된 많은 연구들이 있는데 그 같은 연구들을 종합해 볼 때 지능은 유전이나 경험 어느 한 가지에 의해서 결정되는 것이 아니라 이 두 가지가

상호작용한 결과라고 보는 것이 옳을 것 같다. 즉 지능은 유전의 영향을 받는 것이 사실인데, 이때 유전으로 받는 것은 지적 능력이 아니고 지적 능력으로 발달할 수 있는 가능성으로 주어지며, 그것이 지적 능력으로 발달하는 것은 전적으로 그 개인이 어떠한 환경적 경험을 하느냐에 달려 있는 것으로 보아야 할 것 같다.

한편, 연구자들에는 유전과 환경(경험) 중에서 어느 편이 지능의 발달에 더 많은 영향을 미치는가를 규명하려는 노력도 있었다(Burt, 1958). 그 결과 유전의 비중이 더 크다고 결론지은 연구도 있지만 이 사실을 받아들이는 데 있어서는 신중해야 된다. 자칫 유전으로 낮게 태어났기 때문에 어쩔 수 없다는 부정적인 생각을 가질 가능성이 있기 때문이다. James(Canegie, 1976)는 "……우리는 신체적, 정신적 자원의 매우 적은 부분만을 활용하고 있다. 따라서 사람은 자기 능력의 한계에 훨씬 못 미치는 범위 내에서 살고 있다"고 말한다. 아무리 훌륭한 학자라도 자기가 가지고 태어난 가능성을 모두 능력으로 발달시켜서 활용한 사람은 없는 것이다. 그들 역시 아주 적은 부분만을 사용하고 있는 것이다. 그 한계는 아무도 모르는 것이다. 노력하면 더욱 발달시킬 수 있는 가능성이 많이 남아 있는 데도 불구하고 유전으로 받은 것이 적다고 속단하여 포기해 버린다면 참으로 어리석은 일이라고 생각해 본다.

5. 지능의 발달

지능은 생득적으로 주어지는 부분도 있지만 지적 능력으로 발달할 수 있는 가능성이기도 하다. 주어진 그 가능성이 지적 능력으로 발달하는 것은 개인이 얼마나 자주적이고 허용적인 환경에서 얼마나 다양한 경험을 하는가에 달려 있다. 그리고 이러한 환경적 경험은 특히 어린 연령기에 있어서 더욱 중요하다. 이와 같은 사실을 보여주기 위해 Bloom(1964)은 여러 가지 환경이 지능발달에 미치는 가설적 효과를 〈표 2.3〉과 같이 추정하고 있다.

표 2.3 선정된 세 연령에서 환경의 차이가 지능발달에 미치는 가설적 영향

나이단계	지능성숙 백분율	결손	평균	풍요	풍요-결손
출생~4	50	-5	0	5	10
4~8	30	-3	0	3	6
8~17	20	-2	0	2	4
계	100	-10	0	10	20

〈표 2.3〉에서 보면 아동들은 4세가 될 때까지 지능의 50%가 발달한다. 그리고 그 때까지 자란 환경이 열악한 것일 때에는 정상적(평균적)인 환경의 아동들보다 지능의 발달에 있어 약 5 IQ포인트가 뒤진다는 것이다. 반대로 4세까지 풍요한 환경에서 자란 아동은 5 IQ포인트만큼 더 발달한다는 것이다. 이 사실은 아동의 성장에 있어서 4세까지는 열악한 환경에서 자란 아동과 풍요로운 환경에서 자란 아동간에는 10 IQ포인트 차가 나타난다는 것을 뜻하는 바 IQ의 이만큼의 차이는 매우 큰 것이다. 4세에서 8세까지가 나머지 30%가 발달하므로 전체적으로 80%가 발달하게 되며, 나머지의 20%가 8~17세까지의 거의 10년에 걸쳐서 발달하여 17세까지에는 IQ가 100% 발달하게 되고 이 때까지 계속적으로 열악한 환경에서 자란 사람과 풍요로운 환경에서 자란 사람간에는 IQ에 20포인트 차가 난다는 것이다. 한 표준편차 값(15)보다 훨씬 큰 IQ 20의 차는 매우 큰 것이다.

〈표 2.3〉을 제시한 Bloom은 지능의 발달을 17세까지로 보았다. 그러나 Tozer 및 Larwood(1958)와 Terman 및 Oden(1959)은 청소년기에서 성인기에 이르는 동안 IQ가 11포인트나 증가하는 경우도 있었다고 보고하고 있으며, Bayley(1955)는 50세까지도 지능은 증가할 것이라고 믿고 있다. 그러나 극히 좋지 않은 환경에서 청소년기를 보내거나 그 후에도 상당 기간 여건이 좋지 않은 환경에서 생활한 사람의 경우가 아니면 17세 이후의 지능의 발달정도는 그리 크지는 않은 것이다. 이와 같은 사실은 지능의 발달을 위해서는 유아 및 아동 초기에 좋은 환경을 제공하는 것이 매우 중요하지만, 불행하게도 그 기간의 환경여건이 좋지 않았다 할지라도 지능은 청소년기까지 그리고 그 이후까지도 발달이 계속된다는 것을 보여주는 것이므로 어렸을 때의 지능지수에 지나치게 큰 의미를 부여하는 것은 경솔한 일이다.

특히 지능을 측정한다고 하는 것은 길이나 무게를 재는 것처럼 정확한 것도 아니고, 어렸을 때 측정하는 것은 그 정확도가 낮으며 지능이란 고정되거나 불가변의 것이 아니라는 점도 고려되어야 한다.

연습 문제

1. 지능지수와 학업성적 간의 상관에 대하여 논의하여 보자.

2. 최근 설명되고 있는 다중지능이론을 학교현장에서 적용할 시 긍정적 측면과 한계점을 생각해 보자.

3. 지능의 발달에 있어서 유전적 측면이 강한가, 환경적 측면이 강한가?

4. 피아제의 인지발달단계 이론을 적용하여 각 단계별 구체적 학습 및 수업전략을 생각해 보자.

참고 문헌

유기섭(1987). 선정된 개인적 및 환경적 변인과 학업성적과의 관계. 한국교육문제연구소.

정범모(1965). 일반적성분류검사. 서울 : 코리안테스팅센터.

Bayley, N.(1955). On the growth of intelligence. American Psychologist, 10, 805-818.

Binet, A., & Simon, T.(1916). The development of intelligence in children. Baltimore : The Williams and Wilkins Co.

Bird, G. E.(1940). The effect of nursery-school attendance upon mental growth of children. Intelligence : Is Nature and Nurture. Thirty-ninth Yearbook of the NSSE, Part Ⅱ. Bloomington, Ⅲ : Public School Publishing Co.

Bloom, B. S.(1964). Stability and change in human characteristics. New York : Wiley.

Burks, B. S.(1928). The relative influence of nature and nurture upon mental developmen t : A Comparative study of faster parent-foreign child resemblance and true parent-true child resemblance. Nature and Nurture. Twenty-seventh Yearbook of the NSSE. Part Ⅰ. Bloomington, Ⅲ : Public School Publishing Co., 219-316.

Burt, C. L.(1958). The inheritance of mental ability. American Psychologist, 13.

Burt, C. L.(1966). The genetic determination of differences in intelligence : A study of monozygotic twins reared together and apart. British Journal of Psychology, 57, 137-153.

Carnegie, D.(1976). How to win friends and influence people(103rd ed.). New York : A Gulf & Western Co.

Cronbach, L. J.(1984). Essentials of psychological testing(4th ed.). New York : Harper & Row.

Dembo, M. H.(1988). Applying educational psychology in the classroom(3rd ed.). New York & London : Longman.

Garder, H.(1983). Frames of mind : The theory of multiple intelligence. New York : Basic Books.

Guilford, J. P.(1959). Three faces of intellect. American Psychologist, 14, 469-479.

Honzik, M. P., MacFarlance, J. W., & Allen, L. (1984). The stability of mental test performance between two and eighteen years. Journal of Experimental Education, 17, 309-324.

Hunt, J. M.(1961). Intelligence and experience. New York : Ronald Press.

Kelly, T. L.(1928). Crossroads in the mind of man. California : Stanford University Press.

Klausmeier, H. J., & Goodwin, W. L.(1975). Learning and Human abilities : Educational Psychology(3rd ed). NY : Harper & Row.

Miller, K., & Gelman, R.(1983). The child's representation of number : A multidemensional scaling analysis. Child Development, 54, 1470-1479.

Piaget, J.(1954). The construction of reality in the child(M. Cook, Trans.). New York : Basic Books.

Piaget, J.(1964). Development and learning. In R. E. Ripple, & V. N. Rockcastle(Eds.), Piaget rediscovered : A report of the conference on cognitive skills and curriculum development. Ithaca, New York : Cornell University, School of Education.

Piaget, J.(1970). Piaget's theory. In P. Mussen(Ed.), Handbook of child psychology(3rd ed.). New York : Wiley.

Rohwer, W. D.(1971). Learning, race, and school success. Review of Educational Research, 41, 191-120.

Siegler, R. S.(1986). Children's thinking. Englewood Cliffs : NJ : Prentice-Hall.

Spearman, C.(1927). The ability of man : Their nature and measurement. New York : The Macmillan Co.

Stern, W.(1914). Psychological methods of testing intelligence. Baltimore : Warmick and Yark.

Sternberg, R. J.(1986). Intelligence applied. New York : Harcourt Brace Jovanovich.

Terman, L. M. & Oden, M. H.(1959). The gifted group at mid-life. Stanford : Stanford.

Terman, L. M.(1921). Intelligence and its measurement. Journal of Educational Psychology, 12, 127.

Thorndike, E. L.(1927). The measurement of intelligence. New York : Bureau of Publication, Teachers College, Columbia University.

Thurstone, L. L., & Thurstone, T. G.(1954). Manual of primary mental ability tests. Chicago : Science Research Association.

Tozer, A. H. D., & Lawood, H. J. C.(1958). The changes in intelligence test scores of students between the beginning and end of their university courses. British Journal of Educational Psychology, 18, 120-128.

Wechsler, D.(1975). Intelligence defined and undefined : A relativistic appraisal. Amercian

Psychologist, 30, 135-139.

Wheeler, L. R.(1942). A comparative study of the intelligence of East Tennessee Mountain children. Journal of Educational Psychology, 33, 321-334.

Wood, E. R. G., & Wood, S. E.(1993). The world of psychology. Boston : Allyn and Bacon.

Zanden, J. W. V.(1980). Educational psychology in theory and practice(1st ed.). New York : Random House.

제3장

사회성 및 도덕성의 발달

학교교육은 인지발달에 관련된 문제만을 다루는 것은 아니다. 인간 발달의 정의적 측면 또한 학교교육에서 중요시해야 하는 영역이다. 특히 정의적 측면의 사회성 발달과 도덕성 발달은 최근 들어 강조하고 있는 인간의 심리적 속성이다. 따라서 본 장에서는 학생들의 사회성과 도덕성 발달을 돕는 방안을 탐색하고 논의하고자 한다. 그러기 위해서 Erikson의 사회성 발달이론과 Kohlberg의 도덕성 발달이론을 살펴보며, 각각의 이론을 토대로 학습자들의 건강한 사회성과 도덕성 발달을 위한 교사의 지도방안을 탐색한다.

제1절 Erikson의 심리사회 발달이론

1. Erikson의 생애와 이론적 개요

Erikson은 독일의 프랑크푸르트에서 1902년에 태어났다. 그의 부모는 덴마크 사람이었으나, 에릭슨이 출생하기 전 부모가 별거한 몇 달 동안 그의 어머니는 친구들이 있는 프랑크푸르트에서 아기를 낳았다. 얼마 후 아버지가 사망하자 어머니는 그 곳에서 혼자 에릭슨을 키웠다. 그러다가 에릭슨이 세 살 때에 유태인 소아과 의사와 재혼하였다. 덴마크계의 혈통을 가지면서 유태계 계부 밑에서 성장하게 된 에릭슨은 어쩌면 운명적으로 자아정체감의 문제에 골똘히 파고들게 되어 있었던 것인지도 모른다. 에릭슨은 소년 시절에 아주 뛰어난 학생이었다. 그는 우수한 성적을 보였는데, 특히 고대의 역사와 미술을 좋아했다. 그는 틀에 박힌 학교분위기를 좋아하지 않았다. 에릭슨은 학교를 졸업하자, 대학에 진학하지 않고 유럽을 1년간 여행하였다. 당시 독일 사회는 청년들이 자아를 찾아 방황하고 노력하는 것을 묵인하는 그런 분위기였다. 에릭슨은 방랑하는 예술가처럼, 자신을 찾기 위해 구라파 일대를 유랑하였다. 25세가 되어서야 안나 프로이드가 운영하던 학교에서 아이들을 가르치게 되었고 27세에 에릭슨은 미국의 미술가이며 작가인 죠안 서슨과 결혼해서 가정을 이루었다. 그 후 히틀러의 반 유태 정책으로 인하여 유럽을 떠나 보스톤 쪽으로 옮겼다. 그는 하버드 의과대학에서 심리학 연구자로 일했으며, 그 후 3년 간은 예일대학교의 인간관계연구소에서 일했다.

이 시기 동안에, 그는 아동의 공간적 놀이 행동에서 보여지는 사회적 모델의 개념을 설정하였으며, 자아의 발달을 지속적인 과정으로 파악하고, 시공간 속의 인간에 대해서 문화인류학적 의문을 가지게 되었으며, 그로 인해서 현지조사차 인도로 건너가서 인간 간디에 관한 연구를 하였다. 에릭슨의 가장 중요한 저서는 「아동기의 사회」이며, 이 책에서 그는 인간의 생애발달을 8단계로 제시하고 문화권에 따라 다소간의 차이는 있지만 인간은 보편적으로 8단계를 거치면서 발달한다고 주장하였다. 또 다른 두 개의 저서는 「청년 루터」와 「간디의 진리」인데, 이

저서에서 그는 역사적 자료를 정신분석학적 통찰력으로 조명하고 있다.

인간의 사회성 발달은 반복적이고 계속적인 것이지만 사회적인 압력과 특정의 성장단계에 있어서의 어린이가 경험하는 갈등을 연결해서 고려할 때, 사회심리학적인 측면에서도 몇 단계의 구분이 가능하며 Erikson은 이를 예리하게 설명하고 있다. 에릭슨은 프로이드와 마찬가지로 그의 탁월한 통찰력으로서 인간의 발달과정을 이론화했다. 프로이드의 정신분석학적 개념이 실은 고대의 희랍신화에서 발생된 것이 많은 데 반해 에릭슨의 개념은 시, 민속 그리고 일상생활의 지혜를 참조하고 있다. 그러나 기본적으로는 프로이드의 이론을 바탕으로 하여, 그의 새로운 이론을 전개했다. 에릭슨은 인간의 발달은 개인의 세 가지 요소, 즉 생물학적 요소, 자아, 사회의 집단구성원에 의해 일어난다고 보았다. 다시 말해 생물학적 과정, 자아과정, 그리고 사회적 과정 등과 같은 조직과정에 의해서 개체의 인성발달은 이루어진다고 보고 있다.

에릭슨은 출생에서 사망까지의 인간의 생애는 신체적/심리적으로 성장하는 유기체와 사회적 영향과의 상호작용에 의해 이루어진다고 하며, 생애주기를 통한 발달적 변화, 사회적, 역사적인 요인을 배경으로 성격을 이해하는 것이 중요함을 강조하였다. 또한 인간발달과 관련하여 최대의 관심을 기울여야 할 것은 자아라고 보았으며 프로이드와는 대조적으로 자아를 자율적인 성격구조로 보았다. 그는 생애주기를 8단계로 나누어 각 단계를 통하여 나타나는 자아의 특성에 초점을 맞추고 이러한 인간발달은 모든 인간에게 공통적이라는 가정을 세웠다. 그리고 발달의 각 단계에는 일련의 갈등적 위기가 있으며 이 같은 위기는 건설적으로 처리될 수도 있고 파괴적으로 처리될 수도 있다고 그는 생각한다. 따라서 각 단계에서 나타나는 하나하나의 분쟁(내적 욕구와 외적 제약간의)은 만일 그것이 잘못 처리된다면 특정의 심리사회적 문제로 발전할 가능성을 내포하는 것이다. 그러나 그 분쟁들이 긍정적으로 처리된다면 그것은 그 개인에게 힘과 활력을 주는 결과를 가져오기도 하는 것이다.

2. 심리사회 발달단계

에릭슨은 인간의 발달단계는 유전적 요인에 의해 결정되지만, 유전적으로 결정된 단계가 현실화되는 것은 사회적 혹은 환경적 힘에 의해서라고 말한다. 인간은 각 발달단계에서 위기를 경험하며, 이 위기를 잘 해결하느냐 못하느냐에 따라서 인생의 방향이 결정된다고 설명한다. 즉, 에릭슨은 정신 사회적 위험(위기)을 이겨낼 수 있는 인간의 능력에 관심을 가졌으며 위기를 잘 극복하는 인간이 건강한 성격을 형성할 수 있다고 보았다. 전 일생을 통해 마주치게 되는 일련의 위기들을 그때그때 잘 해결하고 극복함으로써 자기정체감을 형성해 나가는 것이 건강한 성격의 기반이 된다. 위기를 잘 극복하기 위해서는 긍정적인 경험과 부정적인 경험이 균형을 잡아야 하며, 그 균형은 개인에 따라 다르다.

표 3.1 에릭슨의 심리사회 발달단계

단계	근접연령	주요사건	설명	획득
1. 신뢰 대 불신	출생~18개월	섭식	유아는 양육자에 대한 일차적 사랑, 신뢰 관계를 형성하거나 불신감을 발달시킴	희망
2. 자율성 대 수치심	18개월~3년	대·소변 훈련	아동의 에너지는 걷기, 잡기, 괄약근 통제를 포함하는 발달을 향함. 통제를 학습하지만 잘 이뤄지지 않게 되면 수치심과 의심을 발달시킴	의지
3. 주도성 대 죄책감	3~6년	독립	아동은 계속해서 더 적극적이고 주도적이 되지만 너무 강력해서 죄책감으로 이끌 수 있음	목적
4. 근면성 대 열등감	6~11년	학교	아동은 새로운 기술을 학습하는 요구를 잘 처리해야 하고 그렇지 않으면 열등감, 실패 그리고 무능의 위험을 겪음	능력
5. 정체감 대 역할혼란	청소년기	또래관계	십대는 직업, 성 역할, 정치, 종교에서의 정체성을 획득해야 하며, 그렇지 않을 경우 혼란을 초래	충실
6. 친밀감 대 고립감	성인 초기	애정관계	성인초기는 이성과의 친밀한 관계를 발달시키지 않으면 고립의 감정을 겪음	사랑
7. 생산성 대 침체감	성인 중기	양육	각 성인은 다음 세대를 만족시키고 지지하는 방법을 찾아야 하며, 그렇지 않을 경우 침체의 상태를 겪음	보살핌
8. 자아통합 대 절망감	성인 후기	인생에 대한 반영과 수용	최고점에 이른 사람은 있는 그대로의 자신을 수용하고 충족하지만, 그렇지 않을 경우 절망의 상태로 후회하며 삶을 마감	애정

1) 제 1단계 : 신뢰감 대 불신감(영아기, 0-18개월)

생후 처음 18개월 동안에 신뢰 또는 불신의 기초가 형성된다. 반드시 그렇다고는 할 수 없겠지만, 많은 경우 이 영아기를 어떻게 보내느냐 하는 것은 그 이후의 오랜 기간에 걸쳐 주변의 사람들이나 환경에 신뢰를 가지느냐 아니면 의심하고 불신하느냐 하는 것을 결정하는 큰 요인이 된다. 다른 사람에 대해 신뢰를 가지는 것은 건전한 인성의 초석이라는 것이 Erikson의 생각이다. 이 시기, 즉 아무 능력도 없이 완전히 의존해야 되는 영아기에 많은 사랑과 보살핌을 받고, 기초적인 욕구(음식, 청결)가 규칙적으로 충족되며 사람들이 자기에 대해서 많은 관심을 가지는 것을 알아차리면 사람에 대한 신뢰감이 발달하게 된다. 어린이에게 참으로 필요한 것은 지나친 애정이나 음식이 아니라 어른들과 그와의 관계의 질이라는 것이 Erikson의 의견이다. 누군가가 자기에게 깊은 관심을 가지고 있다고 어린이가 항상 느낄 때에만 신뢰감은 자란다고 그는 보는 것이다.

2) 제 2단계 : 자율성 대 의혹(유아기, 2-3세)

생후 처음 수개월 동안에는 나 자신을 타인과 구별되는 존재로 지각하지 않는다. 그러나 대략 18개월 이후가 되면 '나'에 대한 감각이 나타나기 시작한다. 이 때쯤부터는 내가 말하고 행동하는 것과 다른 사람이 하는 것을 구별하기 시작하는 것이다. 그래서 독자적으로(자기가 하고픈 대로) 행동하려는 욕망이 나타나고 또 그런 행동이 현저히 증가하여 다른 사람이 해 주는 것보다 자기가 스스로 하려고 한다. 어린이가 자기를 스스로 행동하고 원하는 것을 추구할 능력이 있는 사람이라고 믿게 되는가 아니면 자기에게 의심을 가지고 부끄러움을 느끼게 되는가 하는 자기 신뢰감이 나타나는 두 번째 단계는 18개월로부터 3세까지라는 것이 Erikson의 판단이다. 자율성은 성공적인 행동으로부터 자란다.

그리고 자기의 행동이 성공적인 것이었는가 아니면 실패한 것인가를 결정하는 기준은 자기의 행동에 대해 어른들이 어떻게 반응하는가 하는 것이다. 어른으로부터 인정받고 격려되는 행동은 자기의 능력감과 자신감을 자라게 하는 원천이 되고

반대로 비난이나 벌을 가져오는 행동은 자기불신과 수치심을 일으킨다. 그렇다면 어른들은 어린이들의 모든 행동을 용인하고 칭찬해야 할 것인가? 그렇지 않다는 것이 Erikson의 의견이다. 용인될 수 있는 행동의 한계를 짓는 것은 어린이로 하여금 행동에는 용인될 수 있는 것과 그렇지 못한 종류의 것이 있다는 사실을 깨닫게 한다는 것이다.

3) 제 3단계 : 주도성 대 죄책감(유치기, 3-6세)

어린이들의 자율성은 만일 그것이 방해받지 않고 적절히 조장된다면 3세까지에는 상당한 수준으로 발달된다. 이렇게 자신감이 높아지면 적극적(또는 공격적) 행동, 즉 새롭고 다른 것을 탐색하고 시도해 보려는 행동이 나타나기 시작한다. 자기 날개의 힘을 시험해 보려는 이 같은 욕망을 주도성(initiative)이라 한다. 이와 같은 주도성이 자라는 결정적 시기는 3세에서 6세까지이다. 만일 이 같은 주도성이 깊은 뿌리를 내리기를 원한다면 자기의 환경에 대한 어린이들의 적극적인 조작이 격려되어야 한다. Piaget는 이 같은 활동이 지적인 발달을 위해서 필요한 것이라고 강조했지만 그에 못지않게 이것은 심리사회적 발달을 위해서도 필요한 것이다.

주도성은 사람에게 있어서 일생 동안 도움을 주는 특성인 것이다. 이 연령 단계에서 자발적으로 무엇인가 해보려는 시도가 책망 · 벌 · 비난 등으로 억압을 받게 되면 주도성은 끝내 완전히 발달하지 못한다. 뒤늦게 그것을 깨닫고 교정하려 한다면 매우 많은 노력이 필요하게 되는 것이다. 자기의 활동과 영향의 영역을 넓히려는 어린이들의 극히 자연스러운 시도를 격려함으로써 그들로 하여금 자기도 해볼 능력이 있고 스스로의 행동을 결정할 수 있으며, 자기의 삶에 대한 목표도 세울 수 있다는 것을 깨닫게 할 수 있는 것이다. 어린이들의 탐색이 함부로 억압되고 조그만 잘못도 벌을 가져온다면 어린이들에겐 일반화된 일종의 죄책감이 자라게 되며 이 같은 죄책감은 평생 동안 그를 괴롭히게 되는 것이다.

4) 제 4단계 : 근면성 대 열등감(아동기, 6-11세)

6세쯤 된 어린이들은 실제로 새로운 힘이 넘쳐 흐른다. 언어도 급속도로 발달한

다. 어린이들은 지적 능력이 새롭고 힘있는 단계에 막 들어서고 있으며 이 같은 능력은 그 단계에서 조작적인 사고와 새로운 형태의 추리를 가능하게 한다. 뼈 · 근육 · 기관은 커지고 튼튼해진다. 조정(coordination) 능력은 매일 향상된다. 동료들과의 새로운 방식의 상호작용이 발달하고, 따라서 그들과 보다 높은 수준의 협동과 경쟁이 가능하게 된다. 이 시기의 놀이는 그 자체가 무의미한 것은 아니지만 그렇다고 충분한 것도 아니다. 그들의 활동은 생산적이고 또 목적지향적인 것이어야 한다. 이 시기에 있어서는 어떠한 과제가 특별한 목표지향적인 것(생산하고, 해결하고, 기술을 익히고, 이해하려는 것)이 아닌 이상 그것을 놀이와 특별히 구별할 필요는 없다. 놀이 속에 과제가 또 과제 속에 놀이가 공존할 수 있는 것이기 때문이다. 에너지가 특정한 목표의 과제를 지향하게 될 때 어린이에게는 근면성이 발달한다. 그리고 이와 같은 근면성은 자기 능력(무엇인가를 해낼 수 있다는)의 향상을 가져온다. 이 시기는 신체적으로 매우 건강한 때이다. 신체적 · 유기적 변화가 느리게 일어나며 그것은 사춘기의 폭풍노도를 앞에 둔 고요이기도 하다. 그러므로 이 시기는 근면성(의도적인 활동에 대한 욕망)이 발달하기에 이상적이고 또한 중요한 시기이다.

이 시기에 성인들의 지나친 간섭이나 벌에 의해 어린이의 왕성한 근면성이 억압된다면 열등감이 자랄 수밖에 없다. 활동이 조금만 소란해도 그것을 꾸중하거나 비난하는 일이 반복되면 어린이는 죄책감을 느끼게 된다. 자기가 한 것에 대해서 어른들이 눈을 찡그리고 윽박지르게 되면 어린이에게 열등감이 자랄 수밖에 없다. 이 단계에서 열등감을 단호하게 피해야 한다. 왜냐하면 이 단계는 자기에 대한 의심과 열등감 및 무능력감이 특히 많이 나타나는 시기인 사춘기와 접해 있는 시기이기 때문이다.

5) 제 5단계 : 정체감 대 정체감 혼미(청소년기, 11-18세)

청소년기는 격랑의 시기로써 극심한 자기 회의에 빠지기도 하고 극도로 민감해지기도 한다. 이 단계는 기분이 쉽게 들뜨기도 하고 깊은 절망에 빠지기도 하며 또 마음이 어지럽고 불안을 느끼는 이른바 감정의 기복이 큰 시기이다. 특히 이 시기의 청소년은 어린 시절의 의존을 멀리하고 독립적인 성인 남녀로 되어 가는 것이다. 그런데 어떠한 종류의 성인이 될 것인가? 누구와 같은 사람이 될 것인가? 어떠한

특성을 가진 사람이 될 것인가? Erikson(1963, 1968)에 의하면 이 시기는 자기가 어떠한 특징의 개인이 될 것인가를 결정하는 시기이며, 이 때 결정된 개인적 특성은 오래 지속된다는 것이다. 어린이는 아주 어렸을 때부터 자기를 인식하게 되지만 그것은 자기와 타인이 다르다는 것을 지각하는 수준에 불과하다. 그러나 이 시기에 있어서의 새로운 독립적인 자아는 다른 사람으로부터 구별되기는 하지만 동시에 그들의 영향의 범위를 벗어나지는 못하는 존재인 것이다. 자기의 독특한 개성과 자아지각, 목표 및 소망을 가지고 있음에도 불구하고, 다른 사람들의 기대를 어느 정도 수용해야 되는 일종의 혼란이 계속되는 시기인 것이다.

나는 누구인가? 나는 무엇이 될 것인가? 나는 다른 사람과 어떠한 관계에 있는가? 다른 사람들은 나를 어떻게 보고 있는가? 이 같은 지루한 질문들이 개인의 내부에서 몸부림치는 시기인 것이다. 이와 같은 탐색과 몸부림 속에서 청소년들은 여러 가지로 다른 특성을 가진 자기의 영웅들을 모방하는 등 그 특징을 자기의 것으로 만들려는 노력이 나타난다. 이 같은 모방은 단순히 생각이나 말로만 그렇게 할 때도 있지만 여러 가지 형태의 행동으로 나타나기도 한다. 청소년들에게 있어서 인생이란 '인간생활의 다양한 모습의 예를 보여주는 마네킹으로 가득찬 슈퍼마켓'이다. 그들은 그 하나하나를 관찰하고 시도해 보고 수용하고 또 거부한다. 자기의 아이덴티티(identity)를 찾으려는 힘겨운 방황은 필연적으로 성인과의 갈등을 가져온다.

특히 부모와의 갈등도 적지 않은데, 이미 삶의 스타일을 정착시켜 그 속에 안주하고 있는 부모들이 한때는 자기들도 그 같은 갈등과 혼란의 늪을 헤매지 않을 수 없었던 과거를 잊고 있기 때문이다. 여기에는 타협이 있을 수 없다. 젊은이는 탐색을 계속해야 하고 갈등을 경험해야 한다. 갈등의 과정은 젊은이에게나 어른들에게나 다같이 고통스러운 것이지만 그것은 자연스러운 것이고 또 피할 수 없는 것이다. 갈등과 싸워야만 될 때는 그렇게 생각하기 어렵겠지만 결국 그러한 투쟁이 있어야 하는 것도 바람직스러운 것이다. 그런 과정을 통해 심리적 이유(離乳)가 일어나야만 되며 젊은이는 부모의 곁을 떠나 자기의 보금자리를 마련해야 하는 것이다. 계속적이고 강력한 독립의 추구는 정체감의 발달을 촉진시킬 것이고 의존을 떨쳐버릴 수 있게 할 것이다.

마샤의 정체감 상태

James Marcia와 동료들은 에릭슨의 작업을 정교화하면서 청소년에게는 자신의 선택과 자신을 직면하는데 있어 네 가지 대안이 있다고 제안했다. 첫 번째는 '정체감 성취'이다. 정체감 성취란 현실적으로 선택할 수 있는 것들이 무엇인가를 먼저 고려한 후 선택을 하고 그것을 위해서 추구한다는 것을 의미한다. 두 번째는 '정체감 유실'이다. 정체감 유실은 다른 정체감을 실험해 보거나 다른 선택의 범위를 고려하지 않고, 단지 중요한 타인의 생활 방식을 택하는 상태를 말한다. 세 번째는 '정체감 혼미'이다. 정체감 혼미는 자신이 누구인지 또는 인생에서 무엇을 하고 싶어하는지에 대해 어떤 결론에도 도달하지 못했을 때 발생한다. 마지막으로 '정체감 유예'이다. 정체감 유예는 자신의 삶을 선택하려고 노력하고 있는 상태로 갈등 때문에 선택을 보류하고 있다.

6) 제 6단계 : 친밀성 대 고립감(청년기, 18-30)

청소년기에는 주로 관심의 대상이 자기 자신이었으나, 성인초기에 이르게 되면 직업을 선택해야 하고 배우자를 찾아야 하므로, 이 시기의 사람들은 배우자인 상대방 속에서 공유적 정체감을 찾으려 든다. 따라서 이 시기에는 타인과의 관계에서 친밀성을 이룩하는 일이 중요 과업으로 된다. 에릭슨에 의하면, 청년기에 긍정적인 정체감을 확립한 사람만이 진정한 친밀성을 이룰 수 있다고 한다. 정체감을 확립하지 못한 사람은 자기 자신에 대하여 자신감을 가지지 못하므로, 타인과의 관계에서 친밀성을 형성하지 못하고 고립하여 자기 자신에게만 몰두하게 된다. 적성과 충실이 알맞게 어우러진 곳에서 성인기 초기 가치인 사랑이 자라난다. 에릭슨에게 사랑이란 분할된 역할 속에 들어 있는 대립적인 것들을 끊임없이 억제하는 상호 헌신의 관계이다. 사랑은 가장 위대한 가치이다. 사랑은 공유하는 정체감과 서로를 인정하는 것을 포함한다. 서로가 가치 있는 사람으로 느끼게 해 주는 것이다. 사랑은 진실한 상호성과 친밀성으로 드러난다. 친밀성은 동성과 이성간의 인간관계, 친밀감, 연대의식, 공동의식 등의 따뜻한 인간관계에서 형성된다. 심리적 고립감은 과도한 또는 형식적인 인간관계에서 형성된다. 다른 사람이나 집단과 친밀한 관계를 맺는 능력은 적성과 충실에 바탕을 둔다.

7) 제 7단계 : 생산성 대 침체감(장년기, 30-65)

일단 두 사람간의 친밀성이 확립되고 나면, 그들의 관심은 두 사람만의 관계를 넘어서 그 밖의 사람으로 확대되기 시작한다. 가정적으로는 자녀를 낳아 키우고 교육하게 되며, 사회적으로는 다음 세대를 양성하는 데에 관심과 노력을 기울이게 된다. 또 직업적인 성취나 학문적, 예술적 업적을 통해서도 생산성이 발휘된다. 자신의 2세가 없는 경우에는 다음 세대들을 위한 사회적인 봉사 등을 통해서도 생산성을 발달시키게 된다. 만일 어떠한 이유로 해서, 생산성을 제대로 발휘하지 못하거나 안하게 되면 침체감이 형성된다. 이 경우에는 타인들에 대한 관심보다는 자신의 욕구에 더 치중하는 경향을 보이며, 남에게 대한 관대함이 결여된다.

8) 제 8단계 : 통합성 대 절망(노년기, 65세 이상)

마지막 단계인 노년기에는 신체적인 노쇠와 직업으로부터 은퇴, 친한 친구나 배우자의 죽음 등으로 인하여, 인생에 대한 무력감을 느끼게 되는 일이 많다. 이 시기의 성패는 신체적이며 사회적 퇴보를 어떻게 받아들이는가에 달려 있다고 에릭슨은 주장하고 있다. 대부분의 경우 노년기에 들어서면 자신이 지금까지 살아온 생애를 돌아보면서 자신의 생애가 가치 있는 삶이었는지를 음미해 보게 된다. 이러한 과정에서, 자신의 삶이 무의미한 것이었다고 느끼게 되면 절망에 빠지게 된다. 그러나 이러한 절망 속에서도 자신은 그때 그럴 수밖에 없었다고 생각하면서 자기 나름대로 인생의 의미를 찾고 보람을 느끼게 되면 인생에 대한 참다운 지혜를 획득하게 된다. 이러한 지혜를 통하여 앞의 7단계 동안 이룬 소산을 거두어들일 수 있게 되며, 드디어는 보다 더 차원이 높은 인생철학으로 통합을 이루어 나가게 된다. 자기의 인생을 만족감과 충만감을 가지고 돌아보는 사람은 자아 통합을 이룬 사람이다. 자신의 위치와 자신의 과거를 받아들인다.

Erikson의 이론은 발달의 여러 단계에서 당면하게 되는 갈등을 이해하는 데 있어서 부모와 교사들에게 많은 도움을 준다. 취학연령 전후가 되면 어린이들은 주도성(initiative)에 대한 강력한 욕구를 가지게 되지만 그것이 저지될 때 수치감을 느끼게

된다. 다음 단계에서는 근면성 대 열등감 간의 갈등이 온다. 이 시기의 어린이들이 새로운 도전에 대처하기 위해 여러 가지의 행동을 자생적으로 또 열심히 시도하게 되는데, 이에는 부모와 교사의 전폭적인 지지와 격려가 있어야 하는 것이다. 이 때 부모나 교사가 그것을 미처 생각하지 못하고 지나치게 간섭하거나 높은 기대를 가지고 일방적인 압력을 가하게 되면, 아동들은 사회적 적응에 있어서의 문제가 발생하고 그것은 건전한 인성의 발달을 저해할 수 있다는 것을 Erikson의 이론은 설명해 준다. 그러므로 부모나 교사는 발달의 모든 단계에 걸쳐 자녀들이 믿음을 가지고 자기를 표현하며 때로는 모험을 경험함으로써 건전한 사회적 적응력을 기를 수 있도록 지속적인 관심을 가지고 도와 주어야 하는 것이다.

교실에 있어서도 실수나 실패는 언제나 있는 것이다. 그러므로 그 같은 실수는 학습과정에서 불가피하게 나타나는 극히 자연스런 현상으로 학생들이 받아들일 수 있는 분위기를 교사는 조성해야 한다. 즉, 교실에서 서로 존중하고 이해하며 상호협조적인 태도가 길러져야 하는 것이다. 특히 중등학교 시기는 학생들이 자아 정체감의 확립을 위해 몸부림치는 때이다. 그러므로 그것을 위해서는 학생들에게 다양한 경험을 할 수 있는 많은 기회가 주어져야 한다는 사실을 교사는 유념해야 한다. 다양한 상황에서의 여러 가지 경험을 통해서 학생들은 자기의 행동 · 태도 · 생각 및 신념을 스스로 평가하는 것이며, 그러한 과정을 거쳐서 그들의 정체감이 발달된다고 하는 사실을 교사는 알아야 한다. 교사와 학생이 자유롭게 어울리는 기회를 가지며 시사에 대한 학생들의 의견 또는 그들의 장래에 대한 교육 및 생애의 문제에 대해 의견을 나누는 것 같은 것은 학생들의 사회적 성장을 위해 매우 중요한 것이므로 교사는 자연스럽게 그러한 기회도 마련해야 하는 것이다.

제2절 사회성의 발달 – 사회화

1. 사회화의 의미와 발달적 갈등

흔히 인간을 '사회적 동물'이라고 말하는 것과 같이 인간은 사회생활을 해야 살

수 있지만, 태어나면서부터 사회적 동물로서의 특징을 지닌 것은 아니다. 다만 사회생활을 발달시킬 수 있는 가능성만을 지닌 것으로 사회적 행동은 후천적인 것이다. 인간은 출생하면서부터 부모 특히 어머니와의 관계를 맺게 되고, 나아가 아버지, 형제 등 가족과의 관계를 형성하면서 점차 집 밖에서 친구를 사귀고, 학교에서 선생님과의 관계도 가지며 사회생활에 필요한 지식, 습관, 태도, 정서 등을 얻게 된다. 이렇게 한 개체가 사회 속에서 심리학적으로 성장하는 과정을 사회화(socialization)라고 말한다. 즉, 사회화란 어느 사회에 속하는 개인이 사회적 상호작용을 통해서 그 사회에 조화를 이루는 성품의 소유자로 성장해 가는 과정을 뜻하는 것이다. 그러나 사회화 과정은 자동적인 것이 아니라 그 사회에서 인정되는 특정의 가치 · 태도 · 역할 · 사고방식 등은 다른 사람들과 상호작용하는 역동적인 과정에서 학습되는 것이다. 이 때의 상호작용은 사람과 사람의 직접적인 접촉일 수도 있고, 또 영화 · 광고 · 서적 · TV 등과 같이 간접적일 수도 있다.

학생들의 사회화에 대한 학교의 책임은 막중하다. 학교는 학생들이 조화로운 사회의 구성원이 되는 데 필요한 태도 · 가치 · 역할 · 세상을 받아들이는 태도 등을 가르쳐야 한다. 그리고 이 같은 사회성은 직접적인 교수활동을 통해서 그리고 동료 · 교사 및 기타 사람들과의 적극적인 상호작용을 통해서 길러진다. 이 중에서 사람들과의 상호관계가 학생들의 사회화에 미치는 영향은 매우 큰 것이다. 그러나 학습자는 언제나 피동적 존재가 아니다. 그들은 사회화에 필요한 지식이나 기능을 제시하는 대로 받아들이기만 하는 것은 아니다. 오히려 그들은 각자의 독특한 욕구와 목표를 가지고 학교를 대한다. 이에 대해 학교는 학생들에게 그들이 책임을 받아들이고, 그들을 지도하고 감독하는 교사의 권리를 인정하며, 학교의 질서를 존중하고, 학교가 요구하는 행동의 규범을 받아들이도록 요구한다.

여기에서 학생의 요구와 학교의 기대가 충돌하는 것이며, 바로 이 충돌이 사회화를 위한 학교의 노력을 어렵게 하고 또 결과를 예측할 수 없게 하는 것이다. 이것이 사회화 과정에 있어서의 분기점이다. 이와 같은 국면의 극복에는 정규적인 교수활동, 동일시 및 역할획득 등의 세 가지 방법이 사용된다. 즉, 교수활동을 통해서 사회생활에 필요한 지식과 기능을 배우고 다른 사람을 동일시함으로써 그들의 태도와 행동양식을 받아들이며, 성장단계에서 요구되는 사회적 역할을 획득함으로써 비슷한 역할을 하는 다른 사람들이 행동하고 느끼고 세상을 보는 태도를 익힌다.

이와 같은 사회화의 과정에서 학생들은 필연적으로 몇 가지의 발달적 갈등과 싸워야 한다. 의존과 독립 사이의 갈등, 안전과 불안 사이의 갈등, 욕구의 즉각적 충족과 욕구충족의 지연 사이의 갈등을 경험하고, 그 갈등을 해결해 나가면서 학생들은 사회적으로 성숙하게 되는 것이다. 즉, 어떠한 성인이 되느냐 하는 것, 즉 주위환경에 얼마나 잘 적응하는 개인이 되느냐 하는 것은 성장과정에서 필연적으로 경험하게 되는 이 같은 발달적 갈등을 어떻게 처리하느냐 하는 것에 크게 영향을 받는다.

1) 의존과 독립의 갈등

출생 초의 어린이는 무능력한 존재이므로 부모에게 전적으로 의존한다. 그러나 어린이가 두 살만 되어도 벌써 갈등을 경험하기 시작한다. 이 때쯤이면 어린이에게는 무엇인가를 자기 마음대로 하고자 하는 경향(독립)이 나타나기 시작하지만 그의 사고는 극히 자기중심적이다. 즉, 자기는 가족의 중심이므로 부모형제 및 다른 사람들은 당연히 자기가 원하고 행동하는 것에 따라 주어야 한다고 가정한다. 그런데 어떤 욕구는 거부당하기도 하고 또 원하지 않는 행동을 강요받기도 한다. 어린이의 단순한 자기중심적 사고는 부모나 다른 사람들에 의해 부과되는 사회적 제한에 의해 갈등을 경험하게 된다. 그리고 이 같은 갈등은 어린이로 하여금 다른 사람들과 같이 살아야 하고 현실에 적응하도록 강요하는 것이다. 그렇게 함으로써 강하게 자기를 주장하며 '아니야', '싫어'라고 하던 어린이가 아직도 자기는 필요한 것을 공급받고 위험으로부터 보호를 받아야 되는 존재임을 발견한다. 이 같은 갈등과 적응을 통해서 어린이가 다시금 부모를 동일시하게 되고 그들에게 의존해야 하는 자기로 돌아간다.

어린이들이 더욱 성장하여 좀 더 자신을 갖게 되면 그들이 동일시했던 부모 및 다른 사람들과 자기는 다르다는 것을 느끼기 시작한다. 이 무렵이 되면 자기의 힘을 과신한 나머지 이 새로운 자아와 독립(자기 뜻대로 하고 싶은 욕망)을 극한으로 몰고 간다. 그리하여 자기 독립성의 한계에 도달하면 또다시 자기는 아직도 부모나 형제 및 주변의 다른 사람들보다는 약하다는 것을 깨닫게 된다. 그러면 어린이는 이 같은 사람들을 다시 동일시하고 그들에게 좀 더 의존할 수밖에 없다는 것을 깨닫게 되며, 그 결과 갈등은 일시적으로나마 진정된다. 성인이나 큰 아이들의 더 센 힘을 점진적으로 의식함에 따라 어린이들은 다른 사람들(자기보다 훌륭해 보이는)과 더욱 복잡한 동일시를 하게 되고 그렇게 동일시하는 사람들로부터 새로운 꿈을 키우며 성인의 역할을 배우게 되는 것이다.

다음 단계의 한층 더 심한 갈등은 6세에 이르러 취학으로 시작된다. 학교라고 하는 큰 집단 속에서는 가정에서 누렸던 많은 특권들을 포기하지 않을 수 없기 때문이다. 이 때의 갈등은 부정적 · 반항적, 그리고 자기 주장적인 형태로 나타나는 것이 보통이다. 의존과 독립 다음 단계의 갈등은 청소년기에 온다. 청소년들의 독립에 대한 주장은 한층 더 강해지며 가족으로부터 독립하여 자기도 이만하면 다 자랐다는 것을 과시하려는 경향이 뚜렷하게 나타난다. 이 때가 되면 동일시의 대상을 또래 집단이나 만화의 이상적 영웅, 교사 또는 역사적 인물 등에서 찾게 되고 그 같은 동일시 대상으로부터의 영향으로 의존–독립의 갈등은 해소되어 성인에 이른다. 이와 같이 타인에 의존하고, 자기와 타인을 구별하고, 자기의 독립을 주장하며, 보다 훌륭해 보이는 대상을 동일시하는 과정을 반복함으로써 어린이는 자주적인 성인으로 자라고 사회화되는 것이다.

성장하여 어떠한 성인이 되느냐 하는 기초가 이 과정에서 구축되는 것이다. 어렸을 때의 갈등을 어떻게 처리하는가 하는 것, 그리고 이 시기에 어떠한 대상을 동일시하는가 하는 것은 성인으로서의 사회적 적응에 큰 영향을 미친다. 그러므로 갈등을 긍정적으로 처리하는 능력을 길러주어야 하는 것이며 그렇게 하기 위해서 교사는 학생들의 의존과 독립간의 갈등의 핵심을 바로 이해하고 권위와 적절히 타협하도록 지도하며 좋아하는 사람들을 동일시하도록 격려하는 등 세심한 지도가 있어야 한다.

2) 안전 대 불안의 갈등

처음 학교에 가게 되는 어린이는 어머니의 손을 잡고 교실 문에 이르렀을 때까지 즐겁지만 어머니의 손을 놓고 선생님께로 가게 되는 순간, 어린이의 마음에는 커다란 충격이 온다. 어머니와 잡았던 손을 놓고 낯선 어른(교사)과 어린이의 무리에 다가갈 용기가 나지 않는다. 비교적 쉽게 들어가는 어린이가 없는 것은 아니지만

어머니의 애를 태우는 어린이도 많다. 안전 – 불안의 갈등을 경험하게 되는 것이다. 사람은 언제까지나 안전한 부모의 보호 속에 안주할 수는 없다. 성장한다는 것은 삶의 세계를 가정 밖으로 확대해야 된다는 것을 뜻한다. 즉, 지금까지 안전을 완전히 보장했던 어머니 – 어린이의 관계를 그대로 유지할 것인가 아니면 당면하는 변화의 요구를 어느 정도로 따를 것인가 하는 문제가 제기하는 불안의 형식으로 나타난다. 아직도 자기의 능력이 부족하다고 느끼는 시기에 어머니의 손길을 떠나서 독자적으로 감당해야 되는 과제나 상황이 다가올 때 무력감에 의한 불안이 나타나는 것이다.

이 때 느끼는 공포는 고립을 가져오고 고립은 무력감을 가져오며 이 무력감은 생존을 위협하는 결과가 된다. 어린이는 어머니로부터 안전을 얻지만 발달과 성장은 어린이로 하여금 어머니로부터 떠날 것을 강요하는 것이다. 이때 아동은 어머니의 사랑을 잃을 가능성을 경험하게 되며, 그 사실은 후에 내적 충동 · 희망 및 소중한 다른 사람들의 사랑을 상실할 가능성도 있다는 생각으로 연결되게 된다. 그러므로 대인관계에 있어서의 기본적인 변화 또는 자기 내부에서의 변화가 일어날 때에는 언제나 불안이 따르게 마련이다. 어느 정도 성숙한 어린이에게 있어서의 발달적 갈등은 자기가 달라진 후에도 지난 날 보장되었던 안전을 계속해서 유지할 수 있느냐 하는 것이다. 한 개체에게 있어서 변화와 성장은 발달, 유능해지려는 동기, 보다 향상된 자아의식, 많은 사람들과의 대인관계 및 이웃과 사회에 있어서의 개인의 위치 등을 높여주는 원동력이 된다. 그리고 성장과정에서 안전과 불안간의 갈등은 여러 번 반복되고, 여러 번의 성장단계를 거치면서 안전의 욕구에서 성장과 변화의 욕구가 움트는 것을 인식하게 된다. 안전만을 추구하던 어린이가 어느덧 자기를 주장하면서 독립을 지향하게 되고 그러다 보면 부모의 관심을 필요없는 간섭으로 받아들이는 경우가 나타나기도 한다.

교실 내의 많은 학생들이 지난 날의 안전에 집착할 것인가 아니면 새로운 성장 및 성취에서 오는 만족을 추구할 것인가의 양자간에서 매우 심한 갈등을 경험하고 있다. 학생들은 학습의 기회 및 대인관계에 대처하는 방법의 선택에 있어서 과거의 경험을 통해서 이미 형성되어 있는 행동형태에 의존하기도 하고 또 새로운 행동형태를 실험해 봄으로써 자기의 변화를 도모하기도 할 것이다. 그리고 교사나 동료들로부터 얼마나 격려와 이해를 받고 있다고 느끼느냐에 따라서 학생들은 과거의

안전에 집착하게 되기도 하고 또 약간의 어색함이나 불안감을 무릅쓰고 자기의 변화를 위해 노력을 하기도 한다. 즉, 갈등을 어떻게 대처하느냐 하는 데 대한 교사와 동료들의 영향은 매우 큰 것이어서 그들로부터 격려와 이해를 받고 있다고 느끼는 학생은 변화와 성장에 대한 위험을 그만큼 더 감내할 수 있게 되고 따라서 부적절한 과거에의 집착이 감소된다.

3) 욕구의 즉각적인 충족 대 만족 지연의 갈등

인간은 일정기간 동안 혼자서 욕구를 해결할 수 없다. 따라서 양육자로부터 일정기간 동안 보살핌을 받게 된다. 배가 고픈 영아는 운다. 대개는 즉시 우유를 먹일 수 있도록 준비가 되어 있지만 그렇지 못한 경우도 더러 있다. 우유를 준비하는 동안 아기는 계속 울어댄다. 전적으로 충동의 지배를 받는 것이다. 그러나 얼마 후에는 음식을 요구하며 우는 아이에게 "아가 예쁘지, 엄마가 빨리 해 줄께"하며 눈앞에서 부지런히 움직이는 엄마를 보면 울음을 그치게 된다.

사람이 본능적 충동을 즉각적으로 만족시키며 살 수 있는 것은 생의 초기에 있어서의 매우 짧은 기간뿐이다. 조만간에 욕구가 충족될 때까지 기다리는 것 그리고 때로는 비록 절실한 욕구일지라도 대치하거나 단념하는 것도 배워야 한다. 소망스럽지 못한 행동을 스스로 억제할 수 있게 되기 위해서는 즉각적인 만족을 얻기 위한 행동을 지연시킬 수 있는 어떠한 능력이 어린이에게 발달되어야 한다. 즉, 부수되는 불쾌한 벌을 회피하고 보다 떳떳한 보상을 받기 위해서는 자기의 욕구충족을 지연시켜야 된다는 것을 알 수 있게 되어야 한다. 그리고 그렇게 되기 위해서는 어린이가 자기의 충동과 욕구에 대한 집착에서 벗어나 보다 긴 시간적 조망의 능력과 자기의 욕구를 다른 사람의 입장에서 볼 수 있는 능력이 발달되어야 한다. 시간적으로 긴 범위를 가진 행동과 인과관계를 이해하지 못할 때 어린이는 충동적 행동에 대한 순간적 욕구의 희생자로 남게 되는 것이다. 사회화에는 소망스럽지 못한 행동(경향)을 스스로 통제할 수 있는 능력의 학습이 포함되는 것이다. 제지되지 않는 공격, 사기, 허위, 도둑질, 성적 희롱 등 원만한 사회적 질서와 상호관계의 유지를 위협하는 행동경향을 스스로 통제하지 못하는 개인은 그 자신의 노예임과 동시에 사회에 해로운 존재가 되는 것이다.

아동기 및 청소년기 전체에 걸쳐서 자기의 욕구를 충족시키려는 욕망과 앞날에 보다 값진 보상을 받기 위해 그리고 수반되는 벌을 피하기 위해 욕구의 충족을 지연시켜야 되는 필연성간의 발달적 갈등은 계속적으로 반복되는 것이다. 그러므로 이 시기의 청소년들에게 벌을 피하기 위해서 그리고 보다 값어치 있는 앞날의 보상을 위해서 당장의 욕구는 억제되어야 한다는 것을 깨우쳐 주는 것은 부모 · 교사 · 친구 · 연장자 모두가 항상 반복해야 할 의무인 것이다.

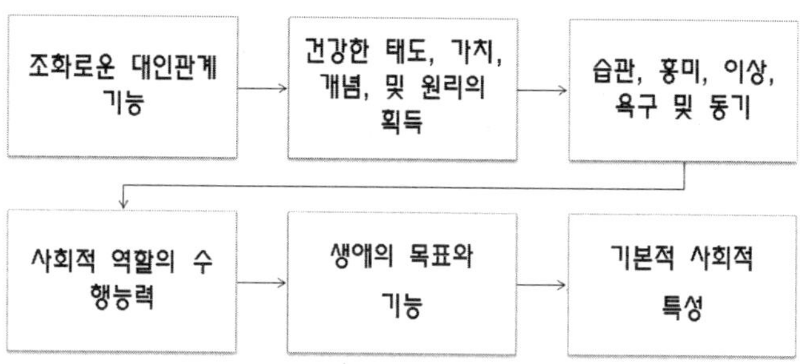

[그림 3.1] **획득되는 사회적 기능**

인간 발달 과정에서 의존과 독립 사이의 갈등, 안전과 불안 사이의 갈등, 욕구의 즉각적 충족과 욕구충족의 지연 사이의 갈등을 경험하고, 그 갈등을 해결해 나가는 과정이 정상적이고 순조로울 때 학생들은 다음과 같은 사회적 기능을 익히게 된다. 첫째, 조화로운 사회적 공동생활에서 반드시 요구되는 기본적인 대인관계의 기능(예의범절 등의 행동양식), 둘째, 경험과 행동을 체계화하는 데 필요한 태도 · 가치 · 개념 및 원리의 획득, 셋째, 습관 · 흥미 · 이상 · 욕구 및 동기, 넷째, 부여된 역할은 물론 자발적인 사회적 역할의 수행능력, 다섯째, 생애의 목표 및 그에 필요한 기능, 그리고 여섯째, 여섯 가지의 기본적인 사회적 특성 : ㉠ 타인의 애정과 도움과 협조에 대한 신뢰, ㉡ 상대방의 생각과 느낌을 이해하기 위하여 입장을 바꾸어 볼 수 있게 되는 것, ㉢ 의의있는 삶의 방향과 목표의 설정, ㉣ 삶은 필연적으로 상호의존적이란 사실의 인식, ㉤ 통합되고 일관성 있는 자아정체감의 구축, ㉥ 자아를 가치로운 존재로 보는 것 등의 성숙이 성취되는 것이다. 이상에서 열거한 사항들은 사회구성원 모두가 행복하고 또한 사회의 발전에 기여하는 존재가 되기 위해서는 반드시 갖추어야 할 인간적인 특성이다. 그리고 이 같은 특성들이 지식전달 위주의 교육에서 자랄 수 없는 것은 너무나 분명하므로 교육은 사회성 발달의 과제를 더 이상 간과하지 말아야 할 것이다.

2. 발달적 갈등에 대한 건설적인 대응

모든 개체는 사회적 현실을 받아들이고 독립적인 자기와 의존적인 자기를 통합하고, 그들이 의존하고 있는 관계의 안전과 충동에 대한 통제의 필요성을 받아들일 때 발달상에서 경험하게 되는 갈등을 건설적으로 처리한다. 그리고 갈등의 건설적 처리는 인간의 삶을 통합으로 이끌게 된다. 따라서 교사는 학생들이 발달단계에 직면하는 갈등을 건설적으로 처리할 수 있도록 도와 주어야 하는데, Johnson(1979)이 그 방안을 몇 가지 제시하였다.

첫째, 교사는 반복을 예상하자. 유년기에서부터 청소년기에 걸쳐 기본적인 발달적 갈등은 나타나고 또 나타난다. 그러므로 교사는 같은 갈등을 많은 학생에게서 발견하게 된다. 교사는 같은 개인에게서 또는 매년 담당하는 학생들에게서 비슷한 내용의 갈등이 반복해서 나타나는 것을 예상하고 지도방향을 강구해야 한다.

둘째, 교사는 학생들로 하여금 갈등을 직면하게 하자. 갈등을 모른 척하거나 억누르지 말라는 것이다. 발달적 갈등을 경험하는 과정에서 학생들은 능력 · 지각 · 불안 및 충동의 새로운 한계가 어디까지인가를 자기중심적으로 테스트한다. 그리고 이 테스트는 자신뿐만 아니라 타인들의 입장도 고려하도록 강요될 때까지 반복된다. 또래나 성인들과의 사이에서 이 같이 계속되는 갈등은 사회적 현실을 받아들이는 결과를 가져옴으로써 다음 단계의 성장과 발달에 대한 기초가 되는 것이다. 교사가 이 과정에서 도움을 주지 않고 회피한다면 학생들의 사회화를 지연시키게 된다.

셋째, 교사는 지도의 일관성을 유지하자. 학생들의 잘못된 행동이나 정서의 표현에 대해서는 현실성 있는 제한을 일관성 있게 가해야 한다. 이렇게 하는 것은 교사와 학생간의 갈등을 더 날카롭게 할 가능성이 있는 것도 사실이다. 그러나 동시에 학생들로 하여금 사회의 현실을 받아들이게 하는 계기도 되는 것이다. 그리고 건전한 사회성 발달의 핵심은 이 같이 사회적 현실을 받아들이는 것으로부터 시작되는

것이다. 교사와 학생간의 그러한 갈등은 학생들로 하여금 그 교사를 동일시하게 할 수도 있고 인간관계를 다루는 데 있어서의 그 교사의 능력을 그들이 내면화하기도 하는 것이다. 즉, 사회화를 돕는 결과가 되는 것이다.

넷째, 교사는 학생들에게 건설적인 모델을 준비해 주자. 발달적 갈등의 처리는 외적인 관계(갈등)를 개인의 내면적인 것으로 만들 때 가능해지는 것이며 이것은 흔히 동일시를 통해서 이루어진다. 자기보다 더 유능하고 강력한 사람을 이길 수 없을 때 그리고 그렇다고 그것을 포기할 수도 없을 때 어린이와 청소년들은 차선의 방법을 택한다. 그들은 동일시하는 대상자의 능력과 힘을 자기의 일부분으로 생각하며 그렇게 되기 위해 노력하는 것이다.

다섯째, 교사는 학생들에게 성장과 모험의 기회를 제공하자. 사람의 발달과정 전체에 걸쳐 지원적인 상호 인간관계의 조직은 반드시 필요하다. 이러한 조직 속에서 사람들은 동일시의 대상을 찾기도 하고 그 같은 동일시를 통해서 발달적 갈등은 성장과 변화를 촉진하는 방향으로 처리되는 것이다.

여섯째, 교사는 학생들에게 갈등에 대처하는 기술을 가르치자. 학생들은 여러 사람간의 갈등을 긍정적으로 해결하는 기술을 익힐 필요가 있다. 학생들은 자기들의 토론과 협상의 기술을 향상시킴으로써 사회적 현실을 받아들일 수 있게 된다. 즉, 각자는 서로 다른 개인이지만 동시에 상호 의존적이며 그들 모두는 성장과 변화에 필요한 능력을 가진 사람들이고 또한 각자는 타인의 욕구와 권리를 인정해야 한다는 사회적 현실을 받아들이는 건전한 사회인이 될 수 있는 것이다.

일곱째, 교사는 타인의 의견이나 느낌에 대한 이해를 강조해 주자. 타인의 정서적인 면과 인지적인 면 모두를 이해하는 능력이 모든 개인에게 필요하다. 사회적 및 지적 성장을 가로막는 자기중심주의를 감소시킬 수 있는 것은 오직 타인의 정서적 및 인지적 상태를 이해하는 능력뿐인 것이다.

마지막으로 관계없는 일을 개인적인 것으로 받아들이지 말도록 지도하자. 학생들이 때로는 교사의 지시를 거부하고 부정적으로 대함으로써 그들이 홀로 설 수 있는 한계를 테스트하는 경우가 있다. 교사는 그것을 개인적인 일(자기에 대한 반항)로 받아들이지 말아야 하는 것이다. 똑같은 일이 다른 교사에게도 있는 것을 보면 그것이 특정 교사에 대한 반항이 아니라는 것을 알 수 있다. 교사에 대한 거부나 반항과 그들이 발달적 갈등을 처리하는 과정에서 개인 교사와는 관계없이 나타나는

거부나 반항을 구별함으로써 교사는 필요 없는 불쾌감이나 분노를 느끼지 않고 학생들을 지도할 수 있게 되는 것이다.

제3절 Kohlberg의 도덕성 발달이론

1. 도덕성 발달과 교육

사람이 이웃과 더불어 조화로운 사회생활을 할 수 있기 위해서는 모든 구성원이 공통적으로 받아들이는 옳고 그름의 기준이 있어야 한다. 가정 · 학교 · 사회적 집단 · 정치 · 경제집단 · 운동경기 및 기타 사람이 기획하고 실천하는 모든 활동의 기저에는 구성원 모두가 따라주어야 하는 행동의 규범 또는 규칙이 있다. 따라서 사람은 누구나 그가 속한 집단이나 사회의 건전한 일원이 되어 자기의 몫을 감당하고 공헌하기 위해서는 각자가 이 규범에 따라 행동하는 것은 물론 그 집단 내의 다른 사람들도 이를 따르리라는 확신을 가져야 한다. 만일 한 집단 내에 이 같은 규범을 따르지 않는 자(나태한 자 · 사기꾼 · 위선자 · 침입자 등)가 용납되거나 보상(아무리 작은 것이라도)을 받는 일이 있다면 사람들이 울분을 느끼는 것은 물론 집단 전체의 사기도 저하되는 것이다. 따라서 인간의 삶은 소정의 규범을 필요로 하고 또 그 규범은 대체로 지켜지리라고 누구나가 믿을 수 있어야 한다(Cohen, 1966).

학교에서의 도덕교육은 오래 전부터 강조되어 왔다. Christenson(1977)은 도덕적 훈련이야말로 교과과정 중에서 가장 중요한 것이라고 주장한다. 즉, 사회의 문화에 간직되어 있는 근본적 가치와 태도가 계승되고 계발되어야 한다는 것이 그의 의견이다. 오늘날 고조되는 많은 청소년 문제들은 이 같은 교육이 우리에게는 더욱 절실한 것임을 말해 주는 것이라 하겠다. 도덕적 행동이란 어떤 행동은 옳고 또 어떤 행동은 잘못이라고 판단할 수 있는 원칙을 받아들이고 스스로의 행동을 이 원칙에 따라 통제하는 것을 뜻한다.

그러나 사람은 누구나 일상적인 사회생활에 있어서 요청되는 사회적인 책무와 자기의 욕구간에 갈등을 경험하게 된다. 가정이 어려운 10세의 영희는 어느 날

짝꿍인 경수가 차고 온 좋은 시계를 몹시 부러워한다. 사업가인 아버지가 해외출장에서 가져온 선물이다. 체육시간이 끝난 후 경수는 시계가 없어졌다고 울상이다. 그와 똑같은 시계가 영희의 팔에 있다. 영희는 그 시계를 자기가 갖게 해 달라고 교사에게 애원한다. 사람들이 그 같은 갈등을 어떻게 처리하는가 하는 문제는 오래전부터 심리학자들의 관심의 대상이 되어 왔다. 많은 사람들은 사회적 규범을 그들이 따르지 않으면 안 되도록 외부로부터 강요된 압력으로 보지는 않는다. 그 같은 규범들은 점진적으로 익숙해져서 외적 압력이 없어도 당연히 지켜져야 할 것으로 여겨지게 되기 때문이다. 그러나 본질적으로 한 사회의 규범은 처음에는 각자에게 외적인 것이다. 어린이들은 나면서부터 자동적으로 이 같은 규범이나 규율을 이해하고 복종하도록 되어 있는 것은 아니기 때문이다. 따라서 어린이들은 그렇게 하도록 배우고 사회화되어야 한다. 그러므로 교사나 학교의 책무 중의 한 가지는 학생들을 사회화함으로써 그 사회가 요구하는 도덕적 규범을 내면화하고 욕망과 책임간의 갈등을 다루는 방법(타인에게 불편이나 피해가 가지 않도록 처리하는 방법)을 배우도록 해야 하는 것이다.

현재 우리의 도덕교육이나 가치관을 형성시켜 주는 교육은 사회적으로 일반화된 덕목을 강조하는 일방적인 가치주입식 교육에 의존해 오고 있어서, 오늘날과 같이 복잡한 사회적 삶 속에서 여러 가치가 서로 갈등하는 상황의 문제에 적절히 대처하지 못하고 있다. 이러한 상태에서는 진지한 고민과 사고의 과정을 거쳐서 상황에 맞는 고려 속에서 도덕적으로 타당한 선택을 하는 것이 어렵게만 느껴지고, 무조건이 복잡하고 괴로운 상황을 벗어날 수 있는 길이라든가, 자신에게 당장 이익이 되는 방향을 선택하게 되는 경우가 많은 것이다. 이러한 현실을 고려할 때, 앞으로 우리는 현대사회의 복잡한 현실을 고려하여 사람들의 가치관 확립과 올바른 삶의 선택을 돕는 도덕교육의 방향을 설정해야 한다. 지금까지 도덕교육의 방향을 설정하기 위해서 그 동안 수많은 이론들과 모형들이 제시되어 왔다.

도덕성 발달에 관한 이론은 크게 나누어 행동주의 사회학습이론, 정신분석적 이론, 그리고 인지발달이론 등으로 구분되는데(김호권, 1997 ; 한국지역사회교육협의회, 1997 ; Lugo & Hersher, 1974) 각각의 이론적 입장마다 인간의 도덕적 발달에 대한 이해와 개입 방법에서 차이를 보이고 있다. 행동주의 사회학습 입장에서는 도덕성을 성인의 강화와 모델링에 의해 학습되는 것으로 보며, 정신분석 입장에서는 도덕

성을 개인 내면의 초자아의 형성과 이에 의한 죄책감의 회피과정 및 부모에의 동일시 과정을 통해 형성되는 것으로 본다. 한편 최근 연구가 많이 이루어지고 있는 인지발달 이론에서는 도덕성을 인간의 포괄적인 인지구조의 한 양상으로 보고 이의 발달을 촉진하기 위한 체계적인 교육적 개입을 강조하고 있다. 이에 관한 각각의 이론을 살펴보면 다음과 같다.

효과적으로 도덕 교육을 하기 위한 이론적 접근방법으로는 첫째, 도덕적인 행동이 습관으로 형성되도록 하거나 타인의 도덕적 행동을 관찰할 수 있는 기회를 많이 부여하여 모방 행동이 많이 일어나도록 하는 방법이 효과적이라는 행동주의 사회학습 이론가들의 주장이 있다(Bandura, 1969 ; Keane, 1984). 사회학습 이론가들은 도덕성 발달을 촉진시키기 위해서는 행동적 측면이 중요하다고 생각한다. 따라서 행동주의 사회학습이론가들은 환경이 도덕적 행동을 학습시키는 기제를 보상체계와 모방으로 설명한다. 즉, 보상체계와 처벌 및 모방을 활용하여 올바르고 착한 행동이 습관적으로 형성되도록 도와주거나 도덕적으로 모범이 될만한 모델을 제시하여 모방학습이 일어나도록 권장하는 것이 가장 효과적이라고 주장한다. 그러므로 이 관점에서는 매일 경험할 수 있는 구체적이고 개별적인 상황 속에서 하나 하나의 도덕적인 행동을 습관으로 형성하도록 관심을 가져야 한다. 즉, 잘 하는 행동은 즉시 칭찬이나 격려 또는 보상을 주고, 잘못하는 행동은 교정해 주거나 처벌을 하여 곧바로 올바른 행동을 하게끔 반복적으로 연습 · 훈련시키는 것이다. 이 과정에서 스스로 도덕적으로 옳은 행동을 했을 때는 보상을 받으며 도덕적으로 부적절한 행동에 대해서는 처벌을 받음으로써 억압되는 강화의 원리가 크게 작용하게 되는 것이다. 또한 타인이 같은 방식으로 강화 받는 것을 보고 배우는 대리강화(vicarious reinforcement)도 중요한 도덕성의 학습기제가 된다. 또한 도덕적 행동을 보고 배울 수 있는 모델이 많은 사회 환경 속에서는 도덕적인 행동이 쉽게 학습되거나 형성될 수가 없다.

도덕성 발달을 설명하는 행동주의 사회학습이론은 실제로 도덕적 가치나 행동들을 획득 해 가는 기제를 잘 설명해 주는 이론이다(Freud, 1925). 그러나 이 이론은 근본적으로 도덕성이 외적인 통제에 의해 학습된다고 주장함으로써 스스로 도덕적으로 사고 · 판단 · 행동하고자 하는 인간 고유의 주관적이며, 내재적인 성향을 인정하지 않는 데 문제가 있다. 즉 사회학습 이론은 외적인 통제가 없어지면 도덕적

가치체계나 행위도 함께 무너질 위험을 안고 있다.

둘째, 인간 행동의 총 사령탑인 양심 기능을 활성화시키는 것이 도덕적인 사람이 되게 하는 데 지름길이라는 정신분석 이론가의 견해가 있다. 도덕성 교육의 정의적 측면을 중시하는 정신분석학파들에 의하면 도덕성 발달은 성격의 구성 요소인 본능(원초아), 자아, 초자아 중에서 초자아의 발달과 더불어 일어난다고 본다. 이 초자아는 남근기(3~5세)에 발달하며 자기 스스로 자신의 행동에 대해 일정한 상과 벌을 줄 수 있는 개인 내적인 기준과 힘을 말한다. 이러한 내적 기준과 힘은 부모가 내리는 정신적 · 신체적 측면에서의 처벌에서부터 생겨나기 시작하고, 이는 양심 발달의 기초가 된다. 특히, 이 시기에 경험하는 외디프스 콤플렉스나 일렉트라 콤플렉스을 해결하는 과정에서 어린이들은 성이 같은 부모를 동일시하게 되고 이 동일시 과정에서 부모의 행동뿐만 아니라 부모의 도덕 규준도 내면화하게 된다. 어린이들은 초자아가 발달할수록 도덕적 위반 행위를 할 때 심한 죄책감이나 수치심, 그리고 자부심을 상실하므로 이런 부정적 정서를 되도록 경험하지 않기 위해서 부도덕한 행위를 유발시키는 여러 종류의 내적 욕구나 외적 유혹에 저항하면서 도덕적으로 성숙한다.

정신분석 이론에서 볼 때 유아기는 양심의 기초가 형성되는 시기이므로 이때부터 유아의 충동을 억제할 수 있는 기회를 제공하는 것이 바람직하다. 예를 들자면 반드시 해야 할 일과 해서는 안 되는 일에 대해 정확히 인식시키고 그것을 위반했을 때는 적절히 양심기능에 호소함으로써 아이 스스로 죄책감을 느끼도록 하는 것이다. 본능적인 욕구를 충족시키고자 할 때나 외부의 여러 가지 유혹을 느낄 때 현실적인 조건을 고려하면서 체면을 손상하지 않고, 즉 양심에 비추어서 부끄럽지 않을 때 자신의 욕구나 외부의 유혹을 해결할 수 있게 된다. 하지만 Freud는 이러한 초자아의 형성이 주로 3~6세 사이에 이루어지는 것으로 보아 지속적인 도덕성의 발달이 되어지는가에 대해서는 한계를 가지고 있다.

셋째, 수시로 가치가 변화하는 사회 속에서 이에 합당한 도덕적 행위를 하기 위해 상황을 정확히 판단할 수 있도록 판단능력을 키워 주는 것이 좋다고 생각하는 인지 이론가들의 입장이 있다(Piaget, 1932; ; Kohlberg, 1958, 1984). 인간은 어떤 상황에서도 도덕성을 가진 존재인데 부도덕적인 행동을 하는 것은 이런 능력을 충분히 개발하지 못한데서 비롯된다고 할 수 있다. 이 이론에서 논하는 도덕성은 도덕적 특성이 관여하는 사태에서 옳고 그름을 판단할 수 있는 인지적 능력이다. 따라서 인지적 측면을 강조한 인지 이론가들은 도덕성의 수준을 높이기 위해서 먼저 그들의 인지적 발달에 관심을 가져야 한다고 주장한다. 왜냐하면 도덕적 판단 능력은 인지적 능력 수준에 따라서 형성되기 때문이라는 것이다.

인지발달론적 접근을 설명하고 있는 Kohlberg는 도덕성 발달에 가장 큰 핵심적 변인은 인지구조(cognitive structure)라고 보았다. 인지발달론적 접근은 바로 이 인지구조의 성격을 밝히려는 접근이다. 즉, 사람들은 이 세상에서 부딪치게 되는 도덕적 문제들을 바라다보고, 개념화하며, 판단하는 어떤 '인지적인 틀(mental set)'을 가지고 있다는 것이다. 이러한 판단의 틀을 Kohlberg는 '도덕판단(moral judgement)'이라 불렀고, 그런 판단은 어떤 기준에 의해 3수준(3-levels), 6단계(6-stage)로 구분해 낼 수 있다고 주장했다(문용린, 1992). Kohlberg는 이러한 단계의 계열은 불변 · 보편적인 동시에, 각 단계들은 하나의 구조화된 전체(a structured wholeness)를 이루고 있다고 주장한다. 도덕성은 단계를 통하여 순서대로 발달해 나가며, 극단적인 경우를 제외하고는 단계의 뛰어넘음(skipping)이나 퇴행 현상(regression)은 발생하지 않는다는 것이다. 또한 어떤 한 단계에서 특정의 판단들은 도덕적 관심들을 해석 · 조직화하는 보편적인 틀을 공유하고 있고, 후속 단계들은 이전 단계들보다 인지 · 도덕적으로 더욱 발전된 것이라 간주된다.

2. Kohlberg의 도덕성 발달이론

Kohlberg(1963, 1971)는 교사들에게 학습자들의 도덕성 발달수준을 판단할 수 있는 준거를 제시하면서 도덕성의 발달은 어느 문화에서나 있는 것이며 그 발달의 과정은 거의 예외없이 그가 말하는 여섯 단계를 거치게 된다고 주장한다. 낮은 단계에서의 도덕관이 다음 단계로 전진하는 것은 문화적 가치에 대한 지식의 향상을 뜻하는 것이 아니고, 그 이전에 가졌던 도덕적 판단의 틀을 재구성하고 변형시키는 데에 따라 나타나는 현상이라고 Kohlberg는 생각한다. 그러므로 도덕성의 발달은 생물학적 성숙이나 직접적인 학습에서 오는 것을 재조직한 결과라는 것이다. 따라서 도덕성은 옳고 그름을 지식으로 배울 수 있는 것이 아니고 사회적 상호작용

속에서 옳고 그른 것을 경험하고 그 경험을 재조직함으로써 발달될 수 있는 것이라고 본다. 학교에서의 도덕교육은 교과서를 통해 도덕적 지식을 전달하는 방법을 택하고 있는데, 그것을 올바른 도덕교육으로 볼 수 없는 것도 이 같은 견해에서 보면 분명해진다. Kohlberg는 도덕적 딜레마가 포함된 가상적인 이야기를 10세~16세의 대상자들에게 들려주고 그에 대한 많은 질문을 함으로써 연구 자료를 수집하였다. 그 예는 다음과 같다.

> 유럽에 거주하는 Heinz의 아내는 암으로 거의 죽음에 이르렀다. 의사는 그녀를 살릴 수 있는 특효약을 추천했는데 그것은 그 도시의 어느 약사가 최근 발명한 일종의 라듐 계통의 약이다. 그런데 약사는 Heinz에게 약을 제조한 원가의 10배가 되는 2,000불을 요구하였다. Heinz는 돈을 빌리러 다녔으나 겨우 1,000불만을 구할 수 있었다. 그는 약사에게 아내가 죽어가니 약값을 할인해 주거나 나중에 갚을 수 있게 허락해 달라고 간청하였다. 약사는 거절하였고 Heinz는 다른 방도가 없어 방황하다가 마침내 약을 훔치러 약국에 침입하였다.

Heinz의 이 행동을 옳다고 볼 수 있는 것일까? 만일 그렇지 않다면 그는 어떻게 했어야 했나? 대상자들(전원이 남자였음)은 이야기에서 법인 규율에 복종하는 행동을 해야 할 것인가, 아니면 자기의 필요성 또는 개인의 욕구에 따라 행동해야 할 것인가에 대해 질문을 받는다. 이 같은 딜레마에 대한 어린이들 및 청소년들의 반응을 기초로 하여 Kohlberg는 도덕적 판단을 6단계 3수준으로 설명하였다.

표 3.2 Kohlberg의 도덕성 발달단계

제1수준 인습이전 수준		약을 훔친 행위에 대한 아동반응	
제 1 단계	**벌과 복종지향** : 아동은 벌을 피하기 위해 규칙을 따른다. 행위의 결과가 가지는 보다 광범위한 의미와는 관계없이 행위의 구체적인 결과에 의해 좋은 일인지 올바른 일인지를 결정한다. 이 단계의 아동의 도덕적 기준은 외부적인 것이다.	찬성	약의 생산가는 높지 않으므로 훔친 행위는 정당하다.
		반대	Heinz는 붙잡혀서 투옥될 것이므로 훔친 행위는 부당하다.
제 2 단계	**욕구충족지향** : 자신의 욕구를 만족시키고 이익과 보상을 얻을 수 있는 일이 정당하다. 상호 호혜적인 일면도 있으나 자기 중심적	찬성	Heinz의 부인이 약을 필요로 하고 그는 부인이 동반자로서 필요하므로 훔친 행위는 정당하다.

	이고 조작적이며 시장원리에 의거한 것이다. 즉, '네가 내 등을 긁어주니 나도 네 등을 긁어주겠다'이다.	반대	Heinz가 감옥에서 나오기 전에 부인은 죽을 것이므로 그에게 소용없는 일이다.

제2수준 인습수준		약을 훔친 행위에 대한 아동반응	
제3단계	**대인관계에서의 조화지향** : 좋은 행동은 타인을 만족시키는 일이다. 아동은 타인의 인정을 받고 비난을 피하는 데 관심을 가진다. 행동은 의도에 의해 판단된다. 아동은 도덕적으로 좋은 사람이란 덕을 갖춘 사람이라고 생각한다. 따라서 좋은 사람일 것을 강조한다.	찬성	Heinz가 부인을 돌보는 일은 이기적이 아니므로 훔친 행위는 정당하다.
		반대	Heinz가 가족에게 불명예스러운 일을 했음을 생각하면 불쾌할 것이고 가족도 그를 창피하게 생각할 것이다.
제4단계	**법과 질서지향** : 개인은 사회적 관습과 규칙을 맹목적으로 수용한다. 자신의 의무를 행하는 것 을 강조하고 권위를 존중하며 주어진 사회적 질서를 유지해야 한다.	찬성	Heinz가 훔치지 않았으면 부인의 죽음에 대해 책임을 질 것이므로 훔친 행위는 정당하다.
		반대	Heinz는 법을 어겼으므로 훔친 행위는 부당하다.

제3수준 인습수준		약을 훔친 행위에 대한 아동반응	
제5단계	사회계약정신지향 : 개인은 법의 목적은 인간의 권리를 보장하기 위한 것이라고 믿는다. 도덕적 행동이란 지역사회의 복지에 필요한 법을 준수할 것을 합의한 것에 근거한다. 그러나 법은 사회적 계약이므로 생명이나 자유와 같은 기본적 권리가 침해되지 않는 한은 수정될 수 있는 것이다.	찬성	법을 준수함으로써 개인이 생명을 빼앗기는 경우에 대한 법은 없으므로 훔친 행위는 정당하다.
		반대	다른 사람들도 절실하게 약을 필요로 했을 수도 있으므로 부당하다.
제6단계	보편적 도덕원리지향 : 도덕성은 양심적 결정이며 내면화된 생각으로서, 만약 어긴다면 자기비난과 죄악을 초래한다고 간주된다. 개인은 십계명과 같은 구체적 규칙이 아니라 인간권리의 평등, 황금률, 인간권위의 존중 등의 추상적 개념에 근거하여 스스로 선택한 도덕적 원리를 추종한다. 정당하지 않은 법은 광범위한 도덕적 원리에 위배되므로 지키지 않아도 괜찮다.	찬성	부인이 죽도록 내버려 두었다면 Heinz는 자신의 양심의 기준에 따라 사는 것이 아니므로 훔친 행위는 정당하다.
		반대	Heinz가 훔친 것은 자신의 양심의 기준에 따라 산 것이 아니므로 부당하다.

Kolhberg의 이론을 이해하기 위해서는 〈표 3.2〉를 자세히 읽을 필요가 있다. 그리고 각 단계의 구분은 Heinz의 도덕적 판단이 옳은 것인가 아니면 잘못된 것인가에 의해서가 아니라, 각 개인이 결론에 도달하는 데 있어서 적용한 추리에 근거를 두고 있다. Kolhberg와 그의 동료들은 미국 · 영국 · 멕시코 · 터키 · 대만 및 말레이지아 등 여러 곳에서 검사를 실시하였다. 그리고 그 결과는 여러 국가 사회는 각기 다른 문화적 특성을 가지고 있음에도 불구하고 모든 개인은 거의 같은 도덕성 발달의 단계를 거친다고 하는 그의 주장을 지지한다고 Kohlberg는 결론지었다. 즉, 사회 문화의 기본적인 구상에는 차이가 있지만 정의에 대한 원리는 공통적인 것이었다. 인간의 가치와 평등성, 그리고 인간관계에 있어서의 상호성을 인정하는 데 있어서는 차이가 없었다는 것이다. Socrates가 그러했던 것처럼 인간사회에 있어서의 덕(virtue)은 궁극적으로 여러 가지가 아니라 하나이며 그것은 문화적 차이에 관계없이 언제나 같은 이상을 추구하는 것이라고 그는 믿는다. 그리고 이 같은 사실은 도덕적 가치는 각기의 여러 가지 문화내용을 내면화하는 사회적 과정을 통해서 얻어진다고 하는 것을 부정하는 것이 된다.

3. 딜레마 토론

Kohlberg(1981)는 정의 개념에 대한 도덕적 추론은 불변의 단계 계열을 통해 발달하는 바, 교육의 과제는 바로 이러한 자연적인 발달을 조장해 줄 수 있는 조건을 제공해 주어야 하고, 도덕교육의 목표 또한 이러한 추론의 발달을 통해 각 개인들이 자율적인 도덕적 행위자가 될 수 있도록 도와주는 것이라고 보았다. 이에 따라 그는 그러한 단계 발달을 촉진할 수 있는 교수법에 관심을 갖게 되었고, 그 결과 딜레마 토론을 가장 효과적인 도덕교육의 방법론으로 제시하였다.

도덕성 발달의 기제가 인지구조의 비평형화와 동년배 집단교류라고 볼 수 있다(문용린, 1986). 즉, 당면한 도덕적 사태로 인한 새로운 경험이 기존의 인지구조에 동화되지 못할 때 인지구조의 평형상태가 깨져 비평형화 상태가 되고, 이를 다시 평형화시키려는 재평형화의 과정에서 인지구조 자체의 변화를 뜻하는 조절이 일어남으로써 새로운 인지구조가 나타나게 되는 바, 바로 이것이 발달의 징표가 된다. 따라서 도덕성의 발달을 의도 · 계획적으로 유도하기 위해서는 인지구조의 비평형 상태를 인위적으로 형성할 필요가 있다.

다음, 동년배 집단교류가 도덕성 발달의 기제로 작용하는 것은 동년배 상호작용의 질이 도덕발달에 최적의 환경을 제공하기 때문이다. 그들은 동년배이기 때문에 매우 공평한 입장에서 상호간 대화와 교류를 할 수 있다. 이런 대등한 관계는 도덕성 발달의 요체인 대인관계에서의 상호반응성(reciprocity)의 인식을 크게 조장한다고 볼 수 있다.

한편 Kohlberg의 도덕발달이론을 적용한 수업전략으로 Galbraith와 Jones (1976)의 모형이 있다. Galbraith와 Jones(1976)가 제시하는 딜레마 토론 수업 모형을 그림으로 나타내면 [그림 3.2]와 같다.

이를 자세히 설명하면 다음과 같다.

제 1 단계는 도덕적 딜레마의 확인이다. 사람들에게 도덕적 딜레마에 직면할 수 있는 기회를 제공하는 것이다. 집단 지도자나 교육자는 딜레마를 제시하여 필요한 용어는 정의해주고, 사람들로 하여금 그 상황을 진술하도록 하여 중심 인물이 직면하고 있는 문제를 확실히 이해하도록 만든다.

제 2 단계는 잠정적 입장을 진술할 수 있는 기회를 제공한다. 우선 사람들에게 생각할 시간을 부여하고 딜레마 속 주인공의 입장을 취해보게 한다. 종종 사람들 자신들의 입장과 그것을 지지하는 이유에 대해 적어보게 한다. 또한 전체 사람들이 서로 어떤 입장에 있는지 확인하여 토론이 일어날 수 있는 조건을 창출하여야 한다.

제 3 단계는 각자의 추론을 살펴보는 단계로 토론을 지도하는 지도자나 교육자는 사람들이 중심인물이 직면하고 있는 결정에 대해 편안하게 자신들의 생각을 교환할 수 있는 최적의 환경을 만들어 소그룹토론이 이루어지게 한다. 이것은 다음에 이루어지는 대집단 토론의 분위기를 조성해 준다.

제 4 단계는 개개인의 입장에 대해 살펴보는 단계로 토론 지도자나 교육자는 사람들이 딜레마와 관련된 자신들의 입장을 다시 한 번 살펴보고, 토론 중에 들은 다른 사람의 추론을 요약하고 정리하여 자신의 입장을 정립하게 한다. 이 단계의 목적은 의견의 일치나 어떤 결론을 끌어내려는 것이 아니라 사람들이 대집단토론을 통해 얻은 충고나 자신의 입장에 대해 계속 생각하도록 도와 주려는 데에 있다.

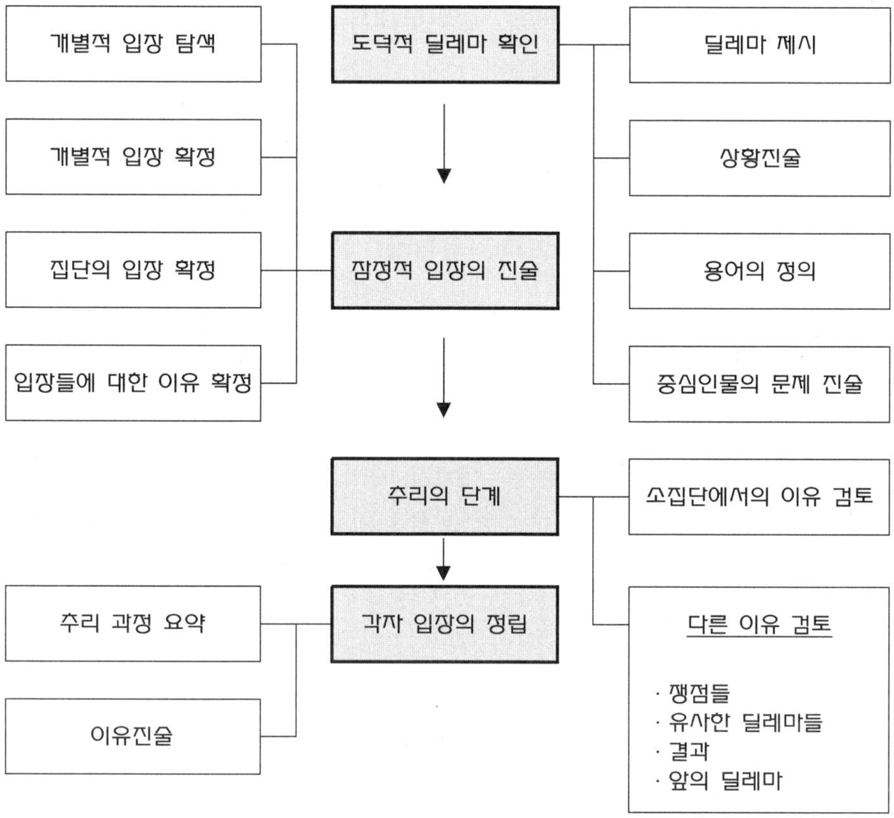

[그림 3.2] Galbraith와 Jones(1976)의 딜레마 토론의 4단계 절차

Galbraith와 Jones가 제안하는 딜레마 토론을 전개하기 위해서는 먼저 사람들의 사고와 발달적 특성에 맞는 딜레마를 구성하여야 한다. Galbraith와 Jones(1976)는 딜레마 이야기는 다음의 다섯 개의 필수적 요소로 구성된다고 하였다.

첫째, 딜레마 상황은 사람들의 삶이나 시사 문제에 초점을 두어야 한다.

둘째, 딜레마는 딜레마가 초점을 유지하는 중심인물이나 주요집단이 있어야 한다.

셋째, 딜레마 상황은 중심인물의 선택을 포함해야 한다. 딜레마 속에서 중심인물은 명확한 갈등을 나타내는 두 가지 행동 가운데 하나를 선택해야 한다. 행동선택은 사회적으로 혹은 문화적으로 승인된 '옳은' 답을 표상하고 있어서는 안된다.

넷째, 도덕적 딜레마는 도덕적 쟁점을 중심으로 만들어져야 한다.

다섯째, 각각의 딜레마는 등장인물이 그러한 상황에서 "어떻게 해야 할 것인가?"

라는 질문으로 끝난다. 이 질문은 딜레마 내의 도덕적 판단을 중심으로 토론을 진행시키게 해준다.

도덕적 딜레마 토론 과정에서 사람들은 진정한 도덕적 문제에 대해 생각할 수 있도록 하여야 하며, 도덕적 문제에 관해 토론하는 동안 진정한 사회적 · 도덕적 갈등을 경험할 수 있도록 하여야 한다. 사람들의 현재 사고 수준을 문제 상황에 적용할 수 있도록 도와야 하고 사람들의 사고 수준보다 상위의 수준에 접할 수 있도록 하여야한다. 또한 사람들의 현재 사고 수준을 문제 상황에 적용할 수 있도록 도와야 하며, 사람들의 사고 수준보다 상위의 수준에 접할 수 있도록 도와 옳거나 틀린 대답을 강조하는 사람이 없이 다양한 도덕적 쟁점에 대해 사고할 때 생기는 비일관성에 직면할 수 있어야 한다(문용린, 1988).

Galbraith와 Jones(1976)는 또 딜레마 이야기와 토론의 진행에 필요한 지도자나 교수자의 적절한 질문의 준비가 중요함을 강조하고 있다. 딜레마 이야기가 도덕성 발달에 제대로 활용되기 위해서는 사람들로 하여금 도덕적 갈등 상황을 유발시킬 수 있어야 한다. 그러므로 토론의 실제에 들어가기에 앞서 딜레마의 구성에 대한 검토가 있어야 한다. 사람들로 하여금 흥미 있는 갈등상황을 유발할 수 있는 좋은 딜레마 이야기는 딜레마 이야기의 주인공의 입장에서 판단의 선호도가 50 : 50으로 사람들이 나뉘어져 토론이 될 수 있는 딜레마이어야 한다. 따라서 지도자는 선택한 딜레마가 이러한 점을 갖출 수 있도록 수정 · 보완하여야 한다.

딜레마 이야기의 수정 · 보완이 이루어지면 토론진행자나 지도자는 사람들의 사고와 토론을 진작시킬 수 있는 질문을 준비해야 한다. 사람들 상호간에 활발한 의견 교환을 촉진시킬 수 있으며, 토론의 방향을 바르게 이끌 수 있는 질문 등을 사전에 준비해야 하고, 토론 집단의 분위기가 진지하고 활발한 토론으로 계속될 수 있도록 이끌어야 한다. 이러한 딜레마 토론의 수업 과정이 소기의 성과를 거두려면 지도자의 역할, 사람들의 역할, 딜레마 토론을 실시할 수 있는 분위기의 3가지 수업 요소가 함께 고려되어야 한다. 즉, 지도자의 철저한 수업 준비와 개방적 태도, 사람들의 활발하고 진지한 참여와 민주적 태도, 사람중심의 활기가 넘치는 개방적인 토론 분위기 등이 함께 어우러질 때 딜레마 토론의 제 기능이 발휘될 수 있다.

연습 문제

1. 사회화의 과정에서 필연적으로 겪는 주요 발달적 갈등은 무엇이며, 이러한 갈등이 성장과 발달로 전환될 수 있도록 돕기 위한 교사의 지도방안을 생각해 보자.

2. Erikson의 심리 사회적 발달 단계를 설명하고, 그의 이론이 교수에 주는 시사점들은 무엇인지 생각해 보자.

3. 수업에서 4~5명의 학생과 함께 한 가지 도덕적 쟁점을 선택하여 딜레마 토론을 실시하였다. 수업에 대한 효율성을 어떻게 평가할 것인지에 대하여 생각해 보자.

참고 문헌

김호권(1997). 도덕성의 발달과 교육, 정원식편, 지력과 정의의 교육, 서울 : 배영사.

문용린(1986). 인지발달론적 관점에서 본 도덕성발달연구의 문제와 전망, 교육이론, 제1권, 서울대학교교육학연구회.

문용린(1988). 도덕과 교육론, 서울 : 갑을출판사.

문용린(1992). 한국사회의 도덕성 회복에 관한 제문제(교육분야), 사회과학과 정책연구, 15(1).

Bandura, A.(1969). Principles of behavior modification. New York : Holt, Rinehart and Winston.

Christenson, R. M.(1977). MaGuffey's ghost and moral education today. Phi Delta Kappan, 58, 737-742.

Cohen, A. K.(1966). Deviance and Control. Englewood Cliffs, N.J. : Prentice-Hall.

Erikson, E. H.(1963). Childhood and Society. New York : W. W. Norton.

Erikson, E. H.(1968). Identity : Youth and Crisis. New York : W. W. Norton.

Johnson, D. W.(1979). Educational psychology. Englewood Cliffs, New Jersey : Prentice-Hall.

Keane, B. M.(1984). Are you modeling honesty in your high school classroom? : A checklist for teachers. Momentum, 15(2).

Kohlberg, L.(1963). The development of children's orientations toward a moral order : Sequence in the development of moral thought. Vita Humana. 6, 11-33.

Kohlberg, L.(1969). Stage and sequence : The cognitive developmental approach to socialization. In D. A. Goslin (3rd.), Handbook of socialization theory and practice. Chicago : Rand McNally.

Kohlberg, L.(1971). The concepts of developmental psychology as the central guide to education : Examples from cognitive, moral and psychological education. In M. C. Reynolds(ED.), Preceeding of the conference on psychology and the process of schooling in the next decade : Alternative conceptions. Washington D.C. : V. S.

Office of Education.

Kohlberg, L.(1975). The cognitive-developmental approach to moral education. Phi Delta Kappan. 56, 670-677.

Piaget, J.(1948). The moral judgment of the child. New York : Free Press.

제4장

학습의 동기

"왜 학생들이 주의 집중을 하지 않을까?", "문제는 학생들이 동기화가 되어 있지 않은 것이야!" 등의 말을 자주 들어 보았을 것이다. 학교에서의 실패는 진정으로 동기 부족 때문일까? 아니면 동기화는 되어 있으나 교사들이 원하는 것을 학생들이 하지 않는 것일까? 그에 대한 대답이 무엇이든 간에 교육현장에서 학습자들을 동기화시켜 가르치는 것은 중요한 과제 중의 하나라는 데에 동의한다. 이 장에서는 학교학습에서 교사가 학생들의 학습동기를 유발시키고 유지시킬 수 있는 방안을 탐색하기 위하여 동기의 성격 및 성취동기가 높은 학생들의 성격특성을 살펴보고, 동기유발을 위한 지도 전략으로서 목표, 경쟁과 협동, 자아개념, 귀인성향, 상과 벌, 불안 및 무력감 등을 살펴보고자 한다.

제1절 동기의 이해

1. 동기의 개념 및 종류

이상적인 수업과정이란 학생들이 주의 집중하고, 학생들 스스로 질문하고 학습하며, 제시된 과제물을 적절하게 수행하고, 교사는 이러한 학생들을 돕기 위하여 다양한 교수방법을 연구하는 모습일 것이다. 그러나 현실의 교육현장에서 이상적인 수업과정을 발견하기란 쉽지 않다. 교사가 적절한 계획을 세우고 열정적인 수업을 진행할 지라도 학생들은 학업에 실패하는 경우가 있다. 그러한 이유 중의 하나가 동기의 문제이다. 즉, 학생의 동기는 학교생활의 성공과 실패에 영향을 주는 중요한 변인 중의 하나인 것이다.

동기란 사람이 행동을 조작하고 활기있게 하는 힘이라고 간단히 정의될 수도 있지만, 실제 학생들의 동기는 표출되는 양식과 형태에 있어 복잡하고 미묘한 양상을 나타낸다. 따라서 오랜 경험으로 학습경영에 능숙한 교사들조차도 학생의 동기를 다루는 일을 가장 어려워하는 경향이 있다(Veenman, 1984). 왜냐하면 학업 성취와 크게 관련이 없는 듯한 많은 조건들이 실제 학생의 동기에 직접적으로 혹은 간접적으로 영향을 주기 때문에 유능한 교사라면 학생들의 동기를 정확히 이해하고 적절하게 대처함으로써 긍정적이고 적극적인 교실 풍토를 형성할 수 있어야 한다.

그 동안 우리 나라 교육이 지적 영역의 지식 중심으로 교육되어 왔다는 지적이 있으므로 학습자나 예비 교사 교육을 위해서 동기와 관련이 깊은 변인으로 학생에 대한 깊은 관심, 지속적으로 노력하는 근면성, 실패해도 다시 시도하고 참아내는 인내심 등을 길러주어야 할 것이다. 동기라는 개념은 호기심(curiocity), 흥미(interest), 욕구(need), 가치(value), 태도(attitude), 열망(aspiration), 유인가(incentive) 등과 함께 쓰인다. 각각의 개념은 다음과 같다.

동기의 유사 개념

- **호기심** : 본능적으로 외부 대상에 관심을 가지는 것
- **흥미** : 어떤 사물이나 사건 혹은 견해를 선택하여 자발적으로 주의를 기울이는 것
- **욕구** : 특정한 활동이나 결과가 제공해 줄 수 있는 무엇인가가 결핍된 상태
- **가치** : 자신의 삶에서 중요하다고 여기는 모든 종류의 목표에 대한 지향(orientation)
- **태도** : 개인이 현재 지각하고 있는 것에 대한 호의적 혹은 비호의적 감정
- **열망** : 어떤 종류의 성취에 대한 개인의 희망이나 포부
- **유인가** : 사물이나 대상이 가지고 있는 정적 또는 부적 가치이며 유기체를 끌어당기거나 밀어내는 정도

학생들이 학교나 가정에서 공부를 하는 것이 좋다는 것은 알지만, 공부를 할 것인지 여부는 공부에 대한 동기가 얼마나 강하냐에 의존할 것이다. 같은 학생이라 할지라도 어떤 때는 자발적으로 또 어떤 때는 마지못해서 공부를 한다. 좋지 않은 성적을 같이 받았는데도 어떤 학생은 더욱 열심히 공부하는데 반하여 어떤 학생은 자포자기한다. 따라서 교사에게 있어서 학생의 동기는 중요하다. 왜냐하면 동기는 그 자체가 정의적 영역의 교육 목표인 동시에 다른 교육 목표의 성취를 촉진하는 수단으로서 기여할 수 있기 때문이다. 교사는 학생들이 지적 영역의 행동으로 학교 수입에, 심동직 영역의 행동으로 예술적 활동에 관심을 가지기를 원하며 또한 학교를 졸업한 후에도 그러한 관심이 지속되기를 바란다. Uguroglu와 Walberg(1979)는 동기 수준과 학업성취도 간의 상관에 관한 232편의 연구를 분석 검토한 결과, 두 변인간에는 약 r=+.34정도의 관계가 있음을 보고하였으나 최근의 다른 연구들에서는 동기는 교사에 의해 조작이 가능하므로 그 중요성을 더 강조하고 있다. 그러므로 학습자의 높은 동기 수준은 학업성취도를 높여주며, 높은 학업성취도는 높은 동기를 유발한다고 볼 수 있다.

이러한 동기는 대개 다음과 같은 세 가지 상황에서 구체화된다. 첫째는 여러 가지 가능한 대안들 가운데서 특정한 행동을 선택하는 경우이다. 예컨대, 공부나 놀이 가운데 마음대로 선택할 수 있는 상황에서 어떤 아이는 공부를 선택하고 다른 아이는 놀이를 선택한다. 이때 공부를 선택한 아이는 공부에 대한 동기가 그만큼 강하다고 할 수 있다. 어려운 과제와 쉬운 과제 가운데 어느 한쪽을 선택하는 것도 동기와 관련된 문제이다. 어려운 과제를 일부러 찾아서 하는 도전적인 아이가 있는

가 하면, 어려운 과제만 보면 피하는 아이도 있다. 둘째는 과제의 수행에 투입하는 시간의 양이다. 어떤 과제에 투입하는 시간이 길수록 그 과제에 대한 동기가 상당히 강하다고 말할 수 있다. 셋째는 과제에 대한 주의집중의 정도이다. 어떤 과제를 수행할 경우 그 과제와 관련이 없는 요인에 의해서 영향을 적게 받을수록 그 과제에 대한 동기가 강하다고 할 수 있다. 반면에 과제를 수행하는 과정에서 쉽사리 다른 일로 방해를 받는다면 그 일에 대한 동기가 강하다고 할 수 없다. 이상의 세 가지 행동 지표들은 어떤 사람의 동기를 측정하는 구체적 기준이 된다.

한편, 동기는 학습과 관련하여 일반동기와 특수동기로 구분할 수 있다(Brophy, 1987). 학습에 대한 일반동기(general motivation)란 학습상황에서 지식의 습득과 지식의 숙달을 위해 노력하는 지속적이고 폭넓은 경향을 의미한다. 이때 '지속적'이라는 단어는 중요한 의미를 갖는데, 일반동기는 일단 형성되기 시작하면 초등학교와 중등학교를 거쳐 대학과 직장 그리고 그 밖의 사회생활에까지 계속 유지되기 때문이다(Mason & Stipek, 1989). 또한 '폭넓은' 이라는 의미는 일반동기가 교육과정 전반에 영향을 준다는 것을 뜻한다. 즉, 과목에 따라 약간의 차이가 있을 수는 있겠지만 긍정적인 동기유발은 특정과목이나 주제영역을 뛰어넘어 광범위한 영역에서 활성화될 수 있다. 이에 비하여 특정영역이나 특정내용의 학습에 관해서만 동기화되는 것이 특수동기(specific motivation)이다. 학습에 있어서의 특수동기는 특정과목 혹은 특정수업 시간의 학습에서만 학생들의 학습을 촉진시키게 된다. 따라서 특수동기는 교사의 통제 범위 안에 들어있다고 볼 수 있으며 특정전략에 의해 변화될 수 있다.

동기의 범주는 또한 외재적 동기와 내재적 동기로 구분하여 설명할 수도 있다. 외재적 동기(extrinsic motivation)란 학습자가 외부로부터 받을 수 있는 강화자로서의 동기를 의미한다. 행동주의의 관점에 근거한 외재적 동기를 높은 성적을 받았을 때 상장을 주거나 심부름을 했을 때 용돈을 주는 등의 예처럼 직관적으로 쉽게 이용될 수 있다. 이때 학습자는 활동 그 자체에는 관심이 없고 행동의 결과에만 관심을 기울일 수도 있다. 따라서 외재적 동기는 학습자의 내적인 면에 긍정적인 영향을 줄 수도 있지만 대체로 학습자 내부의 동기를 감소시키거나 학습자에게 낮은 자기인식과 편협한 초점을 형성시킬 수 있다는 비판을 받기도 한다(Eggen & Kauchak, 1992). 한편 내재적 동기(intrinsic motivation)는 학습자가 본질적으로 가지고

있는 동기로서, 학습자의 흥미나 호기심과 같은 요인에서 유래하는 스스로의 욕구에 대한 반응을 의미한다. 내재적 동기는 학습자가 학습과제에 대한 외부의 보상과는 상관없이 능동적으로 활동에 참여할 때 형성된다. 학생들의 성취동기, 자아실현의 욕구 등은 내재적 동기의 대표적인 예이다.

학습과제 수행과정에서 갖는 내재적 동기와 외재적 동기의 정도는 학생들에 따라 차이가 있다. 교사는 이러한 두 가지 동기에 의한 내재적 보상과 외재적 보상을 이용하여 학습 활동에 대한 동기를 유발시켜 주어야 한다. 내재적 보상이란 학습활동에 대하여 성공감이나 만족감을 느끼는 것으로 활동에 있어서의 성취감으로 인해 자존감의 향상을 가져오게 된다. 그리고 외재적 보상이나 학습활동 자체와는 관계없이 타인에 의해서 통제되는 돈이나 음식 그리고 특권 등이 주어지는 것을 의미한다.

내재적 보상과 외재적 보상은 서로 독립적이며, 교사가 이러한 두 가지 보상을 동시에 사용할 경우에는 매우 신중해야 한다. 또한, 이 두 가지 보상 중에 어느 것을 더 강조해야 하느냐에 대해 일치된 의견은 없으나 행동주의자들은 외재적 보상을 중요시 하고 인지심리학자들은 내재적 보상을 보다 강조한다. 학교현장에서 이 두 가지 보상에 대한 절대적 기준은 없지만 대체로 내재적 동기가 있는 학생에게는 내재적 보상을 경험하도록 하고, 내재적으로 동기화되지 않는 학생에게는 외재적 보상을 줄 수 밖에 없다. 그러나 교사는 학생이 갖고 있는 최소한의 내재적 동기에 대해서 최대의 자신감이나 성취감을 갖도록 사회적 지지를 해줌으로써 내재적 동기를 육성시켜 주어야 한다(Brophty, 1988).

2. 성취동기

동기를 탐구하는 가장 중요한 목적은 학생들의 성취수준을 증진시키는데 있는데, 학교에서의 학업성취에 가장 큰 영향을 미치는 동기요인은 바로 성취동기이다. 성취동기(achievement motivation)는 Murray에 의해서 처음 제시되었으며, McClelland와 Atkinson에 의해 보다 체계적으로 발전되었다. 성취동기란 도전적인 과제를 성취함으로써 만족을 얻으려고 하는 의욕이라고 정의할 수 있으며 학교 상황에서는

학업성취에 대한 의욕 또는 동기라고 말할 수 있다. 이러한 성취동기는 훌륭한 일을 이루어 보겠다는 내적 의욕이라고 말할 수 있으나, 엄밀하게는 어떠한 훌륭한 과업을 성취해 나가는 과정에서 만족하는, 성취 그 자체를 위한 성취의욕이다. 다시 말하면, 성취결과와는 상관없는 성취를 위한 내적 의욕 또는 동기를 중요시하는 개념이다.

Atkinson은 학생들의 성취동기를 성공추구동기와 실패회피동기로 나누어 설명하였다. 성공추구동기가 높은 학생들은 실패회피동기가 높은 학생들에 비해 중간 정도의 난이도 과목에 접근하는 경향이 두드러지며, 실패회피동기가 높은 학생들은 과목에 대한 실패를 감수하면서도 어려운 과목을 선택하는 경향성이 있다. 이는 자신의 실패를 과목의 난이도에 귀인시키려는 목적이며, 이러한 현상은 학생들의 실제적인 학업성취에 도움을 주지 못한다. 반면, 성공추구동기에 의해서 동기화되는 학생들은 지나치게 비현실적인 어려운 과제에 도전하지 않는다. 따라서 성공추구동기가 높은 집단은 적절한 학습동기를 형성함으로써 학교학습 수행 능력을 높일 수 있게 된다. 이처럼 성취동기가 높으면 적절한 목적을 설정하게 되고 학습과제 수행과정에서의 어려움을 극복할 수 있으나, 성취동기가 낮거나 실패회피동기가 높으면 자신의 능력에 비해 지나치게 높거나 낮은 목표를 갖게 되고 과제 수행에 심혈을 기울이지 않는 결과를 나타낸다. 그리고 학생들의 실패회피동기는 발달단계에 따라 상이한 양상을 보이기도 한다. 저학년 학생들은 과제의 난이도에 상관없이 가까이에 접해 있는 과업에 몰두하는 매우 과업지향적인 모습을 보이는 반면, 고학년으로 갈수록 실패회피 경향이 증가한다(Stipek, 1984 ; Weisz, 1979).

또한 〈표 4.1〉에서 볼 수 있듯이 성공추구동기를 갖는 학생들은 학습과제를 실패했을 때 성취동기가 증가하고, 실패회피동기를 갖는 학생들은 학습과제를 성공했을 때 성취동기가 증가한다. 일반적으로 성취의 욕구가 높은 학생들은 도전적인 과제물, 높은 기준, 명백한 피드백, 재도전의 기회 등에 의해 동기화되는 경향이 있으며, 실패회피에 높은 욕구를 가진 학생들은 성공을 위한 여러 강화, 자유로운 평가, 실패로 인한 당황으로부터의 방어 등에 동기화된다,

표 4.1 동기유형과 과제의 성공 · 실패 함수로서의 동기 변화

	성공추구동기>실패회피동기	성공추구동기<실패회피동기
성공	동기 감소	동기 증가
실패	동기 증가	동기 감소

이러한 차이점들을 이해하는 것은 각기 다른 욕구를 가진 학생들에게 적절한 도움을 주는 데 유용할 것이며, 결과적으로 모든 학생들을 보다 효과적으로 도울 수 있을 것이다. 따라서 교사는 학생들에게 적절한 난이도의 과제를 배분시켜 학생들의 성공경험과 실패경험을 조절해줌으로써 성취동기를 향상시키고 유지시켜야 한다.

교육현장에서의 성취동기를 설명하는데 있어서 목표의 개념이 도입되어 Atkinson의 성취동기 이론을 보완하고 있다. 성취동기에서의 목표제시를 보면 Dweck(1986)은 수행목표와 학습목표에 따라 달라진다고 보고 있으며, Nicholls (1984)에 의하면 성취목표가 자아개입을 위한 것인지 혹은 과제개입을 위한 것인지에 따라 학습자의 성취동기가 달라진다. 또한 Ames(1984)는 성취목표이론을 제시하여, 학습자의 학습목표를 과제목표와 능력목표로 구분하여 성취동기를 이해해야 한다고 지적하고 있다.

최근에는 Atkinson의 성취동기 연구는 후에 Weiner의 귀인이론과 통합되어, 학습상황에서의 성취결과를 보다 자세하게 설명하고 있는데 이것은 성공과 실패의 원인에 관련된 연구들이다. 즉, Weiner는 귀인동기를 설명하면서 성취동기가 높은 학생과 낮은 학생들이 나타내는 학습과제 수행 결과에 대한 귀인형태를 분석하였는데, 대체로 성취동기가 높은 학생들은 성공과 실패의 원인을 내적으로 귀인시키는 데 반하여, 성취동기가 낮은 학생들은 외적으로 귀인시키는 경향이 있으면 알게 되었다. 이상의 이론에 근거하여 수업상황에서 교사는 학생들의 다양한 성취동기를 이해하고 증진키시는 데 노력해야 할 것이다.

높은 성취동기 행동

- 교사에게 집중하는가?
- 수업중에 자발적으로 대답하는가?
- 과제를 즉각적으로 하는가?
- 과제가 완성될 때까지 주의를 집중하는가?
- 어려운 과제가 나타났을 때 스스로 문제를 해결하도록 노력하는가?
- 자율적으로 공부하는가?
- 진실로 도움이 필요할 때 도움을 청하는가?
- 정해진 시간에 숙제를 제출하는가?
- 기회가 주어졌을 때 성공이 어려울지라도 도전적인 과목과 과제를 선택하는가?
- 과제 해결시 완성된 것으로 보기보다는 부족하다고 인정하는가?
- 과목에서 요구하는 것 이상으로 학습활동에 관여하는가?
- 수업을 행복하게, 자랑스럽게, 열정적으로, 열망하는가?
- 지침을 따르는가?
- 다른 친구들에 비하여 나은 성적을 받았을 때도 더 효과적인 학습방법을 강구하는가?
- 스스로 도전적인 학습활동에 주도하는가?
- 성적과 관계없이 과제에 대하여서도 열심히 하는가?

* 출처 : Maehr, 1982

한편, 박용헌(1976)은 성취동기가 높은 사람의 행동 특징으로 다음과 같은 7가지를 들고 있다. 첫째, 과업 지향적 동기를 지닌다. 성취인은 어렵고 힘든 일, 자신의 능력을 과시할 수 있는 일에 흥미를 가지며, 그 일을 끝냄으로써 얻을 수 있는 보상이나 지위보다는 일 그 자체를 성취해 나가는 과정을 즐기고 만족스럽게 여기는 경향을 가지고 있다.

둘째, 적절한 모험심을 지닌다. 성취인은 어느 정도의 모험성이 포함되는 일에 도전하여 자력으로 성취해 내는 과정을 즐긴다. 그는 아무런 모험성도 고난도 내포하고 있지 않는 쉬운 일에는 흥미를 갖지 않는다. 그러나 성취인은 과업이 자기 능력에 비해 너무 어렵거나 지나치게 모험적일 때도 역시 흥미를 갖지 않는다.

셋째, 자신감을 지닌다. 성취인은 그렇지 못한 사람에 비해 과업 수행에서 보다 높은 자신감을 갖고 있다. 이전에 전혀 경험을 해 보지 못한 일에 대해서는 성취동기가 높은 사람은 낮은 사람에 비해 일단 높은 자신감을 갖는다.

넷째, 정력적이며 혁신적 활동성을 지닌다. 성취동기를 탁월한 성취를 하려는 의욕이라 한다면 성취동기가 높은 사람은 보다 정열적으로 그리고 열심히 일하는 사람이라고 할 수 있다. 성취인은 성취동기가 낮은 사람에 비해 자기가 하는 일에 보다 열중하고 더 많은 새로운 과업을 찾고 계획하여 이를 성취해 나가기에 온갖 정력을 동원한다.

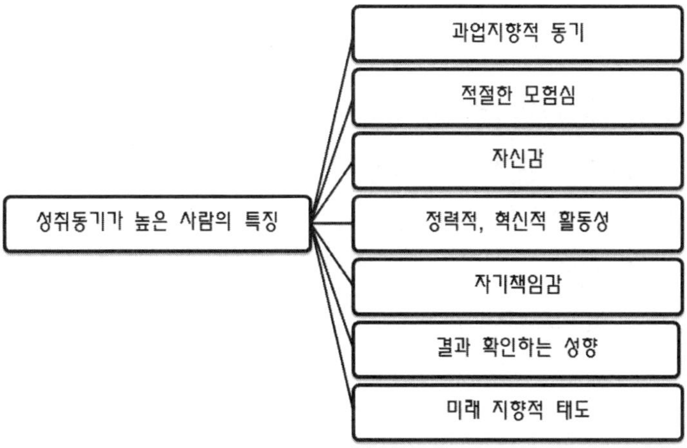

[그림 4.1] **성취동기가 높은 사람의 특징**

다섯째, 자기책임감을 지닌다. 성취동기가 높은 사람은 성취하려는 과업이 결과적으로 어떻게 되었건 자기가 계획하고 수행하는 일에 대해서 일체의 책임을 진다. 자기의 책임과업이 실패했을 때에도 성공했을 때와 같이 자기의 책임으로 여기며 책임을 남이나 여건의 탓으로 돌리지 않는 것이 성취인의 행동 지향이다. 성취인은 남에게 의존하여 하지 않고 책임을 회피하려 하지 않는다.

여섯째, 결과를 알고 싶어 하는 성향을 지닌다. 성취인은 그가 수행하는 일의 종류를 불문하고 그 일이 어떻게 진행되고 있으며 예상되는 결과는 어떠한 것인가에 대해여 구체적이고 객관적인 정보를 계속 추구하여 정확한 판단을 하려 한다. 예상되는 결과가 성공적이건, 실패적이건, 결과를 보다 정확히 알고 있을 때 성취인의 성취활동은 더욱 강화된다.

일곱째, 미래 지향적 태도를 지니다. 성취인은 새로운 일을 이룩하기 위하여 언제나 장기적인 계획을 세우고 미래에 얻게 될 성취만족을 기대하면서 현재의 작업에 열중한다. 그는 미래에 이루어 놓을 성취과업과 성취만족을 기대하면서

현재에 당하는 고통과 갈등에 끈기있게 싸워 나간다.

제2절 동기이론

동기는 행동의 근원이 되고 활력을 불어넣어 주며 방향을 제시해주기 때문에 인간의 행동을 이해하기 위해서는 동기를 이해해야 한다. 이러한 인간의 행동 이해에 중요한 동기이론은 다양하며, 여기에서는 행동주의 동기이론, 인본주의 동기이론, 그리고 자아효능감 동기이론을 중심으로 살펴보고자 한다.

1. 행동주의 동기이론

행동주의 동기이론이란 특별한 사고과정 없이 인간 행동의 힘과 방향이 결정된다는 관점이다. 전통적인 행동주의 이론은 관찰 불가능한 내면적 과정이나 상태 등은 행동에 대한 과학적인 연구대상으로 부적당하다고 본다. 동기란 그것이 배고픔과 같은 원초적인 것이든 혹은 예술가의 미적 목표와 같은 고차적인 것이든 간에 내적이고 관찰할 수 없는 영역이기 때문에 행동주의자들은 동기를 구체적으로 연구하지 않았다. 다만 행동주의자들은 높은 빈도의 반응을 일으키는 강화자로서 동기를 이해한다.

그러나 반드시 관찰가능한 행동만을 연구해야 한다는 원칙론적인 행동주의자들의 주장은 인간의 행동을 이해하는데 많은 제한점을 가져왔다. 인간의 모든 행동을 기계적인 자극-반응의 연합만으로 설명하기에는 한계가 있기 때문이다. 따라서 전통적인 행동주의의 기계적인 행동 이해에 대한 보완적인 연구로서 신행동주의(neo-behaviorism)가 제기되었다. 신행동주의의 대표적인 학자인 Hull(1951)은 사람들의 모든 행동이 욕구나 충동으로 인한 긴장을 감소시키는 방향으로 진행된다는 충동감소이론(drive reduction theory)을 제안했다.

충동감소이론에서는 인간의 활동량을 증가시키는 내적 욕구 상태인 충동(drive)이라는 개념을 일차적 충동과 이차적 충동으로 구분하여 설명한다. 일차적 충동은

근원적인 충동으로 배고픔이나 목마름과 같은 생물학적 욕구에 의해 자극되는 것이며, 이차적 충동은 획득적인 충동으로 사랑이나 글쓰기 혹은 음악창작 등의 욕구와 같이 일차적 충동과의 연합과정에서 발생하는 충동이다. 이차적 충동은 일차적 충동이 만족되었을 때의 인간 행동을 설명한다. 따라서 이차적 충동은 생존에 필요한 일차적 충동을 넘어서는 것이며, 일차적 충동과의 결합을 통해 형성된다. 즉, 상황이나 사건이 규칙적으로 일차적 충동의 해소와 맞물렸을 때 그러한 상황이나 사건이 이차적 충동을 산출하게 된다. 이와 같이 형성된 이차적 충동은 충동을 감소시키는 방향으로 행동을 유발시킨다. 이때, 자극에 대한 반응은 감소된 충동으로 인해 자극과 반응에 대한 강화가 습관적으로 발생하게 되며, 이처럼 자극과 반응 간의 짝지워지는 정도를 습관강도라 한다. 그러나 습관강도에 의해 형성되는 행동이라도 상황에 따른 인간의 구체적인 충동과의 관계에 보다 큰 영향을 받는다. 이러한 현상을 반응경향성이라 하며, 반응경향성은 충동과 습관 강도와의 함수관계로 나타낼 수 있다.

신행동주의는 인간의 행동을 자극에 대한 수동적인 반응으로 이해하는 전통적인 행동주의 이론을 보완하고 확대시켰다. 예를 들어, 동일한 행동을 수행한 서로 다른 두 사람에게 동일한 보상이 주어졌을 때, 한 사람에게는 그것이 강화로 작용하지만 다른 사람에게는 그렇지 못한 경우가 흔히 있다. 충동감소이론은 이러한 결과에 대한 유용한 설명을 제공한다. 한 사람은 돈을 중요하게 생각하고 다른 한 사람은 명예를 중요하게 생각하여 두 사람이 다른 충동을 갖고 있을 경우, 만약 돈이라는 강화자가 보상으로 사용된다면 명예를 중요시하는 사람은 결코 충동감소가 일어나지 않을 것이다. 이러한 설명처럼 모든 인간이 그들의 충동을 감소하는 방향으로 행동한다는 사실을 생각하면, 명예를 중요하게 생각하는 사람은 돈이라는 보상으로 더 이상 동기화되지 않음을 쉽게 알 수 있다.

이처럼 인간의 행동을 유발하는 변수로 인간의 충동과 그에 대한 감소라는 개념을 도입한 신행동주의의 충동감소이론은 다양한 인간의 행동의 원인을 이해하는 동기연구에 중요한 접근방식으로 이해되어 왔다. 충동감소이론은 인간의 활동적이고 역동적인 측면을 보다 적절하게 이해할 수 있는 수단을 제공하기는 하지만, 일차적 충동과 이차적 충동을 명확하게 구분하는 데 어려움이 있으며 인간을 수동적으로 보는 행동주의적 관점에서 완전히 벗어나지 못하는 단점을 가지고 있다.

2. 인본주의 동기이론

20세기 초반에 주류를 이루었던 이론은 행동주의와 정신분석이었는데, 행동주의는 행동의 기본적인 동인으로 환경적인 요인들에 초점을 맞추는 반면 정신분석학은 무의식적인 욕구와 내부의 본능에 초점을 맞추고 있다. 그러나 인본주의 심리학은 인간행동을 환경이나 본능 등에 대한 반응으로 제한하고 인간의 전체적인 부분들을 검토하지 않은 채 학습과 동기에 미치는 영향에 관심을 갖는 것은 옳은 접근이 아니라고 주장한다. 따라서 인본주의 동기이론은 개인의 지각과 내부적 욕구에 대한 반응에 초점을 맞춘다.

인본주의는 전체로서의 인간 혹은 자아를 가장 중요하게 생각하기 때문에, 인본주의 동기이론의 중심 개념 역시 자아개념이 된다. 자아개념(self-concept)이란 개인이 가지고 있는 자신에 대한 견해를 말한다. 자아개념은 학습자가 겪은 경험의 통합이며 핵심이다. 학생이 학급에서 어떻게 행동하는가는 그들이 자신을 인간 존재로서 어떻게 바라보는가 그리고 학교가 자신들의 성숙에 얼마나 기여하고 있는가에 대한 생각에 달려 있다. 만일 수업이 개인적으로 의미있는 것이라면 그들은 학습에 동기화 된 것이고, 그렇지 않다면 그들은 동기화 되지 않은 것이다. 우리는 종종 학생들이 '이 내용을 왜 배워야 하죠?'라고 질문하는 모습을 보게 된다. 학생들이 배우는 내용을 그들의 개인적 성장과 연관되도록 도와줄 수 있는 교사의 능력은 학습에 있어서 중요한 요인이 된다.

인간이 가지고 있는 욕구라는 측면과 관련된 인본주의 심리학의 대표적인 이론은 Maslow(1943)의 욕구위계이론(hierarchy of need theory)이다. Maslow에 의하면, 인간은 내적 욕구를 갖고 태어나고 이 욕구를 만족시키기 위해 노력한다. 그러나 이러한 노력의 궁극적인 방향은 단순히 생물학적 만족이나 긴장의 감소가 아니라 자아실현의 추구라는 점이 중요하다. 즉, 인간의 긍정적이고 지적이며 성향 지향적인 측면을 강조하는 것이다. Maslow(1971)의 욕구위계는 인간행동에 있어서 명확한 방향성을 보여준다. 그는 [그림 4.1]에서와 같이 가장 우선적이고 기본적인 생리적 욕구에서부터 자아실현이라고 할 수 있는 미적, 인지적 욕구를 포함하는 욕구위계를 제시하고 있다. 또한 Maslow는 이들을 다시 결핍욕구와 성장욕구로 구분한다. 결핍욕구에는 생리적 욕구, 안전의 욕구, 소속감과 사랑의 욕구, 자아존중의 욕구가 포함되며, 성장욕구에는 자아실현의 욕구, 지식과 이해 욕구, 심미적 욕구가 포함된다. 결핍욕구와 성장욕구는 다음과 같은 점에서 차이가 난다.

첫째, 사람들은 결핍욕구는 피하려 하고 성장욕구를 추구하려 한다.

둘째, 결핍욕구는 원하지 않는 긴장의 감소 및 평형의 회복이 목표이며, 성장욕구는 즐거운 형태의 긴장을 유지하려고 한다.

셋째, 결핍욕구의 충족은 안도감과 포만감을 유발하고, 성장욕구는 즐거움을 유발하고 그 즐거움을 더하려는 욕구를 유발한다.

넷째, 결핍욕구가 오직 다른 사람에 의해서만 충족될 수 있다는 사실은 환경에 대한 의존성을 유발하고, 타인 지향적으로 되게 하지만 성장욕구는 좀 더 자율적으로 충족될 수 있어 자기지향적이 되게 한다.

다섯째, 결핍욕구에 의해 동기화된 사람은 장애에 부딪쳤을 때 타인의 도움에 의지하려 하지만 성장욕구에 의해 동기화된 사람은 스스로 처리하려고 한다.

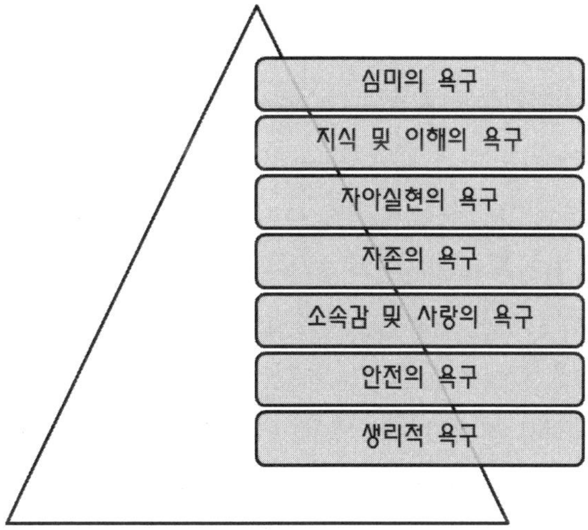

[그림 4.2] Maslow의 욕구위계

그는 모든 사람이 자아실현을 위해 노력한다고 믿었으며, 특히 하위의 욕구들이 충족됨으로써 상위의 욕구를 자유롭게 추구하게 되고 궁극적으로 자아실현에까지 이르게 된다고 결론지었다. 그러나 사람들이 반드시 위계에 따라 행동하는 것은 아니라는 점에서 비판을 받기도 했다. 예를 들어, 미켈란젤로는 그의 명작을 완성하는 동안 생활 속에서 많은 불편을 겪었다. 즉, 미적인 가치를 위하여 하위의 욕구를 희생시킨 것이다. 또한 사랑하는 사람을 위험에서 구하기 위해 자신의 목숨을 포기하는 사람들의 경우도 그의 이론을 비판하는 증거가 된다.

결국 인본주의에서는 동기를 모든 인간 존재의 성장과 발달의 원인이 되는 내부적이고 활동적인 힘으로 본다. 각 개인에게는 스스로의 행동을 지시하고 활기를 주는 타고난 발달 원리가 내재되어 있다. 따라서 인본주의의 입장에서는 동기화되지 않는 학습자란 있을 수 없으며, 교사는 학생의 성장과 발달 그리고 새로운 경험을 종합하는 데 도움을 주기 위하여 이미 내재되어 있는 긍정적인 경향성을 증진시키는 데 최선의 노력을 기울여야 한다.

3. 자아효능감 동기이론

최근 수업심리학 영역에서 학습과제에 대한 자아효능감이 인지기능학습의 효과와 관련이 있다는 주장이 많이 제기되고 있다. 즉, 어떤 학습 과제에 대한 자아효능감이 강할수록 그 과제를 보다 효율적으로 학습할 수 있다는 것이다. 따라서 자기효능감이 약하면 약할수록 그만큼 학습의 효과가 줄어들게 된다. 이와 같은 자기효능감의 결여는 학습부진아들의 중요한 동기 결함요인으로 지적되고 있다.

Bandura(1986)는 자아효능감(self-efficacy)이란 어떠한 과제를 성공적으로 조직하고 실행하는 자신의 능력을 지각하는 특성이라고 정의한다. 자아효능감은 다양한 수준에서 교사와 학생 모두에게 영향을 준다. 학생들이 느끼는 자아효능감은 스스로에게 긍정적인 감정을 경험하도록 하여 보다 상위의 과제에 도전하려는 열정을 갖도록 한다. 열정은 결국 학생들의 동기와 직결되며, 학생들의 학업성취는 이러한 동기에 영향을 받는다. 자아효능감은 학습을 하는 동안에 진행되는 학생들의 사고뿐만 아니라 과제를 회피하거나 접근하려는 경향성에도 영향을 주게 된다. 자아효능감을 가지고 있는 학생은 과업에 직접적으로 집중하지만 그렇지 않은 학생들은 스스로 무력감을 느끼게 되어 과제를 회피하려 한다(Schunk, 1990).

자기효능감을 가늠하는 경로

- 자기가 실제 그 과제를 수행해 본 결과, 성공이나 실패의 경험에 의해서 자기효능감이 달라진다. 자기가 어떤 영역에 있어서 과거에 잘 해 온 경험이 있으면 앞으로도 그 과제에 대해서는 자기효능감이 강할 것이며, 반면에 어려움을 겪었다면 자기효능감이 떨어질 것이다.
- 어떤 과제에 대한 성공-실패의 경험과 관련해서 그 원인을 어디에 귀속시키느냐 하는 것도 자기효능감에 영향을 미친다.
- 자기가 직접 그 문제를 풀어보지 않는다고 할지라도 주위의 다른 사람들이 그 문제를 푸는 것을 보고 간접적으로 자기의 자기효능감을 재볼 수 있을 것이다.
- '당신은 그것을 할 만한 능력이 있습니다 또는 없습니다' 등 다른 사람의 설득에 의해서 자기효능감이 달라질 수 있다.
- 어떤 과제를 수행할 때 나타나는 땀이라든가 긴장 등 자기의 생리적 증상을 보고서도 자기효능감이 달라질 수 있다.

* 출처 : Schunk, 1989

또한 높은 자아효능감을 가진 학생들은 자아효능감이 낮은 학생에 비해 실제 자기 능력보다 높은 성취를 가져 왔다는 연구결과(Collins, 1982)는 교사들이 학생들에게 높은 자아효능감을 갖도록 해야 함을 강조하고 있다. 그러나 자아효능감은 단순히 학생들에게만 영향을 미치는 것이 아니다. 자아효능감은 교사의 수행에도 영향을 주는데, 자신의 능력이나 신뢰감을 느끼고 있는 교사와 그렇지 않은 교사가 학생들의 학업성취에 상이한 영향을 미친다는 연구결과(Dembo & Gibson, 1985)는 실제 학급에서 보다 바람직한 수행을 유도하는 교사의 태도를 강조하고 있다.

제3절 동기유발을 위한 전략

학습자들의 학습동기는 교실상황에서 매우 중요한 요인이다. 연구자들은 동기화와 성취 사이에 정적이고 매우 높은 상관관계가 있음을 꾸준히 밝혀왔다. 동기가 증가하면 보다 나은 학습태도와 흥미롭고 적극적인 학습참여로 학습효과의 극대화

를 가져올 수 있다. 이와 같이 학습동기란 학습환경 전체에 영향을 미치는 강한 요인이 된다. 따라서 학교상황에서 학생들의 학습동기를 증진시키는 전략에 대한 고찰이 필요하다. 여기에서는 ① 학습의 목표를 제시하는 것, ② 학습의 과정에서 경쟁과 협동의 활동형태를 적절히 적용하는 것, ③ 긍정적인 자아개념을 형성할 수 있도록 도와주는 것, ④ 활동의 결과를 자기의 책임으로 보게 하는 것(귀인성향), ⑤ 칭찬과 견책을 적절히 적용하는 것, ⑥ 무력감이나 불안에 빠지지 않도록 지도하는 것 등을 중심으로 살펴보고자 한다.

1. 동기와 목표

모든 행동은 목표를 지향한다. 즉 사람은 주어진 상황을 자기 나름대로 해석함으로써 얻을 수 있는 결과를 예상하고(목표를 세우고) 그것을 달성하기 위해 노력하는 것이다. 따라서 행동 또는 노력의 강도(얼마나 열심히 그리고 지속적으로 노력하는가 하는 것)는 예견하는 결과에 대해 어떠한 가치를 부여하느냐에 따라 다르게 된다. 즉 예상되는 결과가 호기심을 일으키고 중요하게 생각되는 것이라면 그것이 대수롭지 않게 여겨질 때보다 더 많은 노력을 하게 될 것이다. 그러나 노력의 결과는 기대를 충족시켜 주는 경우도 있고 또 기대했던 것과는 다르게 느끼거나 다르게 나타나는 경우도 있다. 얻어진 결과를 성공으로 보느냐 실패로 보느냐 하는 것은 목표를 어떻게 예상했는가, 그리고 자기의 행동(노력)을 어떻게 평가하느냐에 따라 다를 것이다. 두 사람이 같은 노력을 해서 같은 결과를 얻었을지라도 한 사람은 매우 만족해 하는가 하면 다른 한 사람은 실망을 느끼는 경우가 있다. 이 두 사람의 차이는 얻어진 결과에 대해서 어떠한 의미를 부여하느냐 그리고 그것을 그들이 기대했던 바와 어떻게 비교하느냐에 대한 두 사람의 견해의 차이에서 오는 것이다.

목표란 행동이 지향하는 최종의 결과이다. 그러나 행동의 동기로서 기능하는 목표를 분명히 이해하기 위해서는 목표가 어떠한 성격을 가지는 것인가에 대한 논의가 필요하다. 목표는 원래가 복합적인 성격을 가지는 것이며, 이를 수행목표와 학습목표로 나누어 고찰해 보는 것도 의미있는 것이며, 또 목표에는 장기, 중기 및 단기적인 것이 있다. 가령, 6세된 남자 어린이가 선물로 받은 로봇의 조립에

시간 가는 줄도 모르고 열중한다. 그는 만드는 것을 좋아한다. 그리고 이 때의 목표는 로봇을 완성하는 것이다. 그러나 이 어린이의 목표는 로봇를 완전히 조립하는 것 한 가지뿐일까? 지난번 것보다는 훨씬 복잡해 보이지만 내 힘으로 한번 만들어 보겠다는 생각(자기능력의 확인), 친구들에게 자랑해야겠다는 생각, 그리고 예상되는 어머니의 감탄과 칭찬 등이 이 어린이를 그토록 열중하게 만드는 것은 아닐까? 즉 한 행동의 목표가 결과로써 얻어지는 것 한 가지에만 한정되는 경우는 극히 드물다. 대개의 경우 목표는 복합적이다. 산수문제를 풀고 있는 어린이의 목표는 그 답을 얻는 것이다. 그러나 그것이 유일한 목표는 아니다. 서생님의 인정을 받을 수 있으며 자기도 풀 수 있다는 것을 친구들에게 과시하고 싶은 마음, 그리고 어머니의 기뻐하시는 얼굴의 연상 등이 주어진 산수문제가 그리 쉬운 것은 아니지만 열심히 노력하게 하는 것이다.

학교현장에서 흔히 다루어지는 목표에는 수행목표와 학습목표가 있다. 행동의 수행이 목표로 부각될 때에는 학생들은 자기의 행동을 다른 사람들이 어떻게 보아주느냐 하는 것에 더 많은 관심을 가지게 된다. 그러므로 이런 경우에는 무엇을 배웠는가 또는 얼마나 열심히 노력을 했는가 하는 것보다는 수행의 결과를 다른 사람들이 어떻게 평가해 주느냐 하는 것에 더 많은 관심을 갖게 되는 것이다. 또한 자기도 다른 학생들처럼 무엇인가를 하고 있다고 느낄 수 있어야만 마음이 평안할 수 있기 때문에 공부하는 것이다. 이때 공부하는 행동의 질, 즉 어떤 것을 성취하느냐 하는 것은 크게 문제가 되지 않는 것이다.

그러나 목표가 무엇인가를 학습하는 것일 때에는 실제로 목표한 것을 학습했는가, 그래서 조금이라도 더 향상되었는가 하는 것이 주요 관심사가 된다. 이 때에는 수행목표를 가졌을 때와는 달리 학습의 과정에서 얼마만큼의 과오가 있었는가 또는 어색한 것을 얼마나 경험했는가 하는 것은 그리 문제가 되지 않는다. 따라서 학습목표를 설정한 사람은 학습활동의 과정에서 약간의 어려움을 경험하게 될지라도 오히려 그에 도전하는 태도로 끈질긴 노력을 하게 된다. 이와는 반대로 수행목표를 설정한 사람은 자신이 없는 일이나 도전적인 것을 회피하고 어려움에 당면하면 쉽게 포기한다.

학생들이 수행목표를 가지고 있느냐 아니면 학습목표를 가지고 있느냐 하는 것은 그 자신이 의식하지 못하고 있는 것이 보통이며, 자기의 능력이나 노력이 설정된 목표를 어떻게 감당할 수 있을 것인가에 대한 학생들의 신념이 어떤 종류의 목표를 추구하는가 하는 것에 크게 영향을 미친다. 일반적으로 학습과제가 분명하고 색다르며 합리적이고 도전할 만한 것이어서 비교적 짧은 시간 내에 달성할 수 있을 것으로 생각될 때 학생들은 그것을 학습하려는 목표를 설정하게 된다. 그러므로 교사는 학습과제의 제시나 학습목표의 설정에 있어서 이 같은 사실을 충분히 고려하여야 하며, 성취된 결과에 대해서는 그것을 인정해 주고 적절히 보상하는 데 인색하지 않아야 한다. 결론적으로는 설정된 목표가 언제나 무엇인가를 배우고 향상을 가져오는 것이어야 하며, 다만 수행하고 있다는 사실에 의미를 부여하는 것 또는 좋게 보이려는 것이어서는 안 된다는 것이다.

2. 동기와 경쟁 및 협동

경쟁과 협동은 학습활동을 격려하기 위해 흔히 사용되는 방법들이며 이 두 가지 방법 중에서도 경쟁이 더 많이 사용되는 것 같다. 그러나 이 두 가지 중에서 어떤 것이 더 효과적인 방법인가 하는 것은 쉽게 판단하기 어렵다. 그 까닭은 협동이건 경쟁이건 간에 그것이 어떤 형식으로 주어지느냐, 어떤 사람들을 대상으로 하느냐, 그리고 적용되는 과제가 어떤 것이며 어떠한 사회적 환경에서의 일이냐에 따라 그 효과는 다른 것이기 때문이다. 이와 같은 사실을 Ausubel과 Robinson(1969, 420)은 다음과 같이 설명한다.

첫째로 모든 협동 또는 모든 경쟁구조가 같지 않다고 하는 것은 누구나 다 아는 사실이다. 경쟁은 승자가 단 한 사람 또는 극히 소수여서 경쟁의 정도가 치열한 경우가 있는가 하면, 많은 수의 대상자가 받아들여질 수 있는 범위에 들 수 있거나, 경쟁이 다양하게 계획되어서 어느 한 과제에서는 실패하더라도 다른 과제에서는 성공할 수 있는 가능성이 주어지는 경우, 즉 경쟁이 그리 심하지 않은 경우도 있다. 또한 경쟁이나 협동이 개인적으로 주어지느냐 소집단별로 주어지느냐 하는 것도 결과에 영향을 미치는 변수가 된다. 따라서 경쟁이나 협동이 어떠한 형태로 주어지느냐에 따라 그 효과가 다르리라는 것은 예상하기 어렵지 않다.

둘째로 놀이 같은 과제에서는 하류층의 아이들이 중류층의 아이들보다 더 경쟁적

인 경향을 보인 반면 중류층 어린이들은 학문적 및 직업적인 면에서 더 높은 기대를 가지며, 경쟁과 협동에 대한 상대적 우월성은 문화적 환경에 따라서 다르고 여자보다는 남자가 더 경쟁적이다. 셋째로 대상자들의 인성적 특성도 결과에 영향을 미치는 변인이 된다. 개인에 따라서는 중립적이거나 협동적 상황에서도 경쟁적 태도를 보이기도 하며 반대로 경쟁적 조건하에서도 협동적인 태도를 취하는 사람이 있는가 하면, 주어지는 조건에 관계없이 과제지향적인 사람도 있다. 따라서 어떠한 활동상황을 의도적으로 경쟁적 또는 협동적인 성격의 것으로 계획할지라도 구성원들이 어느 정도로 자아중심적, 과제중심적 또는 집단중심적인가 하는 것은 알 수 없는 것이며, 그것은 엄밀한 의미에서는 각자의 동기를 극복함으로써만 확인할 수 있다.

경 쟁

◆ 경쟁의 장점

첫째, 경쟁은 개인의 노력과 생산성을 자극하여 기대수준을 높여줌으로써 능력과 성취와의 간격을 좁혀 준다.

둘째, 경쟁적 조건하에서 어린이들은 자기의 제한점은 물론 지금까지 알지 못했던 능력의 한계도 확인하게 되고 좋지 못한 인성적 특성을 극복하려는 경향이 나타나는 경우도 있다.

셋째, 경쟁은 집단게임을 더욱 흥미롭게 하며 일상생활의 과업의 단조로움을 감소시킨다. 그리고 적절히 사용된다면 집단사기의 향상에도 도움이 된다.

넷째, 어린이들은 급우들의 수행에 더욱 민감하며 이것이 간접적인 강화역할을 하여 자기행동의 형성에 도움을 준다.

◆ 경쟁의 단점

첫째, 경쟁적 방법은 불안감을 일으킴으로써 학습을 저해할 수 있다.

둘째, 경쟁이 너무나 극단적으로 운영되면 능력이 부족한 어린이들은 열등감을 느끼게 되고 그들이 잘할 수 있다고 생각되지 않는 활동은 처음부터 포기하는 경향이 나타난다.

셋째, 경쟁적 조건하에서는 긴장감 · 적개심 · 복수심 등이 야기된다. 그리고 이 같은 현상은 부정적인 집단 분위기로 연장되며 이 같은 분위기에서는 잔인하고 공평하지 못하며 정직하지 못한 것들일지라도 승리를 위해서라면 묵과되는 좋지 않은 현상이 나타나기도 한다.

넷째, 우월한 과업의 성취가 중요한 것이기는 하지만 그것이 지나치게 강조되면 어린이들은 자기과시에만 몰두하게 되는 나머지 인간가치에 대한 의식을 상실하게 된다.

이와는 대조적으로 협동적인 상황에서는 긍정적인 상호의존관계가 나타난다. 즉 자기집단의 다른 사람들도 잘 해주어야만 자기도 목표를 달성할 수 있다고 생각하는 것이다. 그러므로 이 같은 분위기에서는 학생들이 서로 돕게 되고 그렇게 상호협조하는 상황에서는 학습을 위해서 뿐만 아니라 발달과 사회화를 위해서도 매우 중요한 건설적인 상호관계의 형태가 형성되는 것이다. 학생 간의 건설적인 상호작용관계도 협동적 학습전략을 적용할 때 더 잘 조성될 수 있는 것은 물론 학습의 효과도 훨씬 좋은 것임을 많은 연구가 보여주고 있다.

한 예로 Laughlin과 그의 동료들(1978)의 일련의 실험연구는 소집단으로 협동한 학습결과가 개인적으로 학습한 결과보다 훨씬 우월한 것임을 보여준다. 협동집단의 학생들은 개념학습에 있어서 더 좋은 전략을 적용하고 다른 사람들의 정보를 보다 효율적으로 찾아 활용하며 학습하고 있는 자료들을 자기들의 말로 재구성하는 등 인지적인 방법으로 공부하였으며, 짧은 시간 동안에 더 많은 자료를 다룰 수 있었다. 이와 같은 협동학습의 우월성은 개념 · 법칙 · 원리들의 이해, 파지, 전이 등 모든 대상 교과 및 대상 학생들의 연령수준에 관계없이 나타났다. 다만 기계적인 단순한 학습과제 및 전에 배웠던 것을 다시 기억하는 일 외에는 다른 학생들의 도움이 별로 필요하지 않은 과제에 있어서는 경쟁적인 방법이 협동의 경우보다 더 좋은 결과를 보였다고 한다.

학생들의 태도가 더 협동적이고 그러한 경험이 많은 학생일수록 학습의 동기를 자기의 내적인 것으로 보는 경향이 많았으며, 목표의 추구에 있어서도 더 많은 인내를 보였고 성공을 결정하는 것은 자기의 노력이라고 믿는 경향이 있었다. 또한 Johnson과 그의 동료들(1978)이 수행한 일련의 연구는 협동적인 수업을 경험한 학생들이 교사를 더 좋아하며, 교사를 학습에 관해서 뿐만 아니라 개인적으로도 자기를 이해해 주고 도와주는 존재로 받아들이고 있음을 시사하였다. 그뿐만 아니라 협동적인 학습경험은 자신이 동료들로부터 호의적으로 받아들여지고 있다는 것을 느끼게 하며 동료들이 얼마만큼 학습하였는가에 관심을 갖고 서로 도우려는 경향을 보였다. 동료들과 상호간에 좋은 대인관계를 발전시키고 그것을 유지하는 능력은 사람의 심리적인 건강을 위해서도 가장 기초적인 것으로 알려지고 있는데 협동적인 학습 분위기 속에서는 그와 같은 능력도 자동적으로 성숙된다. 반면에 경쟁에 지나치게 열중하는 태도는 심리적인 건강에 별로 좋은 영향을 미치지 못하

며 혼자서만 공부하는 습관은 심리적으로 건강하지 못한 상태 또는 인성적인 장애와도 관계가 있다는 것이다.

학습활동에 있어서의 주안점은 언제나 학생과 학습 자료와의 상호작용 및 학생과 교사역할과의 상호작용 간에 있으며, 학습활동의 과정에서 학생들이 어떻게 상호작용하게 할 것인가의 문제는 별로 관심을 갖지 않는 것이다. 학습은 결과보다도 과정이 더 중요하다는 것은 머리에만 있는 지식에 불과하며 그 지식이 교육의 실제에 어떻게 적용되어야 할 것인지의 문제에 대해서는 별로 관심이 없는 것이다. 즉 수업의 과정에서 학생들이 상호간에 어떻게 작용하느냐 하는 것은 지식이나 기술의 획득을 위해서 뿐만 아니라 인간성 발달 및 사회성의 발달에도 강력한 영향을 미친다고 하는 사실이 간과되고 있는 것이다. 특히 최근에 와서는 대학입시에 있어서 내신 성적이 적지 않은 비중을 가지게 되었고 그 결과 급우간의 경쟁이 한층 더 치열해지는 경향이 나타나고 있다. 자기는 열심히 공부하면서도 그것을 급우들이 알게 되는 것을 꺼리며 급우들이 자기만큼 잘하는 것을 원치 않는 태도가 나타나고 있는 것이다.

3. 동기와 자아개념

자아개념은 학습에 영향을 미치는 요인 중의 하나이다. 근래에 자아개념이 중요한 교육적 변인으로 많은 연구관심의 대상이 되고 있는 까닭도 여기에 있는 것이다(Burrs, 1979). 즉 자아개념의 향상은 그 자체가 가치 있는 교육의 결과일 뿐 아니라 학업성취를 비롯한 다른 활동의 결과도 향상시키는 수단이 되는 것이다(Calsyn & Kenny, 1977 ; Shavelson & Bolus, 1982). 개인의 자아개념 및 자아존중이 교실활동 및 학업성취에 미치는 영향은 매우 큰 것이므로 학생들의 문제행동은 긍정적인 자아개념의 결여가 가장 큰 원인이라고까지 생각하기도 한다(Dembo, 1988).

자아개념이란 자기가 어떠한 타입의 사람인가에 대한 개인의 신념으로서 이는 들어오는 자극을 걸러주는 필터 역할, 주변 사물을 조직하는 역할 및 행동의 가이드 역할 등을 한다고 이해되고 있다(McCandless & Coop, 1979). 그리고 이와 같은 신념은 경험을 통하여 발달한다. 한 예로 경험과 자아개념 형성과의 관계를 Bandura(1977)

는 자기강화 및 자기규제(self-regulation)로 설명하고 있는 바 자기강화는 경험의 결과에서 오는 것이다. 자기가 설정한 목표의 달성에 성공하면 성취감(적극적 강화)을 느끼고 실패하면 좌절(소극적 강화)을 느끼게 마련이다. 이와 같은 경험의 누적은 자아에 대한 신념에 영향을 미치고 이 같은 신념이 자기의 다음 행동을 가이드하여 증강 또는 약화시키는 결과를 가져온다. 결국 개인은 경험의 누적에서 오는 소신에 따라 자기행동을 규제하게 되는 것으로 보는 것이 그의 주장이다. 물론 이 같은 경험에는 목표의 성취여부는 물론이고, 일상생활에 있어서 자기에게 중요한 목표의 성취여부만이 아니라 일상생활에 있어서 자기에게 중요한 타입들의 다양한 반응도 포함되는 것이므로 자아개념은 본질적으로 복합적인 것이다. 즉 자아개념은 하나의 복합적인 개념이 아니라 여러 가지의 하위측면(학문적 · 비학문적 · 사회적 · 정서적 및 신체적 등)으로 구성되며 이 측면들은 또 몇 가지의 하위영역을 가지고 있어서 위계적 구조를 가진다는 것이다. 자아개념의 하위측면 분류는 학자에 따라 다소의 차는 있으나 서로 의견을 같이하는 부분이 더 많다.

한편, 자아개념이 학생들의 교실활동 및 학업성적에 미치는 영향이 매우 크다는 사실을 앞에서 언급하였다. 이 같은 사실을 실증적으로 보여 주는 연구도 적지 않다. 그 중에서도 Kifer(1975)의 의사 종단적 연구는 비교적 규모가 큰 연구였다. 이 연구와 비슷한 방법으로 수행된 김호권(1979) 및 김기정(1984)의 연구에 있어서도 연령(학년)의 증가에 따라 학습실패집단의 자아개념이 계속적으로 낮아지는 것을 보여주고 있다. 학업성적과 자아개념과의 관계를 상관계수로 산출한 연구도 적지 않은바(고병채, 1991 ; 유기섭, 1987 ; 김종식, 1985 ; 윤희준, 1973)대상학년수준에 따라, 그리고 사용한 검사에 따라 결과에 적지 않은 차이를 보이고는 있으나 모두가 r=.20−.56(학문적 자아개념의 경우)의 통계적으로 의의있는 상관을 보여주고 있다.

여기에 있어서의 한 가지 질문은 긍정적 자아개념과 좋은 학업성적 중에서 어느 것이 먼저인가 하는 것이다. 좋은 성적이 긍정적인 자아개념을 가져왔다고 볼 수도 있고 반대로 긍정적인 자아개념을 가졌기에 좋은 성적을 올릴 수 있었다고 볼 수도 있기 때문이다. 그러나 이것은 계란이 먼저인가 아니면 닭이 먼저인가 하는 식으로 쉽게 결론지을 수는 없는 일이지만, 두 가지 중의 어느 한 가지의 긍정적인 변화는 다른 한 가지의 긍정적인 변화를 가져오는 데 도움이 된다는 사실은 의문의 여지가 없다(Hamachek, 1985). 그러므로 학생들의 자아개념은 그들이 학습과제를 대하는

태도를 이해하는 데 있어서 중요한 요인이 된다. 많은 학생들은 이른바 악순환을 거듭하고 있는 것이다. 즉 어떤 과목의 공부는 잘할 수 없다고 믿기 때문에 그 과목을 멀리한다. 그 과목을 멀리하기 때문에 잘할 수 있는 가능성은 더욱 낮아지는 것이다. 잘할 수 있는 능력의 부족에서 오는 부정적인 경험은 자기는 능력이 부족한 사람이라는 생각을 강화하는 것이다.

4. 동기와 귀인성향

귀인성향은 자아개념과 마찬가지로 행동에 많은 영향을 미치는 인성적 특성의 한 가지이다. 성공의 경험은 성취동기나 기대수준을 높여주며 실패의 경험은 이와는 반대의 영향을 미치게 된다고 하였다. 그러나 이 같은 현상은 언제나 일정하게 나타나는 것이 아니고 나타난 결과에 영향을 미친 것(또는 원인이 된 것)이 무엇이라고 생각하느냐에 따라서 다를 수 있다. 어떤 일에 성공을 했다고 할지라도 그것은 아주 운이 좋아서 얻어진 것뿐이며 그 같은 행운이 다시 오리라고는 믿을 수 없다고 생각한다면 그 성공이 동기로 작용하거나 기대수준을 높여 주지는 않을 것이며, 실패를 경험했다 할지라도 그것은 자기가 잘못했거나 무능하기 때문에 온 것이 아니라고 생각한다면 그로 인해 의욕이 상실되지도 않을 것이다. 즉, 성공이나 실패가 어떠한 영향을 미치느냐 하는 것은 개인이 그 성공이나 실패의 원인을 무엇이라고 생각하느냐에 따라 다른 것이다. 귀인성향은 이 같이 나타난 결과의 원인이 무엇이라고 생각하느냐에 대한 개인적 성향이며 원인에 대한 일종의 인지적 설명이기도 하다.

Rotter(1984)는 학업에 있어서는 물론 개인의 일상생활에서 일어나는 여러 가지 일에 대하여 그 책임 또는 원인이 무엇이라고 지각하는가 하는 것은 사람에 따라 다르다는 것을 일찍부터 주장한 바 있다. 그에 의하면 한 활동의 결과가 자기의 능력이나 노력으로써 얻어진 것으로 믿는다면 그는 내적 귀인성향을 가진 사람이고, 그것이 운 · 기회 · 운명 또는 강력한 다른 사람의 작용에 의해서 얻어진 것이라고 지각한다면 그는 외적 귀인성향의 사람이다(Rotter, 1966). Weiner(1972)는 얻어진 결과에 대한 지각의 차이는 행동에 다르게 영향을 미치는 매우 중요한 요인임을 강조하였다. 그에 의하면 성취를 위해 얼마만큼 노력하느냐 하는 것, 그리고 그 같은 노력을 통해서 앞으로 성취하리라 생각하는 기대의 수준은 학생들의 교실경험에 대한 귀인적 결론에 의해 상당히 많은 영향을 받는다. 즉, 어떠한 학습활동을 하고 나면 그 결과에 대해 학생들은 정의적인 반응(이 반응은 긍정적일 수도 있고 부정적일 수도 있다)을 하게 되며 그들의 수행에 대한 결과(성 · 패 간에)를 설명하기 위한 원인을 생각하게 되는데 이 같은 귀인은 그 이후의 유사한 과제에 대한 기대수준이나 태도에 변화를 가져오는 한 요인이 된다는 것이다. 예를 들면, 시험에서 좋은 점수를 받은 학생이 그 성공은 자기의 능력에 의한 것이라고 믿는다면 거둔 성공에 대해 자부심을 가질 뿐만 아니라 앞으로의 성공에 대해서도 높은 기대를 가지게 된다.

이러한 귀인성향은 세 가지 차원으로 설명된다. 그 첫째는 Heider(1958) 및 Rotter 등에 의해서 도입된 것으로 귀인성향을 내적 성향과 외적 성향의 단일차원으로 보는 것이다. 그 내용은 이미 언급한 바와 같이 얻어진 결과를 주로 능력이나 노력에 의한 것이라고 믿는 것은 내적 성향이요, 그것이 기회나 운 또는 강력한 타인의 영향 때문이라고 생각하는 것은 외적 성향이다. 그 후 Weiner 등(1971)은 안정성의 차원을 이에 추가하였다. 즉, 결과의 원인에 대한 개인의 지각에는 안정적인 것과 비안정적인 것이 있다고 보는 것이다. 능력이나 과제 등은 비교적 안정적인 것이므로 전자에 속하고 노력이나 운 등은 언제나 일정하게 나타나는 것이 아니므로 후자에 속한다. 그러나 노력의 경우를 보면 평소에 노력을 많이 하는 사람에게는 노력이 비교적 안정적인 것으로 볼 수 있지만 특정의 일에 대한 일시적인 노력은 비교적 가변적인 성격을 가지는 것으로 볼 수 있는 등 여기에서 말하는 안정적 – 비안정적이란 절대적인 것이 아니라 상대적인 의미로 해석해야 한다. 그리고 원인지각에 대한 제 3의 차원으로서 의도성(intentionality)의 차원이 추가되어야 한다고 주장한다(Rosenbaum, 1972). 예를 들어, 지각된 원인 중 노력이나 교사 또는 감독자의 편견 같은 것은 의도적인 것이며 또한 과제의 난이도 및 기분 같은 것은 비의도적 성격의 것이라고 보는 것이다.

귀인성향의 이 세 가지 차원은 성취동기에 매우 중요한 의의를 가지는 것으로 생각한다. 내적 – 외적 성향의 차원에서 볼 때 성공을 내적으로 귀인하는 사람은 자신감 · 자부심을 가지게 되어 동기가 향상되고, 실패를 내적으로 귀인한다면 자책감이나 죄의식 같은 것을 느끼게 된다. 반면에 성공을 외적으로 귀인한다면 그

성공에 영향을 미쳤다고 생각하는 타인이나 요인에 대해서 고마움을 느끼거나 다행스럽게 생각했겠지만 그 같은 행운을 또다시 기대할 수 없는 것이므로 그것은 동기나 노력에 별로 영향을 주지 못한다. 그리고 실패를 외적으로 귀인하는 경우에는 분노를 느끼게 된다. 이와 같이 나타난 결과가 성공적인 것이든 또는 실패한 것이든 간에 그 책임 또는 원인이 자기에게 있다고 생각하는(내적 성향) 것과 그 책임이 자기 이외의 다른 요인에 있다고 생각하는(외적 성향) 것과의 차이는 매우 크다.

안정성의 차원은 장래에 대한 기대와 관련이 있을 것으로 생각된다. 만일에 성공을(또는 실패를) 시험의 난이도와 같은 안정적(불변적)인 것으로 귀인한다면 비슷한 다음의 과제에서도 성공(또는 실패)을 기대하게 될 것이다. 그리고 실패를 외적으로 귀인하는 경우에는 분노를 느끼게 된다. 이와 같이 다음의 비슷한 과제에 대한 기대도 달라질 것이다.

통제의 차원은 자신감과 기대 모두에게 관련이 있다. 만일에 좋은 시험점수가 통제할 수 있는 요인에서 온 것이라고 생각한다며 그 결과를 자랑스럽게 여기고 앞으로도 또 그렇게 통제할 수 있을 것이므로 비슷한 다음의 시험에도 같은 정도의 결과를 기대하게 될 것이다. 그러나 비록 좋은 점수를 얻었다 할지라도 그것은 자기로서는 어떻게 할 수 없는 요인에서 온 것이라고 생각한다면 '그날 운이 좋았다' 하는 정도로 생각하며 앞으로도 또 운이 그렇게 좋았으면 하고 바라는 것 외에 자기가 더 많은 노력을 해야겠다는 생각은 별로 하지 않게 될 것이다. 그러나 이 세 번째의 통제적 차원의 영향에 관해서는 더 많은 연구가 요청되고 있다.

이와 같이 귀인성향이 행동 또는 노력에 영향을 미친다고 하는 사실은, 학생들로 하여금 그들이 얻은 결과를(성공한 것이든 실패한 것이든 간에) 자기의 책임으로 내적 귀인하도록 지도할 필요가 있다는 것을 뜻한다. 이와 같은 필요성을 시사하는 근거로는 귀인성향과 학업성적간에 의의있는 상관이 있다는 사실이다. Brocink 및 Breen(1974, 7)의 연구에 의하면 학업성적은 내적 귀인성향과는 .28의 상관을, 그리고 외적 귀인성향과는 −.24의 부적 상관을 보였다. 여기에서 나타난 상관은 그리 높지 않은 것으로도 볼 수 있겠으나, 후자의 경우는 부적 상관이므로 내적 성향과 외적 성향간의 차는 상당히 크다. 근래에 국내에서 수행된 연구들(안귀덕, 1986 ; 유기섭, 1987 ; 고병채, 1990)도 이와 비슷한 경향을 보여 준다. 따라서 학업결과에 대한 학생들의 책임을 강조하는 것은 매우 중요한 것이며, 특히 긍정적인 지도, 즉 "이것은 네 능력이 부족해서가 아니라 노력이 부족해서 일거야. 좀더 노력해야겠지", "이것은 네가 노력했기 때문이야. 지난번보다 나아졌잖아! 노력을 하면 반드시 그 대가가 있지"하는 것 등과 같이 노력을 강조하는 지도가 소망스러운 것이다.

5. 동기와 칭찬 및 견책

칭찬과 견책 또는 상과 벌은 아득한 옛날부터 사람의 행동을 통제하기 위해 사용해 온 수단이다. 그 내용에 있어서도 칭찬에는 고개를 끄덕여 인정하거나 어깨나 등을 가볍게 쳐주는 것으로부터 상장 또는 상품을 주는 것에 이르기까지, 그리고 견책에는 잘못을 지적하는 것, 찌푸린 얼굴로 불만을 표시하는 것 등으로부터 체벌을 가하는 것에 이르기까지 매우 다양하다. 칭찬과 견책은 이같이 인간사회에서 오랫동안 그리고 여러 가지로 활용되어 온 방법이지만 오늘날 교육에서 이를 어떻게 활용할 것인가 하는 점에 대해서는 학자들의 의견이 반드시 일치하는 것은 아니다.

Hurlack는 4학년 및 6학년 어린이 남녀 106명을 지능과 산수성적을 배합시켜 4개 집단으로 나누고 이들에게 하루 15분씩 계속 5일 간의 과외수업을 실시한 다음 그들의 진보상황을 기록하였다. 1집단은 비교집단으로서 15분의 수업 후에 시험을 따로 쳤고, 시험결과에 대해서 아무런 평을 받지 않았다. 3개 실험조는 같이 시험을 쳤지만 그들은 다르게 취급되었다. 칭찬집단은 그들의 시험점수에 관계없이 계속 칭찬을 받았다. 개별적으로 호명해서 시험결과가 좋았으니 더욱 잘하기 위해 노력하라고 격려를 했다. 견책집단은 역시 시험결과에 관계없이 개별적으로 시험결과가 좋지 않으며 주의부족하고 진보가 없다고 꾸중을 들었다. 실험집단 중의 한 집단은 아무런 평도 듣지 않고 다른 2개 집단에 대한 평을 듣기만 하였다. 이 실험의 결과 계속적으로 칭찬을 받은 집단이 가장 많은 진보를 보이고 있으며, 그 다음이 견책을 받은 집단이고 남의 평을 듣기만 한 집단도 다른 사람들에 대한 평을 듣지 않은 비교집단보다는 나았다. 그리고 지속적인 향상을 보인 것은 칭찬을 받은 집단뿐이었다. 개인별로 비교해 보았을 때, 칭찬집단에서는 여자가 더 많은 진보를 보였고 반대로 견책집단에서는 여자가 남자만 못했다. 이 같은 경향은 후에 Forlano(1936)의 연구에 의해서도 확인되었는데, 그에 의하면 성격에 따라 즉 부끄

러움을 타거나 어색해 하는 사람이 견책보다는 칭찬에 더욱 좋은 반응을 보였다. 이 같은 연구는 책망보다는 칭찬이 더 효과적이었음을 보여주고 있고 그것이 더 안전한 방법이란 이견이 많은 것이 사실이지만 실제에 있어서 칭찬과 견책의 효과에 미치는 요인은 너무나 많은 까닭에 이를 간단히 일반화하는 일은 매우 어렵다. 같은 칭찬을 듣는다 해도 대수롭게 생각지 않는 사람으로부터 들을 때와 존경하고 자기에게 중요한 사람으로부터 들을 때는 그것이 학생에게 주는 영향이 다르며, 또한 같은 책망을 하더라도 예사로 듣는 사람, 순종하고 반성하는 사람, 오히려 불쾌하게 생각하고 반발하는 사람이 있는 등 학생의 태도에 따라 반응도 다르기 때문이다. Anderson(1966) 등은 칭찬과 견책의 효과에 영향을 미치는 요인으로 칭찬과 견책에 대한 학습자의 과거의 경험, 주어진 과제에 대한 학습자의 성취의욕 또는 열중 정도, 학습자의 자아개념 특히 그의 안정감, 칭찬이나 견책을 하는 사람과 학습자와의 관계, 학습자의 성별, 학습자가 평을 받아들이는 태도 등을 제시하였다.

그러므로 실제에 있어서는 학습과제의 성격에 따라, 학습자에 따라 그때의 상황에 따라, 그리고 대상자의 성격적 특성에 따라 칭찬이나 견책을 어떻게 줄 것인가 하는 것이 달라야 할 것이며 교사는 그 판단을 잘해야 할 것이다. 그러나 학생들의 노력에 대해서 아무런 반응도 보이지 않는 것보다는 조금이라도 반응을 보이는 것이 좋다. 이에 대한 한 연구의 예를 보면, Page(1958)는 객관식 문항으로 된 중. 고등학생들의 답안지를 3집단으로 무선분류한 다음, 한 집단의 답안지에는 점수만 기입하고 또 한 집단에는 좋은 점수에는 '잘했다(excellent)', 낮은 점수에는 '점수를 높이도록 노력하자'고 상투적인 평을 기입하였으며 나머지 한 집단의 답안지에는 각 개인과 그의 점수를 참작해서 개인적인 평을 기입하여 모두 돌려주었다. 그 결과 그 뒤의 이차 및 삼차의 객관시험에 있어서는 한결같이 평을 기입해 준 집단이 그렇지 않은 집단보다 많은 향상을 보였으며 그 중에서도 개인적인 평을 써준 집단이 상투적인 평을 기입해 준 집단보다 더 많은 향상을 보였고 특히 나이가 많은 학생들에게 이 방법은 더욱 효과적이었다. 이와 같은 평가방법을 사용하는 것은 교사의 개인적 관심의 표현임과 동시에 결과에 대한 지식을 제공해 줌으로써 학업 성취를 향상시키는 효과를 가진다고 할 수 있다.

한편, 벌의 사용에는 더 많은 부작용이 있다. 먼저 벌의 효과에 대한 동물 실험

한 가지를 보기로 한다. Estes(1954)는 쥐를 긍정적 강화로 훈련하여 먹이를 얻기 위해서는 레버를 누르도록 하였다. 그런 후에 레버를 누르면 먹이 대신 전기 쇼크를 받도록 하였다. 이것은 레버 누르는 행동의 빈도를 감소시키고 마침내는 누르지 않게 하기 위해서였으며 결과는 예상대로였다. 그러나 레버를 누를 때에 주던 전기 쇼크를 중지하게 되자 레버 누르는 반응은 다시 증가되어 마침내는 그 빈도가 쇼크를 주기 전의 수준에 이르렀다. 또한 Sears, Maccoby 및 Lewin(1959) 등의 연구에 의하면 어린이들의 바람직하지 못한 행동을 억제하기 위해 어머니들이 벌을 사용한 결과 효과가 없었다. 이와 같은 연구결과에 근거하여 한 때 벌은 의도하는 행동을 일시적으로만 약화시킬 뿐이며, 벌이 사라지면 그 행동이 다시 나타나게 되는 한편 소망스럽지 못한 부작용이 따르게 된다고 하였다. 어떠한 행동을 억제하기 위해 벌을 사용할 때에 그 행동이 의도한 대로 억제될 것인가의 여부는 불확실한 반면, 벌을 주는 사람은 벌을 받는 사람으로부터 부정적인 반응을 받게 될 가능성이 많다. 학생들이 벌을 주는 교사를 미워하고 회피하려는 경향이 나타나기 쉬운 것이며, 어린이가 애정의 결핍을 느낄 때에는 부모에 대해서도 그러한 반응이 나타날 수 있는 것이다. 그뿐만 아니라 자극의 일반화되는 성질이 있으므로 싫어하는 것 또는 회피하는 것이 어떤 교과목(싫어하는 교사가 가르치는 과목) 또는 학교 자체에까지 일반화되어 확대될 수도 있는 것이다. 그리고 이 같은 혐오 또는 회피는 무단결석, 속임, 침입, 은폐등과 같은 아주 좋지 않은 행동으로 나타날 수도 있는 것이다.

결국 벌이란 학생을 다스리는 한 가지 방법이기는 하지만, 대상이 되는 학생에게는 혐오감을 주어 그것을 사용하는 사람과의 대인관계를 해칠 수 있는 가능성도 있는 것이다. 그러나 벌이 이 같은 부작용을 가져올 가능성이 있다고 해서 자녀나 학생을 훈육하는 과정에서 벌을 완전히 없앨 수는 없는 것이다. 문제는 어떠한 행동이 위험을 초래할 가능성이 있거나 그 사회에서 용납될 수 없는 것일 때에는 벌을 사용해서라도 저지하지 않을 수 없는 것이기 때문이다.

벌의 적절한 사용 방법

- 벌을 사용하지 않는 다른 방법이 없겠는가 하는 것을 신중히 따져 본다.
- 분노한 상태에서 벌을 주지 말 것이다. 이런 경우는 벌을 받는 편에서 과오를 뉘우치기 이전에

그 벌을 정서적으로 받아들이게 되고, 주어지는 벌이 자기의 잘못을 책하기 위해서보다는 벌을 주는 사람의 화풀이로 받아들여질 수 있다.

- 대상이 되는 행동 직후에 벌을 줌으로써 벌의 대상 행동이 무엇인가를 분명히 지적해야 한다.
- 벌의 강도가 적절한 것이어야 한다. 자기의 잘못에 비추어 그만한 벌은 있을 수 있다고 인정하는 범위 내의 벌이어야 한다. 특히 벌을 사용하려 할 때 그 대상이 되는 행동이 나타나게 된 원인을 부모나 교사는 깊이 생각해 보아야 한다.

6. 동기와 무력감

우리는 많은 노력을 해도 좋은 결과를 얻을 수 없었던 경험이 반복되면 다시 비슷한 과제에 당면할 때 그것을 시도해 보지도 않고 포기하게 된다. 시도해 보아도 그 결과는 역시 기대와는 거리가 먼 것이 될 것이라고 생각하기 때문이다. 이와 같이 자기에게 일어나는 일에 대해 자기는 어떠한 영향도 미칠 수 없다고 생각하여 냉담하고 흥미를 잃어 포기하는 현상은 무력감이 발달했기 때문이며, 이 같은 무력감은 실패의 경험에 의해서 발달한 것이란 뜻에서 이를 학습된 무력감 또는 경험에서 얻어진 무력감이라고도 한다.

학습된 무력감은 실험을 통해서도 볼 수 있다. Seligman(1975, 1978). Mischel(391)은 피할 곳이 없는 우리에 개를 넣고 바닥에 전기쇼크를 주었다. 개는 몸부림치며 그 쇼크에서 빠져나가려 했지만 불가능했고 지친 나머지 가련하게 앉아서 그 쇼크를 견디는 것이었다. 그런 다음 칸막이로 연결된 두 개의 우리 중 한곳에만 전기쇼크 장치를 하고 쇼크를 경험한 개와 그것을 경험하지 않은 개를 넣은 다음 전기를 연결시켰다. 이때 새로 들어온 개는 가볍게 칸막이를 넘어갔지만 쇼크를 경험한 개는 그대로 앉아 가볍게 신음하면서 견디고 있었다 한다. Hiroto(1974)는 대학생을 대상으로 하여 비슷한 실험을 실시하였다. 학생들을 세 집단으로 나눈 다음 한 집단은 시끄럽게 울리는 벨소리를 버튼을 네 번 눌러서 멈출 수 있게 하였다. 두 번째 집단은 여하한 방법으로도 그 소음을 멈추게 할 수 없는 경험을 했으며, 세 번째 집단은 소음을 전혀 들려주지 않았다. 그런 다음 세 집단의 학생들을 모두 한곳에 모아놓고 귀에 거슬리는 불쾌한 소음을 들려주었다. 이때는 레버를 젖히기만

하면 소음이 멈추어지도록 장치되어 있었다. 결과는 놀랍게도 개를 대상으로 한 실험의 경우와 같았다. 첫 집단(소음을 멈출 수 있었던 집단)과 세 번째 집단(소음을 듣지 않은 집단)의 학생들은 곧바로 소음을 꺼버렸지만, 두 번째 집단(소음을 멎게 할 수 없었던 집단)의 학생들은 고통스러운 소리를 참고 앉아 있었다. 그들은 무력해진 것이다.

Carol, Diener 및 Dweck(1978)은 무력감에 빠진 어린이들과 성취의욕이 강한 어린이들 간에는 실패를 대하는 태도에 많은 차이가 있다는 것을 발견하였다. 무력감에 빠진 어린이들은 실패의 원인을 생각해 보려 하지도 않았으며, 설령 생각해 본다 할지라도 그들은 실패의 원인을 자기들이 통제할 수 없는 요인에 귀인시키기 때문에 그들에게서는 그 실패를 극복하려는 노력도 볼 수가 없었다. 또한 그들은 성취의욕이 적었으며 그들이 당면한 문제의 해결방법을 찾는데 더 열중하는 것이었다. Dweck(1975)은 무력감에 빠져 있는 어린이들로 하여금 자신들의 실패의 원인을 능력의 부족보다도 노력의 부족에 귀인하도록 훈련시킬 수 있었다. 그리고 실패의 원인이 능력의 부족에 있다고 보지 않고 동기 또는 노력의 부족에서 온 것으로 보도록 훈련받은 학생들에게서는 실패를 극복하려는 행동에 괄목할 만한 향상이 있었다는 것이다.

우리는 교육의 장에서 학생들에게 많은 무력감을 주입하고 있다. 의도적으로 그렇게 하는 부모나 교사는 물론 한 사람도 없었다. 그러나 부모나 교사의 일방적이고 매정한 비교·평가·질책·강요 속에서 그들의 기대에 미치지 못하는 어린이들은 자기무력을 느낄 수 밖에 없다. 그리고 부모나 교사의 기대에 못미치는 사람이 기대에 미치는 사람보다 더 많은 것이 현실이다.

7. 동기와 불안

불안(anxiety)의 개념은 여러 가지로 설명되고 있지만 이에는 불쾌감을 느끼는 상태, 흥분을 느끼는 상태 및 불쾌하고 고통스러운 것을 예상하는 상태(Sarason & Spielberger, 1975) 등이 포함된다는 점에서는 많은 학자들이 의견을 같이한다. 그리고 이와 같은 불안을 어떻게 경험하느냐 하는 것도 개인에 따라 다른 것이지만 불안을 느끼는 사람에게서는 대개 다음과 같은 세 가지가 관찰된다고 한다(Mahler,

1966).

첫째, 공포 또는 위험을 무의식적으로 느끼게 되는데 그 같은 위협을 느끼게 하는 직접적인 대상이 무엇인가를 식별할 수 없으므로 왜 불안을 느끼는지를 알 수 없다. 둘째, 생리적 흥분(각성)과 신체적 고통을 느끼게 되는데 이에는 여러 가지의 신체적 변화와 불안이 수반된다. 흔히 나타나는 징후로는 심장과 혈관에 나타나는 징후(가슴의 설레임 · 어지러움 · 혈압의 상승 · 맥박의 변화), 호흡의 장애(숨가쁨 · 숨이 막히는 것 같은 느낌), 위장장애(설사 · 매스꺼움 · 구토) 등이 있다. 불안이 오랜 기간 지속되면 이 같은 신체적 징후가 만성화될 수도 있다. 그뿐만 아니라 불안에서 오는 각성상태는 불면증, 빈번한 배설, 땀, 근육의 긴장, 피로 및 기타의 당혹한 고통으로 나타날 수도 있다. 셋째, 사고작용에 지장을 가져오거나 환경적 요청에 효과적으로 대응하는 것이 어렵게 되는 등 문제해결 또는 인지적 통제기능에 지장을 가져온다.

불안은 왜 나타나는 것일까? Phillips등(1972)은 이를 두 가지로 설명한다. 그 한 가지는 즉각적으로 또는 직접적으로 불안반응을 일으키는 상황이다. 취학을 앞둔 어린이가 느끼는것과 같은 막연한 위협이 그 같은 예의 한 가지이다. 상황적으로 보아 다가오는 일을 회피할 수는 없는데 그에 효과적으로 대처할 능력의 부족을 느끼는 데서 오는 불안인 것이다. 두 번째는 어렸을 때 낭변했넌 커다란 위험이나 충격의 영향이 오래 훗날까지 계속되거나 또는 확산되는 경우이다. 이는 어렸을 때의 불쾌했던 경험이 오랜 세월이 지난 후에(따라서 본인이 전연 의식하지 못하는 상태에서) 영향을 미친다는 의미에서 간접적인 것으로 볼 수 있다. 유치원 또는 초등학교 시절에 느꼈던 어렸을 때의 불쾌감, 부모-자녀 관계가 좋지 않아서 느끼게 되었던 불안감 등이 이 같은 불안의 예이다.

불안 다루기 지침

- 경쟁은 조심스럽게 사용한다 – 경쟁적인 게임 동안에 참여한 모든 학생들이 성공할 기회를 가질 수 있도록 한다거나, 협동 학습 활동을 활용한다.
- 불안이 높은 학생이 많은 사람들 앞에서 수행해야 하는 상황을 되도록 피한다 – 수업 시간에 불안이 심한 학생들에게는 질문을 할 때, 예 혹은 아니오로 대답할 수 있는 질문을 하도록 하거나, 소규모 집단앞에서 얘기하는 것을 연습할 수 있도록 기회를 제공한다.
- 지시를 명확히 하도록 한다 – 시험 지시는 구두로 하는 대신에 칠판에 쓰거나 시험지에

써주고, 학생들이 수업의 내용을 이해했는지 점검하도록 한다. 즉 몇몇 학생들에게 첫 번째 질문이나 연습문제를 어떻게 할 것인지를 물어 잘못 이해하고 있으면 고쳐주도록 한다.

- 불필요한 시간적 압박은 피하도록 한다 – 주어진 시간 안에 모든 학생들이 시험이나 과제를 끝낼 수 있는지 분명히 하고 제시한다.
- 주요 시험에서 일부 압력 요소를 제거한다 – 시험치기 기술을 가르치고, 연습 시험을 주고, 학습 지침을 제공하도록 하고, 여러 유형의 문제가 섞여 있는 시험 문제를 연습하도록 한다.

Sarason등(1960)은 학교불안 및 시험불안에 관한 광범위한 연구를 수행하여 불안에 직접 또는 간접으로 영향을 미치는 많은 요인을 밝히는 데 기여한 바 있다. 그들에 의하면, 능력이 부족한 사람뿐만 아니라 공부를 아주 잘하는 어린이들도 시험이나 교실활동에 있어서 불안을 느끼는 일이 많으며, 어린이들에게 불안을 형성시키는 초기의 원인은 주로 부모들의 태도라는 것이다. 특히 높은 불안을 가진 어린이들의 어머니는 자신감이 부족하며 다른 사람의 의견을 따르는 일이 많다는 것이다. 그런 어머니들은 자녀들에게 계속적으로 성취압력을 가하기 때문에 자녀들로 하여금 그 기대에 부응하는 것은 어려운 것으로 느끼게 만들고 결국은 실패에 이르게 하며 빈약한 자아상을 발달시킨다는 것이다. 그러한 어린이들이 학교에 가게 되면 부모들에게서 받은 부정적인 평가에 대한 예상이 교사에게 전이되고 그 결과 교사가 시험문제를 제시하면 불안을 느끼게 된다는 것이다.

Hill과 Wigfield(1984) 역시 많은 어린이들에게 있어서 시험불안은 유치원 또는 초등학교 시절에 시작된다는 점에 의견을 같이 한다. 그 시기에 부모들이 비현실적인 욕구를 하며 지나치게 높은 성취를 기대하는 것이 원인이 된다는 것이다. 그리고 부모들이 어린이의 성취결과에 대해 부정적으로 반응할 때 어린이들은 시험상황에 대해 더 많은 고통을 느끼게 되고 앞으로 자기들의 성적에 대한 부모들의 반응에 지나친 관심을 갖게 된다는 것이다. 그리고 이런 상태가 계속되면 중학교 고등학교에 진학함에 따라 평가 상황에 대한 불안은 더욱 심해진다는 것이다.

한편, 이러한 불안은 우리의 행동에 어떠한 영향을 미치는가? 불안은 부정적으로도 작용하고 긍정적으로도 작용한다. 적정한 수준의 불안감은 보다 나은 성취를 위한 동기의 역할을 하는 것이기 때문이다. 즉 불안감이 있으되 그것이 과히 심하지 않은 경우에는 그것을 극복하기 위한 노력을 하게 되는 것이며 이 같은 경험이 자신감을 증진시켜 준다. 처음에는 상당히 염려가 되었지만 많은 노력으로 그것을 완성했을 때에 통쾌한 성취감을 느끼는 것은 많은 사람이 경험하는 바이다. 그러므로 적당한 정도의 불안은 사회성의 발달을 위해 불가결의 에너지라고 보는 학자도 있다(Santrock, 1981). Spielberger(1966)에 의하면 특성적 불안과 학습과의 관계에는 일관성이 없지만 상황적 불안이 학습에 미치는 영향은 지속적인 것이라고 한다. 즉, 적정수준의 불안을 느낄 때 학습활동은 가장 활발하며 불안이 아주 높거나 낮을 때에는 학습활동이 극히 저조하다는 것이다. 불안이 아주 낮을 때에는 진행되는 학습에 열의가 없고 반대로 아주 높을 때에는 흥분하고 서두르는 나머지 오히려 사고작용이 적절하지 못하며 흐트러지기 때문에 나타나는 현상이다.

학습과 불안과의 관계는 대개 이와 같은 곡선을 보이는 것으로 예상되지만 이를 엄격하게 관찰하면 그 관계는 학습과제의 난이도에 따라 다르게 나타난다. 충분히 이해하고 있거나 간단한 학습과제에 있어서는 불안이 높을 때 학습활동의 효과가 가장 높지만, 학습의 초기(운전 또는 테니스 같은 과제의 경우) 또는 매우 어려운 학습과제(수학문제를 푸는 등)에 있어서는 그 효율성이 극히 낮다. 이와 같은 학습과제의 경우에는 긴장을 풀고 침착하되 주의를 집중할 때에 학습활동의 효과가 가장 높게 나타난다. 불안은 이와 같이 학습활동에 영향을 미치는 외에도 그것이 심할 때에는 회피 또는 도피행동이나 갈등을 초래하기도 한다.

연습 문제

1. 성취동기가 높은 학생들과 낮은 학생들의 성격특성에 기초하여 학생들의 학습동기와 성취동기를 높이는 방안은 무엇인가?

2. 대학 수능 시험을 앞두고, 몇몇 학생들이 매우 불안해져 있어서 그들이 과연 그 시험을 무사히 치를 수 있을지 걱정스럽다. 교사로서 어떻게 그들을 도울 수 있겠는가?

3. 학습과제의 풀이에 실패한 후 무력감에 빠져 학습동기가 저하된 학생들로 하여금 새로운 과제에 도전적이며 효과적으로 접근할 수 있도록 지도할 수 있는 방안은 무엇인가?

4. 학생들의 학습동기를 높이기 위해 내적 귀인성향과 외적 귀인성향을 교사가 적용할 수 있는 구체적 지도방법은 무엇인가?

5. 학생들이 학교에서 자기효능감의 기초를 기를 수 있도록 어떻게 도울 수 있는가?

참고 문헌

조계환(1991). 자아개념, 귀인성향 및 지각된 부모의 양육태도와 학업성적과의 관계 및 이 변인들간의 상호관계. 중앙대학교 교육대학원 석사학위논문.

Atkinson, J.(1965). The mainsprings of achivement-oriented activity. In J. D. Krumboltz (Ed). Learning and the educational process. Skokie Ⅲ : Rand McNally, 25-66.

Ausubel, D. P., & Robinson, F. G.(1969). School learning : An introduction to educational psychology. New York : Holt, Rinehart and Winston, Inc.

Chauhan, S. S.(1979). Advanced educational psychology. New Delhi : Vikas Publishing House PVT LTD.

Condry, J.(1977). Enemies of exploration : Self-initiated versus other-initiated learning, Journal of Personality and Social Psychology. 35. 459-477.

Deci, E.(1971). Effects of externally mediated rewards on intrinsic motivation. Journal of Personality and Social Psychology. 18. 105-115.

Hull, C. D.(1943). Principles of behavior. New York : Appleton-Century-Crofts.

Johnson, D. W.(1979). Educational psychology(4th ed.). Englewood Cliffs, New Jersey : Prentice-Hall.

Klausmeier, H. J., & Goodwin, W.(1966). Learning and human abilities(2nd ed.). New York : Happer and Row.

Lepper, M., & Greene, D.(1975). Turning play into work : Effects of adult surveillance and extrinsic rewards on children's intrinsic motivation. Journal of Personality and Social Psychology, 31, 479-486.

Levine, F. M., de(1975). Theoretical readings in motivation. Chicago : Rand McNally.

Maslow, A. H.(1970). Motivation and personality(2nd ed.). New York : Harper and Row.

McClelland, D. C.(1985). Human motivation. Cambridge : Scott, Foresman, & Company.

Seligman, M.(1975). Helplessness : On depression, development and death. San Francisco : Freeman.

Warren, H. C.(1943). Dictionary of psychology. Boston : Houghton Mifflin Company.

Weiner, B.(1972). Theories of motivation. Chicago, IL : Rand Monally.

Woolfolk, A. E.(1990). Educational psychology(4th ed.). Englewood Cliffs, New Jersey : Prentice-Hall.

제5장

학습이론의 이해

학교교육에서 가장 중요한 영역 중의 하나가 바로 학습이다. 여기에서는 학습이란 무엇을 의미하는지, 그리고 학습이론은 학습이 어떤 과정을 거쳐 이루어지는가를 체계적으로 설명한다. 연합이론과 인시이론으로 대별되는 학습이론 중에서 본 장에서는 교사가 수업과정을 보다 효율적으로 이끌어 나갈 수 있도록 돕기 위하여 특정한 자극과 반응의 연합에 의해서 학습자의 행동에 변화를 가져오는 고전적 조건화에 기초한 연합이론과, 보상원리 및 강화이론에 기초한 조작적 조건화의 행동주의 학습이론을 설명한다. 그리고 목표를 달성하기 위해 관련정보를 적극적으로 탐색하며 기존의 경험과 지식을 재배열하고 재구성하는 과정에서 얻어지는 통찰에 기초한 형태주의 학습이론과 장의 이론으로 구성된 인지주의 학습이론을 소개한다.

제1절 행동주의 학습이론

학습이론은 왜 필요한가? 학생들에게나 교사들에게 '이론' 이란 말은 이해하기 어려운 것이며 실용성이 없고 비현실적인 것으로 받아들여짐으로써 거부감마저 가지게 하는 경우가 적지 않다. 그러나 학생 · 교사 · 학부모 등 누구를 막론하고 사람은 비록 체계적인 것이 되지는 못하지만 그 나름대로의 학습에 대한 신념이나 이론을 가지고 있다고 볼 수 있다. 사람은 누구나 자신이 공부할 때 특정의 방법을 택하고 자녀나 학생들에게 어떻게 공부하라고 지시하기도 하는데, 그럴 때 그는 어떻게 공부하는 것이 가장 효과적이며 또 가장 잘 기억된다는 것을 그 나름대로 알고 있다고 볼 수 있는 것이다.

산수공부는 많은 연습을 시키는 것만이 최선의 방법은 아니라고 생각하는 교사는 연합이론(association theory)보다는 이해가 선행해야 된다고 하는 인지이론(cognitive theory)을 받아들이고 있는 것이다. 반대로 기본적인 수의 여러 가지 조합을 되풀이해서 연습하는 것이야말로 산수공부의 기초를 닦는 데 가장 효과적인 것으로 믿고 있는 교사도 있다. 타자연습에 있어서도 글자의 여러 가지 배합을 연습의 기초로 하는 사람이 있는가 하면 처음부터 간단한 문장을 치게 하는 경우도 있다. 어린이에게 처음 한글을 가르치는 데 있어서도 ㄱㄴㄷㄹ……등 자음과 ㅏㅑㅓㅕ……등 모음을 공부하게 한 다음 가갸나냐……등 자음과 모음을 결합시켜 글자를 만드는 것을 가르치는 방법이 있다. 그러나 지금은 '바둑이' '어머니' 등과 같이 낱말로부터 시작한다. 본인이 의식을 하고 있든 그렇지 않든 간에 이 두 가지 방법 중 어느 한 가지를 택하는 사람은 그 방법이 한글을 처음 배우는데 더 좋을 것이라는 신념 또는 이론의 소유자라고 볼 수 있는 것이다. 그러나 학습의 실제에 있어서는 어느 한 가지의 이론에만 집착할 필요는 없는 것이며 그렇게 하지 않는 것이 더 좋은 경우가 많다. 어떠한 학습과제에 대해 설명을 들을 때에는, 그것을 충분히 이해할 수 있도록 주의력을 집중하고 통찰의 노력을 하되(인지이론의 입장) 그 학습에 이어 바로 연습을 되풀이하는 것(연합이론의 입장)이 습관형성 및 파지효과를 위해 좋은 것이다.

그러나 교사의 입장에서는 보다 나은 교수방법의 선택을 위해 어느 정도 학습이론에 대한 이해가 있어야 한다. 학습이론은 크게 연합이론과 인지이론으로 구분된다. 두 이론의 기본적인 차이를 우선 간단히 살펴본다면, 연합이론의 입장에서는 특정한 자극과 반응의 연합(또는 연결)에 의해서 학습자의 행동에 변화를 가져오는 것을 강조한다. 이와는 달리 인지이론의 입장에서는 인지의 변화, 즉 학습자의 지각의 변화를 강조한다. 이 같은 차이가 구체적으로 무엇을 뜻하는가를 차례로 알아보기로 한다.

1. Pavlov의 고전적 조건화

조건화 현상에 대해서는 오래 전부터 알려져 있었지만 이를 체계적으로 정리하여 하나의 이론으로 완성시킨 사람은 러시아의 생리학자인 Pavlov(1849~1936)이다. 그는 원래 개의 소화 기능에 관심을 가지고 연구를 시작했으나 우연한 발견에 의해 소화 기능과는 전혀 다른 방향으로 연구의 방향을 바꾸었다. 그는 개에게 음식을 줄 시간을 알리기 위해서 종을 쳤는데 개들이 종소리만 듣고도 침을 흘리는 현상을 발견하고 이에 관한 연구를 시작했다. Pavlov는 [그림 5.1]과 같은 실험을 통해 개가 침을 흘리는 여러 가지 상황을 관찰하였다.

[그림 5.1] Pavlov의 실험

Pavlov는 개가 먹이를 보고 침을 흘리는 행동을 무조건 반응(unconditioned response; UCR)라고 명명하고, 침을 흘리게 하는 먹이를 무조건 자극(unconditioned stimulus; UCS)이라고 하였다. 먹이를 줄 때마다 종을 치게 되면 개는 일정한 기간이 지난 후 종소리만 듣고 먹이를 보지 않고도 침을 흘리게 된다. 그는 이러한 현상을 조건화라고 하고, 이 경우의 종소리를 조건 자극(conditioned stimulus; CS), 종소리만 듣고 침을 흘리는 행동을 조건 반응(conditioned response; CR)이라고 명명하였다. 이와 같이 원래는 중립적이었던 자극이 다른 자극과 결합됨으로써 그 결합된 자극이 자동적으로 유발하는 반응이, 그 자극이 없이도 나타나게 되는 현상을 조건화(conditioning)라고 하며, 이것을 뒤에 논의될 조작적 조건화와 구별하기 위해 고전적 조건화라고 한다.

고전적 조건화 이론의 기초 개념

◆ 조건화 이전 : 먹이(UCS) ——————————〉 침(UCR)
◆ 조건화 과정 : 종소리(CS) + 먹이(UCS) ——————〉 침(UCR)
◆ 조건화 이후 : 종소리(CS) ——————————〉 침(CR)

❑ **무조건 자극**(unconditioned stimulus; UCS) : 먹이와 같이 실험의 시작에서부터 의존 반응을 일으키는 자극을 무조건 자극이라 한다. Pavlov는 무조건 자극을 강화물이라고 부르고 있는데, 이는 조건반응을 지속시키고 강화시키기 때문이다. 보다 넓은 의미에서 강화물이란 학습상황에 도입되는 보상이나 처벌을 말한다.

❑ **무조건 반응**(unconditioned response; UCR) : 무조건 자극에 대해서 나타나는 지속적인 반응을 말한다. Pavlov의 실험에서 침의 분비가 무조건 반응이다.

❑ **조건 자극**(conditioned stimulus; CS) : 매트르놈 소리와 같이 실험 목적으로 무조건 자극과 짝지워 제시되는 자극을 조건자극이라 한다. 실험의 초기에 개는 무조건 반응을 일으키지 않고 메트르놈 소리에 귀를 기울이는 것과 같이 정향반응만 보인다.

❑ **조건 반응**(conditioned response; CR) : 무조건 반응과 유사한 반응이다. 무조건 자극이 아니라 조건 자극에 의해서 일어나는 반응을 조건반응이라 한다.

어떤 아이가 고전적 조건화를 통해 거미를 보고 겁을 먹게 되었다고 하면, 거미와 비슷하게 생긴 다른 곤충을 볼 때도 그는 겁을 먹게 될 것이다. 이와 같이 조건 자극과 유사한 다른 자극에 대해서도 똑같은 조건 반응을 나타내는 것을 자극의 일반화(generalization)라고 한다. 자극의 일반화가 일어나는 원인은 조건화가 일어난

후 원래의 조건 자극과 다른 비슷한 자극이 쉽게 구분되지 않기 때문에 일어난다고 보는 사람들도 있다. 어찌 되었든 자극의 일반화는 여러 상황에서 일어나며, 이것은 매우 유용한 기능이다. 한편, 비슷한 자극에 대해 동일한 반응을 하는 것과 반대로 비슷한 자극에 대해 각기 다른 반응을 하는 경우도 많다. 이것을 자극의 변별(discrimination)이라고 하는데, 고전적 조건화에 있어서 변별은 두 개의 비슷한 자극 중 어느 하나에 대해서는 무조건 자극이 뒤따르고 다른 하나는 뒤따르지 않는 일이 반복될 때 일어난다. 이런 상황에서는 첫 번째 자극에 대해 반응하는 경향이 강화되고 두 번째 자극에 대해서는 약화된다. 변별은 명백히 구분되는 두 개의 과정으로 이루어진다. 우선 사람들은 두 자극이 어떤 자극에서 다른가에 주의를 집중한다.

다음에는 확인된 그 조건 자극과 조건 반응이 연합된다. 조건 반응이 일단 습득되었다고 할리자도 무조건 자극이 조건 자극을 얼마동안 뒤따르지 않으면 그 조건 반응은 점차 사라지게 된다. 이를 소거(extinction)라고 한다. 예컨대, 어떤 과목을 싫어하다가도 그 과목의 담당 선생님이 바뀌게 되면 더 이상 그 과목을 싫어하지 않게 되는 것과 같다. 하나의 흥미있는 사실은 일단 소거된 조건반응이라도 얼마 후에 그 조건 자극을 제시하면 다시 회복되는 경향이 있다는 것이다. 이것을 자발적 회복(spontaneous recovery)이라고 한다. 대부분의 조건 반응은 비교적 쉽게 소거가 되지만 어떤 조건 반응, 특히 여러 가지 정서적 반응들은 쉽게 소거되지 않는 경향이 있다.

한편, 조건화에 영향을 미치는 중요한 요인의 하나는 무조건 자극과 조건 자극이 짝 지워지는 횟수이다. 그 횟수가 많아질수록 조건화의 강도는 높아진다. 그러나 유기체의 생명에 중요한 영향을 미치는 반응의 경우 조건화는 단 몇 회의 결합으로도 완전한 수준에 이른다. 예컨대, 동물이 어떤 먹이를 먹고 질병이 일어나는 상황이 한두 번만 반복되어도 그 동물은 그 먹이에 대해 즉시 강한 혐오감을 나타나게 된다. 이것을 가르시아효과라고 한다(Bolles, 1979). 또한 조건 자극과 무조건 자극의 제시 순서 및 제시 간격도 영향을 미친다. 무조건 자극이 조건 자극에 앞서 제시될 경우, 조건화는 거의 일어나지 않는다. 순서를 바꾸어 조건 자극이 무조건 자극에 앞서 제시될 때에도 두 자극의 시간 간격에 따라 조건화가 일어나는 정도는 다르다. 이상적인 간격은 반응의 유형에 따라 다르다. 침을 흘린다든지 심장박동의 변화와 같이 자율신경의 통제를 받는 반응은 몇 초 정도의 간격이 가장 이상적이지만,

어떤 행동의 경우에는 예를 들어, 먹이에 대한 혐오감이 형성되는 경우처럼 몇 시간이 지난 후 무조건 자극이 제시되어도 조건화는 쉽게 일어난다. 종족 특유의 생물학적 특징도 조건화에 영향을 미치는 중요한 요인의 하나이다. 종에 따라 어떤 조건 자극에는 반응하지 않고 특수한 조건 자극에만 반응하는 경향이 있다. 먹이의 푸른 색깔 및 짠맛을 복통과 결합시켜 제시할 경우 쥐는 짠맛을 회피하지만, 비둘기는 푸른빛을 회피한다.

이러한 고전적 조건형성을 우리의 실제 생활에서 응용해보자. 교사는 고전적 조건화과정이 교실에서 항상 진행되고 있음을 상기해야 한다. 처음에는 교사의 행동과 학습활동이 중립자극으로 작용하지만, 시간이 지나면서 교사의 교수방법은 조건자극이 될 수 있으며 그러한 자극은 다양한 반응들과 연합될 수 있다. 교사는 항상 고전적 조건화이론을 인식하고, 수업활동과 학습 사이에 궁극적인 연관성을 발전시키는 일에 노력해야 한다. 고전적 조건화는 비교적 간단한 메카니즘을 가지고 있다. 즉, 비교적 간단한 방법으로 교실상황에 적용시킬 수 있다는 것이다. 예를 들어, 교실에서 매우 수줍음이 많은 학생이 있다고 생각해 보자. 교사는 의도적으로 그 학생이 정답을 알 수 있는 문제를 수업 시간에 질문할 수 있다. 수줍음이 많은 학생은 여러 차례 정답을 말하게 되고 점차적으로 자신감을 얻게 된다. 이러한 자신감은 어쩌면 그 학생이 더 이상 수줍어하지 않도록 하는 데 도움을 줄 수 있을 것이다. 이처럼 고전적 조건화이론은 교사가 학생의 행동을 이해하고 해결하는 데 중요한 단서를 제공할 수 있다. 교사가 무심히 지나쳐버리거나 혹은 학생의 개인차에 원인을 돌려버리는 수 많은 문제들은 조금만 관심을 기울이면 해결의 실마리를 발견할 수 있는 것이 많다.

또한 고전적 조건화의 원리는 우리 일상 생활의 여러 부분에서 적용되고 있다. 우선 소거의 원리를 적용하는 경우를 살펴보자. 소거란 앞에서 말한 바와 같이 일단 조건화가 된 상태에서 무조건 자극을 더 이상 제시하지 않을 경우 조건 반응이 사라지게 되는 것을 말한다. 예를 들어 일정 기간 동안 니코틴이 없는 담배를 피우면 금연에 성공할 수 있는데, 이것은 소거의 원리를 이용한 것이다. 담배에서 니코틴을 제거함으로써 무조건 자극의 제시를 차단하는 것이다. 금연을 시도할 경우, 또 하나의 방법은 역조건화를 적용할 수도 있다. 역조건화란 일단 연결된 조건 자극과 무조건 자극의 관계를 다른 무조건 자극으로 대치하는 것이다. 예를 들어, 담배와

결합된 니코틴의 관계를 담배와 악취로 대체하는 것이다. 즉, 담배를 피우고 나면 고약한 악취가 뒤따르는 담배를 피우도록 함으로써 금연을 시도하는 것은 역조건화를 이용한 것이다.

2. Thorndike의 결합학습

Thorndike(1874~1949)는 학습에 대한 실험적 연구의 기초를 다진 학자로서 당시의 미국교육에 미친 영향은 지대하였다. Thorndike가 생각하는 학습의 기초는 감각적 느낌(자극)과 만족인자를 가져오는 반응의 결합이다. 그는 학습을 자극과 반응(stimulus-response) 또는 R-S의 연합으로 보았다. Thorndike의 학습에 대한 초기실험은 이와 같은 가정에서 출발하였다. 그의 실험초기에 있어서는 주로 고양이가 사용되었다. 즉, 고양이가 [그림 5.2]의 (a)에 제시된 바와 같은 문제 상자에서 탈출하는 방법을 학습하는 과정을 관찰하는 것이었다.

고양이를 얼마 동안 굶겨서 이 문제상자에 넣고 상자 밖에는 고양이가 잘 볼 수 있는 곳에 약간의 생선을 놓았다. 문제상자는 고양이가 안에 있는 페달을 누르면 빗장이 풀어져서 문이 열리고 고양이가 나가서 생선을 먹을 수 있도록 고안되었다. 상자 속에 넣어진 배고픈 고양이는 당연히 탈출하기 위해 다양한 동작을 하게 되고 그 중에서 우연히 페달을 누르면 문이 열리게 된다. 고양이가 나와서 생선을 먹으면 다시 상자에 넣는다.

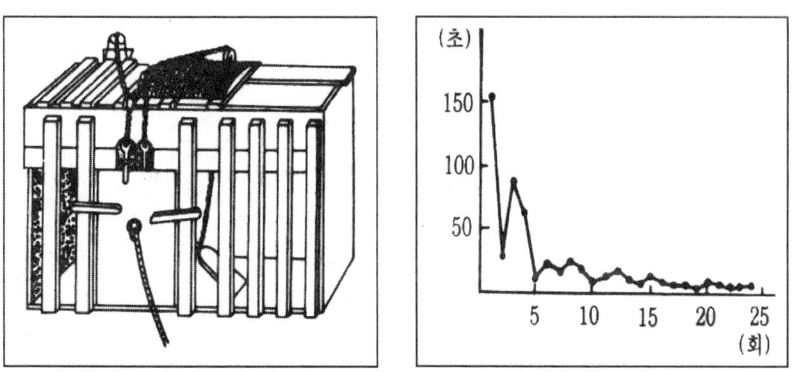

(a) (b)

[그림 5.2] Thorndike의 실험장치(a) 및 고양이가 문제상자(b)를 탈출하는 데 소요된 시간의 시행횟수에 따른 변화

이 때 고양이는 문이 열리도록 한 자기의 동작이 어떤 것이었는지를 분간하지 못하지만 이를 반복함에 따라 탈출에 소요된 시간은 단축되는 경향을 보였으며, 측정된 소요시간의 대체적인 양상은 [그림 5.2]의 (b)와 같다. [그림 5.2]의 (b)에서 보면 그 단축과정이 체계적인 것은 아니었지만 시행이 반복됨에 따라 탈출에 소요된 시간이 현저하게 단축된 것을 알 수 있다. 고양이는 결국 문을 여는 방법을 알게 된다.

Thorndike는 이 과정을 시행착오(trial-and-error)에 의한 학습이라 불렀고 이와 같은 실험을 통해서 몇 가지의 학습법칙 및 종속법칙을 도출하였다. 그러나 그의 초기의 저서(The Original Nature of Man, 1913)에 발표된 이 법칙들은 적지 않은 비판을 받았고, Thorndike 자신도 추가적인 실험을 통해서 어느 정도의 오류가 있는 것을 알게 되어 1930년 이후에 그 법칙들을 부분적으로 수정하였다. Thorndike의 이 같은 연구 중에서 효과의 법칙, 연습의 법칙 및 준비의 법칙인 학습법칙을 설명하였다.

효과의 법칙부터 살펴보자. 어떠한 상황 속에서 자극이 우연한 기회에 반응으로 연결이 되면, 그 자극과 반응은 더욱 강해지게 되지만, 만약 그 반응에 불쾌한 상태가 연결되면 그 연합은 약해지고 그러한 행동이 일어날 가능성이 약해진다. 이것을 효과의 법칙이라고 한다. 이 법칙이 학습의 실제에 대해 시사하는 것은 "누가 무엇인가를 배우기를 원한다면 그가 그것을 할 때까지 기다렸다가 그 행동이 나타나면 곧 보상을 주라"는 것이다. 고양이가 문을 열고 나갔을 때 생선이나 우유를 얻었다. 이 보상이 고양이로 하여금 다시 탈출하려는 몸부림에 더욱 열을 올리게 했을 것이다. 같은 이치로 학습자에게는 잘했다, 맞았다, 훌륭하다 등과 같은 간단한 보상을 언제든지 줄 수 있으며 때로는 더 큰 보상을 줄 수도 있을 것이다. Thorndike는 '결과에 대한 지식(결과가 어떤 것이었는지를 아는 것)'이 보상효과를 가진다는 것을 처음 인정하였다. 물론 이는 결과가 좋았다는 것을 알았을 때를 뜻한다.

다음으로 보상은 빠를수록 좋다는 것이다. 동물실험의 경우에는 반응과 보상의 간격이 수초만 되어도 효과가 나타나지 않았다. 사람에게는 결과에 대한 지식이 있으므로 동물의 경우와는 다르다. 그러나 학습과제에 따라서는 즉각적인 보상이 필요한 경우도 있다는 점은 명심해야 한다. 왜냐하면 반응과 보상 간의 시간간격이 길면 강화효과가 확산될 가능성도 그만큼 많아지기 때문이다. 그러므로 사람의

경우에도 보상은 빠를수록 좋은 것이며 부득이 지연되었을 때는 강화의 대상이 되는 반응이 무엇인지를 분명하게 지적해야 하는 것이다.

다음 연습의 법칙을 살펴보자. 연습의 법칙이란 실험을 통하여 연습이 많아지면 연합이 강해지고 연습을 하지 않으면 연합이 약해진다는 것을 말한다. 그러나 언어가 학습매체인 학과목의 경우 쉽게 망각되는 경우가 발생하나, 운동신경과 관련있는 당구나 탁구 등은 한동안 연습이 없이도 연습을 많이 한 다른 사람보다 잘 치는 경우가 있다. 따라서 연습이 없으면 연합이 약해진다는 것을 일률적으로 적용하기는 어렵다. 적절한 보상이 따르지 않는 연습의 반복은 무의미할 수 있다. 즉, 단순한 반복은 효과가 극히 제한되는 것이다. 그러므로 연습의 반복이 연결을 강하게 한다는 이 법칙의 전반부가 단순한 연습만으로 효과가 있는 것으로 잘못 받아들여질 가능성을 배제하기 위해 Thorndike 스스로가 후에(1930년 이후) 이 법칙을 폐기하였다.

마지막으로 준비성의 법칙을 살펴보자. 어떤 행동을 하기 위한 강한 욕구와 같은 준비가 되어 있을 때 그 행동을 하게 되면 만족하고, 어떤 행동에 대한 준비가 안되었을 때 그 행동을 강요당하면 불쾌하게 느끼게 마련이다. 이를 준비의 법칙이라 한다. 만약에 고양이가 피곤해서 움직이기 싫어한다면 어떠한 행동도 나타나지 않았을지도 모른다. 이러한 준비의 법칙은 오늘날 성숙의 개념과 함께 교육, 특히 조기교육에 많은 시사를 주고 있다. 일반적으로 성숙이나 경험이 뒷받침되지 않은 학습의 강요는 이와 같이 그 노력에 비해 효과가 작고, 따라서 낭비가 큰 것이지만 문제가 되는 것은 그것만이 아니다. 학습노력이 성과를 거두지 못할 때에는 그 학습의 과정은 지루하고 짜증스럽고 싫은 것이 된다. 이런 결과는 그 학습과제에 대한 부정적인 태도를 길러줌으로써 적절한 준비가 된 훗날의 그 과제에 대한 학습마저 저해하는 결과를 가져올 가능성이 있는 것이다. 그리고 이와 같은 사실은 당연히 어떠한 과제의 학습 또는 훈련은 그에 대한 적절한 효과를 거둘 수 있을 때까지 기다리는 것이 좋다는 것을 뜻하게 되며 그것은 옳은 지적이다.

그런데 이와 같은 지적에 대해 의문이 제기될 수 있다. 근래에 와서 조기교육에 대한 주장이 많아지고 있기 때문이다. 그러나 이 두 가지의 주장은 서로 모순되는 것이 아니다. 전자는 학습자의 입장, 즉 학습과제를 감당할 수 있는 준비성의 견지에서만 옳은 지적인 것이다.

어떻게 가르칠 것인가 하는 방법의 문제가 동시에 고려되면 또 다른 논의가 있을 수 있다. Moore는 3세의 어린이들에게 읽고, 쓰고, 타자하는 것을 가르칠 수 있었다(Pinas, 1963, 58~64). 물론 여기에는 특별한 방법을 사용하였다. 타자기의 자판과 어린이들의 손톱에 여러 가지 다른 색을 칠했다. 예를 들어, d자를 가르치려 할 때는 d자키(key)와 어린이의 한 손톱에 같은 색을 칠하고, 'd'하면 어린이들도 'd'하면서 같은 색깔의 키를 치게 하였다. 얼마동안 반복하면 d자의 모양을 기억하고 지시에 따라 그 자판을 누를 수 있게 된다. 다음에는 같은 요령으로 'o'를 그리고 또 'g'를 가르친 후에 'dog'를 이어서 연습시키면 어린이들은 'dog'를 읽고 타자로 칠 수 있게 된다. 물론 이 때 가르치는 활동의 경제성은 별개의 문제이다.

Bruner(1960, 32)가 "어떤 과목(subject)이든 간에 그것을 어떤 발달단계의 어린이들에게도 성실하게 가르칠 수 있다"고 말한 것도 이와 같은 연구가 뒷받침되는 것이다. 물론 이 표현은 과장된 것으로 Bruner 스스로가 '대담한(bold) 가설'이라 하였으며, 따라서 3세 어린이에게 피타고라스 정리도 가르칠 수 있다는 것을 뜻하는 것은 아니며 다만 가르치는 데 있어서의 방법의 중요성을 강조하는 것으로 받아들여야 할 것이다.

따라서 조기교육을 주장하는 입장에서는 반드시 "어떠한 학습과제를 어떻게 가르칠 것인가"라는 교수방법의 문제까지를 동시에 논의해야 하는 것이다. 그러나 "어떠한 학습과제는 어떤 연령수준에서 가르치는 것이 가장 적절하다"하는 식으로 특정의 학습과제에 대한 준비도를 일반화하는 것은 소망스러운 것이지만 그러나 그것은 전혀 불가능한 것이다. 그 까닭은 학습자의 개인차가 다양하고, 또 학습의 준비도를 논의함에 있어서는 학습자 변인 이외에도 그 학습과제를 가르칠 때 적용할 교수방법까지 동시에 고려되어야 하는 것이기 때문이다.

한편, Thorndike의 시행착오이론은 동물을 대상으로 실험한 것을 기초로 인간의 학습, 행동의 변화를 설명하고 그 적용을 시도한다. 동물이나 아동은 자극에 대해 기계적으로만 반응하지는 않는다. 모방이나 직관에 의하여 학습하는 점을 감안한다면 이는 기계적 인간의 신조를 학습활동에 심어주게 된다는 비판도 있다.

3. Skinner의 조작적 조건화

Skinner는 주로 자신이 고안한 스키너박스를 사용하여 학습실험을 하였다. 스키너박스(Skinner box)는 방음장치가 된 상자로 한 쪽 벽에 표적을 장치해 놓았는데, 이 표적은 반응을 자동적으로 기록하는 장치가 먹이통과 함께 연결되어 있다. 비둘기가 표적을 쪼으면 먹이통의 먹이가 그 밑의 그릇에 자동적으로 떨어지게 된다. 비둘기를 이 상자 속에 넣으면 비둘기는 새로운 환경을 탐색하면서 여러 가지 행동을 하다가 우연히 표적을 쪼게 되면 먹이통에서 자동적으로 먹이가 나와 그 반응을 보상해 준다. 이 절차가 반복됨에 따라 비둘기는 표적을 때리는 반응을 학습하게 되는 것이다.

Skinner의 실험에 있어서는 조작행동(operant behavior)이 기초가 된다. 그러므로 먼저 이 조작행동에 대한 설명이 필요하다. Watson 이후 자극-반응 심리학에서는 "자극이 없을 때 반응도 없다"는 가정이 강조되었다. 이는 어떠한 반응(행동)이 나타났으면 거기에는 반드시 그에 대한 자극이 있었다고 가정하는 것이다. 물론 그때의 자극이 무엇이었는지 분별할 수 없는 경우에도 그 사실, 즉 자극을 분별할 수 없었다는 사실이 자극이 없었음을 뜻하는 것은 아니라고 생각했던 것이다. Skinner는 이 가정은 잘못된 것이며 필요하지도 않은 것이라고 생각하고, 자극에 의해서 일으켜지는 반응(elicited response)과 자극이 없이 자생적으로 나타나는 반응(emitted response)을 구별할 것을 제안하였다.

반응행동(respondent behavior)이란 식별할 수 있는 자극에 의해서 일으켜진 것을 뜻하며 입에 타액을 흐르게 하는 것 등이 그 예라 할 수 있다. 조작행동(operant behavior)이란 자생적으로 나타나는 행동으로 특정의 자극에 의해서 일으켜진 것이 아닌 행동을 뜻한다. 그리고 이에는 설령 어떠한 자극이 있었다 할지라도 그것이 무엇인지를 식별할 수 없는 경우의 행동도 포함된다. 따라서 조작적 조건형성은 고전적 조건형성과는 다르다. 고전적 조건형성은 기존의 반사에서 시작되지만, 조작적 조건형성은 그렇지 않다. 즉, 고전적 조건형성에서는 자극이 반응을 추출하지만, 조작적 조건형성에서는 반응이 방출된다. 그리고 고전적 조건형성에서는

반응의 확률이 선행조건에 의해서 좌우되지만, 조작적 조건형성에서는 반응의 결과에 의해서 결정된다.

표 5.1 고전적 조건형성과 조작적 조건형성의 비교

구분	고전적 조건형성	조작적 조건형성
대표자	Pavlov	Skinner
조건반응종류	이미 예정된 한 가지 반응	가능한 반응이 무한정
대상행동	의식되지 않는 내분비선 및 내장의 반응 등(자율신경계 지배)	외현적 행동(중추신경계 지배)
발생시기	두 자극(UCS 와 CS)이 한쌍을 이룬다.	반응이 강화하는 자극에 의해서 따라온다.
반응의 본질	비자발적 : 자극에 의해 추출	자발적 : 유기체에 의해 방출
모형	CS → CR	R → S
공통점	단일한 연합적인 학습과정과 강화물, 획득, 소거, 자발적 회복, 일반화, 변별, 고차적 조건화 현상이 동일함	

인간의 대부분의 복잡한 행동은 조작적 조건형성에 의해서 학습된다. 학습자가 다양한 자극이 있는 복잡한 상황에 있을 때, 그 중의 어떤 특수한 자극이 반응을 일으키게 하는 것이 아니라 학습자가 반응을 스스로 방출하게 된다. 그 반응이 보상된다면 다시 일어날 확률이 높아지고, 보상되지 않으면 그 확률이 낮아진다. 여기에 보상이 행동변화에 핵심적 변수가 된다. 조작적 조건형성은 다양한 과정을 내포하고 있는데 그 중에서 가장 중요한 것이 강화(reinforcement)이다. Skinner의 이론을 강화이론이라고 부르는 것도 이에 연유한다.

강화는 어떤 특수한 반응의 일어날 확률을 증가시키는 모든 사건을 말한다. 비둘기에 주어지는 먹이, 아동에게 하는 칭찬, 학생에게 주는 상장 등은 물론 자신이 하고 싶은 행동의 기회 등도 모두 강화물이 될 수 있다. 하지만 '과자'라는 대상 자체는 개인에게 미치는 효과가 있다 할지라도 과자를 먹기 위해 아동의 행동이 방출되고 반응률의 증강이 없을 경우 강화가 아니다. 또한 동일한 자극이라도 어떤 사람에게는 강화의 역할을 하지만 다른 사람에게는 불쾌한 것 등은 강화물이 되지 않는다. 그러므로 자극의 종류 자체를 강화물로 분류하기보다 강화의 역할에 비추어 강화물을 크게 두 종류로 분류할 수 있다. 하나는 정적 강화물(또는 정적 강화자극)이

고 다른 하나는 부적 강화물(또는 부적 강화자극)이다.

정적 강화물은 그것이 어떤 작동에 대한 조건부로 제시되었을 때(예를 들면, 비둘기에게 주어지는 먹이, 아동에게 하는 칭찬, 상, 자신이 하고 싶은 행동의 기회 등) 그 작동의 일어날 확률을 증가시키는 자극을 말한다. 부적 강화물은 어떤 행동이 일어난 직후에 제거했을 때 또는 감해졌을 때, 그 행동이 장차 일어날 확률을 높이는 자극을 말한다. 예를 들면, 학생이 지각한 경우 '화장실 청소'를 시킬 때 또는 '긴 옷차림'으로 활동에 지장을 주는 경우 화장실 청소나 긴 옷차림을 제거하여 '조기 등교'나 '원활한 활동'의 빈도가 증가되는 경우 화장실 청소나 긴 옷차림은 부적 강화물이 된다.

정적 강화물이나 부적 강화물은 다시 1차적 · 2차적 · 일반적 강화물로 분류된다. 1차적 강화물은 학습에 의하지 않고서도 강화효과를 가진 자극으로, 음식물 또는 성적 자극 등이 여기에 해당된다. 2차적 강화물은 원래 강화력이 없던 중성적 자극이 강화력이 있는 1차적 강화물과 여러번 연결됨으로써 강화력을 가진 자극으로 Skinner 상자의 불빛의 예에서 볼 수 있듯이 먹어가 나오지 않더라도 지렛대를 누르는 행동을 유지하는 효과를 지닐 경우이다. 일반적 강화물은 역시 이전에는 중성적 자극이었던 것이 여러 장면에서 다른 많은 강화물과 되풀이되는 결합과정을 통하여 여러 종류의 행동에 대한 강화력을 가지게 된 자극으로 명성, 돈, 성공 등이 여기에 해당된다. 그 밖에도 프리맥(Premack, 1962)은 강화의 상대성에서 높은 빈도로 일어나는 반응은 그보다 적게 일어나는 반응을 강화하기 위한 강화물이 된다고 보았다. 예를 들면 밖에서 놀기를 좋아하는 아동에게 공부를 하면 밖에 나가 놀게 해준다고 약속하는 경우, 노는 행동은 일반적인 강화물이 되는데 이런 현상을 'Premack의 원리'라 한다.

강화물은 반응확률을 증가시켜주는 자극으로, 이는 언제 어떻게 주어지느냐에 따라 학습효과가 달라진다. 강화를 주는 형태를 강화계획(reinforcement schedule)이라 한다. 강화계획은 크게 계속적 강화계획과 간헐적 강화계획으로 분류할 수가 있는데, 계속적(연속적) 강화는 반응이 나타날 때마다 그 반응을 강화하는 상황을 말한다. 예컨대, 아이가 울 때마다 안아 준다든지, 아이가 채소를 먹을 때마다 칭찬을 한다든지 하는 경우이다. 간헐적(단속적) 강화는 정반응을 해도 때로는 강화를 주기도 하고 안 주기도 하여 부분적으로 강화를 제공하는 경우이다. 이를 부분강화라고도 한다.

간헐적 강화에는 반응간의 시간에 따라 강화하는 것과 반응수에 따라 강화하는 것이 있다. 이 두 가지 유형은 시간 및 반응수를 고정시키는가, 변동시키는가의 차원에서 다시 두 가지로 나누어 고정비율(반응의 비율), 고정간격(시간의 간격), 변동비율, 변동간격 등의 네 가지 유형으로 나뉜다.

첫째는 고정간격 계획이다. 이것은 일정한 시간이 지날 때마다 강화를 해 주는 방법이다. 매 30초 혹은 1분마다 특정 반응에 대해 강화를 해 준다든지 매월 일정한 날에 월급을 준다든지, 또는 중간고사, 기말고사와 같이 일정한 시기에 시험을 치러서 보상하는 것들이 고정간격 계획이다. 둘째는 변동간격 계획으로서 강화와 강화의 시간적 간격이 일정하지 않은 방법이다. 학교에서 예기치 않은 시기에 수시로 시험을 치르는 것은 변동간격 계획에 해당된다. 고정간격 계획에서는 강화되는 행동이 일어나는 빈도가 강화가 임박해짐에 따라 차츰 증가하다가 일단 강화가 주어지면 급속히 감소하는 경향이 있으나, 변동간격 계획에서는 강화되는 행동의 빈도가 비교적 일정하게 유지된다. 학생들의 중간고사, 기말고사 등 일정한 시기에 시험을 치르는 과목과 수시로 예기치 않은 시기에 시험을 치르는 과목에 대해서 공부하는 경우를 생각해 보면 두 방법의 차이를 쉽게 짐작할 수 있을 것이다. 셋째는 고정비율 계획이다. 여기에서 강화는 어떤 반응이 일정한 횟수만큼 반복되었을 때 주어진다. 예를 들어 학생이 어떤 문제를 10개 혹은 20개씩 맞출 때마다 상을 주는 경우가 여기에 해당된다. 마지막으로 변동비율 계획이 있다. 이것은 어떤 반응이 일어나는 횟수를 기준으로 하여 불규칙하게 강화를 하는 방법이다. 예컨대, 처음에는 10번째 반응이 일어날 때, 다음에는 3번째, 다음에는 7번째 등으로 강화를 해 주는 방법이다.

한편, 벌(punishment)은 어떤 특정한 반응에 대해서 불유쾌한 자극이 뒤따르는 경우로서 그것을 피하는 길은 그 반응을 억제하는 것밖에 없다. 벌은 반응을 강화시키는 절차로서 반응을 증강시키는 부적 강화와는 다르다. 강화에서는 반응의 빈도가 올라가고 벌에서는 반응의 빈도가 내려간다. 흔히 벌과 부적 강화를 혼동하는 경우가 많은데, 두 개념은 반응빈도의 감소와 증강, 그리고 어떤 반응에 대해서 자극이 반응 전에 오느냐 또는 반응 후에 오느냐에 따라 달리 정의된다. 즉, 벌은 반응빈도의 감소의 효과를 나타내고 부적 강화는 반응빈도의 증가의 효과를 나타낸다.

표 5.2

강화의 처벌의 종류

	고무된 행동	억제된 행동
제시된 자극	정적 강화(보상) · 별도의 휴식 기간 등	제시형 처벌(Type Ⅰ) · 방과 후 남아서 뒷정리
제거되거나 억제된 자극	부적 강화(탈출) · 싫은 일에서 면제됨	제거형 처벌(Type Ⅱ) · 일주일간 TV 시청 금지

벌은 인간은 물론 모든 동물의 행동에 영향을 주기 위해 대단히 광범위하게 사용되는 방법이다. 부모나 교사들이 아동의 행동을 바꾸기 위해 가끔 벌을 사용하며, 사회의 법률 제도도 대부분 벌을 기초로 하고 있다.

이와 같은 사실에도 불구하고 벌에 관한 연구가 오랫동안 부진했던 것은 벌이 제기하는 윤리적 문제들로 원인이 되었지만, Skinner를 비롯한 몇몇 영향력 있는 학자들이 행동 변화에 대한 벌의 효과를 과소평가했었기 때문이라고 할 수 있다. 그들은 벌이란 그것이 가해질 때에만 행동을 억압하지만 일단 벌이 제거되면 원래의 행동이 다시 나타나게 된다고 보았다. 이를 뒷받침하는 하나의 전형적 연구는 다음과 같다(Estes, 1944).

쥐가 우리 안에서 지렛대를 누를 때마다 먹이가 튀어나오게 하여, 지렛대를 누르는 동작을 학습시킨다. 일단 지렛대 누르기 학습이 이루어지면 다음에는 쥐가 먹이를 구하기 위해 지렛대를 누를 때마다 먹이 대신에 전기충격을 받도록 장치를 바꾸어 놓는다. 그러면 쥐는 몇 번 지렛대를 누름으로써 전기충격을 받고는 곧 지렛대를 누르는 행동을 그만두게 된다. 그러나 일정한 기간이 지난 후에 쥐는 다시 지렛대를 누르게 되고, 이 때 더 이상 전기충격이 없다면 원래의 행동을 되찾게 된다. 즉, 쥐는 전기충격이라는 벌이 가해질 때에만 학습된 행동을 억제할 뿐, 벌이 없어지면 원래의 행동 수준으로 되돌아간다.

그러나 최근의 많은 연구들이 이와 같은 결론이 너무 성급했던 것임을 보여 주고 있다. 즉, 위의 실험의 경우에 쥐가 지렛대를 누르는 행동이 고도로 습관화되었을 가능성이 있고, 쥐의 그런 행동은 그의 생명에 관련되는 먹이를 얻는 유일한 방법이며, 따라서 만일 다른 행동을 통해서도 쥐가 먹이를 얻을 수가 있었다면 쥐가 전기충격을 무릅쓰고 지렛대를 누르는 행동을 반복하지는 않았을 것이라는 점이다. 실상

벌이 모든 행동을 변화시키는 데 있어서 똑같이 효과적인 것은 아니지만 많은 행동에 대해서 상당히 지속적인 효력을 발휘한다는 것은 상식적인 것이다. 아동들이 위험한 장난을 할 때 즉각적인 벌이 상당한 효과가 있다는 것은 누구나 잘 알고 있으며, 그저 사소한 것뿐만 아니라 알콜중독, 동성애, 기타 심리적 장애에 대해서도 벌을 이용한 치료법이 효과적이라는 연구결과들이 많다.

하지만 벌은 다음과 같은 단점을 가지고 있다. 첫째, 벌을 줌으로써 나쁜 행동은 제거되는 것이 아니라, 오로지 억압되는 것이다. 벌은 반응을 억압한다. 그것은 반응이 덜 일어나게 만든다. 그러나 이 억압 효과는 때로는 일시적이다. 그 벌이 중지되거나 벌 주는 사람이 없으면 다시 나타날지도 모르기 때문이다.

둘째, 벌은 때때로 벌받은 행위가 더욱 강화되어 반응의 빈도를 증가시키기도 한다. 이 효과는 벌이 실제적으로 강화를 준다. 예를 들면, 교사의 질책이 교사의 주목을 받으려는 여학생을 강화할 수도 있다. 더욱 중요한 사실은 벌은 그 상황 속에서 감소의 효과를 낼 수 있으나, 처벌되지 않은 또 다른 상황에서는 행동을 증가시킬 수 있다. 즉, 학교에서 나쁘게 행동한 학생이라도 부모가 있는 곳에는 천사 같을 수도 있다. 가정이 엄격해서 법을 어겼을 경우, 부모에 의해 처벌되는 아이는 학교에서는 금지된 행동을 할지도 모른다.

셋째, 육체적인 벌은 때때로 아동으로 하여금 왜 벌을 받았는지 깨닫지 못하게 할 수도 있다. 아동들이 왜 처벌되었는지를 모른다면 벌은 비효과적일 수도 있다.

넷째, 벌은 가끔 부정적인 감정반응을 조건화하고 행위를 회피시키게 한다. 교사가 학교에서 한 학생을 벌주면, 벌은 교사와 학급과 연합되어 두려움, 걱정과 같은 조건화된 자극들을 줄 수 있다. 고등학생 때에 공포의 독일어 시간은 모든 학생으로 하여금 빠지고 싶은 충동이 생기게 할지도 모른다. 왜냐하면 회초리의 공포로부터 해방되고 싶기 때문이다. 따라서 이러한 학교에서의 도피와 회피 행위는 수업에 불참하거나, 숙제를 하지 않거나 수업중에 집중을 하지 않거나, 잡담하거나 거짓말하는 행위들로 발생할 수 있다. 왜냐하면 바람직하지 않은 행위들은 혐오적인 자극을 종식하기 때문에 부정적으로 강화되고 그러한 바람직하지 않은 행위들이 증가하는 경향이 있다.

다섯째, 벌은 공격성을 야기시킬 수도 있다. 벌이 고통을 수반할 때, 화를 내거나 공격성을 초래하는 정서적 감정을 야기할 수도 있다. 많은 연구들은 다른 사람들의

공격적인 행동을 관찰하는 아이는 그들 자신이 공격적이 될 가능성이 많다고 한다 (Bandura, Ross & Ross, 1961, 1963). 특별히 청소년 범죄와 관련된 공격적인 아동들이 심한 벌을 자주 받는 가정에서 많이 나타난다고 한다.

여섯째, 벌은 정확한 대행행위를 설명해 주지 않는다. 벌은 무엇을 하지 말라고 말하지만 그것 대신에 다른 행동을 하도록 하지는 않는다. 운동장에서 끊임없이 공격적인 행동을 하는 아이를 생각해 보자. 이러한 공격성은 다른 학생들과 상호작용하는 유일한 방법이 될 수 있다. 그 아이에게 적당한 사회적 기술을 가르치지 않고 무조건 그의 공격성에 대한 벌을 준다면, 친구들과의 친근한 관계를 발달시킬 수 없을 것이다.

일곱째, 심각한 벌은 신체적 또는 심리적 손상을 초래할 수 있다. 명백하게 심한 벌은 신체적인 손상뿐 아니라 자아존중에 해롭다.

4. 행동주의 학습이론과 교육

행동주의 학습이론에 대한 비판이 일찍부터 형태주의 심리학자들에 의해 시작되었고, 1950년대 이후 언어학, 정보과학, 인지심리학 등에 의해 절정에 이르게 되었다. 그러나 행동주의 학습이론은 20세기 전반 거의 50여 년간 학습연구에 관한 하나의 지배적인 관점으로 지지를 받아왔고, 그 영향은 아직까지도 학습과 사고에 관한 연구의 거의 모든 영역에 걸쳐 남아 있다고 해도 과언이 아닐 것이다. 그 이론이 그만큼 오래 그리고 광범위한 영역에 걸쳐서 추구되어 왔기 때문에 교육의 실제에 미친 영향 또한 막대하며, 그 영향은 오늘날까지도 계속되고 있다. 여기에서는 행동주의 이론이 교육에 미친 영향 가운데 두드러진 몇 가지를 긍정적인 측면(개별화 수업모형의 발달 및 행동수정의 발달)과 부정적인 측면(내면적 사고과정 간과 및 행동에 대한 외적 통제의 한계)으로 나누어 살펴보고자 한다.

우선, 긍정적 측면으로는 첫째, 개별화 수업모형을 발달시켰다. 프로그램 수업, 완전 학습, 개별처방 수업 등은 모두 개별화된 수업모형들이다. 이들은 모두 학생 개개인에 대한 진단과 평가를 기초로 해서, 그들에게 맞는 내용을 가지고, 그들의 학습속도에 따라 학습이 진행되도록 하고 있다. 최근에 많이 사용되고 있는

CAI(computer aided instruction)도 원래 이런 개별화 수업모형들에서 나온 것이다.

프로그램 수업이란 일종의 자율학습 방식으로, 학생은 대개 혼자서 프로그램 학습 자료를 통해 학습하게 된다. 프로그램 학습 자료는 수업목표를 가능한 한 작은 단위로 세분하고, 학습자가 능동적으로 반응할 수 있도록 문제의 형태로 학습 자료를 제시하며, 반응결과에 대해 즉각적인 피드백, 즉 강화를 실시할 수 있는 장치를 가지고 있다. 프로그램 학습 자료는 이와 같이 문제 풀이와 해답 확인의 과정을 계속적으로 되풀이하면서, 어떤 문제에 실패하면 다시 뒤로 돌아가서 실패의 원인을 분석하고 그것을 해결하기 위한 복습 문제들을 풀도록 되어 있다. 프로그램 학습자료는 한 시간 정도의 수업 분량이라면 교육 내용에 따라 차이가 있겠지만 대개 50~100개의 문제로 구성된다. 프로그램 학습의 원리를 거의 그대로 원용한 수업모형들이 완전학습이나 개별처방 수업모형이다.

개별화 수업모형들이 행동주의 학습이론의 영향을 받고 있다는 증거는 행동적 수업목표의 설정, 학습 단위의 세분화-구체화, 즉각적인 평가와 피드백 등 여러 가지가 있다. 그 가운데서도 가장 두드러진 특징은 행동적 수업목표의 설정일 것이다. 행동적 수업목표란 일정한 수업의 도달 지점에서 학습자들이 나타내는 행동으로 수업목표를 설정하는 것이다. '~을 안다', '~을 이해한다' 등의 용어를 사용하지 않고, 대신에 '~을 설명한다', '~문제를 해결한다', '~을 비교한다' 등의 행동적 용어를 사용해서 목표를 설정한다. 행동적 목표를 사용하면 교사는 물론 학생 자신도 수업의 목표가 정확하게 무엇인지 쉽게 알 수 있으며, 목표의 달성 여부도 쉽게 확인 할 수 있다. 이것은 행동적 목표의 중요한 이점이라고 할 수 있다. 그러나 모든 교육목표들은 다 행동적으로 나타내기가 어려우며, 그런 목표들 일수록 교육적으로 더욱 중요한 목표들이라는 사실로 인해 행동적 목표의 주장에는 한계가 있다는 점을 알아야 할 것이다.

둘째, 행동수정이론을 발달시켰다. 보상이나 벌 등이 바람직한 행동을 형성하기 위해 사용될 수 있다는 것은 상식에 속하는 일이며, 이들은 이미 오래 전부터 생활의 실제에서 사용되어온 것들이다. 그러나 행동주의 학습이론이 이 분야에서 공헌한 점이 있다면 보상이나 벌의 사용과정을 더욱 정교하게 다듬었다는 점에 있을 것이다. 행동주의 학습이론을 기초로 개발된 대표적인 행동수정 방법들로는 행동조성(shaping), 토큰 체제(token system), 소거(extinction) 등이 포함된다.

행동조성이란 목표로 하는 행동을 점진적으로 달성해 가는 방법이다. 행동조성의 첫단계는 행동조성의 최종목표와 거기에 도달하기 위한 중간 단계의 목표들을 확인하고, 그 목표들을 행동적 목표로 구체화하는 것이다. 예를 들어, 뱀에 대한 공포감을 없애기 위한 행동수정이라고 한다면, 행동조성의 최종목표는 살아 움직이는 뱀을 손에 들고 노는 것이 될 것이며, 이 목표를 달성하기 위한 중간목표들로는 뱀의 모형을 손으로 만지는 것, 우리 속의 뱀을 멀리서 바라보는 것, 우리 속에 있는 뱀에 가까이 다가가는 것, 우리 밖에 있는 뱀에 가까이 다가가는 것 등이 될 것이다. 행동조성의 2단계에서는 각 목표 행동들에 대한 작동수준을 조사한다. 작동수준이란 아무런 강화나 벌이 제공되지 않는 일상적인 상활에서 목표로 하는 행동이 일어나는 빈도를 말한다. 즉, 뱀의 모형이 주변에 있을 때 평소 어느 정도나 그것을 손으로 만지는지 또는 피하는지, 그리고 우리 속의 뱀을 볼 기회가 주어졌을 때 어느 정도나 그것을 보는지 등을 조사하는 것이다. 3단계에서는 각 목표 행동에 대한 강화 계획을 세운다. 강화 계획에는 어떤 강화인을 사용할 것인지, 그리고 어떤 스케줄에 따라 강화할 것인지가 포함된다. 강화 계획은 행동조성의 단계에 따라 조금씩 달라질 수도 있다. 마지막 단계는 시행단계로, 선택된 목표를 가지고 강화 계획에 따라 행동수정을 실시하며, 행동의 발생 빈도에 대한 계속적인 점검을 하게 한다. 이와 같은 행동조성모형은 특히 학생들의 생활지도 영역에서 효과적으로 사용될 수 있을 것이다.

토큰 체제는 조건화된 강화인을 체계적으로 사용하는 행동수정 방법의 하나이다. 여기에서 토큰이란 다른 일차적 강화인과 교환을 할 수 있는 물건, 즉 조건화된 강화인을 말한다. 다시 말하면 토큰은 일종의 화폐인 셈이다. 학교에서 토큰으로 사용할 수 있는 것들에는 별 모양의 카드, 색종이 카드, 플라스틱 카드 등이 있다. 예를 들어, 학교에서 수업 시간이나 기타 시간 약속을 잘 지키지 않는 아이가 있다고 하면, 시간을 제대로 지킬 때마다 카드를 하나씩 준다. 이 카드는 몇 개를 모으면 그 아이가 좋아하는 사탕이나 과자, 장난감 등으로 바꿀 수가 있다. 물론 더 많은 카드를 모을수록 더 맛있는 사탕, 더 좋은 장난감을 가질 수 있다.

소거란 어떤 행동의 강화인을 제거함으로써 그 행동이 더 이상 일어나지 않도록 하는 방법이다. 이 때 주의해야 할 점은 강화인의 제거 초기에는 목표 행동의 발생 빈도가 더욱 증가한다는 점이다. 예를 들어 수업 시간에 자주 떠드는 아이의 행동이 교사의 관심을 끌기 위한 수단으로 사용되고 있다고 하자. 이렇게 되면 아이가 떠들 때마다 교사가 어떤 식으로든 반응을 하는 것은 아이의 떠드는 행동을 강화하게 된다. 아이의 떠드는 행동을 고치기 위해 소거의 방법을 적용하면 아이가 아무리 떠들어도 교사가 아무런 반응을 보이지 않는 것이다. 물론 일시적으로 아이의 떠드는 행동이 증가하지만, 계속해서 아무런 반응을 보이지 않으면 아이의 떠드는 행동은 사라지게 될 것이다.

한편 행동주의 학습이론의 부정적 측면으로는 첫째, 내면적 사고과정을 간과하였다. 행동주의 이론이 관찰 가능한 행동의 중요성을 강조하는 것으로 인해 상대적으로 인간의 내면적 사고과정을 소홀히 하는 결과를 초래하게 되었다. 이것은 인간의 고차적 사고과정에 대한 이해를 어렵게 만들고, 따라서 사고 기능의 계발을 중요시하는 오늘날의 교육적 필요에 적절한 도움을 줄 수 없었다. 특히, 지식의 능동적 구성과정을 중요시하는 구성주의 교육의 입장에서 보면, 개개인의 내면적 사고과정에 대한 이해는 교육에 있어서 필수적인 전제조건인 것이다.

둘째, 행동에 대한 외적 통제의 한계를 설명하지 못하였다. 행동주의 학습이론은 외적 환경의 인과적 배열에 의해 행동이 결정된다고 보고, 교육에 있어서도 자연히 환경 요인의 통제에 역점을 두게 된다. 그러나 이러한 외적 통제가 한계가 있다는 것을 잘 알려진 사실이다. 사람들은 외적 통제보다는 주로 스스로의 판단에 의해 자신의 행동을 결정한다. 사람들은 외적인 통제 자체도 그대로 받아들이는 것이 아니라 그것을 스스로 해석해서 자기가 의미를 부여한 대로 받아들인다. 예컨대, 보상이라고 해서 항상 강화의 기능을 갖는 것이 아니라 보상을 받는 개인의 해석 여하에 따라 부정적 결과를 초래하기도 한다.

제2절 인지주의 학습이론

1. 학습에서의 인지이론의 배경

행동주의 심리학자들이 제시하는 여러 가지 원리들이 학습에 대한 많은 의문을 모두 설명해 주는 것은 아니다. 한 예로 시행을 반복하고 그때마다 보상을 받으면 가장 잘 기억된다는 생각은 우리의 일상생활 경험과 일치하지 않는 경우도 있다. 여러 번 전화를 걸었고 그 때마다 즐겁게 이야기를 나누었던 친구의 전화번호가 갑자기 생각나지 않는 경우가 있는가 하면, 한 번 밖에 듣지 않은 농담이 오랜 후까지 기억되는 경우도 있다. 인지적 이론의 입장에서는 시행과 보상의 반복이 아니라 통찰이 학습의 핵심이라고 본다. 이들은 학습을 새로운 통찰의 발달 또는 이전의 통찰에 대한 수행의 과정이라고 보는 것이다.

그렇다면 통찰이란 무엇인가? 한 개인이 자기의 목표를 추구함에 있어 자신의 신체적 조건을 포함하여 자기 환경의 여러 요인을 지금까지와는 다른 새로운 방법으로 활용할 수 있을 때 통찰이 일어난다고 본다. 다시 말하면 통찰이란 환경의 여러 요인에 의미를 부여하려는 시도의 결과인 것이다. 그 같은 시도로 의미가 부여되면 통찰이 이루어졌고 이 사실을 학습이라고 보는 것이다.

행동주의의 입장에서는 학습을 관찰이 가능한 행동의 변화로 보고, 이 같은 행동의 변화는 자극과 보상 또는 강화에 의해서 크게 영향을 받는다고 본다. 그러므로 교수활동은 학습해야 할 행동을 구체적으로 명시하고 그 행동이 나타날 때 학습자에게 보상을 주는 것을 교사의 중요한 역할이라고 생각한다. 즉, 교사는 자극과 보상을 통제함으로써 학습자가 배워야 할 것과 배워서는 안 될 것을 통제할 수 있다고 보는 것이다. 물론 인지이론의 주장에서도 강화는 매우 중요하다. 그러나 그 이유는 '강화는 반응을 더 강하게 하는 것'으로 보는 행동주의의 견해와 달리 이들은 강화를 피드백(feedback)으로 보는 것이다. 이 피드백은 같은 행동을 했을 때에 일어날 수 있는 것이 무엇인가 하는 것을 알려주는 것이다. 그래서 같은 행동을 했을 때에 일어날 수 있는 것이 목표달성에 도움이 되지 않는 것이라면 다음에는 다른 행동을 시도하게 될 것이다. 그러므로 인지이론에서는 강화는 불확실한 것을 감소시킴으로써 학습자를 목표의 달성으로 인도하는 역할을 하는 것이다.

또한 인지주의에서는 행동주의에서처럼 사람을 환경적 상황에 의해 영향을 받는 수동적 존재로서가 아니라 능동적이고 적극적인 존재로 본다. 즉, 사람은 문제해결을 위한 정보를 적극적으로 탐색하며 이미 알고 있는 것을 재배열하고 재구성함으로써 새로운 학습을 성취하는 것이다. 이 때 가장 중요한 것은 학습의 장에 학습자가 무엇을 가지고 오느냐 하는 것이다. 인지이론에서는 학습에 있어서 학습자가 가지고 있는 기존의 지식의 역할을 매우 강조하기 때문에 지금 배우려는 학습과제의 기초가 되는 지식을 학습자가 얼마나 가지고 있느냐 하는 것이 진행되는 학습에서 무엇을 얼마나 배울 수 있느냐를 결정하는 큰 요건이 되는 것이다.

학습에 대한 인지적 견해의 기초라고 볼 수 있는 형태심리학(Gestalt Psychology)은 1912년 독일의 철학자이며 심리학자였던 Wertheimer(1880~1943)에 의해 처음 주장되었다. 그의 견해의 핵심은 독일어의 Gestalt로 표현되었는데 이는 조직된 형태·윤곽 또는 부분의 집합과는 대조되는 조직된 전체를 뜻하는 것이다. 즉, 학습은 사물의 부분들을 개별적으로 공부하는 것만으로는 부족한 것이며 그것이 기능하는 전체를 이해할 때 비로소 가능하다는 것이다.

Wertheimer의 이 같은 견해는 그 후 Köhler(1887~1967), Koffka(1889~1941) 및 Lewin(1890~1947) 등에 의해서 더욱 구체화되었다. 특히 1913년에서 1917년 사이에 이루어진 원숭이를 대상으로 한 Köhler의 실험은 이른바 통찰학습의 기초를 구축하는 것이었다. Köhler는 원숭이 6마리가 있는 우리의 천장 높은 곳에 바나나를 달아 놓았다. 물론 원숭이들이 뛰는 것만으로는 닿을 수 없는 높이였지만 원숭이들은 계속 뛰었다. 그런데 한 마리의 원숭이만 달랐다. 그는 몇 번 뛰어 보았으나 닿지 않자, 뛰는 일을 멈추고 주위를 두리번거렸다. 한 쪽에 놓아두었던 상자를 보았다. 즉시 그 상자를 바나나 밑에 가져다 놓고 그 위에 올라가서 뛰었으며 물론 목적을 달성하였다. 이런 일을 여러 번 반복하여 상자 사용에 익숙해진 후에는 같은 문제 장면이 주어지면 원숭이들은 뛰어 보지도 않고 처음부터 상자를 사용하게 되었다. 이 같은 방법의 우회는 통찰(insight)을 전제한 것이므로 매우 중요한 것이라고 Köhler는 생각하였다.

또한 막대를 사용하는 실험도 있다. 우리 밖에 놓은 바나나를 처음에는 막대 하나를 사용하여 끌어당기도록 하였으며 다음에는 막대 두 개를 낚싯대처럼 이어서 길게 만들어야만 바나나에 닿을 수 있도록 장치하였다. 원숭이는 이 문제도 해결했지만 그 과정은 상당히 많은 시간이 걸렸으며 막대를 이은 것은 우연적인 것처럼 보이기도 하였다. 그러나 한 번 성공한 후에는 그 방법을 쉽게 사용하는 것이 관찰되었다. 우리 밖에 놓은 긴 막대를 짧은 막대를 사용하여 끌어당겨서 사용하도록 한 장치에서도 여러 번의 시행으로 많은 시간이 소요되었지만 결국은 성공하였다.

원숭이에게서 비록 그 수준이 낮은 것이기는 하지만 문제해결에 대한 지적인 사고가 있었다. 즉, 주어진 문제 상황을 여러 가지로 살펴서 해결에 도움이 될 것으로 예상되는 행동을 찾는 것 같았다. 그리고 일단 어떠한 생각이 떠오르면 그것을 행동에 옮김으로써 그 결과를 확인하였다. Köhler는 원숭이들이 갑자기 도구(상자나 막대 등)의 효용성을 발견하는 것에 특별한 관심을 가졌다.

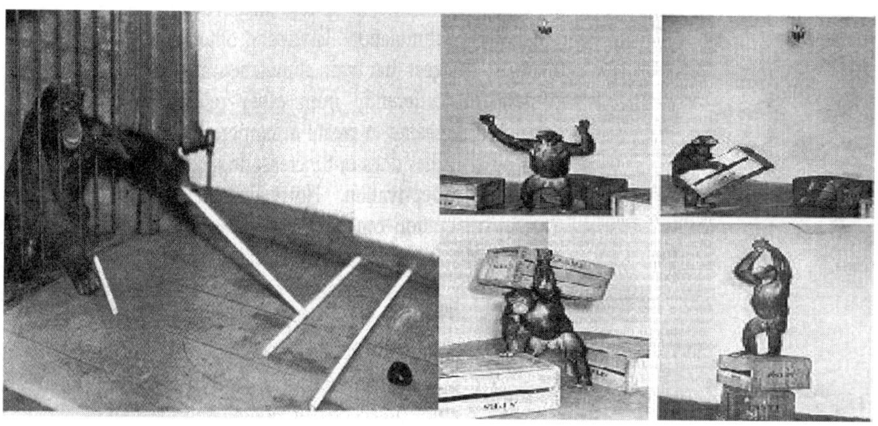

[그림 5.3] **Köhler의 원숭이 통찰 실험**

원숭이가 문제 상황을 지각적으로 해석하여 '알았다'하고 갑작스럽게 해결책을 발견하는 현상을 통찰이라고 불렀고 그 같은 통찰에 의해 문제해결에 성공하게 되는 것을 '통찰학습'이라고 불렀다. 원숭이가 문제를 해결한 것은 자기 사고의 형태를 재배열함으로써 가능했던 것으로 볼 수 있는 것이다.

학습에 대한 형태심리학적 견해는 사회심리학자인 Lewin의 장이론(field theory)에 의해서 더욱 발전되었다. Lewin에 의하면, 사람은 어느 시점에서 특정의 목표를 추구하려는 내적 긴장에 의해서 행동하게 된다. 그리고 사람이 특정한 목표를 가질 때에는 그 목표를 달성할 수 있는 방법, 즉 무엇을 초래할 것이며 어떠한 노력이 어떠한 결과를 가져올 것인가에 대하여 어느 정도 나름대로의 신념을 가지게 된다. 이와 같은 관계에 대한 개인의 지각을 그 사람의 '생활공간(life space)'의 한 부분이라고 한다. 장이론은 형태심리학에서와 같이 학습을 재조직 또는 재구성으로 본다. 사람은 새로운 지식으로 세상에 대한 이해를 구체화하고 새로운 요소들을 도입함으로써 그리고 원하는 것, 좋아하는 것, 싫어하는 것에 변화를 가져봄으로써 자기의 인지를 재구성한다는 것이다.

그러므로 현대의 인지학습 이론의 뿌리는 형태심리학 및 장이론이다. 인지이론가들은 여러 가지 개념간에서 새로운 관계를 지각하는 것(통찰)을 학습의 핵심이라고 생각하여 학습은 이미 알고 있는 것, 학습에서 인지구조, 목표지향적 행동 및 직관적 사고의 기회를 제공하는 것 등이 강조되고 있다.

2. 지각의 이해

인지이론의 입장에서는 학습에서 인지구조, 목표지향적 행동 및 직관적 사고의 기회를 제공하는 것 등이 강조되기 때문에 이와 같은 학습활동에 있어서는 주어지는 자극 또는 정보에 대한 지각이 기초가 된다고 볼 수 있다.

학습의 첫 단계는 세상의 여러 가지 일들, 보다 직접적으로 학습의 장에서 주어지는 여러 가지 사항들을 지각 또는 인지하는 일이다. 이 말은 무엇을 뜻하는 것일까? 지각(perception)이란 감각을 통해서 들어오는 정보 또는 자극에 의미를 부여하는 것을 말한다. 감각이 환경적 자극에 대한 감각적 반응에 해당된다면, 지각은 개인이 자극에 주는 의미, 즉 인식과 해석에 해당한다. 즉, 감각은 생리적인 과정이며 지각은 신체가 감각한 것을 해석하고 인식하는 심리적인 과정이다. 따라서 지각은 감각 이상의 의미를 가지고 있다. 지각은 감각을 통해 일어나는 의식의 과정이다. 감각은 지각의 매개지만 지각의 전부가 될 수 없다. 우리는 '보거나 듣거나 했지만 알지 못한다'는 말을 흔히 쓰는데, 이 말은 무엇을 감각은 하지만 지각에 미치지 못하는 것을 가리킨다.

지각은 감각을 통해서 들어오는 정보에 의미를 부여하는 것이며 이 같은 의미부여는 들어오는 정보의 실제에 의해서 뿐만 아니라 그것을 어떻게 조직하느냐에 따라서도 영향을 받는다고 하였다. 이 사실을 Smith(1975)의 예로써 설명해 본다. 13 와 같은 자극이 주어졌을 때 이것이 어떤 수냐고 묻는다면 13이라고 할 것이며, 어떤 문자냐고 묻는다면 B자라고 할 것이다. 주어진 자극의 실재는 변하지 않았지만 어떻게 조직하느냐에 따라 동일한 자극이 13도 되고 B도 된다. 그러나 이 두 가지 조직은 주어진 자극의 실제인 13 에서 크게 벗어날 수 없다. 물론 수 개념이 아직 발달하지 않은 사람, 그리고 알파벳을 모르는 사람에게는 이 두 가지 모두의 지각이 불가능할 것이다.

지각에 대한 이 같은 이해는 형태심리학의 연구에 크게 영향 받았다. 형태(gestalt)란 사람이 의미를 부여하기 위해 감각에 들어온 정보를 어떠한 형태 또는 관계로 조직하는 것을 말한다. 따라서 형태심리학의 기본적 원리는 조직이다. 이 원리에 의하면 사람이 어떠한 자극 또는 정보를 지각함에 있어서 그것이 원래 주어졌던 것보다 더욱 단순하고 완전하며 규칙적인 것으로 조직하여 지각한다는 것이다. 이와 같은 조직의 원리들을 좀 더 자세히 설명하면 다음과 같다.

첫째, 단순성의 원리이다. 사람은 지각의 장을 가장 단순하고 규칙적인 상으로 조직하여 보게 된다. 아래의 그림을 보면, 이 그림은 한쪽이 없는 타원의 AB, 그리고 역시 한 귀가 없는 사각형 CD, 중간에 있는 BC의 세 가지가 모아진 것으로부터는 타원과 사각형이 겹쳐 있는 것으로 보는 것이 보통이다. 즉 불규칙한 도형 3개로 보는 것보다는 두 개의 도형이 겹친 것으로 보는 것이 훨씬 단순한 것이다.

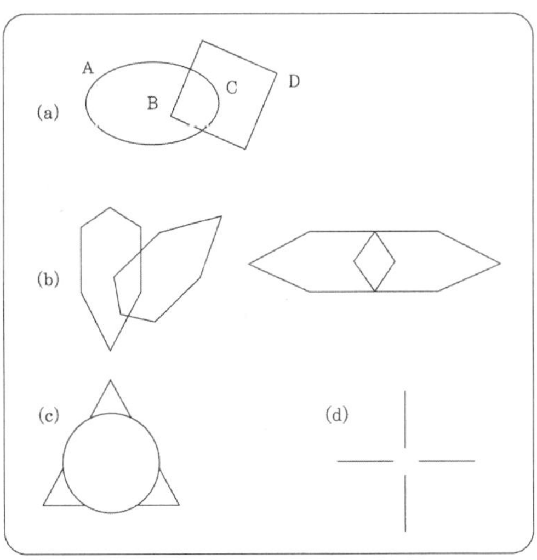

[그림 5.4] **지각조직의 단순성의 예**

둘째, 근접성의 원리이다. 한 장에 있어서의 여러 가지 요소들은 그 중에서 서로 간의 간격이 가까운 것끼리를 하나의 집단으로 지각한다. 두 요소의 간격이 가까울수록 그 둘을 한 집단으로 지각할 가능성은 많은 것이다.

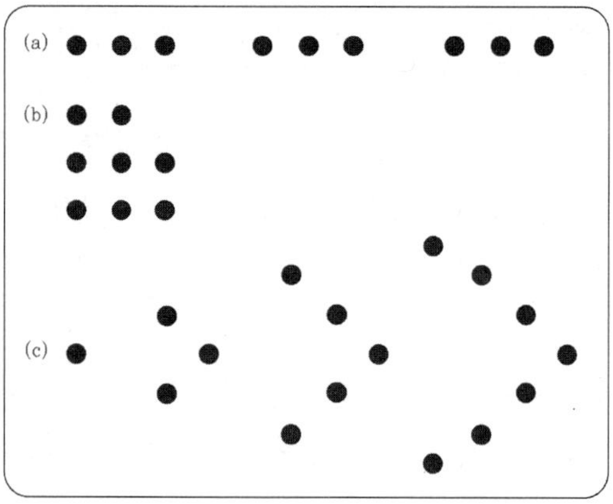

[그림 5.5] **점들이 보여주는 근접성**

셋째, 유사성의 원리이다. 주어진 상황에서 어떠한 생김새(모양, 색깔, 조직 등)에 유사한 점이 있는 사항들이 있으면 그 사항들이 집합적으로 지각되는 것을 뜻한다. [그림 5.6]에서와 같이 문자 Y가 명백히 보인다.

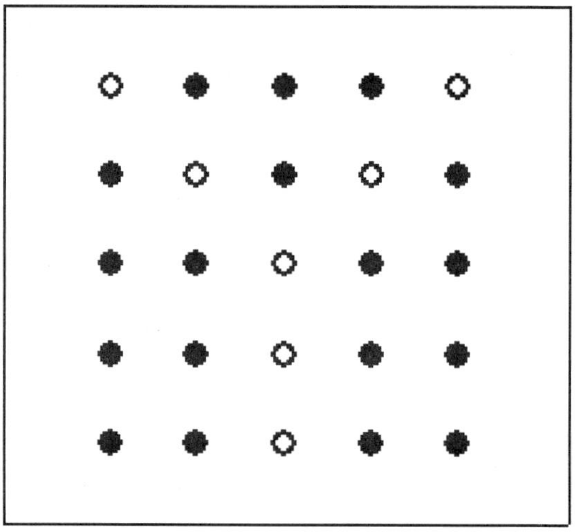

[그림 5.6] **유사성의 예**

넷째, 폐쇄성의 원리이다. 주어진 상에 결여된 부분이 있으면 있는 그대로가 아니라 그 부족한 부분을 보완함으로써 완전한 것으로 만들어 지각한다.

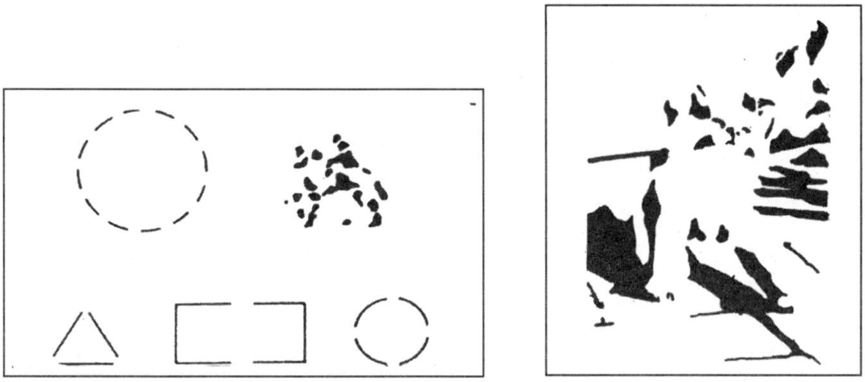

[그림 5.7] **폐쇄현상의 예**

다섯째, 상과 배경의 원리이다. 어떤 장면을 볼 때—도형 · 그림 · 사진 · 혼돈 영상 등—사람은 보다 기본적인 것으로 생각되는 곳에 주의를 집중하고 그것을 자세히 관찰하게 되며 나머지 부분은 별로 중요하게 여기지 않게 된다. 이 때 주의를 집중하여 관찰하는 부분이 상(figure)이 되고 그 밖의 부분은 배경(ground)이 된다.

[그림 5.8] **두 가지로 볼 수 있는 그림의 예**

한 예로 [그림 5.8]의 왼쪽에서 무엇을 보는가? 만일 젊은 여자의 왼쪽 얼굴모습을 본다면 그 사람에게는 젊은 여자가 상이 되고 그 밖의 부분은 배경이 된다. 그러나 사람에 따라서는 별로 잘 생기지 않은 노파를 볼 수도 있다(젊은 여인의 턱을

코로, 목을 입으로, 귀를 눈으로 보면), 그 사람에게는 노파가 상이 되고 그 밖의 부분은 배경이 된다. [그림 5.8]의 오른쪽 그림에서도 같은 현상을 볼 수 있다. 그림의 검은 부분을 먼저 본 사람은 많은 수의 괴물 같은 것을 지각하게 되며 그것이 상이고 나머지 부분은 배경이다. 그러나 백색부분을 먼저 본 사람에게는 많은 천사들이 보일 것이며 그것이 상이고 나머지 부분은 배경이다.

이와 같은 상과 배경의 원리가 뜻하는 것은 학생들이 배우는 것은 기본적으로 그들이 주의를 집중하는 상에 관한 것이며 배경에 속하는 것의 학습은 매우 미약하다는 것이다. 그런데 학습과제에서 무엇이 중요한가(상인가) 하는 것은 그것을 지적해 주는 것에 의해 크게 영향을 받는다. 다시 말하면 후에 기억이 되는 것은 '상이 된 해석인 것'이지 '주어진 그대로의 분석되지 않은 것'이 아닌 것이다. 따라서 교사는 많은 학습과제 중에서 특히 상이 되어야 할 것을 적절히 지적해 주어야 하는 것이다. 다른 또 한 가지의 예를 들어 보면 수업시간에 김군의 자세나 수업태도가 눈에 거슬리는 경우를 생각해 본다. 사실 그 같은 자세나 태도를 보이는 학생이 김군뿐이 아닌데도 유독 김군의 그런 태도만이 거슬리게 느껴지는 것이다. 이런 일이 있을 때 교사는 다른 학생들의 자세나 태도를 객관적으로 평가해 봄으로써 자기 지각의 공평성 여부를 스스로 반성해 보아야 할 것이다.

지금까지 설명한 지각의 여러 원리는 그 자체로 합리적인 것이기는 하지만 그것이 지각의 모든 경우를 다 설명하는 것은 아니다. 사람이 감각을 통해서 들어오는 자극을 어떻게 조직하고 또 의미를 부여하는가에 대해서 오늘날에는 두 가지 견해가 있다. 그 중의 한 가지는 '모양분석' 또는 상향처리라 불리운다. 이에 대한 Anderson(1985)의 설명을 예로 들어 본다. A의 대문자는 약 45도 각도로 접해 있는 두 개의 곧은 선분(∧)과 하나의 가로선(—)이 특별한 방법으로 연결되어 있다. 그러므로 우리는 비슷한 모양을 보면 그것을 A자로 지각한다. A, A, A, A, A와 같이 사람마다 필체가 각기 다르지만 이 모두를 A로 지각할 수 있는 것을 이 예는 보여 준다.

모양분석을 흔히 상향처리(bottom-up processing)라고도 부르는데 이는 자극을 그것의 구체적인 구성요소로 분석하고 그것을 다시 의미 있는 형태로 조립함으로써, 즉 밑에서부터 위로 처리함으로써 지각이 이루어지는 것이기 때문이다. 그러나 주어진 자극의 모양 또는 구성요소를 분석하고 그것을 다시 조립함으로써 지각이

이루어진다는 설명이 모든 지각현상에 다 적용되는 것은 아니다. 만일 그렇다면 글을 읽는 일은 거의 불가능할 것이다. 씌어진 글자 모두에 대해서 구성요소를 일일이 분석하고 그것을 다시 조립해야 된다면 한 페이지의 글을 읽기 위해서도 수천의 요소를 분석해야 되기 때문이다.

그런데 사람은 다른 방법, 즉 문맥 또는 전후관계에 의해서도 지각이 가능하며 이 같은 방법을 하향처리(top-down processing)라 부른다. 어떠한 형태를 신속하게 인지하기 위해서 사람은 모양이나 요소를 분석하는 데 있어 주어진 상황의 구성에 대한 평소의 이해를 활용하기도 한다. 한 예로 20개월쯤된 어린이가 자기만큼 큰 네 발 달린 동물을 가지고 놀았다고 한다면 그 동물은 '개'일 가능성이 많다. 고양이일 수도 있으나 크기로 보아 개가 더 적합하다. 이와 같이 사람은 일상생활에서 상향처리 및 하향처리의 두 가지 방법을 모두 사용한다. 일상생활에서 가령 '자 ______를 타고 시골 할아버지 댁에 갔다'는 문장에서 '자______' 다음의 인쇄가 보이지 않는다고 할 때 그것은 '자전거' 나 '자동차' 또는 '자가용'으로 추측할 수 있다. 이 중에서 어린이가 먼 할아버지 댁에 자전거를 타고 갔을 것으로 생각하기는 어려우므로 '자동차'가 그럴 듯하다. 이 때 혹시 '자전거'가 맞고 '자동차'가 틀릴 수도 있겠지만 그럴 확률은 아주 작을 것이다.

우리는 자극이 주어질 때의 상황, 즉 문맥이나 전후관계를 통해서도 지각이 가능한 것이다. 사람이 인지하는 형태는 그들의 이전의 경험이나 지식, 그때 예상하는 것 및 그 외의 많은 요인에 의해서 영향받는 것임을 알 수 있다.

3. 기억의 정보처리모델

우리가 알고 있는 수많은 지식과 기능들은 우리의 머리속에 어떻게 저장되어 있으며, 어떻게 처리되는가? 이 질문은 인지과학의 핵심적 질문에 해당된다. 인지이론가들은 우리가 일상적 경험을 이해하고, 처리하고, 저장하기 위해 일정한 상징체계를 구성한다고 보고, 이러한 상징체계를 '심리적 표상'이라고 부른다. 심리적 표상은 외부 환경과 우리의 내적 정신세계를 연결하는 상징체계이다. 외부에서 들어오는 경험을 이해하기 위해 우리가 구성하는 심리적 표상은 우리의 행동과

학습에 절대적 영향을 미친다.

현재 혹은 앞으로 사용하기 위하여 정보를 저장하는 과정을 기억이라고 한다. 기억에 대한 심리학적 연구는 주로 정보처리적 입장에 기초하고 있다. 기억은 습득(aquisition), 보유(retention), 인출(retrieval)의 세 단계로 구분할 수 있다. 습득이란 자극에 주의를 기울여서 그 자극을 기억 속에 집어넣는 과정을 의미한다. 이를 부호화(encoding)라고 한다. 오늘 아침에 당신이 목격한 자동차 사고를 후에 이야기할 수 있으려면, 먼저 그 사고에 대한 정보를 기억속에 저장하여야 하고, 이를 위해서는 그 정보를 기억 속에 집어넣어야(부호화)한다. 보유는 정보가 저장되는 단계로, 정보를 일정 기간 동안 유지하는 것이다. 보유는 자동적인 과정은 아니며 때로 습득한 정보를 저장하기 위하여 의식적으로 노력을 하기도 한다. 의식적으로 노력을 하더라도 새로운 정보가 이전의 정보를 왜곡시키거나 방해할 수 있다. 인출(retrieval)은 정보를 사용하기 위하여 저장된 것을 머리 속에서 끄집어 내는 과정이다. 때로 인출은 의식적인 노력 없이 자동적으로 이루어지기도 하지만 능동적인 노력을 해야 정보가 인출되는 경우도 많다. 그러나 실제 장면에서는 일어난 모든 일을 기억해 낼 수 없다.

이러한 기억의 실패는 기억 과정의 세 단계 중 어느 하나의 단계에서도 일어날 수 있다. 기억해야 할 요소들에 주의를 기울이는 데 실패할 수도 있고(습득 실패), 정보가 시간이 지남에 따라 약해질 수도 있으며(저장 실패), 필요할 경우에 이 정보들을 회상하지 못할 수 있다(인출 실패). 습득 실패와 저장 실패의 경우에는 정보가 영구적으로 망각되는 반면에, 인출 실패인 경우에는 망각이 잠정적일 수 있으므로 후에 다시 그 정보를 생각해 낼 수 있다.

영화관람 문의를 하기 위하여 극장의 전화번호부를 살펴본 후에 그 극장에 전화를 건다고 가정해 보자. 바로 전에 걸었던 전화번호는 보통 기억으로부터 빠른 시간 안에 사라진다. 오늘 아침에 버스 안에서 스쳐 지나간 사람의 얼굴도 특별한 이유가 없다면 회상하기 어려울 것이다. 이와 반대로, 당신이 어린 시절 오랫동안 성장하였던 집의 구조나 몇십년을 같이 살아온 부모님의 얼굴 등에 대한 기억은 절대로 잊혀지지 않을 것이다. 이러한 기억의 지속 시간 차이를 설명하기 위하여 심리학자들은 기억의 세 가지 유형 혹은 저장 모델을 제시하였다.

기억의 세 가지 모델은 감각 기억(sensory memory), 단기 기억(short-term memory),

장기 기억(long-term memory)이다. 감각 기억은 자극이 중단된 후에 감각적인 자료들이 순간적으로 남아 있는 것으로 시각, 청각, 후각, 미각, 촉각 중의 하나이다. 감각 자극은 어떤 자극이 제시되었다가 제거된 다음에 신경적 활동이 잠시 동안 지속되는 것에 의하여 이루어진다. 단기 기억은 작동 기억(working memory)이라 불린다. 이 기억은 능동적으로 가지고 있는 정보를 마음속에 저장하는 것이다. 이러한 정보는 감각적인 자료가 아니라 분석되고 의미가 있는 정보이다. 예를 들어, 지금 신중히 책을 읽고 있다면 당신은 이 책의 내용을 단기 기억에 의미 있는 단어들로 잠시 저장하고 있는 것이다. 그러나 단기 기억은 어느 한 시기에 한정된 양의 자료들만을 저장할 수 있다. 장기 기억은 무제한의 정보를 저장할 수 있다. 이는 우리가 습득했던 지식들이나 사실들이 모여 있는 거대한 도서관으로 생각할 수 있다. 당신이 목격했던 사실들이 모여 있는 거대한 도서관으로 생각할 수 있다. 당신이 목격했던 자동차 사고에 대하여 회상할 수 있는 능력이나 인생에 있어서 중요했던 사건들에 대한 기억 혹은 일반적인 지식들은 모두 장기 기억의 보관함에 보유되어 있다. 이러한 기억의 세 가지 모델이 [그림 5.9]에 제시되어 있다.

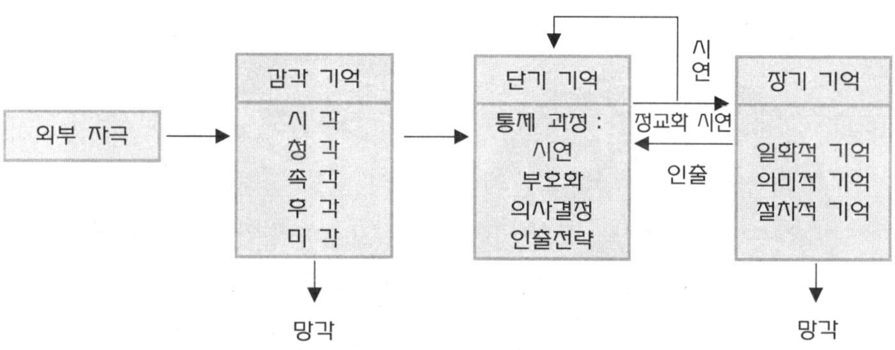

[그림 5.9] **기억 모델에 대한 도식**

이 그림은 환경으로부터 정보가 감각 기억으로 유입되고, 정보에 주의를 기울인다면 감각 기억에서 단기 기억으로 전이됨을 보여주고 있다. 이 모델에서 단기 기억이 중요한 역할을 하고 있음을 알 수 있을 것이다. 단기 기억에서 정보의 흐름을 통제할 수 있기 때문이다. 어떤 정보를 능동적으로 저장하기 위하여 의식적으로 정보를 암송하는 장소가 단기 기억이다. 또한 단기 기억에서는 정보의 저장과 인출이 용이하도록 새로운 정보를 부호화할 수 있다. 3163 이라는 숫자를 '3 · 1절에 63빌딩을 갔다'는 식으로 외우려 시도하는 것이 그 예이다. 단기 기억에서 정보가 사라지기 전에 그 정보를 능동적으로 시연(rehearsal)하면 이론적으로 평생 지속될 수 있는 장기 기억으로 전이된다.

감각 기억(sensory memory)은 사람의 오관 중 어느 감각기관이든 간에 이를 통해서 감각등록에 도달하는 원형 그대로인 것으로서 아무런 의미도 가지지 않는다. 또한 지각된 정보가 감각등록에 머무르는 시간은 매우 짧은 것이어서 시각적 정보의 경우는 1초 이내에 사라진다고 한다(Klatzky, 1975). 감각등록에 도달한 정보가 기억의 다음 단계인 단기기억에 전달되기 위해서는 그 정보에 의미가 부여되어야 한다. 그렇게 하기 위해서는 장기기억에 저장되어 있는 기존의 정보가 활용된다. 즉, 장기기억에 있는 정보 중에서 감지된 자극과 같거나 비슷한 것이 있을 때 그 두 가지를 연결시킴으로써 그 자극에 의미가 부여되는 것이다.

앞의 예에서 보인 자극 A가 감각등록에 들어오는 순간 영문자를 알고 있는 사람, 즉 영문자가 이미 장기기억에 저장되어 있는 사람은 이 자극 A와 저장되어 있는 정보 '에이자(A)'가 같은 것을 알고 그 자극이 에이자(A)인 것을 알게 된다. 즉, 의미를 부여하는 것이다. 이 때 감지된 자극에 의미를 부여한다는 것은 언제나 그 자극의 명칭을 아는 것을 뜻하는 것은 아니다. 명칭은 몰라도 그것이 어디에 사용되는 것인지를 아는 경우도 있기 때문이다. 감지된 자극에 의미를 부여하는 것은 그 자극의 명칭을 알아내는 것이라 하지 않고 '형태인자'라 부르는 까닭도 이 의미를 부여하는 과정을 보다 넓은 의미로 표현하기 위한 것이다. 형태인지는 감지된 자극을 기억의 다음 단계인 단기기억에 전달하기 위해서 그것을 부호화하는 것을 뜻한다. 그리고 감지된 자극이 감각등록에 머무는 시간 길이는 1초도 되지 않는 매우 짧은 것이므로 부호화하여 단기기억에 전달되지 않은 자극은 이내 사라진다.

한편 의미가 부여된 자극이나 정보는 단기기억에 들어온다. 자극이 감각등록에 들어오고 그에 의미가 부여되어(형태인지) 단기기억에 들어오는 것은 대개의 경우 동시적으로 느낄 만큼 순간적이다. 그러나 단기기억에 들어온 정보는 그것을 기억하기 위한 암송의 노력이 없다면 쉽게 사라진다. Woolfolk(1990, 236)는 단기기억에 들어 온 정보가 머무르는 시간을 20초 이내로 보고 있다. 수업시간에 교사의 설명을

빨리 필기하지만 조금 전에 들은 것이 기억나지 않는 현상을 경험하게 되는 것도 이 같이 정보가 단기기억에 머무르는 시간이 매우 짧기 때문이다. 그 중에서 필요를 느껴 선택하고 주의를 기울이며 암송을 반복하는 정보만이 기억에 남게 된다. 그러나 암송을 계속하지 않는다면 단기기억에 있는 정보도 결국은 쉽게 사라진다.

단기기억에는 한계점이 또 한 가지가 있다. 단기기억에 동시에 머무를 수 있는 자극의 수가 많지 않은 것이다. 기억의 크기(memory span)에 관한 실험에 의하면 의미를 가지지 않도록 나열한 문자를 한 번 읽게 했을 때 그 문자의 수가 7개 또는 그 이하일 때에는 모두를 기억할 수 있으나 기억할 과제가 그보다 많아지면 한 번 읽는 것만으로는 기억할 수 없었다고 한다(Klatzky, 1975). 단기기억에 있어서 이와 같은 기억량의 제한은 묶음(chunking)을 이용하여 어느 정도 향상시킬 수 있다. 한 예로 4, 5, 9, 6, 7, 3의 6개의 숫자를 그대로 기억하는 것보다는 45, 96, 73의 3단위 혹은 459, 673의 두 단위로 묶어서 기억하는 것이 더 효과적이다. 전화번호를 외우는 것도 7개의 숫자를 외우는 것보다는 3개와 4개의 숫자로 된 묶음으로 기억할 때 더 잘 기억된다.

단기기억 작용의 또 한 가지 특성은 단기기억에서는 자극이 시각을 통해 들어온 상(문자나 단어의 경우)이라 할지라도 지각된 상 그대로가 아니라 그것이 가지는 음향으로 부호화된다는 것이다. 그 증거로 영자 V가 형태로는 B보다 X에 가깝지만 실제로는 B와 혼동되는 경우가 더 많은 경우를 들 수 있다. 이 현상은 V의 음이 X보다는 B에 더 가깝기 때문에 일어나는 현상인 것이다. 물론 이 같은 단기기억에 있어서의 기억능력은 누구에게나 똑같은 것이 아니라 개인차가 있는 것이며, 또 어린이는 성장함에 따라 기억능력도 향상될 뿐만 아니라 묶음과 같은 기억방법을 사용하는 요령도 터득하게 되며 따라서 단기기억에 있어서의 기억량도 많아지게 된다.

받아들인 정보를 오래 기억하는 것은 학습에 있어서 매우 중요한 사항의 하나이다. 이를 위해서는, 즉 단기기억에 들어온 정보를 장기간 기억하기 위해서는 많은 능동적인 노력에 의해서 그 정보를 장기기억 속에 저장해야 한다. 장기기억 속에 정보를 저장한다는 것은 그것을 여러 가지 방법을 더 많이 암송하고 부호화하여 인지구조 내의 적절한 곳에 배치하는 것을 뜻한다. 한 예로 안중근 의사의 의거 · 희생정신 · 용기 등에 대해서 공부하고 그것을 기억하는 경우를 생각해 보자. 이를 위해 학습자는 안중근 의사에 대한 설명이나 기록 중 중요한 부분을 암송한다.

즉, 반복하여 읽기도 하고 써보기도 한다. 그러는 동안 안 의사에 대한 몇 가지의 상을 그려본다. 하얼빈 역에서 저격하는 장면, 재판장에서의 당당한 모습, 그리고 고문의 고통을 견디는 모습 등을 연상할 수 있다. 그 다음에는 이 같은 심상을 독립운동 또는 애국심 등과 같은 제목 밑에 배치한다. 이 예는 암송하고 부호화하고 배치하는 것을 보여 준다.

암송이란 기억하려는 정보를 요약해서 진술하기도 하고 요점을 쓰기도 하는 것을 뜻한다. 이에는 눈에 보이는 행동만이 아니고 마음 속으로만 하는 노력도 있을 수 있으며 그 같은 노력의 반복을 통해서 정보는 기억 속에 심어지게 된다. 부호화란 정보를 쉽게 기억할 수 있도록 다른 형태로 바꾸는 것을 뜻한다. 정보가 뜻하는 것을 상상하는 것은 부호화의 형식으로써 이 과정을 통하여 정보를 심상으로 전환한다. 상은 언어에 의한 설명보다 더 간단하며 정확할 수 있다. 마음에 떠오르는 어머니의 모습에 대한 설명은 장황한 것이 될 것이며 그렇다고 충분한 것도 못된다. 같은 맥락으로 사과 · 배 · 의자 · 책상 등을 기억하려 한다면 사과와 배는 과일로서, 의자와 책상은 가구로서 부호화한다. 어떠한 설명이나 이야기를 기억함에 있어서도 그것을 축어적으로 기억하는 것은 매우 힘든 일이며 그럴 필요도 없는 경우가 많은 것이다. 듣거나 읽는 내용을 충분히 이해한다면 그에 대한 심상이 떠오르게 된다.즉, 정보를 다른 형태로 전환하여 기억하게 되는 것이다.

다음으로 이 같이 일단 이해하고 부호화된 정보를 파지하기 위해서는 그것을 인지구조의 적절한 곳에 배치해야 한다. 이에 대해 Bruner(1960)는 기억할 정보의 구체적 내용이 구조를 이룬 형태로 배치되지 않는다면 그것은 급속히 망각된다는 것을 많은 연구가 보여주고 있다고 지적하고 있다. 어떠한 정보를 기억하려 한다면 그것을 구조로 조직한 다음 인지구조 내의 해당하는 범주에 배치하여야 한다. 우리가 알고 있는 모든 것은 우리의 부호화 체제 또는 인지구조로 조직되어 있으며, 새로 들어오는 정보를 기억하려 한다면 그것을 이미 가지고 있는 인지구조 중의 어느 것과 관련시켜야 하는 것이다. 즉, 그 새로운 정보를 범주화하여 이미 가지고 있는 인지구조 내의 해당하는 곳에 포함시키는 것이다. 예를 들면, 안중근 의사의 여러 가지 활동사항은 '독립운동' 또는 '애국지사'의 범주에 포함시키는 것이다. 따라서 한 개인의 인지구조는 완성된 상태로 유지되는 것이 아니라 새로운 정보를 받아들일 때마다 인지구조는 계속적으로 재구성됨으로써 발달을 계속하는 것이다.

4. 기억증진법

기억할 수 있는 잠재력은 변화가 가능하다. 앞으로 기억에 영향을 미치는 두 가지 요인들에 대하여 살펴볼 것이다. 기억에 영향을 미치는 요인 중 하나는 약물의 사용이고 나머지 하나는 기억술의 사용이다.

약물은 기억에 직접적인 영향을 미친다. 점차 많이 남용되고 있는 향정신성(psychoactive) 약물은 학습할 수 있는 능력을 크게 저하시킨다. 코카인과 마리화나 등은 집중을 방해하기 때문에 단기 기억을 손상시킨다. 또한, 이러한 약물과 알코올 등은 정보를 단기 기억으로부터 장기 기억으로 전환시키는 것을 방해하기도 한다. 기억을 증진시키는 약물이 존재할까? 카페인과 암페타민은 중추신경을 계속 각성시켜 공부를 더 오래 할 수 있도록 하지만 학습하는 속도를 낮추므로 공부에 도움을 주지 않을지도 모른다.

신경전달물질인 아세틸콜린(acetylcholine)은 새로운 정보를 기억하는 데 꼭 필요한 것처럼 보인다. 그러므로 피소스티그민(physostigmine)이나 아레콜린(arecoline)과 같이 신경전달물질의 활동을 활성화시키는 약물은 기억을 높여줄 수 있다. 이러한 약물은 알츠하이머씨 병으로 고생하는 노인에게 투여했을 때 기억이 약간 향상된다는 연구 결과가 있다. 그러나 이 효과는 너무 미미하고 일시적이기 때문에 실용적인 가치가 거의 없는 것으로 나타났다(Davis 등, 1982). 타크라인(tacrine)이라는 약물은 아세틸콜린을 파괴하는 효소를 억제시킨다. 이 약이 알츠하이머 환자의 기억에 도움이 되는가를 알아보기 위한 연구가 진행중인데, 이것이 뇌의 아세틸콜린 수준을 증가시킴으로써 기억을 높일 것이라고 기대하는 연구자들이 많다.

어떤 약물은 상태의존적 기억(state-dependent memory)으로 알려진 흥미로운 상황을 유발할 수 있다. 상태의존적 기억은 사람들이 어떤 정보에 대하여 학습할 때 동일한 생리적 상태에 있으면 그 정보가 더 쉽게 인출되는 현상이다. 어떤 약물을 복용한 상태에서 학습된 정보는 약물을 복용하지 않은 상태에서는 회상이 어렵다. 그러나 그 약물을 복용하게 되면 '잊혀진' 사실들이 다시 인출될 수 있다. 상태의존적 기억은 부호화 구체성의 다른 예이다. 우리가 어떤 것을 학습할 때, 이 학습한 것은 환경에 있는 단서들과 연합된다. 이러한 경우에 신체 내부의 생리적 환경이 단서가 된다. 따라서 약물을 복용한 상태가 학습한 것을 인출시킬 수 있는 단서를 제공한다.

어젯밤에 술을 마시며 있었던 일이 기억이 나지 않는데 무슨 일이 있었는지 알고 싶다면 다시 술을 마시는 것이 도움이 될 수 있다. 다시 어제의 생리적 상태로 돌아가면 인출 단서가 생기는 셈이므로 그 때의 사건을 회상하기 쉬워지는 것이다. 자신에게 잘못한 애인과 크게 싸움을 한 후에는 좋았던 기억보다는 상대방이 자신을 섭섭하게 하거나 화나게 했던 기억만 자꾸 날 것이다. 화가 나 있는 내부의 정서 상태가 인출 단서가 되어 그와 비슷한 상태에서의 기억이 인출되기 쉬워지는 것이다.

한편, 기억술을 이용하면 기억하는 능력을 향상시킬 수 있다. 기억술(mnemonic systems)이란 사람들의 기억을 도와주는 의도적인 방법이다. 기억술은 수천 년의 역사를 가지고 있으며 고대 그리스의 연설가에 의하여 사용되었다고 한다. 기억술은 정보를 잘 조직화해서 쉽게 저장하고 인출하는 방법으로, 심상, 연합(association)뿐만 아니라 기억 속에 있는 도식(schema)까지 이용한다. 기억술은 일반적으로 기계적인 암기보다 처음에는 더 많은 시간이 걸릴 수 있다. 그러나 긴 안목으로 보면 두 가지 장점을 가지고 있다. 첫째, 정보를 좀 더 효율적으로 암기하게 해 준다. 둘째, 문제를 해결하거나 추론을 할 수 있는 정보의 근거를 제공해 준다.

잘 알려진 기억술 중에 많은 것이 심상(imagery)을 이용한 것이다. 예를 들면, '고릴라/피리'의 단어쌍을 기억하려면 고릴라가 피리를 연주하고 있는 장면을 머리 속에서 상상할 수 있다. '사람/컴퓨터'의 단어쌍을 기억하려면 어떤 사람이 컴퓨터 앞에서 작업을 하고 있는 것을 상상하거나 혹은 몸통은 사람인데 머리는 컴퓨터 모니터인 장면을 연상할 수 있을 것이다. 그러나 기억해야 될 단어가 추상적인 개념인 경우에는 심상을 잘 이용할 수 없다. 추상적 개념을 나타내는 심상은 머리 속에서 상상하기가 쉽지 않기 때문이다. '기억/민주주의'라는 단어쌍을 심상을 이용하여 상상하라는 요구를 받게 되면 대부분의 사람이 당황스러워할 것이다.

장소법(method of loci)은 당신이 버스 정류장에서 집으로 매일 가는 길처럼 기억 속에 확고히 자리잡고 있는 일련의 장소들을 이용하는 기억술이다. 로씨(loci)는 라틴 말로 장소라는 뜻이다. 여러 개의 단어들을 외우려고 할 때, 각 단어들을

친근한 장소와 연합시키는 방법으로, 후에 그 단어들을 회상하려고 할 때 마음 속에서 그 장소를 '걸으면서' 그 장소와 어떤 단어가 연합되었는지를 살펴본다. 예를 들어, 당신이 집으로 가서 방으로 들어가는 과정을 머리 속에서 상상한다. 먼저 대문을 지나서 현관문으로 들어가서, 마루를 거쳐 부엌에 있는 냉장고로 간 후에 이층으로 올라가는 계단을 올라서 당신의 방에 있는 책상으로 간 후에 컴퓨터를 작동시킨다. 일단 당신이 쉽게 이러한 정신적 걸음을 할 수 있다면 그 위치만큼 많은 무관한 단어들을 기억할 수 있다. 장을 보아야 할 목록이 포도, 건전지, 우유, 고기, 성냥, 옥수수, 빵이라고 가정해 보자. 우선, 이 목록과 친근한 장소를 연합시킨다. 가령, "대문 앞에 고깃덩어리가 있었고, 현관문 고리에 옥수수가 걸려 있고, 빵처럼 둥근 마루의 카펫을 지나서 부엌에 있는 냉장고 안에서 시원한 우유를 꺼내 마시며, 성냥갑처럼 네모난 이층 마루계단을 올라 방으로 들어갔는데, 책상 위에는 엄마가 포도를 갖다 놓으셨고, 컴퓨터의 건전지가 소모되어서 작동되지 않았다."라는 식으로 외워야 할 단어의 목록과 장소를 연합시킨다. 이렇게 한 후에 당신의 머리 속에서 그 장소를 천천히 걸으면 회상이 잘될 것이다.

단기 기억에서의 청킹은 기억의 한 방법이다. 정보를 의미 있는 단위로 묶고 이 묶음을 서로 연관시킬 때, 그 정보는 기억하기가 더 용이하다. 방금 읽은 수필이나 단원을 개괄하는 것은 그 내용을 회상하는 데 도움이 된다. 왜냐하면 내용을 쭉 살펴보는 것은 정보를 위계적인 범주로 조직화하고 이 범주들의 각 위계는 다른 위계들을 인출하는 단서의 역할을 하기 때문이다. 위계적으로 조직화하여 기억하는 것이 유용하다는 사실이 실제 연구를 통하여 입증되었다. Bower와 그의 동료들(1969)은 사람들에게 아주 많은 단어들을 기억하도록 요구하였다. 이 단어들은 모두 112개의 단어들로써, 네 개의 주요 범주로 구분될 수 있었다. Bower는 피험자들을 두 집단으로 구분한 후에 한 집단의 피험자들에게는 네 개의 위계적으로 조직화된 그림을 보여주고 나머지 집단의 피험자들에게는 위계적으로 조직되지 않은 단어들을 보여주었다. 후에 기억 검사를 하였을 때, 위계적으로 구성된 그림을 본 피험자들은 단어들 중에 약 65%를 회상한 반면에, 다른 집단의 회상률은 19%에 불과하였다. [그림 5.10]이 실험에서 사용된 그림 중 하나이다.

공부할 시간이 한정되어 있다면 대부분의 시간을 되뇌기(recitation)하는 데 투자하여 기억하고자 하는 정보를 능동적으로 회상하려 한다. 되뇌기는 당신의 기억을 살펴볼 수 있는 기회를 제공하며 얼마나 잘하고 있는가를 알려준다. 또한 어떤 실수가 있다면 이를 수정하게 해 준다.

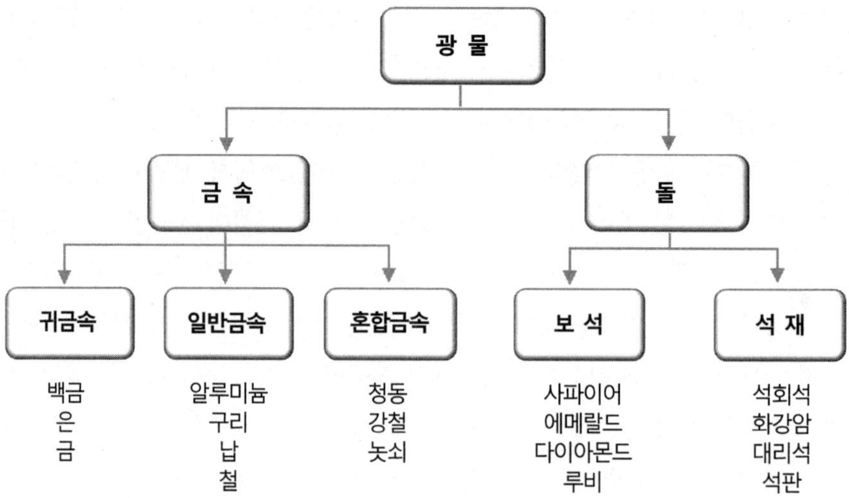

[그림 5.10] **광물에 대한 위계적 도식**

Gates(1917)는 그의 고전적 실험에서 능동적인 되뇌기에 더 많은 시간을 할애할수록 더 많은 정보를 회상할 수 있음을 밝혔다. 한시적 기간 중에 80% 가량의 시간을 할애한 피험자들보다 세 배나 더 많은 항목을 암기할 수 있었다. 그러므로 단순히 책을 읽어 내려가는 것보다는 일정한 분량의 내용을 읽은 후에 책을 덮고 학습한 내용을 머리 속에서 다시 상기시키는 것이 바람직하다.

기억술에 대한 내용을 읽은 후에 많은 학생들은 실망하였을 수 있다. 왜냐하면 장소법과 같은 기억술을 지금 현재 학교에서 배우고 있는 것에 적용시키기 어렵다고 생각할 수 있기 때문이다. 실제로 대학 교과서에 있는 내용들은 단어들이나 개념들의 목록을 암기하는 것 이상을 포함하고 있다. 그렇다면 책에서 읽은 내용을 잘 회상해 내는 방법은 없을까? 공부 시간을 아주 효과적으로 이용하는 한 가지 방법이 PQ4R이다(Thomas & Robinson, 1972). PQ4R은 이 방법이 갖는 6단계의 첫 철자들에서 이름을 딴 것이다.

- **사전 검토**(preview) – 읽고자 하는 장의 주요 내용을 파악하라. 개관, 목표, 각 절의 제목 및 소제목들, 요약, 주요 절들의 첫 문장을 읽어보라. 이런 절차들

은 도식을 활성화시킴으로써 다음에 오는 내용들을 해석하고 기억하는 데 도움을 준다. 사전 검토는 또 각 절을 어떤 목적을 갖고 읽게 해 준다. 그 목적은 주요 개념을 파악하는 것일 수도 있고 저자의 편견을 알아내려는 것일 수도 있다.

- **질문**(question) – 각 절에 대해 책을 읽는 목적과 관련된 질문들을 써 보라. 한 가지 방법은 제목과 소제목들의 질문을 바꾸는 것이다. 예를 들어, 이 장에서는 "왜 학습에는 지식이 중요한가?"와 같은 질문을 할 수 있다.
- **읽기**(read) – 책을 읽음으로써 앞서의 질문들에 답변을 할 수 있게 된다. 주요 개념들, 이를 뒷받침해 주는 세부 사항들, 그 외에 여러분이 책을 읽는 목적에 부합하는 자료들에 주의를 기울이라. 자료의 난이도나 책을 읽는 목적에 맞추어서 책을 읽는 속도를 조절할 필요가 있다.
- **생각하기**(reflect) – 책을 읽으면서 사례를 생각해 보거나 자료의 심상을 머릿속에 그려보도록 하라. 지금 알고 있는 것과 이미 알고 있는 것을 정교화시키고 연관을 시켜보라.
- **암송하기**(recite) – 각 절을 읽은 다음에는 뒤로 기대앉아서 처음에 가졌던 목적과 질문들에 대해 생각해 보라. 책을 보지 않고 질문들에 답할 수 있는가? 이 과정에서 책에서 읽은 내용과 이미 알고 있는 내용과의 관계에 대해 다시 생각해 보라. 방금 읽은 절에 관해 아무 것도 생각나는 게 없다면 그 절의 내용이 너무 어려워서 쉽게 읽히지 않는 것이었거나, 여러분이 딴 생각을 하고 있었기 때문이다. 암송은 방금 읽은 절에 대한 이해도를 파악하고, 다음 절로 넘어가지 전에 다시 읽어야 할 부분을 알려주는 역할을 한다. 암송은 제목이 붙은 절을 읽은 이후에는 반드시 해야 하지만, 어려운 내용의 글을 읽을 때에는 필요에 따라 더 자주 할 수도 있다.
- **재음미**(review) – 효과적인 복습은 새로운 자료를 장기 기억 속으로 더욱 완전하게 통합시키는 역할을 한다. 공부가 진전됨에 따라 복습은 이미 읽은 절과 장들의 내용을 전부 망라하는 누적적인 것이 되어야 한다. 다시 읽는 것도 일종의 복습이지만 책을 보지 않고 중요한 질문들에 답해 보는 것이 가장 좋은 복습 방법이다. 틀린 답을 냈다면, 특히 시험보기 전에 어떤 부분을 더 공부해야 할지를 알 수가 있다.

5. 인지주의 학습이론과 교육

지금까지 인지이론의 다양한 측면을 살펴보았으며, 인지이론은 학습을 이해하는데 있어 행동주의에서 설명할 수 없는 인간 내적인 과정에 초점을 맞추고 있음을 알 수 있었다. 이제 이러한 인지이론이 실제 교육에서 구체적으로 적용될 수 있는 교육적 함의를 알아보자.

첫째, 학생의 인지적 과정은 교사에게 주요한 관심사이어야 한다. 학생의 학습곤란은 비효과적인 인지과정일 수 있다. 따라서 교사는 학생이 무엇을 배울 것인지를 알아야 할 뿐만 아니라 학생이 어떻게 배우려고 하는지를 알아야 한다.

둘째, 교사가 수업의 주제와 방법을 계획할 때 학생의 인지발달 수준을 알아야 한다. 예를 들면, 구체적 조작에 기초한 설명은 전조작기의 유치원생들에게는 비효과적이다.

셋째, 사람은 그들이 배운 정보를 조직화한다. 교사는 조직화된 정보를 주고, 이러한 정보가 다른 것과 어떻게 연결되는지를 제시함으로써 학생들의 학습을 촉진할 수 있다.

넷째, 새로운 정보는 학생이 이미 배운 것들과 연합할 때 쉽게 습득될 수 있다. 따라서 교사는 새로운 생각과 낡은 생각들이 어떻게 관련되는지를 보여줌으로써 학생들의 학습을 도와줄 수 있다.

연습 문제

1. Pavlov의 실험에서 이루어진 조건화처럼 처음엔 우리에게 아무런 반응도 일으키지 않았던 중립자극과 무조건반응을 일으켰던 무조건자극이 여러 번 연합한 후 그 중립자극이 조건반응을 일으키는 조건자극이 된 예를 제시하라.

2. Pavlov가 설명하는 학습의 과정에 관련된 네 가지 주요 요인들을 활용하여 교실에서 학습지도를 효율적으로 할 수 있는 방안을 제시하라.

3. Skinner의 조작적 조건화는 여러 조작행동의 하나에 일관된 강화(보상)를 줌으로써 이루어진다. 지난 1시간 동안 자신이 행한 조작행동은 무엇이며 그 보상은 무엇이었는가?

4. 자신이 수정하고자 하는 행동문제를 하나 선정하고 형성의 원리를 어떻게 적용할 것인지 설명하고 유관강화와 Premack의 원리를 포함한 강화계획을 제시하라. 그리고, 이 강화계획이 Homme 등이 제시한 계약에 의한 9가지 사항에 적절한 것인지 논의하라.

5. 형태심리학의 기본원리는 조직이다. 지각의 원리를 조직의 원리라고도 하는데 조직이 의미하는 것은 무엇인가?

6. 학생들이 이해와 암기를 같은 것으로 여기고 있다. 교과서에 나온 정의들을 단어 하나 틀리지 않고 그대로 외우는 것으로 시험준비를 한다. 수업의 목표가 이해라는 것을 어떻게 알게 할 것인가?

참고 문헌

이성진(1984). 교육심리학서설. 서울 : 교육과학사.

김영채 외(1992), 인지심리학, 서울 : 전영사.

나동진(2000). 교육심리학-인지적 접근, 서울 : 학지사.

Anderson, J. R.(1985). Cognitive psychology and its implications(2nd ed.). San Francisco : W. H. Freeman.

Bandura, A., Ross D., & Ross, S. A. (1961). Thanamission of aggression through imitation of aggressive models. Journal of Abnormal and Social Psychology, 63, 575-582.

Bruner, J. S.(1960). The process of education. New York : Vintage Books.

Davis, G. A. & Rimm, S. B.(1982). Education of the gifted and talented (2nd ed.). Englewood Cliffs, N.J. : Prentice-Hall.

Estes, W. K.(1944). An experimental study of punishment. Psychological Monograph. 57(Whole No. 263)

Gage, N. L., & Berliner, D. C.(1984). Educational psychology(3rd ed.). Boston : Houghton Mifflin Company.

Klatzky, R. L.(1975). Human memory(2nd ed.). San Francisco : W. H. Freeman and Company.

Pinas, M.(1963). How three-year-old teach themselves to read and love it. Harpers, 226, 58-64.

Skinner, B.(1953). Teaching machines, Science, 128, 969-977.

Smith, F.(1975). Comprehension and learning : A conceptual framework for teachers. New York : Holt, Rinehart & Winston.

Woolfolk, A. E.(1990). Educational psychology(4th ed.). Englewood Cliffs, N.J. : Prentice-Hall. Inc.

제6장

수업이론의 이해

교사는 학습자들이 자발적으로 수업활동에 의욕을 갖고 활발하게 참여하도록 이끌어야 한다. 이를 위해서 교사의 수업지도 방안을 수업목표의 제시와 교사의 수업지도 형태에 따른 수업방법의 측면을 살펴보아야 한다. 또한 수업의 내용에 따른 수업의 방법도 달라야 하는데 여기에서는 크게 개념 및 원리 수업, 문제해결 수업, 창의력 수업, 그리고 정의적 영역의 가치 및 태도의 수업의 종류를 알아보고자 한다. 그리고 기존의 경험과 지식을 재배열하고 재구성하는 과정에서 얻어지는 통찰에 기초한 Bruner의 직관적 사고와 내적 동기를 발견학습에 활용하는 방법과 그 이외의 다양한 수업이론가들의 수업이론을 소개한다.

제1절 수업의 이해

1. 수업의 개념 및 변인

학교교육에서 가장 핵심을 이루고 있는 활동은 교실에서 이루어지는 수업이다. 교육이 의도적이고 계획적인 과정이라면, 교육의 중심이 되는 수업 또한 의도적이며 계획적인 활동임에 틀림없다. 그렇다면 수업이란 무엇인가? 수업과 혼용되어 사용되는 용어가 바로 교수이며, 영어에서도 'instruction'과 'teaching'이 있다. 학자에 따라 'instruction'을 수업으로, 'teaching'을 '교수'로 번역하는가 하면, 반대로 번역하기도 한다. 즉, 수업과 교수가 같은 뜻으로 또는 강조점이 조금 다른 의미로 사용되고 있다. 그러나 엄밀하게 수업과 교수에는 차이가 있고, 최근에는 이 두 가지 개념을 명백히 구분하여 사용하려는 움직임이 있다.

Gage(1964)는 "교사가 교사의 자격으로 하는 모든 행동 전체를 교수라고 하면서 학습지도, 생활지도, 학급경영 등 모든 활동이 포함된다"고 정의하고 있어, 교수는 하나의 통일된 단일 현상이 아닌 매우 포괄적인 개념이 된다. 그러나 수업은 학습자의 학습목표 달성에 교수처럼 반드시 교사를 전제하지 않고 프로그램 학습자료, 시청각 매체, 컴퓨터 프로그램 등으로도 학습목표 달성을 할 수 있다고 본다. 즉, 교수는 교사-학생 간의 인간적 교류를 전제로 한다면, 수업은 교사-학생 간의 인격적 상호작용뿐만 아니라, 자료-학생 간의 상호작용에 의해서도 충분히 이루어질 수 있다. 이와 같이 교수와 수업을 구분해서 이해하게 되면 수업은 그 내용상의 범위가 교수보다 훨씬 한정적인 것이 되므로, 생활지도나 학급경영 등은 당연히 수업의 개념에서 제외되는 것이다. 따라서 본 장에서는 수업의 의미를 교수의 의미보다 제한적으로 해석하고 개념화하고자 한다.

수업에 대한 정확한 개념화를 위해 몇 사람의 정의를 살펴보면 다음과 같다. Corey(1967)는 "수업이란 개인으로 하여금 특정한 조건하에서 또는 특정한 상황에 대한 반응으로서 특정한 행동을 나타내도록 학습하게 하거나 또는 그 특정 행동에

참여할 수 있도록 개인을 둘러싼 환경을 계획적으로 조작하는 과정"이라고 정의하고 있다. 수업에 대한 이러한 정의는 수업을 보다 과학화하려는 시도이다. 이 정의에 내포된 중요한 개념은 다음의 두 가지이다. 첫째는 수업의 명세성 또는 구체성으로서, 무엇을 가르칠 것인가에 관한 명확한 의도가 전제되어야 한다는 것이다. 둘째는 수업의 계획성으로서, 의도된 학습을 성취하기 위해 학습자의 환경 조건을 계획적이고 정교하게 준비해야 한다는 것이다.

Gagné(1977)는 "수업이란 학습자 외부에서 학습의 내적 과정을 지원하기 위해 고안된 일련의 사상"이라고 정의하고 있다. 즉, 수업은 학습의 내적 과정이 촉진될 수 있도록 교사가 수업목표에 대하여 주위를 집중시키고, 학습과제를 의미있게 부호화하여 학습자의 기존 인지구조와 잘 관련지어 저장하도록 도와주고, 필요할 때 이를 쉽게 인출하여 효과적으로 수행함으로써, 긍정적 송환효과를 갖도록 도와주는 활동이다.

이와 같은 정의를 종합해 보면, 수업이란 정해진 목표에 도달하기 위해 학습자의 내 · 외적 환경을 조작해 가는 몇 가지 변인들의 상호작용 과정이라고 정의할 수 있으며, 다음과 같은 개념들이 포함되어 있다.

첫째, 수업은 일정하게 정해진 목표에 도달하기 위한 활동이다. 그 목표는 교사의 수업 방향과 학생의 학습 방향을 제공한다. 따라서 수업은 계획적이고 의도적인 활동이며, 목표는 사전에 정해 놓은 것이기 때문에 수업은 계획이나 설계가 필요한 활동이기도 하다.

둘째, 수업은 학습자의 내 · 외적 환경을 조작해 가는 활동이다. 내적 환경은 학습자의 심리적 환경으로서 학습 동기의 유발이나 학습전략의 수립 등을 말하고, 외적 환경은 물리적 환경으로서 학습을 촉진시키는 물리적인 제반 여건을 조성해 주는 것을 의미한다.

셋째, 수업은 몇 가지 변인들의 상호작용 과정이다. 수업의 효과에 영향을 미치는 변인은 여러 가지로 볼 수 있으며, 또 이들 변인들간의 영향은 상호작용적이므로 수업의 효과나 결과는 이러한 상호작용이 어떻게, 그리고 얼마나 바람직하게 이루어지느냐에 따라서 상대적으로 결정되는 것이다.

한편, 수업이 효과적으로 이루어지기 위해서는 수업에 관련된 여러 가지 조건들이 잘 갖추어져야 하는데 이러한 조건들을 수업의 변인이라고 정의하고 이들 변인들을 살펴보면 다음과 같다.

첫째, 가르쳐야 할 내용을 의미하는 학습과제 변인이다. 이 학습과제를 어떻게 조직하느냐가 수업에서는 매우 중요하다.

둘째, 누가 배우느냐에 해당하는 학습자 변인이다. 즉, 무엇을 배우느냐 뿐만 아니라 누가 배우느냐 하는 것도 수업에서는 매우 중요한 변인인데, 학생들은 광범위한 개인차를 가지고 있어서 그 특성이 매우 다양하다. 일반적으로 학습자 변인으로 고려되어야 할 것은 학습자의 적성, 학습 흥미, 자아개념 등과 같은 정의적 변인, 그리고 건강, 신체적 조건 등과 같은 신체적 변인의 세 가지로 나누어 볼 수 있다.

셋째, 누가 가르치느냐에 관련된 수업자 변인이다. 즉, 수업은 교사가 학생들을 가르치는 행위로 이루어지기 때문에 교사의 지적. 정의적. 신체적 제 특성 또한 수업을 결정하는 데 중요한 변인이 된다. 즉, '교육의 질은 교사의 질을 넘어설 수 없다'는 말에서 알 수 있는 바와 같이, 훌륭한 교사가 있다는 것은 곧 훌륭한 교육을 할 수 있다는 말과 같다.

넷째, 수업활동 변인이다. 가르치고 배우는 과정에 해당하는 수업활동에는 수업절차 변인, 수업활동 변인, 수업매체 변인, 수업조직 변인 등 여러 가지 하위 요소가 포함될 수 있다. 먼저 수업절차 변인은 수업을 진행해 가는 흐름을 의미한다. 수업활동 변인은 수업절차의 각 단계에서 어떤 수업활동(강의, 토의, 견학, 조사, 실험 등)을 전개해 나가느냐를 말한다. 수업매체 변인은 수업의 효과를 높이기 위해 어떤 종류의 전달매체(교사의 언어, 인쇄매체, 슬라이드, OHP, 비디오 등)를 사용하느냐를 말한다.

마지막으로 수업조직 변인은 학습과제의 내용과 학습자의 특성에 따라 어떤 집단적인 상황(대집단, 소집단, 능력별 집단 등)을 꾸며 주느냐를 의미한다.

수업변인에 관한 또 다른 견해는 Reigeluth와 Merrill(1979)의 주장인데, 그들은 조건(condition), 방법(method), 결과(outcome) 등 세 가지 변인으로 구분하였다. 수업의 조건변인이란 수업방법과 상호작용을 하지만 교사에 의해 통제될 수 없는, 제약되어 있는 환경적 여건을 의미한다. 만약 조건이 교사에 의해 통제될 수 있다면 그것은 방법변인의 영역에 속하게 된다. 이때 방법이란 서로 다른 조건하에서 다른 결과를 성취하기 위한 다양한 길을 뜻한다. 조건변인과는 달리 방법변인은 교사에 의해 통제될 수 있다. 조건이 조정될 수 있을 때 방법이 되고, 방법이 교사에 의해 조정되

지 못하고 고정될 때 조건이 된다. 결과변인은 서로 다른 수업 조건하에서 사용된 여러 가지 수업방법들이 어떤 면에서 어느 정도의 효과가 있는가를 나타내는 수업활동의 최종 산물이다(임규혁, 1998). 그러므로 수업의 변인을 기준으로 정의해 보면, 좋은 수업이란 짧은 시간, 적은 노력으로 많은 학습내용을 학습하게 하는 수업이라고 할 수 있다.

2. 수업의 목표

교사의 수업기술은 크게 두 가지의 교사능력으로 구분할 수 있다. 하나는 수업의 계획과 관련된 능력이고, 다른 하나는 수업의 수행과 관련된 능력이다. 교사들은 수업에 앞서 수업의 목표들을 포함한 수업계획을 세운다. 이러한 수업의 목표들은 교사와 학습자들에게 그들이 함께 추구하는 수업활동의 목적과 이유를 제시한다. 명확한 수업목표는 교사들로 하여금 학습자들의 학습 진전의 수준을 보다 쉽게 파악할 수 있게 한다.

수업의 수행과 관련된 교사의 능력은 구조화, 모델, 코칭 등 수업기술로 구분할 수 있다. 모든 교사들의 희망은 수업을 성공적으로 할 수 있는 모델을 구축하는 것이다. 이러한 성공적인 모델은 교사들이 만들어 내는 수업분위기, 교사들이 주도적으로 이끄는 수업진행절차, 교사들이 선택하는 수업목표, 그리고 교사가 활용하고 적용하는 구조화, 모델링, 코칭과 같은 수업활동을 포함한다. 여기에서는 수업의 목표와 관련된 내용을 중심을 살펴보고자 한다.

중학교 3학년 영어교과서의 3장에 로미오와 줄리엣이라는 단원의 수업시간이다. 학생들은 왜 이것을 배워야 하는가? 라는 질문을 자신들에게 던질 수 있다. 교사에게는 왜 이것을 가르쳐야 하는가? 의 질문이 될 것이다. 이 질문에 여러 가지의 응답이 있을 수 있다. 첫째, 가르쳐야 하는 것이니까. 그러나 이러한 응답은 옹색하여 학생들의 입장에서 배워야 할 중요성과 의욕을 갖게 하지 못한다. 둘째, 로미오와 줄리엣에 관하여 알게 될 것이다. 그러나 이러한 응답엔 왜 로미오와 줄리엣을 알아야 하는가? 라는 질문이 생길 수 있다. 학생들은 끊임없이 수업의 의미와 목적을 알고 싶어 할 것이다. 이러한 호기심이 묵살된다면 학생들은 수업활동에 적극 참여하지 않게 될 것이다.

수업목표의 제시는 학습활동의 의미를 제공한다. 교사가 가르치는 수업내용의 목적을 더 명확하게 인식할수록 학생들이 그 수업내용을 배우도록 학습동기를 고취시킬 수 있게 된다. 수업목표를 명확하고 의미 있게 학습자들에게 전달 할 수 있는 교사는 학습자들이 학습과정에 적극적이고 활기 있게 참여할 수 있도록 만든다. 명확한 수업목표를 갖기 위해서 교사는 "왜 내가 이것을 가르쳐야 하는가?"라는 자신의 질문에 보다 합리적이고 논리적으로 학생들을 설득할 수 있는 분명하고 명확한 응답을 할 수 있어야 한다. 그리고 수업목표는 학생들의 관점에서 기술되어야 한다. 다시 말하면, 수업목표는 학생들이 배워야 할 것이 무엇인지 설명하는 말로 제시되어야 한다.

학습자들을 위해 교사가 어떻게 수업목표를 선택해야 할까? 복잡하고 다양한 교과목과 학년을 망라하여 적절한 수업목표를 설정할 수 있는 최선의 방법은 무엇일까? 수업목표를 설정하는 방법을 제시하는 여러 이론들 중에서 지난 수 십 년 동안 학습지도과정의 발달에 지대한 영향을 미쳐온 Tyler(1974)의 모델을 소개한다. Tyler는 교사가 전체 수업 내용에서 어떤 부분을 수업목표로 선택해야 하는지 학생들에게 가르쳐 주어야 한다고 하였다. 그러면서 학생들이 우선적으로 배워야 할 것을 수업목표로 선택할 때 교사가 고려해야 할 다섯 가지 요소를 제안했다. 먼저 목표에 관련된 세 요소로서, 수업목표는 첫째, 가르쳐야 할 학습내용에 대하여 교사가 충분한 지식을 가지고 있는가?, 둘째, 사회적으로 가치 있는 것인가?, 셋째, 목표를 달성하려는 학생들의 관심과 능력과 지식이 있는가? 이다. 그리고 이들 수업목표가 충족시켜야 하는 두 개의 요소로서 넷째, 학교와 지역사회의 교육철학에 부합하는가?, 다섯째, 학습지도의 이론과 연구가 무엇이 가르쳐 질 수 있는지 설명하고 있는가? 이다.

일반적으로 수업목표는 학습지도계획의 방향을 제시하며, 교장과 학부모들에게 학습지도의 중요성을 전달할 수 있으며, 학습자들로 하여금 적극적으로 수업과정에 참여할 수 있게 만들며, 교사의 수업지도과정을 절차에 따라 구조화 할 수 있도록 돕는다. 하지만 수업목표는 교사로 하여금 "왜 내가 이것을 가르치는가?"에 대해 응답을 하지만 특정의 수업지도시간에 무엇을 어떻게 가르칠 것인가에 대해서는 구체적으로 제시하지는 않는다. 또한 수업목표는 그 목표를 달성하기 위하여 사용

해야 할 전략과 언제 그 목표들이 달성되는지에 대해서도 방향을 제시하지 않는다.

Gagné는 이러한 문제에 대하여 다음과 같이 설명하였다. 그는 수업결과의 정확한 규명이 수업과정의 첫 단계라고 보았다. 수업결과의 정확한 규명은 교사로 하여금 수업결과를 이끌어 내기 위해 선결적인 학생들의 지식과 능력이 무엇인지 파악하도록 돕는 한편 위계적인 수업내용에 따라 이러한 지식과 능력이 언제 활용될 것인지 결정하도록 안내하는 역할을 한다. 위계적인 수업내용은 행동이나 행위의 가장 단순한 능력과 기술에서부터 가장 복잡한 능력과 기술로 배열된다. 위계적인 수업내용을 마련하기 위해서 교사는 우선 수업결과를 규명해야 한다. 그러면서 그는 수업의 결과를 언어적 정보, 지적 기술, 인지적 전략, 태도, 행위의 기능 및 기술 등 다섯 가지 형태로 분류했다.

언어적 정보는 명칭, 낱말, 사상, 혹은 설명과 같은 형태로서, 교사가 수업지도의 결과로 언어적 정보를 결정할 때 학생들은 개념이나 규칙 혹은 일반화하기 위해 낱말이나 설명을 할 수 있다. 지적 능력이나 기술은 개념, 단순한 원리, 일반화, 식별 등 수업의 결과를 통합한다. 예컨대, 바위, 혹은 소리와 같은 개념을 수업하기 전에 학생들은 보고, 만지고 들을 수 있어야 한다. 인지적 전략이란 문제해결의 과정을 의미한다. 수필작성법이라는 수업의 과정을 예로 들면, 문제해결의 선결조건으로서 개념과 수필 작성법에 대한 규칙의 수업이 선행되어야 하는 것과 같다. 태도란 교사가 학생들에게 어떤 일을 하기를 좋아하도록 원할 때, 그것과 관련된 특별한 생각, 그 일과 관련된 습관, 다른 사람들과 함께 협동하는 방식 등 수업의 결과로서 태도에 관심을 갖는 것이다. 행동의 기술이란 정밀하고 정확한 행동의 수준을 의미한다. 이와 같은 행동의 기술은 자전거 타기, 기타치기, 현미경 초점 맞추기 등과 같은 일련의 연속되는 행위로 이어진다.

어떤 특정의 수업결과를 적절한 범주 안에 분류하는 것은 교사에게 수업의 위계를 이해하고 활용하도록 돕는다. 일반적인 수업위계의 구조는 [그림 6.1]과 같이 보통 피라미드의 형태를 띄는데, 문제해결에 활용되는 인지적 전략을 정점으로 원리수업과 개념수업에 사용되는 지적 기술과 가장 기초가 되는 암기에 활용되는 언어적 정보로 구성된다. 태도와 행동의 기술은 위계의 낮은 수준에서부터 높은 수준에 이르기까지 강화에 의해 수업되어진다. 이와 같은 수업의 위계는 낮은 단계에서 높은 단계로 점진적으로 구조화되어 있으므로 낮은 단계의 수업은 바로 위의

높은 단계의 수업에 선행조건이 된다.

Gagné에 따르면 성공적인 문제해결은 그 아래 단계를 구성하고 있는 문제와 관련된 중요한 사실, 개념, 원리에 대한 수업이 먼저 이루어져야 가능해진다. 예를 들면, 학습자가 원리를 적용할 개념을 수업하지 않은 채 원리를 수업하는 것은 불가능하다. 마찬가지로 개념수업을 위해서는 언어적 정보인 암기가 우선 수업되어야 한다. 교사는 수업의 위계에서 그가 학습자들에게 가르치는 내용으로 학습자들이 무엇을 하기를 원하는지 분명히 규명할 수 있다.

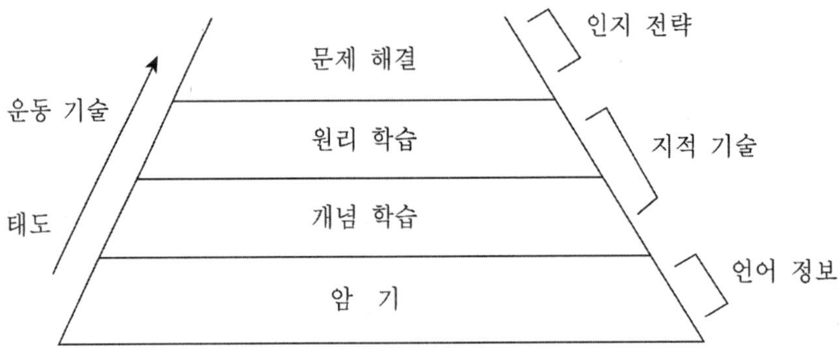

[그림 6.1] **Gagné의 수업위계**

교과서는 교사가 학생들에게 가르치도록 이미 짜여진 교과과정이다. 즉, 교사가 학생들에게 무엇을 할 수 있도록 기대하고 요구하는지 이미 정해진 것이 교과서이다. 수업지도의 매시간 교사는 모든 수준의 수업에서 학생들이 수업의 결과 무엇을 할 수 있는지 행동적 목표로 진술하는 것이 교사 자신에겐 "내가 왜 이것을 학생들에게 가르치는가?" 그리고, "학생들에겐 이것을 왜 배워야 하는가?"에 대한 의식을 분명히 할 수 있어 수업의 효과를 높일 수 있게 된다는 것이다.

한편, 수업에 대한 Gagné의 분석은 수업지도의 계획과 지도과정에서 교사가 학습자들에게 의도적으로 갖는 다양한 기대를 설명하고 있지만 수업의 분류가 너무 일반적이어서 학습자들이 언어적 정보를 얻는지, 개념을 수업하는지, 일반화를 하는지, 아니면 문제해결을 하는지, 혹은 긍정적인 태도를 발달시키는지 구체적인 행동으로 나타내 주지는 못한다.

이에 대해 Bloom을 비롯한 많은 교육학자들(Bloom, Englehart, Hill, Furst, & Krathwohl, 1956 ; Harrow, 1969 ; Krathwohl, Bloom, & Masia, 1964)은 Gagné의 분류를 좀 더 구체화하여 수업의 결과를 학습자들에게 기대하는 행동으로 진술할 수 있도록 체계적으로 분류했다. 이들은 수업의 행동목표를 인지적 영역, 정의적 영역, 신체 기능적 영역으로 분류했다. Gagné의 분류와 비교하면, 인지적 영역은 Gagné의 지적 능력과 기술에 해당하며, 정의적 영역은 Gagné의 태도, 신념, 가치에 해당하며, 신체 기능적 영역은 Gagné의 행위의 기능 및 기술에 해당된다.

인지적 영역은 주로 Bloom의 연구에 의해 분류된 것으로 Bloom과 그의 동료들은 인지적 영역이 위계적으로 구조화 된 것으로 가정했다. 즉, 높은 수준의 지적 기능부터 점차 낮은 수준의 지적 기능으로 체계적으로 상호 의존적인 구조로 되어 있다고 보았다. 각각 다른 수준의 인지적 수업목표는 그 기능의 측면에서 특성이 다르며 다른 행위동사로 말할 수 있다. Bloom이 제시한 인지적 영역은 지식, 이해, 적용, 분석, 종합, 평가 등 6개로 분류된다.

① **지식** : 인지적 영역에서 가장 낮은 지식수준의 수업목표는 학습자들에게 어떤 사실, 개념, 문제해결의 방법, 규칙 등의 정보를 암기하거나 기억해 내도록 요구한다. 지식수준에서 수업목표를 기술하는 몇 가지 행위동사의 예는 "정의하라", "열거하라", "규명하라", "선택하라", "기술하라", "짝지어라" 등이다. 학생들에게 지식수준의 수업목표를 제시하는 예를 들면, "비타민 C가 많이 함유된 음식을 다섯 가지 암기하고 일주일 후까지 세 가지 이상 기억할 수 있다".

② **이해** : 이해수준의 수업목표는 학습자들에게 읽은 내용을 번역하거나, 자신의 말로 다시 말할 수 있거나, 대화의 내용들 간에 관계를 파악하거나, 어떤 정보에 기초하여 결론을 내릴 수 있기를 요구한다. 이러한 수업목표를 기술하는 몇 가지 행위동사로는 "요약하라" "추론하라" "설명하라" "구별하라" "추정하라" 등이다. 학생들에게 이해수준의 수업목표를 제시하는 예는 "학생들은 읽기 과제에서 현실주의자와 자연주의자의 차이를 구별할 수 있을 것이다."

③ **적용** : 적용은 어떤 다른 문제 상황에서 먼저 획득한 정보를 적용하는 상황이라는 점에서 이해와 구분된다. 그러므로 학습자들은 앞서의 문제해결과정에서 일어났던 본래의 수업내용이나 상황과 다른 입장에서 앞에서의 정보를 활용하게 된다. 이러한 수업목표를 기술하는 몇 가지 행위동사로는 "바꾸어라" "계산하라" "수정하라" "사용하라" "풀어라" "관련지어라" "조직하라" 등이 있다. 학생들에게 적용수준의 수업목표를 한 가지 예시하면, "다음 주 월요일에 학생들은 에너지보존법칙을 실제생활에 적용한 한 가지 이상의 예를 학급에서 발표할 수 있을 것이다."

④ **분석** : 분석수준에서의 수업목표는 학습자들에게 논리적 오류를 규명하라든지, 혹은 사실과

관점의 차이를 설명하라고 요구할 수 있다. 분석수준에서 학생들은 여러 관점이나 견해들을 비교하고 대조하든지, 혹은 관련성을 규명하도록 요구받는다. 몇 가지 행동으로 요구하는 동사의 유형은 "관련지어라" "설명하라" "지적하라" "도표로 그려라" "개괄하라" 등이 있다. 수업목표를 한 가지 예시하면, "대통령의 기자회견 내용에서 학생들은 교육정책에 관한 긍정적인 점과 부정적인 점을 대조하며 지적할 수 있을 것이다."

⑤ **종합** : 종합수준의 수업목표는 수업자들에게 어떤 고유특성이나 본성을 산출하도록 요구한다. 즉, 학생들은 새로운 문제해결에 어떤 독특한 방법이나 그런 독특한 해결방법들을 조합한 새로운 해결방법을 이끌어 내도록 요구받는다. 행동으로 요구하는 몇 가지 동사의 유형은 "창조하라" "개발하라" "예상하라" "설계하라" "고안하라" 등이 있다. 이에 관련된 수업목표를 한 가지 예시하면, "짧은 단어들이 제시되면 학생들은 의미 있는 이야기를 만들어 낼 수 있을 것이다."

⑥ **평가** : 평가의 수업목표는 학습자들에게 어떤 특정의 목적을 지닌 해결방법, 생각들, 사람, 혹은 상품 등의 가치에 대하여 판단하도록 요구한다. 예컨대, 학생들은 결론에 이르는 그들의 기준과 원칙 등을 기술하도록 요구받는다. 행동으로 요구하는 몇 가지 동사의 유형은 "감상하라" "비판하라" "정당화하라" "지지하라" "대조하라" "판단하라" "논의하라" 등이 있다. 이와 관련된 수업목표를 한 가지 예시하면, "한 국가의 경제체제에 관한 글을 읽으면 학생들은 민주주의의 원칙에 기초하여 비판적인 관점을 방어할 수 있을 것이다."

정의적 영역은 주로 Krathwohl의 연구에 의해 분류된 것으로 수용, 반응, 가치화, 조직화, 성격화 등 다섯 가지 수준으로 분류된다. 수용은 학습자가 교사의 설명을 듣고 있든지, 수업에 수동적인 자세로 참여하고 있는 상태를 의미한다. 반응은 학습자가 교사의 지시에 따르거나, 반응하는 형태를 의미한다. 가치화란 학습자가 강요받지 않는 어떤 상황에서 어떤 신념이나 태도와 일관된 행동을 하는 수준이다. 조직화란 학습자가 일련의 가치를 형성하고 그러한 가치를 자신의 것으로 나타내며 다른 사람들과 대화하는 수준이다. 그리고 정의적 영역의 가장 높은 수준인 성격화란 학습자의 전체행동이 자신이 삶의 철학에서 형성해 온 일관된 가치들이 내면화된 상태의 표현인 수준으로 볼 수 있다.

오늘날 우리의 학교교육이 입시위주의 교과지도에 치중한 반면 정의적 영역의 교육이 부진한 상태에 있음을 고려하면 Krathwohl과 그의 동료들이 시도한 정의적 영역의 수업목표 분류는 교사들에 의해 좀 더 중요시되고 활용되어져야 한다. 특히 인지적인 수준에서 옳고 그름을 식별하고 이해하는 수준에 머물고 있는 학교의 도덕 · 윤리 교육현실을 생각하면 가치화와 조직화와 성격화 수준에서 정의적 교육

이 좀 더 체계적이고 조직적인 수준에서 이루어질 수 있도록 노력해야 할 것이다. 수업목표는 수업시간에 학생들이 무엇을 해야 할 것인지 알게 함으로써 수업의 동기를 불러일으키며 좀 더 적극적이고 활기 있고 의욕적으로 수업활동에 참여하게 이끈다. 정의적 영역의 교육수준을 높이기 위한 우선과제는 효율적이고 합리적인 수업목표를 제시하고 수업을 진행하는 일일 것이다.

3. 수업의 종류

1) 개념과 원리의 수업

개념수업은 모든 학교 수준의 중요한 교육목표이다. 개념은 자기 주변의 사물을 알고, 반복수업의 필요성을 감소시키고, 환경의 복잡성을 단순화시키고, 행동에 방향감각을 부여하고, 다양한 사상(사상)을 관련지우고 정리하는 일 등에 유익하게 사용된다(Bruner, Good-now, & Austin, 1956). 개념이란 한 가지 또는 그 이상의 사물(대상, 사상, 과정)의 특징에 관한 정리된 정보로서 어떤 특수한 사물을 다른 사물로부터 구별하거나 관련시을 수 있게 하는 것이다. 개념은 지적활동의 기본적 대행자이며 어떤 면에서는 외적 입력과 외현적 행동을 연결하는 것이라고 말할 수 있다. 2개 이상의 개념이 어떤 원칙에 따라 연결됐을 때, 그것을 원리라고 한다. 원리는 흔히 원인-결과, 상관관계, 또는 확률 등으로 표현되며, 때로는 법칙 또는 규칙이라고도 한다. 개념 수업은 다음과 같은 특징을 지니고 있다.

첫째, 개념과 그 개념의 속성을 식별하고 명명하는 것이 개념의 습득과 사용을 촉진하므로 개념을 정의하고 그 정의된 개념의 속성을 말해 준다. 개념수업을 위해서 교사가 그 개념을 정의하고, 또한 학생들이 이해할 수 있는 적절한 언어로 개념의 이름을 말해줄 필요가 있다. 나아가서 그 개념과 관련된 속성들을 말해 주는 것도 개념 수업을 도와 준다. 개념의 속성을 안다는 것은 실제 대상을 직접 경험하거나, 그림으로 그려진 것을 보거나, 또는 언어적인 설명을 통하여 듣거나 하는 방법들을 통해서 가능하다. 직접경험은 물론 효과적이긴 하지만, 이것만이 언제나 최선의 방법은 아니다. 때로는 경험할 수 있는 실제 대상이 없을 수도 있고, 또는 실제 대상이 있긴 하지만 직접적인 경험이 오히려 그 속성을 파악하는데 방해가 되는

경우도 있다. 예컨대, 파충류와 연체동물의 차이를 가르치기 위해 살아있는 뱀과 달팽이 등을 교실에 가지고 온다면 아마 소란을 일으켜 오히려 수업에 방해가 될 것이다.

둘째, 개념은 계열성과 난이도에 따라 배열할 필요가 있다. 개념의 난이도를 결정하는 두 가지 요인은 학생의 인지수준과 개념 자체의 속성을 들 수 있다. 여기서, 개념의 속성이란 ① 그 개념 실례의 입수 가능성, ② 실례의 식별 가능성, 그리고 ③ 개념의 정의에 합치되는 단위를 말하는 개념의 타당성 등이다. 예를 들면, 이러한 속성들 각각에 대하여 수업하기 쉬운 것과 어려운 것의 양극에 있는 개념들을 살펴보면 ①의 경우는 개-우주, ②의 경우는, 자동차-핵융합, ③의 경우는, 새-하늘 등이다. 개념의 속성이 학생들의 인지적 수준에 적절한 것인가하는 문제와 함께 고려해야 할 것은 보기들을 적절히 계열화하는 일이다. 개념의 일반화가 잘 되지 않거나, 지나치게 일반화되거나, 혹은 개념화가 잘못되는 경우는 보기들을 적절히 계열화함으로써 이것을 줄일 수 있다. 일반화가 잘 되지 않는 것은 보기가 너무 적게 주어졌기 때문인데, 예컨대, 한 가지 색깔의 고양이만을 보기로 제시한다면 다른 여러 가지 색의 고양이는 고양이로 알지 못하게 될 수도 있다. 반면, 지나친 일반화는 그 개념의 보기가 아닌 것의 예가 별로 제시되지 않을 경우 나타나는데. 예컨대, 클로버나 민들레를 잔디의 종류가 아닌 것으로 말해 주지 않는다면, 학생들은 잔디밭에 함께 자라나는 이것들도 잔디라고 잘못 생각하게 될 것이다.

셋째, 반응의 정확성을 인식하는 것이 개념의 획득과 정예화에 필요하므로 피드백 제공의 절차를 확립한다. 학습자가 수업을 정확하게 하고 있는지, 잘못하고 있는지를 알려지는 일은 매우 중요하다. 이 일을 해주는 것이 피드백이다. 따라서 피드백의 양이 증가할수록 개념획득의 수준도 증대된다. 피드백은 개념획득 과정에서 매 수업 때마다 주어져야 하지만, 특히 수업이 잘못 되었을 경우에는 반드시 주어져야 한다.

넷째, 개념을 자주 사용할수록 그 의미가 확대되므로, 개념의 적절한 사용을 장려한다. 수업한 개념을 실제로 적절하게 사용하는 것은 그 개념을 파지하고 또한 다른 상황에의 전이를 위해서 중요하다. 그러나 불행히도 학생들은 새로 획득한 개념을 아무런 도움없이도 응용하고 전이할 수 있다고 생각하는 교사들이 많이 있다. 이러한 생각은 잘못이며, 특히 직접 경험이 아니라 주로 언어적인 방법으로

개념을 수업했을 경우에는 더욱 문제가 된다. 따라서 그 개념을 여러 가지 상황에서 적절히 사용할 수 있도록 장려하는 것이 필요하다.

다섯째, 개념과 원리의 수업에 있어서 자율성을 고취하기 위해서는 자발적 탐구와 평가가 필요하므로, 학생들로 하여금 발견과 독립적 평가를 하도록 지도한다. 최근 교육현장에서 기계적인 암기식을 벗어나 탐구수업으로 지향하는 경향이 나타나기 시작했다. 그러나 때로는 탐구수업을 교사가 학생들에게 아무 것도 도와주지 않는다는 뜻으로 잘못 받아들여지기도 했는데 그것과는 정반대이다. 즉, 교사는 학생의 발견이 일어날 수 있도록 하기 위하여 세밀히 계획하고 또한 신중히 지도해야 한다. 탐구수업 프로그램은 교사들에게 몇 가지 책임들을 부과한다. 즉, 학생들에게 실제적이고 의미있는 문제를 제시하고, 학생들이 정보를 수집할 수 있도록 지도하고 격려하여, 학생들에게 적절한 피드백을 즉각적으로 줄 수 있는 민감한 환경을 마련할 것 등이다. 특히 강조되어야 할 점은 정상적인 수준으로 학생들을 지도해야 한다는 것인데, 그렇게 함으로써 학생들이 제 각각으로 개념을 획득하는 것이 아니라 공동으로 받아들여질 수 있는 개념을 수업하게 된다. 또한 교사는 학생들을 도와주는 일이나, 자유와 책임을 부여하는데 있어서 적당한 균형을 유지해야 한다.

2) 문제해결력의 수업

문제해결수업은 개념이나 원리 등의 수업을 바탕으로 해서 이루어지는 것 보다 높은 수준의 인지활동 영역 중의 하나이다. 물론, 문제해결이 여러번의 시행착오를 거쳐서 가능한 것인지, 아니면 통찰에 의해 가능한 것인지 하는 논쟁은 계속되어 온 것이다.

문제해결과 관련하여 Harlow(1959)는 시행착오와 통찰에 의한 수업을 관련지을 수 있는 연구를 발표했다. 침팬지에게 위치상으로 좌우에 관계없이 두 개의 자극중 큰 것을 알아 맞히는 등의 단순한 변별 문제를 주었다. 처음에는 시행착오를 하면서 많이 틀렸으나, 여러번 반복해 나감에 따라서, 정답을 맞추는 횟수가 늘어났다. 그런 다음, 침팬지에게 자극의 크기가 아니고 색깔을 맞추는 변별문제를 주었다. 여기에서 침팬지는 첫 실험에서 보다 시행착오가 훨씬 감소된 것을 확인했다. 이런 식으로 다양한 문제를 제시함에 따라, 침팬지의 시행착오는 점점 감소되어 갔으며, 나중에 가서는 문제가 제시되자마자, 금방 알아맞추곤 했다. 이 마지막 단계에서의 침팬지의 수업은 마치 통찰에 의한 것처럼 보였다.

Harlow는 이러한 현상을 "수업의 수업"(learning to learn) 또는 "수업 세트"(learning set)라고 불렀다. 바꾸어 말하면, 동일한 유형의 다른 문제에 전이하는 수업의 방법을 수업할 수 있다는 것이다. Harlow는 자신의 연구가 시행착오에서 통찰로 서서히 진행하는 것을 증명했다고 생각하며 "인간의 행동을 광범위하게 일반화한다면, 한 영역에서의 초기의 수업은 어렵고 불만스럽지만, 숙달한 뒤의 동일한 영역에서의 수업은 간단하고 힘들지 않게 된다"는 결론을 내렸다. Harrlow의 연구는 또한 어떤 지식, 개념, 또는 원리를 일단 수업한 뒤에는, 그것이 다른 문제의 해결에 원용될 수 있다는 것을 시사한다. 문제해결력 자체가 일반적 능력이며 기능이며, 따라서 수업될 수 있는 것이라고 말할 수 있다.

문제해결력 수업은 첫째, 문제상황에 대한 민감성을 가지고 그것을 직접 분석하는 것이 문제해결의 선행사건이므로, 학생들로 하여금 해결될 수 있는 문제를 탐지하고 진술하도록 돕는다. 일반적으로, 문제를 구체적으로 진술하는 것이 초점이 분명하기 때문에 더 중요하다. 문제를 탐구하고 한정해서 그 문제를 해결 가능한 형태로 만드는 일은 학교 상황에서도 매우 중요하다. 그러나 오늘날 학교는 학생들에게 문제를 탐색하고 진술하는 경험을 거의 주지 못하고 있다. 여기에 탐구훈련의 필요성이 있다. 실제로는 학생들에게 문제가 주어질 때, 문제해결에 필요한 정보가 함께 주어지거나 심지어 해결 자체마저도 주어지는 소위 '이미 해결된 문제'인 경우가 허다하다. 따라서 교사는 학생들이 문제를 탐색하고 진술할 수 있는 경험을 제공해야 한다. 이러한 활동은 세밀히 구성되고 계획되어야 한다. 학생들이 질문을 하고 문제를 진술하기 전에는 모든 노력이 헛수고가 되도록 할 필요도 있다. 학생들이 스스로 핵심적인 질문을 제기하고 문제를 간결하게 진술하는 기술을 개발하는 것이 보다 중요하기 때문이다. 물론 이렇게 하기 위해서는 많은 시간이 필요하지만, 무엇보다도 먼저 이루어져야 하는 일인 것만은 틀림없다.

둘째, 저장된 정보를 검색하고 새로운 정보를 확보하는 것이 성공적인 문제해결에 필요불가결하므로 학생들이 정보를 갖고 처리하도록 도와 준다. 학생들이 스스로 문제를 진술하려는 노력에서 이미 많은 정보들이 처리된다는 점에서 이것은 앞의 원리와 중복되는 점이 없지 않다. 그러나 문제가 일단 진술된 후에 그 문제와 관련있는 정보를 철저히 찾아보아야 한다는 것은 분명하다. 때로는 그 정보가 이미 학생들의 기억 속에 있는 것이고, 그것을 회상시키는 문제인 경우도 있다. 적절한 정보가 회상된다 하더라도 보충적인 정보를 선정하는 일이 필요하다. 주어진 문제의 해결을 위하여 적절한 자료를 찾는 일에 특별한 기술을 가지고 있는 학생들도 있다. 그러나 도서관 근처에도 가보지 못했거나, 어디서 정보를 찾아야 하는지조차도 모르고, 적절한 정보를 찾고 처리하는 일을 전혀 해보지 못한 학생들도 있다. 따라서 학생들이 이러한 기능을 개발할 수 있도록 교사는 직접 시범을 보여주면서 도와 줄 필요가 있다. 학자, 탐구자, 문제해결자, 연구자, 체계적인 정보처리자로서의 교사의 모습은 학생들에게 큰 영향을 미친다. 그러나 불행히도 아직 교과서에 있는 것이 전부라는 생각을 가지고 있는 교사들이 많다. 교과서만 잘 가르친다고 해서 문제가 다 해결되는 것이 아니라는 점을 생각해 볼 필요가 있다.

셋째, 가설설정과 검증을 도와 준다. 문제해결에 있어서 학생이 문제의 여러 가지 가능한 해결책, 또는 가설을 스스로 설정해 보는 일은 매우 중요하다. 가설을 설정하고 검증하는 능력은 물론 성숙과 경험의 영향을 받는다. 연령이 증가할수록 가설설정 능력도 증가하고 부적절한 가설을 폐기하는데 있어서 보다 융통성이 있을 수도 있다.

교사는 학생들이 많은 가설을 만들어 보고, 그 가설들을 체계적으로 검증하는 경험을 하도록 도와줄 필요가 있다. 이 점에서 교사는 관습적인 태도를 항상 경계해야 한다. 관습적이라는 것은 어떤 주어진 문제의 해결에서, 심지어 아무런 관련이 없는 문제에서 조차도, 정해진 한 가지 방법만을 사용하는 것을 말한다. 관습적인 태도와 밀접하게 관련된 또 다른 현상은 기능적 고착성(functional fixedness)이다. 기능적 고착성이란 예전에 문제해결의 경험이 있을 때, 현재에 주어진 문제가 예전의 해결방법으로는 부적절한데도 불구하고, 그 방법으로 해결하려는 경직된 태도를 말한다. 일반적으로 교사는 학생들이 한 가지 종류의 문제에 여러 가지 해결 방법을 사용하도록 가르치고, 또한 문제해결과정에서도 여러 가지 가설을 설정하도록 함으로써 습관적인 태도나 고착성을 극복하도록 도울 수 있는 것이다.

넷째, 자기자신의 독특한 문제해결방식의 효율성을 판단하고 자신이 해결한 것이 옳은지를 평가하는 것은 문제해결의 자율성을 육성하는데에 중요하므로, 가설과 문제해결 능력의 평가를 하도록 권장한다. 학생들이 그들의 가설설정과 문제해결 능력을 스스로 평가할 수 있도록 하는 것이 중요하다. 이러한 평가기술이 잘 발달된다면, 학교밖의 상황에서나 성인이 되어서도 문제해결력을 계속 길러 나갈 수 있을 것이다. 그러나 대부분의 학교에서는 문제해결력이 그리 중요한 것으로 받아들여지지 않고 있다. 교사는 우선 실제적인 정보나 개념의 획득을 더 중요하게 생각한다. 교사가 정보나 개념을 중요하게 생각하는 만큼, 능동적인 문제해결력도 중요하게 생각할 수 있어야 한다. 뿐만 아니라, 교사는 학생들에게 문제해결력을 가르치는 일, 즉 모든 종류의 중요한 문제해결을 능동적으로 수행할 수 있게 하는 것 이상으로 많은 일을 할 수 있어야 한다. 즉, 학생이 자기의 문제해결력을 솔직하게 평가할 수 있도록 도와주어야 한다. 이러한 학교경험을 통해서 학생은 정확하고 능률적인 문제해결자로 성장할 수 있다.

3) 창의력의 수업

창의력은 예술, 과학, 언어 등 다양한 분야에서 큰 관심을 끌고 있는 인간능력으로서, 교육에서 간과할 수 없는 심리적 속성이다. 창의력이란 무엇인가? Day와 Berlyne(1971)은 창의력을 고도의 사회적 유용성 또는 좋은 형태를 갖는 참신한 산물을 내는 능력이라고 정의하면서, "참신성"이 창의력의 유일한 준거가 될 수 없다. 왜냐하면, 정신분열증 환자나 어린 아이들이 아무렇게나 단어를 나열해 놓은 것도 창의력이라고 하는 위험이 있기 때문이라고 덧붙이고 있다. 그들은 또한 창의력이란 유용성, 즉 유의미하거나 문제를 해결해야 한다는 조건이 충족되어야 한다고 말한다. Torrance(1971)는 문제해결력과 관련하여 "창의력이란 본인이나 사회에 참신하고 가치로운 산물, 과거에 수용되던 아이디어 수정 또는 거부를 요구하는 비관습성, 강한 동기와 비싼 지적에너지의 사용 등으로 특징지워지며, 최초에는 막연하고 혼란스러운 문제 때문에 야기되는 특별한 문제해결방식이라고 할 수 있다"고 정의하였다.

창의력에 대한 위의 두 정의를 더 해석할 필요없이, 우리는 창의력이 교육에서 중요한 차원임을 짐작할 수 있고, 그것이 문제해결과 밀접한 관계를 맺고 있기에 중요하다고 생각한다. 따라서 지금 우리는 창의력 신장을 위한 수업조건과 구체적

인 지도전략을 가지고 있어야 할 것이다.

창의력 신장을 위한 수업은 첫째, 확산적 사고를 할 수 있도록 도와 주어야 한다. 아동의 정신세계의 한 특징은 바로 독창적인 표현이라고 말할 수 있다. 아동들의 언어, 노래, 시 등에서 우리는 창의적인 것을 발견할 수 있으며 아동들이 상상세계의 폭이 넓다는 것은 이미 잘 알려진 사실이다. 이처럼 아동들이 독창적이고 확산적인 성향을 가지고 있음에도 불구하고, 학교는 아동들의 이러한 능력을 개발하기 위한 수업방안이나 시간을 거의 가지고 있지 않다. 사실 아동들의 이러한 성향을 격려해 주는 것이 결핍되어 있다는 것은 그들의 흥미를 묵살하는 결과가 되고 만다. 전형적인 학교교육과정은 학생들이 독창성을 발휘할 수 있도록 해주는 것이라기보다는, 이미 잘 알고 있는 것을 다시 되풀이하도록 하는 자료나 활동으로 메워져 있다. 뿐만 아니라, 전형적인 학교교사들은 학생들이 독창적인 사고나 행동을 하도록 자극하기 보다는 오히려 교과서나 교육과정 지침서 등을 가지고 그대로 수업을 진행하는 경우가 대부분이다.

교사는 학생들이 확산적 사고를 할 수 있도록 도와주는 자료를 개발하는 입장에 있어야 한다. 확산적 사고력은 장기간의 격려와 연습을 통해서만 충분히 발달할 수 있으며, 또한 이것은 취미로 그림을 그리는 일로부터 전문미술가에 이르기까지, 또는 간단한 생활잡기를 쓰는 것으로부터 노벨문학상을 수상할 정도의 소설을 쓰는 작가에 이르기까지 등 다양하게 나타난다. 만일 학교가 창의력을 개발시키려고 한다면 대부분의 교사가 이에 관심을 가지고 상상력을 길러주는 데에 항상 관심을 가져야 할 것이다. 한 교사가 1년에 단 3, 4시간 정도의 관심으로 학생들이 창의적인 글을 쓴다든가 그림을 그리게 할 수는 없으며, 그것으로 학생들의 창의력에 영향을 미친다는 것도 바랄 수도 없다.

둘째, 학교 안팎에서 강한 긍정적인 인간관계를 맺도록 도와주어야 한다. 창의력 신장을 촉진시키거나 그것을 방해하는 요소로서 교사의 통제가 중요하다는 것이 밝혀진 바 있다. Chambers(1973)은 여러 창의적인 학자들에게, 그들이 대학에 다닐 때 그들이 창의적이라고 생각됐던 교수의 특징, 창의적인 사고를 방해하는 교수들의 특징을 회상해 보도록 했다. 그 결과 교수와 학생과의 인간관계가 중요한 요인으로 나타났다. 비록 이 연구가 대학교수를 대상으로 한 것이긴 하지만, 초등학교에서도 비슷한 결과를 얻을 수 있었다.

Spaulding(1963)은 10개 학교에서 4, 6학년 학급담임교사를 대상으로 관찰한 결과, 학생의 확산적 사고와 관련있는 독창성, 융통성 등을 억제하는 경향을 가진 두 가지 수업유형이 있음을 발견했다. 그 첫째는, 훈계와 질책으로 통제하는 고도로 조직화된 학급이고, 다른 하나는 학생의 인지적인 면은 무시하고 단지 사회정서적인 특성에 따라서 응하는 유형이다. 이러한 두 가지 종류의 학급에서는 학생의 창의성이 효과적으로 길러질 수 없을 것이다. 교사와 학생간에 학급 안팎에서의 강한 긍정적인 관계가 학생들의 활동과 사고에 집중될 필요가 있다.

셋째, 창의적인 표현을 강화하고 고무할 필요가 있다. 학생의 창의적 표현은 교사와 학생간의 관계에서 이미 언급한 것처럼, 계속적으로 고무되고 강화될 필요가 있다. 그러나 학생의 창의적인 활동에 대해서 직접적이고도 공개적인 강화를 일상적으로 하는 교사는 찾기가 어렵다. 한 가지 방법만 옳은 것이라고 가르치고, 그것에 따라서 보상을 하는 것은 결국 학생의 창의력을 저해하고 말 것이다. 운동경기에서 좋은 예를 볼 수 있다. 사격, 농구, 높이뛰기 등에서 유일한 최선의 방법이나 자세가 있다고 일반적으로 믿어져 왔고, 그래서 오랫동안 운동경기에서 능력의 최고 한계는 어느 정도 고정된 것으로 생각되었다. 그러나 운동방법이나 자세 등에서 새로운 방법이 고안되면서 이전 기록들을 현저하게 능가할 수 있었다.

수업중에도 학생들의 창의적 표현을 고무하고 보상할 수 있는 일이 얼마든지 있다. 예컨대, 교사의 질문방식이 중학교 학생들의 대답의 유형에 상당한 영향을 줄 수 있다(Gallagher & Aschner, 1963). 교사가 '확산적인 질문'을 하면, 학생들도 '확산적인 반응'을 보이게 된다. 다시 말해서 교사는 학생들이 확산적인 활동을 하도록 조장하는 방법으로서 확산적인 질문을 사용할 수 있다. 이외에도 교사는 학생의 창의적인 표현에 대해 여러 가지 방법으로 보상할 수 있다.

한 가지 일반적인 방법은 학생들이 생각해 낸 아이디어나 질문에 어떻게 대해주느냐 하는 문제인데, 교사는 학생들의 엉뚱한 질문이나 아이디어들을 존중할 수 있어야 하며, 학생들이 자신들의 생각이 가치있는 것이라고 믿을 수 있도록 행동해야 한다. 학생들이 조직한 교내 미술전시회, 학예회, 음악발표회, 문예지 발간 등은 학교 내에서의 학생들의 생활에서 창의성을 길러주기 위한 것일 뿐만 아니라, 졸업후에도 이러한 창의성이 지속될 수 있게 해주는 것이다. 이러한 맥락에서 볼 때, 전반적인 학교생활을 통해 계속적인 관심을 가지고 창의력을 길러주는

일이 중요하다.

넷째, 독특하고 창의적인 성격을 증진시킨다. 창의적 사고가 물론 인지적 능력의 한 측면이기는 하지만 그것이 개인의 성격과도 상당히 밀접한 관련이 있다는 것은 분명하다. 태도와 성격의 문제는 다음 절에서 상세히 다루기로 하고 여기서는 창의성과 관련해서 간단하게 언급하기로 한다. 학교에서 독특하고 창의적인 성격을 증진시킨다는 것은 교사에게는 상당히 어려운 문제임에 틀림없지만, 교사는 개개 학생 내부에 있는 독특성을 발견하고 조장해야 한다. 성격이란 점에서 보면, 창의적인 사람이란 '의존적' '순응적' '관습적'이라기보다는 '독립적', '호기적', '비관습적', '감수적', '자기 만족적'이라고 표현할 수 있다. 교사들은 아동에게 있는 이러한 특징에 비추어서 자신의 태도를 살펴볼 필요가 있으며, 또한 이러한 특성들을 어느 정도 받아들일 수 있는지를 결정해야 한다. 창의적인 사람은 전통에 대해 더 많은 의문을 제기하고, 다른 사람이 자기를 어떻게 보는가 하는 문제에는 별로 관심을 가지지 않는다. 이런 창의적인 학생이 학교에서 만족을 얻을 수 있도록 교사는 보다 다양한 행동들을 받아들이며, 나아가서 그러한 행동들을 조장해 줄 수 있어야 한다.

4) 가치 태도 및 인성성장을 위한 수업

가치와 인성 등 정의적 특성은 학교교육에서 지적 특성의 교육에 비해서는 2차적인 관심사가 되고 있는 것이 사실이다. 이론적으로는 Freud의 정신분석이론이 인간의 정의적 특성은 4~6세경에 확고히 영글어지기 때문에 그 이후의 가치관 형성이나 인성교육은 효과가 없을 것이라는 주장이 있다. 또 지적 과제에서의 성공경험이 정의적 특성을 강화한다는 많은 연구들이 있다. 실제로, 학교교육이 전통적으로 지적 특성의 교육에 상당히 치중되어 있어, 정의적 특성의 교육에는 관심을 쏟을 현실적 여유가 없다. 그러나 정의적 특성의 교육, 가치교육, 태도교육, 인성교육은 학교교육의 중요한 과제가 아닐 수 없으며, 수업활동을 통한 가치와 인성 통합의 구체적이고 체계적인 대책이 강구되어야 한다.

가치관과 인성성장을 촉진하는 수업도 지적 특성을 위한 수업과 같은 맥락속에서 생각할 수 있다. 우선 육성시키고자 하는 가치관을 확인할 필요가 있다. 일반적으로 학교는 가치, 태도 등 정의적 영역에서 일관성있고 효과적인 방안을 갖지 못하고 있다. 다시 말해서, 많은 학교들이 바람직한 태도와 가치를 길러주는 데에 어려움이 많다. 가치나 태도가 무엇인가 하는 것도 모호한 말로 나열되는 경우가 보통이며, 여기에서 흔히 사용되는 덕목이란, 말하자면 성인이 아동들에게 설교하는 형식이 되어 있다. 모호한 개념으로 사용될 때 그 태도를 기르는데 도움이 되지 못한다는 것은 자명하다.

비록 학교가 정의적인 영역에 관심을 기울이지 못한다 하더라도, 학교는 이 점에 대해서 해결책을 찾으려는 노력을 기울여야 하고 또한 그렇게 할 수 있다. 이것이 우선 해야 할 일이다. 예컨대, 환경교육, 인간의 권리와 책임, 개인적 감정의 지각등과 관련되는 교육과정을 조화시킬 수 있다. 물론 정의적 영역에서의 수업목표를 나열하는 것은 정의적 수업의 결과에 대한 체계적인 정보를 마련하고 용어들을 명백히 하는 일이 되어야 한다. 이를 위해서 정의적 개념들에 대한 교육정책가, 교사, 학생들의 견해를 종합평가할 수 있는 질문지등이 유용하게 사용될 수 있다 (Eyster, 1973).

가치나 태도 등의 수업에 관해서도 여러 가지 견해들이 있다. Bandura(1986) 등은 아동이나 심지어 성인까지도 관찰과 모방을 통해서 수업하며, 태도 등도 역시 이러한 방식으로 수업된다고 주장한다. Piaget와 Kohlberg는 아동들이 가지는 도덕적 개념은 단계적으로 발달하는 것으로 보았다. 이러한 여러 이론들과 연구결과들을 종합해서 학생들이 길러야 할 긍정적인 태도는 무엇이며, 이것을 어떻게 발달시킬 것인가를 학교는 분명하게 할 필요가 있다

둘째로는, 적절한 시범(모델)을 제시하는 것이 크게 도움이 된다. 학교에서 보여주는 시범은 학생들에게 중요한 영향을 미친다. 학교에서의 시범은 수업매체가 될 수 있다. 특히 초등학교 수준에서는 교사가 중요한 동일시 대상이 된다(초등학교에 여교사가 대부분을 차지한다면, 남자아동들에게는 시범의 문제가 될 수 있다). 남녀 교사의 비율이 균형을 이루고 또한 교사들의 특성이 다양할 때, 학생들이 동일시 대상을 찾는데 도움이 된다.

수업매체도 역시 모방의 대상으로서 충분하지 못하다. 학교의 교과서나 참고서들은 주로 단편적이고 제한된 환경이나 생활모습을 그리고 있는 경우가 많다. 교과서에 묘사된 주인공도 특수한 인물들로서 대부분의 아동들은 그를 모방할 수 없을

정도이다. 여주인공의 경우도 마찬가지이다. 주로 경쟁심이 많고 그래서 성공한 경우가 아니면, 수줍어하고 친절하고 경쟁심이 별로 없는 양극단적인 것이 대부분이다. 여자 아동들이 이 들중 하나를 모방대상으로 선택할 수는 없는 일이다. 따라서 학교에서의 읽을 거리에서 학생들이 보다 광범위한 본보기를 접할 수 있게 하는 것이 필요하다.

셋째, 유쾌하면서도 동시에 교육적인 경험을 마련해 주어야 한다. 새로운 태도를 길러주거나, 이미 형성된 태도를 변화시키는 일은 매우 어려운 일이다. 학생들은 이에 대해서 방어적 태도를 가질 수 있기 때문에 세심한 주의를 요한다. 따라서 태도교육의 대상에 대한 유쾌한 경험, 교육적인 경험을 하도록 하는 것이 유익한 방법이다. 예컨대, 학교에 대한 호의적인 태도를 기르도록 한다고 할 때, 교실을 즐겁고, 매력있고, 안락한 곳으로 만드는 일이 필요하다. 그러나 이보다 더 중요한 것은 교사의 칭찬과 격려일 것이다.

학생들의 행동에 대해 피드백을 준다는 것은 학교에 대한 정의적인 성향이나, 자신에 대한 자기평가에 상당히 큰 영향을 미친다. 만일 계속적으로 부정적인 피드백을 준다면 교사에 대해서나 자신에 대해서 부정적인 감정을 가지게 될 것이다. 학교에서의 태도수업에 있어서 정보의 역할이 크다. 특히 학생의 태도가 아직 형성되지 않았을 경우, 초기 수업으로서의 정보적 경험은 매우 유용하다. 즉, 주어지는 정보에 의해서 태도가 형성되며 초기수업이 촉진된다. 만일 어떤 태도가 이미 형성되어 있고, 그 태도를 변화시키려고 하는 상황이라면 문제는 더욱 복잡해진다.

넷째, 적절한 실행기회를 마련해 주어야 한다. 실제로 행동해 보는 것은 태도의 의미나 감정요소들을 통합해서 보다 안정된 태도를 지닐 수 있게 해준다. 그러나 강제적인 실천이 되지 않도록 주의해야 한다. 실제로 학교에서는 태도훈련이 그리 강조되지 않고 있는데, 그것은 태도를 행동으로 옮기는 것을 별로 중요하게 여기지 않는다는 것과 같다. 예컨대, 공해에 대한 태도를 생각해 보자. 물론 공해는 건강을 해치는 것이라는 사실을 잘 안다. 아동들은 자동차들이 내뿜는 매연, 공장에서 쏟아져 나오는 폐수, 더렵혀진 공원, 오염된 강 등에 대해 비난할 줄도 안다. 그러나 이러한 것은 반공해적인 정보 또는 감정요소를 나타낸 것일 뿐이며, 태도의 행동요소는 결핍되어 있다. 매연을 내뿜는 자동차나 공장을 고발한다거나, 더렵혀진 공원을 깨끗이 하는 운동을 한다거나 하는 행동을 훈련시키는 일이 필요하다.

다섯째, 도덕적 딜레마를 제시한다. 이에 대해서 다음 절에서 자세히 논의할 것이다. 이것은 Kohlberg등이 개발한 방법이다. 도덕적 원리를 직접적으로 가르친다는 것은 아동의 도덕적 발달단계보다 더 높은 단계에 노출시키는 결과가 되어 효과적이지 못하다. 따라서 교사는 각 아동들의 발달단계가 어디에 와 있는지를 알아야 하고, 주어진 딜레마보다 한단계 위에 있는 아동들에게 딜레마를 주며, 그들에게 선택 이유를 분명히 하도록 하고, 그리고 나서 다음 단계의 갈등을 경험하도록 하여야 한다. Kohlberg가 제안한 방법이 효과적이라는 확실한 증거는 아직 없지만, 학교에서 이 방법을 시도해 볼만하다. 물론 몇 가지 문제들이 있다. 학생의 발달단계를 어떻게 정확하게 알 수 있으며 또한 어떤 방법으로 도덕적 딜레마를 어떻게 제시하는가 하는 것이다. 뿐만 아니라, 태도의 행동요소를 확인하는 문제도 있다. 그러나 이러한 실행상의 어려움에도 불구하고, 특히 인습수준의 발달단계에서는 이에 관한 많은 시도가 요구된다.

여섯째, 갈등상황에 대응하는 훈련을 마련한다. 학교는 학생들이 성격통합을 달성하기 위한 적절한 전략을 훈련할 기회를 주어야 한다. 교실에서도 갈등상황은 언제나 일어나지만, 개인적인 갈등은 학교 밖의 상황에서 더 자주 일어날 수 있다. 따라서 교사는 학생이 어떤 사태에 직면했을 때, 대응하는 전략을 사용하는지 아니면 방어적인 전략을 사용하는지를 알아야 한다. 방어전략은 Freud의 이론에 근거한 방어기제의 사용이 전형적이다. 특히 학교는 아동들이 직면한 갈등상황을 해결하기 위해 이성적인 사고로 대응하는 전략을 광범위하게 훈련시킬 수 있어야 한다. 이때, 교사는 갈등상황에 있는 아동들을 주시하고 이들이 성공적으로 대처할 때 정적 강화를 줄 수 있어야 한다.

일곱째, 자기이해와 자기수용을 촉진시킨다. 고등학교를 졸업한 학생은 자기의 기능, 지적 능력, 흥미, 정서적 특징 등을 자신이 정확하게 평가할 수 있어야 한다. 그러나 학생들이 자기의 장단점을 이해하는데 있어서 학교가 충분한 도움을 주지 못하고 있다. 학교는 학생들이 자신의 고유한 모습을 수용하고 이해하는 것을 도와주기는커녕, 비현실적인 노력만 조장하는 것 같다. 평가제도가 이를 잘 반영해 주고 있는데, 결국, 높은 점수를 받은 공부 잘 한 학생은 자기를 수용하고 그렇지 못한 학생은 자기를 수용할 수 없는 분위기를 조장한다.

학생이 자신을 이해하고 수용하도록 도와주는 방안의 하나는 현실적이고 실현가

능한 목표를 세우도록 하는 것이다. 그 다음에 가치를 명백히 하고, 이에 관해 토론을 거친 후에 선택은 자유롭게 할 수 있도록 한다. 교사는 상담활동을 하거나, 또는 스스로 태도를 길러 나가도록 강화방법을 사용할 수 있다. 여기에서 인간은 누구나 고유한 자기로서의 가치가 있다는 분위기가 될 때, 학생 스스로 자기이해와 자기수용을 촉진시킬 수 있을 것이다.

제2절 수업이론

학교교육의 핵심은 가르치고 배우는 활동이기 때문에 교육학자들이 효과적으로 가르치는 원리를 탐구하려는 것은 지극히 당연하다. 그럼에도 불구하고 오랫동안 이 문제를 과학적으로 접근하려는 노력이 부족하였다고 볼 수 있다. 그러나 수업이론이 수업 실제를 개선하는 데 미치는 한계와 새로운 응용과학의 발전, 그리고 시대 상황적 요인 등이 복합적으로 작용하여 1950년대 후반부터 수업보다는 수업이론에 더 관심을 갖고 수업심리학과 수업이론의 개발에 박차를 가하게 되었다. 따라서 1960년대부터 Glaser(1992), Bruner(1964), Gagné(1967) 등 많은 학자들이 수업심리학 또는 수업이론이라는 제목으로 논문과 저술을 발표하기 시작하여 수업이론의 정립에 기여하게 되었다.

수업이론의 성격을 처음으로 간결하고 명료하게 제시한 사람은 Bruner(1996)이다. 그러나 수업이론의 본질이나 성격을 어떻게 규정하느냐에 관해서는 수업이론의 독자성을 부정하는 견해에서부터 다양하게 논의되고 있다. 여기서 Gage(1979), Gagne(1975), Bruner(1966) 등의 견해를 종합하여 수업이론의 본질 내지 성격을 정리해 보면 다음과 같다(박완희, 1994).

첫째, 수업이론은 처방적(prescriptive)이다. 왜냐하면 지식이나 기술을 배우고 가르치는 데 가장 효과적인 방법을 찾아내어 실천하는 규칙이나 법칙을 제시해야 하기 때문이다. 수업이론이나 발달 이론이 기술적이고 규칙이나 법칙을 제시해야 하기 때문이다. 수업이론이나 발달이론이 기술적이고 간접적이며 존재론적인 것에 비하면 수업이론은 처방적이고 직접적이며 당위론적이다.

둘째, 수업이론은 규범적(normative)이다. 수업이론은 여러 가지 형태의 수업을 평가하는 데 필요한 기준을 갖추고 있어야 하며, 수업되어야 할 지식이나 기술의 수준을 가늠하는 준거와 학습자가 정해진 수준까지 도달하는 데 필요한 조건도 제시해야 하기 때문에 수업이론은 규범적이어야 한다.

셋째, 수업이론은 일반성(generality)을 가져야 한다. 수업이론이 지녀야 할 조건이나 규범은 교과별이나 학년별로 규정될 것이 아니고 전체 교과나 각급 학교, 모든 학년에 공통적으로 적용될 수 있도록 포괄적이고 일반적인 수준에서 제시되어야 한다.

넷째, 수업이론은 수업 환경의 조작(operation)방법이다. 수업은 학습자로 하여금 일정한 수준까지 지식이나 기술을 익히거나 바람직한 태도를 가질 수 있도록 그들의 내. 외적 환경을 의도적 · 체계적으로 조작해 가는 것이다. 그러므로 수업이론은 조작의 대상이 되는 내 · 외적 환경이 무엇이며 또 어떻게 그것들을 조작해야 할 것인가 하는 구체적인 방법이나 전략을 명세적으로 제시해 주는 것이어야 한다.

다섯째, 수업이론은 기술적 · 방법적 · 수단적인 이론이다. 수업은 결국 인간의 전인적 성장을 돕는 의도적인 노력이다. 그러므로 수업에 관한 이론은 수업목표를 효율적으로 달성하게 하는 일종의 수단으로서의 기능을 함과 동시에 목표 달성에 관련되는 여러 가지 방법이나 전략 중에 어느 하나 또는 몇 개를 찾아 내는 기술적인 방법이나 기법을 선정하는 기술적 · 방법적 · 수단적 이론이라고 할 수 있다.

마지막으로 Gage(1979)는 수업이론은 명세적이어야 한다고 주장한다. 모든 교과의 수업에 통용될 수 있는 일반 수업이론도 있어야 하지만, 특정 교과의 수업에 선별적으로 적용되는 교과별 수업이론도 있어야 하며, 특정 교과에도 학년별로 서로 다른 학년별 수업이론이 개발되어야 한다고 주장한다. 그러므로 수업이론은 모든 교과, 모든 과제에 통용될 수 있는 일반성 내지 보편성도 가져야 하겠지만, 특정의 교과나 특정의 단원에 적합한 명세성이나 특수성도 함께 지니고 있어야 한다.

1. Glaser의 수업이론

Glaser(1962)의 수업이론은 수업과정에 관련된 개념과 법칙을 체계화할 수 있는

기본적 근거를 제공해 주며 다른 복잡한 수업과정을 이해하는 데 도움이 된다. Glaser의 수업 모형의 특징은 수업의 한 단계는 후속되는 다음 단계 활동의 내용을 결정하고, 각 단계는 피드백에 의해 유기적으로 상호 관련되어 있으며, 교수와 평가의 밀접한 관계를 나타내고 있다는 점이다. 즉, Glaser의 수업 모형은 수업목표를 정확하게 설정하고 학습자가 설정된 목표를 달성할 수 있는지를 알아 본 뒤에, 본격적인 수업활동을 전개하고, 끝으로 목표 달성 여부를 평가하는 일련의 논리적 과정을 나타내고 있다고 볼 수 있다.

따라서 Glaser는 수업의 과정을 수업목표, 출발점행동, 수업절차, 수업성과 평가의 네 가지 구성요소로 나타냈으며, 이를 도식화하면 [그림 6.2]와 같다.

[그림 6.2] Glaser의 수업모형

Glaser의 수업 모형의 1단계는 수업목표(instructional objectives)의 설정이다. 수업목표는 교사가 가르치고 학생들의 수업하는 데 지침이 되며 평가의 준거가 되는 것이어야 하므로, 목표 신술은 구체적으로 세분화되고 명세적으로 진술되어야 한다.

2단계는 출발점행동(entry behavior) 또는 투입 행동의 진단이다. 수업은 학습자로 하여금 현재의 위치로부터 시작하여 더 높은 위치로 끌어올리는 과정이라고 한다면, 수업활동을 진행하기 전에 학습자들의 수업 또는 수준을 진단하는 것은 수업의 출발점을 지시해 주며, 수업을 효과적으로 전개하기 위해서 필요하다. 출발점행동이란 결국 수업에 즈음하여 학습자가 지니고 있어야 하는 지식, 기능, 태도 등을 포함한다. 그 중에서 가장 중요한 것은 물론 다음에 이어질 수업을 할 수 있는 선수수업의 정도이다. 따라서 지금까지 출발점행동으로 많이 고려되어 온 것은 선행수업 정도, 적성, 지능 등의 지적 영역이었으나 흥미, 태도, 자아개념과 같은 정의적 수업결과에 영향을 미치는 중요한 요인이므로 이에 대한 진단 역시 필요하다.

3단계는 수업절차(instructional delivery)로서 학습자에게 가르칠 내용을 교사가 직접 가르치는 과정이다. 수업절차란 학생이 특정 과제를 수업하려고 할 때 지니는 행동 수준과 수업의 장을 떠날 때 지니는 행동 수준 사이에 진행되는 과정이다. 따라서 이 단계에서의 중요 과제는 학교수업은 어떤 조건하에서 가장 잘 발생될 수 있는가와 이에 관련된 질문에 대답하는 것으로서 수업이야말로 교육의 핵심적 활동이라고 할 수 있다.

4단계는 수업성과의 평가로서 설정된 교수목표가 얼마나 달성되었는지를 평가하는 일련의 결정과 실천의 순환으로 구성된다. 이 단계에서의 평가를 수업-수업과정의 형성평가(formative evaluation)와 대비하여 총괄평가(summative evaluation)라고 한다. 총괄평가는 학기말이나 학년말과 같이 일정 기간의 수업이 끝났을 때, 그동안 학생들이 이룩한 학업 성취도를 종합적으로 평가하여 성적을 판정하고, 후속 수업 과제에서의 성적을 예측하여 수업의 질적 관리에 활용하는 것이다. 이 과정에서 학생이 목표를 수업하지 못했다면 그 정보는 1단계인 수업목표 선정의 적절성을 검증하는 데 송환된다. 이와 같은 피드백의 흐름은 수업과정의 각 단계에서의 수행 결과를 평가하고 수정하는데 필요한 정보를 송환하는 기능을 뜻한다.

이상에서 Glaser의 기본 모형을 중심으로 각 단계를 살펴보았는데, 이를 바탕으로 모형의 특징을 정리하면 다음과 같다(박완희, 1994).

첫째, 출발점행동의 진단을 수업과정의 한 단계 이상으로 매우 중요시하고 있다.

둘째, 수업과정을 계속적인 의사결정과 그것의 수정과정으로 보고 있다.

셋째, 특정의 교과나 단원에 관계없이 일반화될 수 있도록 수업과정을 객관화. 표준화시키고 있다.

넷째, 계속적인 피드백을 통해 각 단계간의 유기적 관계를 강조하고 있다.

다섯째, 교수공학적 접근을 전제로 학습자들간의 개인차를 상당한 정도로 반영시킬 수 있다.

한편, Glaser의 수업 모형이 너무 개괄적이어서 실용적인 가치가 결여되어 있다는 비판이 따르고 있다. 그러나 교육과정, 수업지도 및 교육평가를 하나의 체계 속에 통합하여 다루고 있다는 점과 수업과정을 학습자의 계속적인 의사결정 과정으로 보고 거기에 관련된 여러 요인을 아주 적절하고 간결하게 개념화시켰다는 장점을 가지고 있다. 따라서 복잡한 여러 가지 수업 모형이나 수업과정을 이해하는 기본 모형이 되고 있으며, 다른 여러 수업 모형을 대표하는 것이라고도 평가받고

있다. 이 모형은 또 교수-수업의 과정을 컴퓨터의 구조와 기능에 대비시킨 것이므로 정보처리 이론에 입각한 교수공학적 방법이라는 획기적인 수업혁신의 아이디어이기도 하다. 뒤에 개발된 대부분의 수업이론들은 이 모형에서 기본적 아이디어를 시사받은 것들이라고 볼 수 있다.

2. Bruner의 수업이론

수업에 관한 인지 이론적 접근의 대표자는 Bruner(1960, 1962)로서 단순한 이론가에 그치지 않고 교육 실천에 많은 영향을 끼쳤으며, 오늘날 세계 각국의 교육개혁운동에 가장 강력한 이론적 기초를 제시한 사람이다. Bruner에 의하면, 수업이론은 최소한 네 가지 국면 혹은 특징을 완비해야 한다고 생각하고 있다.

첫째, 출발점 특성과 관련하여 수업이론은 학습자에게 수업으로 향한 경향성(predisposition toward learning)을 가장 효과적으로 심어 주는 구체적인 경험들을 명백히 제시해 줄 수 있어야 한다는 것이다. 수업 경향성은 수업 준비도, 출발점행동과 유사한 개념으로 수업하고자 하는 의욕이나 동기 또는 경향을 뜻한다. Bruner는 수업의욕을 고취시키기 위한 하위 요소로 학습자에게 탐구심과 호기심을 자극하는 수업방법, 학습자의 수업방법과 학습자료와의 관계 및 교사와 학습자 사이의 대인관계를 강조하였다.

둘째, 지식의 구조화(structure of knowledge)와 관련하여 Bruner는 모든 지식이 구조를 가지고 있다고 전제하고, 학교에서는 사실적 지식이 아니라 이 지식의 구조를 발견식으로 가르쳐야 한다고 말한다. 지식의 구조란 한 사물을 얽어매고 있는 요소 내지 그 요소가 얽혀 있는 모양으로, 즉 학문의 기저를 이루고 있는 일반적 아이디어, 기본 개념, 일반적 원리로 정의내리고 있다. 구조화에 대해 Bruner는 "어떤 과제(지식)라도 지적으로 옳은 형태로 조직하면, 어떤 발달 단계에 있는 아동에게도 효과적으로 가르칠 수 있다"는 나선형 교육과정(spiral curriculum)을 제안하고 있다. 그리고 수업이론은 학습자가 한 영역의 지식을 가장 쉽게 수업할 수 있도록 구조화하는 구체적인 방식을 제시할 수 있어야 한다고 제안하였다. 즉, 교과의 구조를 이해하면 그 교과를 이해하기 쉽고, 언제라도 필요할 때 재구성이 가능하며, 전이의 효과를 기대할 수 있다고 하였다.

셋째, 과제 제시의 계열(sequence)과 관련하여 수업이론은 수업되어야 할 자료를 학습자들이 이해, 변경, 전이하는 데 도움이 되도록 순서대로 조직하여 제시되어야 한다고 말한다. 수업의 효과는 수업의 계열을 어떻게 조직하느냐와 관련된다고 할 수 있는데, 모든 학습자에게 맞는 최적의 단일 계열은 있을 수 없고, 이전 수업, 발달 단계, 수업과제의 성질, 학습자의 개인차 등 여러 요인에 따라 최적 계열은 달라진다.

넷째, 강화(reinforcement)와 관련하여 수업장면에서 강화의 역할을 학습자에게 교정적 정보를 주는 데 의미가 있으며, 수업과 수업의 과정에서 적용될 보상과 벌의 성격과 그 적용방법, 적용의 빈도 및 간격 등을 명시할 수 있어야 한다. Bruner는 보상과 벌을 대단히 중요하게 취급하고 있다.

그리고 이와 같은 요소를 가장 이상적으로 조직할 수 있는 수업방법이 바로 발견수업(discovery learning) 또는 탐구훈련(inquiry training)이라 했다. 그는 발견수업의 의미에 대해 다음과 같이 설명하고 있다.

학습자를 가르친다는 것은 그가 어떤 결과를 획득하게 만든다는 것이 아니라, 어떤 지식을 습득하는 과정에 그를 참여시킨다는 뜻이다. 즉, 하나의 지식을 가르친다는 것은 그 지식을 학습자의 머리 속에 집어넣는 결과를 위한 것이 아니라 학습자가 그 지식을 어떻게 이해하여 받아들일 것인가를 스스로 생각하게 하는 과정 속으로 이끄는 것이다. 따라서 수업이란 지식 습득의 결과가 아니라 과정이다. 이와 같은 발견수업을 성공적으로 이끌기 위해서 교사는 많은 사전준비를 해야 하고 수업과정에서도 학습자들의 요구에 대처할 능력을 갖추어야 한다. 교사에게는 강의식 수업과는 달리 지식의 전달자가 아닌 안내자의 역할이 더 요구된다.

Bruner의 수업이론은 다음과 같은 장점을 가지고 있다. 첫째, 지식을 발견하는 과정에서 학생들의 활동적인 참여의식은 수업하는 내용을 보다 깊게 이해할 수 있게 해주며, 지적 및 정의적인 노력을 집중시킴으로서 배운다는 것에 대한 높은 가치를 증가시켜 준다. 둘째, 외적인 보상보다는 내적인 만족감을 얻게 되므로 앞으로 자기 과제를 수업하려고 하는 의욕과 노력을 증가시켜 준다. 셋째, 자기자신이 지식을 발견하였다는 사실은 매우 흥미있는 일이며, 그리고 교과목 영역, 학교수업과 탐구활동에 대한 긍정적인 태도를 형성하게 해준다.

그러나 모든 교육심리학자들이 Bruner이론에 동조하는 것은 아니다. 예를 들어, Skinner(1968)는 수업에 필요한 행동을 형성하기 위해서는 내적 동기에만 전적으로 의존해서는 안되고 계속적인 지시와 피드백이 필요하다고 믿으며, 발견수업이 학생들에게 더 유익하다는 연구결과를 논박하고 있다. 또한 Gagné(1970)는 수업활동에서 가장 중요한 것은 교수과정이므로 수업과정을 강조한 Bruner이론에 동조할 수 없다고 하였다.

3. Ausubel의 수업이론

Ausubel(1967)은 인지심리학자이면서도 설명적 수업이론, 그리고 이와 관련된 수용수업(reception learning)을 지지한다. 연역적 수업이론이라고도 하는 설명적 수업에서는 필요한 정의, 원리 및 법칙이 교사에 의해서 제시된다. 이와 같이 수업할 개념과 그에 해당하는 예를 제시함은 물론 그것의 의의와 활용에 대해서까지도 교사가 설명해 주므로 이 방법을 연역적이라 한다. 또한 수업은 교사와 학생간의 언어매체를 통해 가르치고 배우는 과정이기 때문에 교사의 언어적 설명은 학생이 의미있게 이해할 수 있는 것이어야 한다. 그래서 그의 이론을 유의미 언어수업이라고도 한다. Ausubel의 이론은 수업의 주된 수단인 교사의 설명방법을 체계화하여 교실수업을 의미있게 하려는 데 목적을 두고 있다.

유의미 언어 수업이론을 전개하기 위하여 Ausubel은 두 가지 변인, 즉 인지구조 변인과 수업과제 변인을 설정하여 이들을 서로 교묘하게 관련짓고 있다. 여기서 인지구조란 학습자가 유용하게 활용할 수 있는 사실, 개념, 원리 및 이론 등으로 이루어진 현재의 총체적인 지식체계를 말하는데, 이러한 인지구조가 그 정점에서의 가장 포괄적. 일반적. 추상적인 것에서부터 제일 밑바닥의 사실적인 지식에까지 위계적으로 구성되어 있는 것처럼 어떤 수업과제나 하나의 학문체계와 마찬가지로 상호 계열성과 위계성을 지니고 있다고 본다.

Ausubel은 수업을 포섭(subsumption)이라고 하면서 먼저 수업된 선행 지식들은 다음에 수업될 지식의 포섭자(subsumer)역할을 하게 된다는 것이다. 여기서 말하는 포섭이란 학습자의 인지구조에 이미 존재하고 있는 개념이 새로운 개념이나 아이디어를 흡수하여 인지구조에 정착시키는 기억작용을 말한다.

유의미수업이 되기 위한 조건을 Ausubel은 다음과 같이 세 가지로 설명하고 있다.

첫째, 학습자가 수업과제를 유의미하게 수업하려는 태세를 갖추어야 한다. 결국 유의미 수업태세란 수업 동기를 뜻하는 것으로서, 학습자가 새 수업과제를 자신의 인지구조 속에 관련지으려는 의도가 있어야 함을 의미한다.

둘째, 학습자의 인지구조에 새로운 수업과제와 결부될 수 있는 관련정착지식이 존재하고 있어야 한다. 관련정착지식이란 한 학습자의 인지구조에 이미 형성되어 있는 포섭자를 말하는데, 이것은 수업과정에서 새로운 개념과 관계를 맺을 수 있는 근거가 되는 것이고 파지과정에서는 새로운 개념이 저장될 수 있도록 해주는 개념을 의미한다.

셋째, 수업할 새로운 과제가 유의미한 것이어야 한다. 과제의 유의미성이란 과제의 논리적 유의미성을 뜻하는데 이것은 그 과제가 실사성과 구속성을 지닌 것을 말한다. 실사성이란 그 과제를 어떻게 표현하더라도 그 의미가 변하지 않는 것을 말하고, 구속성이란 일단 임의적으로 맺어진 관계라 해도 하나의 습관으로 굳어진 다음에는 그 관계를 다시 임의적으로 변경시킬 수 없게 되는 것을 말한다.

Ausubel은 수업을 촉진시키기 위하여 수업을 시작하기 이전에 의도적으로 제시하는 포섭자를 선행조직자(advanced organizer)라고 부른다. 선행조직자란 새로운 수업을 받아들일수 있는 안전한 인지적 구조를 마련하기 위하여 실제로 현재 수업할 자료를 제시하기 이전에 수업의 도입 단계에서 수업의 내용이나 그 요점을 포괄적. 추상적으로 압축하여 시사해 주는 설명을 말한다. 즉, 추상성, 일반성, 포괄성의 정도가 높은 자료를 새로운 수업과제에 앞서 제시하는 것을 말한다. 이와 같은 선행조직자의 역할은 새로운 정보를 인지구조 내에 포함시키기 위한 발판을 마련하는 것으로 학습자가 이미 알고 있는 자료와 새 자료를 연결시켜 주는 역할을 하는 것으로 이해될 수 있다.

즉, Ausubel의 수업이론은 1단계에서 선행조직자를 제시하고, 2단계에서는 수업과제나 학습자료가 제시되며, 3단계에서는 인지조직에 대한 강화가 이루어지는 세 단계로 구성된다. 이와 같은 설명적 수업이론을 지지하는 사람들은 교사가 정보를 제시하고 표현하는 방법에 강조점을 두고 있다. 따라서 교사는 학습자가 새로운

자료의 의미를 명료화하고, 새로운 지식을 기존의 지식과 조화시키며, 새로운 자료가 적합한 지식이 되도록 하고, 지식에 대하여 비판적으로 접근할 수 있는 능력을 증진시키도록 도와주어야 한다.

Ausubel이 지금까지 없었던 새로운 강의법을 창안한 것은 아니지만, 그의 이론은 효과적인 강의가 무엇인가를 안내했다는 점에서 많은 공헌을 했다. 특히 선행수업의 중요성에 대한 이론적. 논리적 설명을 제공하고 있을 뿐만 아니라, 학습자의 인지구조와 수업과제 간에 의미있는 관계지움이 유의미수업의 기본이 된다는 그의 이론은 오늘날 수업과제와 인지과정에 대한 연구를 활성화하는 계기가 되었다. 그러나 그의 설명적 수업 또는 강의법은 흔히 현행 암기 위주의 주입식 교육법의 모체인 양 비난의 대상이 되고 있는 것도 사실이다.

4. Gagné의 수업이론

Gagné(1965, 1985)의 수업이론의 핵심은 수업위계론, 수업조건론, 수업능력론, 과제분석론, 수업사태론 등으로 체계화되어 있다. 그는 수업을 단순한 성장 과정이 아닌, 파악될 수 있는 인간의 성향 또는 수업 능력의 변화라고 보고 있으며, 이때의 변화란 어떤 유형의 성취 행동을 할 수 있는 증가된 수업 능력이라고 한다. 그에 의하면, 수업은 그 종류와 수준에 따라 서로 다른 조건하에서 이루어지고, 아주 단순한 것에서 복잡한 것으로 저차원에서 고차원으로 발전하는 위계를 이루고 있으며, 한 단계의 수업은 다음 단계의 수업에 필수적인 선행요건이 된다는 수업위계(learning hierarchy)에 기초를 두고 있다.

Gagné는 수업에 영향을 주는 주요 변인들을 언어적 정보, 지적 기능, 인지전략, 태도, 그리고 운동 기능 등 다섯 가지 영역으로 분류하였고, 이들 각각이 교육을 통해 길러 주어야 할 목표가 된다고 하였다. 학습자가 이러한 과제들을 수업하였는지 여부는 그 과제의 수행을 관찰함으로써 확인할 수 있다. 그 과제를 수행할 수 있으면, 그 사람은 그 과제의 수업된 능력을 가진 것이다.

첫째, 언어적 정보(verbal information)는 자신의 생각을 말할 수 있는 수업된 능력으로서, 학습자의 행위의 목적 중 하나는 정보에 대해 올바르게 진술하고 표현하는 것이다. 따라서 언어적 정보는 수업에 있어서 매우 중요한 요소이다.

둘째, 지적 기능(intellectual skill)이란 문자나 숫자와 같은 상징적 부호를 이용할 수 있게 되는 개인 내부의 지적 작용을 의미한다. 즉, 지적 기능은 방법을 아는 것을 말하며, 절차 지식이라 할 수 있다.

셋째, 인지전략(cognitive strategy)이란 개념이나 원리를 이용하는 지적 기능의 특수한 영역으로 개인 자신의 행동을 지배하는 전략적인 지적 기능이다. 인지전략은 개인에 따른 독특한 내적 기능으로 새로이 직면하는 문제를 해결하는데 필수적인 능력이라 할 수 있다.

넷째, 운동 기능(psycho-motor skill)이란 비교적 단순한 운동반응 계열이 보다 복잡한 운동으로 통합된 신체적 기능이다.

다섯째, 태도(attitude)란 특정한 사물이나 인물에 대한 개인의 반응에 영향을 미치는 수업된 내재적 상태를 의미한다.

Gagné는 이상과 같은 다섯 가지 영역 중에서 위계가 가장 분명한 영역으로 지적 기능 영역을 강조하였다. 즉, 지적 기능 수업은 신호수업, 자극-반응수업, 운동연쇄수업, 언어연합수업, 중다변별수업, 개념수업, 법칙수업, 문제해결수업의 여덟 가지 유형으로 나뉘어지며, 이들은 제시된 순서대로 위계를 이루고 있다고 하였다.

Gagné의 지적 기능수업의 유형

- **신호수업**(signal learning) : 자극이나 신호에 대해 정서적 반응을 하는 수업
- **자극-반응수업**(stimulus-response learning) : 특정 자극에 대해 근육운동을 일으키는 수업
- **연쇄수업**(chain learning) : 이전에 수업한 일련의 자극-반응 연결들을 연결시키는 수업
- **언어수업**(verbal association learning) : 연쇄수업의 한 종류로서 일련의 자극-반응 연결들이 단어로 이루어진 경우에 발생하는 수업
- **변별수업**(discrimination learning) : 일련의 자극들 각각에 적절한 반응을 할 수 있도록 일련의 자극을 구별하는 능력을 획득하는 수업
- **개념수업**(concept learning) : 공통된 속성을 이해하고 그것을 기준으로 하여 사물을 분류하는 수업
- **법칙수업**(rule learning) : 개념과 개념 간의 관계를 파악하는 능력을 획득하는 수업
- **문제해결수업**(problem-solving learning) : 여러 개의 법칙 중에서 주어진 문제해결에 가장 적합한 법칙을 선택하여 그 문제해결에 적용하는 수업

Gagné는 새 수업과제 내용이 필수적인 구성요소가 되는 선수수업 능력을 확인하기 위하여 수업과제를 분석해야 한다고 주장한다. 수업과제의 분석(task analysis)이란 학습자들이 최종 수업목표를 달성할 때까지 차례차례로 수업해야 할 선행 능력이나 하위 기능을 찾아내는 일련의 절차나 활동을 말한다. 이같은 수업과제를 분석하는 방법에는 학문적인 내용체계를 분석하는 방법과 수업해야 할 능력을 분석하는 방법으로 나눠 볼 수 있다. 전자는 수업해야 할 지식을 사실, 개념, 원리 등으로 분석해서 그것을 어떤 학문적인 질서로 체계화시키는 작업을 말하고, 후자는 최종 수업목표를 수업하기 위해서 어떤 능력을 수업해야 하고 이 분석된 능력을 수업하기 위해서 어떤 능력의 수업이 요구되는지 등을 분석해 들어가는 방법이다.

Gagné의 수업이론은 수업목표 분석, 수업과제 분석, 그리고 수업이론의 정리에 기여한 바가 클 뿐만 아니라, 그의 동료 Briggs(1974, 1979)와 함께 수업설계 이론으로 발전시켜 수업을 과학화하는 데 크게 이바지하였다. 그러나 그의 수업이론을 수업 현장에 적용하려고 하면 다음과 같은 한계를 극복해야 한다.

첫째, 수업이론에 대한 고도의 지식을 필요로 할 뿐만 아니라 전문적인 소양과 훈련을 쌓지 않고서는 쉽사리 수업 현장에 적용하기 어렵기 때문에 실용성이 빈약하다고 할 수 있다.

둘째, 논리적으로는 상당한 설득력을 가지고 있는 수업위계론이지만 교과내용을 실제로 분석해 보면, 그렇게 분명하고 명료하게 위계가 나타나지 않는 경우가 많이 있다는 사실이다.

셋째, Gagné의 수업이론은 포괄적이고 추상적이어서 수업 현장에 바로 적용하기 어렵다는 점이다.

5. Carroll의 수업모형

학교에서 이루어지고 있는 여러 가지 형태의 수업 가운데 특히 지적 수업에 작용하는 중요 변인들을 추출한 다음 그들 변인간의 상호관계를 기초로 하여 학교 수업의 방안을 조직적으로 체계화시킨 것이 Carroll(1963)의 완전수업 모형이다. Carroll은 자신의 박사학위 논문인 '학교수업 모형(A model of school learning, 1963)'에서 완전수업의 이론적 가능성을 제시하였다. 가장 기본적인 명제는 한 사람의 학습자에게 어떤 과제가 주어졌을 경우 수업의 정도는 그 학습자가 그 과제의 수업을 위해 필요로 하는 시간량에 대해서 실제로 어느 정도의 시간을 그 수업을 위해 사용하는가 하는 비율에 의해 결정된다고 하는 것이다. 이 명제를 보다 명확히 이해하기 위해서 여기서 사용되는 용어를 정의하고 설명할 필요가 있다.

$$\text{수업의 정도} = \frac{\text{수업에 사용된 시간(수업기회, 지속력)}}{\text{수업에 필요한 시간(적성, 수업이해력, 교수의 질)}}$$

먼저 이 명제에서 수업의 정도는 수업목표에 진술된 도달 기준에 비추어 실제로 도달한 수업 정도를 뜻한다. 따라서 어떤 수업의 성패는 학습자가 목표치 또는 기준선에 어느 정도 접근했는가에 따라 평가될 수 있는 것이다. 또한 수업에 필요한 시간은 주어진 수업과제를 완전히 수업하여 수업목표로 진술된 수준까지 도달하는 데 필요한 시간을 의미하고, 수업에 있어서 사용 시간량이란 것은 그저 단순히 수업을 하는 과정에서 보낸 시간량을 뜻하는 것이 아니라 학습자가 적극적으로 수업과제에 주의를 집중시켜 가면서 수업에 열중하는 시간량을 의미한다.

이와 같은 명제를 방정식으로 표현하면 다음과 같다. 이 방정식에서 양 변이 함수관계에 의해 서로 관련되어 있음을 알 수 있는데, 한 사람의 학습자에 있어서 수업에 필요한 시간량과 실제로 수업에 사용한 시간량이 같을 때에 수업의 정도는 100%가 될 것이며, 실제로 수업을 위해 사용하는 시간량이 수업에 필요한 시간량에 비해 적으면 적을수록 수업의 정도는 그만큼 낮게 될 것이다.

Carroll은 수업에 필요한 시간과 수업에 사용한 시간을 결정하는 변인을 개인차 변인과 수업 변인으로 분류하고, 개인차 변인은 다시 적성, 수업 이해력, 수업 지속력으로 구분하고, 수업 변인은 수업의 질과 수업기회로 나누어서 다섯 가지 종류의 변인을 제시하고 있다.

이 변인 중 첫째 적성(a set of aptitudes)이란 최적의 수업 조건 아래서 특정한 수업 과제를 완전히 수업하는 데 소요되는 시간을 의미한다. 그러므로 적성이 높으면 수업에 소요되는 시간을 짧게 되지만 적성이 낮으면 그 시간이 길어지게 된다.

이렇게 적성은 개인간에도 차이가 있지만 개인내 차이도 있다. 왜냐하면 적성은 수업과제의 종류와 성질에 따라서도 다를 수 있어서 수학에서는 높은 적성을 보이지만 국어에서는 적성이 낮을 수도 있기 때문이다.

둘째, 학습자의 수업 이해력(ability to understand instruction)은 학생이 수업의 내용이나 교사의 설명을 이해하는 데 요구되는 일반적인 능력으로 일반 지능과 언어 능력이 복합된 것이라 볼 수 있다. 학교수업은 거의 대부분 구두나 인쇄된 언어적 매체를 통해서 이루어지기 때문에 그것의 효과는 일반 지능이나 언어 능력에 크게 의존하지 않을 수 없다.

셋째, 수업 지속력(perseverance)은 학습자가 특정한 과제를 수업하는 데 몰두 하는 시간량을 말하는데 동기 또는 인내 등과 비슷한 의미를 가진다.

넷째, 수업의 질(quality of instruction)은 학습자들이 쉽게 이해하고 습득할 수 있도록 수업을 조직한 정도를 말한다. 따라서 수업의 질을 높이기 위해서는 다음 몇 가지의 조건이 고려되어야 한다. 먼저 수업의 목표나 내용은 학습자들의 발달 정도에 맞게, 즉, 보다 잘 이해할 수 있는 언어나 기타 수단으로 전달되어야 한다. 또한 수업의 각 단계가 분명한 계열이 되어서 앞 단계의 수업이 다음 단계의 수업을 위한 출발점이 될 수 있게 수업과제를 재조직 · 재구성해야 한다. 끝으로 학습자들은 다양한 참여를 유도할 수 있도록 수업의 전 과정이 가능한 개개 학습자들의 흥미나 욕구를 충족시킬 수 있도록 계획되고 실행되어야 하고, 수업의 참여 결과에 대한 적절한 피드백이 제공되어야 한다.

다섯째, 수업기회(time allowed for learning)는 특정의 과제를 수업할 수 있도록 학습자에게 주어진 시간이다. 즉 학습자의 의사와 관계없이 외부로부터 학습자에게 주어진 수업시간을 수업기회라 한다.

여기서 수업에 필요한 시간을 결정하는 변인을 적성, 학습자의 수업 이해력, 그리고 수업의 질이며, 수업에 사용한 시간을 결정하는 변인은 수업 지속력과 수업기회이다. 이상에서 살펴보았듯이 Carroll의 완전수업 모형은 학교수업을 촉진하고 개선하는 데 필요한 실질적이고 구체적인 전략을 제안하고 있다는 점에서 매우 중요한 수업 모형이다. 또한 이 이론은 수업에 관련된 변인을 시간 개념으로 이해하고 있기 때문에 우수아와 열등아라는 종래의 학습자관을 빠른 학습자와 느린 학습자로 변화시키기도 하였다.

그러나 Carroll의 학교수업 모형에서 출발한 완전수업이론은 다음의 두 가지 점에서 비판을 받고 있다. 하나는 현실적으로 불가능한 하나의 이상에 불과하다는 점이다. 또한 그가 제시한 5가지 변인은 개념상으로는 상호 독립적인 것으로 보이지만 실제로는 이들 변인간에 상호작용이 있다는 점이다. 즉, Carroll은 적성과 수업 이해력을 구별하고 학습자 한 사람의 여러 가지 과제에 대한 적성은 서로 다를 수 있다 하더라도 수업 이해력은 원칙적으로 여러 종류의 수업장면에 걸쳐서 불변한다고 생각하고 있으나, 실제 수업장면에 있어서는 이 두 가지 변인이 반드시 구별되는 것이 아니며, 경우에 따라서는 동일한 요인이 될 수도 있기 때문이다.

연습 문제

1. 학습목표의 제시가 어떤 점에서 학생들의 학습동기를 유발시키는가?

2. 학습목표에 대한 Tyler, Gagné, Bloom의 관점에 유사점과 차이점을 비교하며 설명하라.

3. Bruner에 의하면 학습이란 기존의 지식과 사실을 재배열하고 변형시키는 것이다. 원리와 법칙을 교사가 말해 주기보다는 학생들이 발견할 수 있도록 조직하고 구조화해야 한다. 구조화란 무엇인가? 교수의 과정에서 구조화의 이점은 무엇인가?

4. Ausubel은 학습자 스스로가 지식을 발견할 때에만 의미 있는 학습이 이루어진다고 생각하지 않는다. 그가 강조하는 의미 있는 수용학습은 어떤 것인지 설명하고 그 가치를 평가하라.

참고 문헌

오향님(1989). 선행조직자 및 사전 질문이 학업성취도에 미치는 영향. 중앙대학교 대학원 석사학위논문.

임규혁(2001). 학교학습 효과를 위한 교육심리학, 서울 : 학지사.

Ausubel, D. P.(1967). Educational Psychology : A cognitive view. New York : Holt, Rinehart and Winston.

Bandura, A., Ross D., & Ross, S. A.(1961). Thanamission of aggression through imitation of aggressive models. Journal of Abnormal and Social Psychology, 63, 575-582.

Bruner, J. S.(1964). Toward a theory of instruction. Cambridge: Harvard University Press.

Bruner, J. S.(1960). The process of education. Cambridge : Harvard University Press.

Carrol1, J. B.(1963). A model of school learning, Teachers College Record, 64, pp. 723-733.

Corey, M. S.(1967). The nature of instruction, In D. C. Lange(ed.), Programmed Instruction, The sixty-sixty yearbook of the national society for the study of education, Chicago : University of Chicago Press, p. 6.

Eyster, I. M.(1973). A guide for improving teacher education in human rights. Norman: University of Oklagoma.

Gage, N. L.(1964). Theories of Teaching. In E. R. Hilgard(Ed.). Theories of Learning and instruction. Chicago : The University of Chicago Press.

Gagen, R. M.(1977). The conditions of learning and theory of instruction (4th ed.). N.Y. : Holt, Rinehart & Winston.

Gagne, R. M.(1968). Contributions of learning to human development. Psychological Review, 75, 177-191.

Gallagher, J. J. & Aschner, M. J.(1963). A preliminary report on analyeses of classroom interacion. Merrill-Palmer Quarterly, 9, 183-194.

Glaser, R.(1992). Training Research and Education. Pittsburgh: University of Pittsburgh Press.

Glaser, R.(1966). Variables in discovery learning. In L. S. Shulman, and E. R. Keislar, (eds.), Learning by discovery : A critical appraisal. Chicago : Rand McNally.

Harlow, H. F.(1959). Learning set and error factor theory. In S. Koch(Eds.). Psychology: A study of a science, vol. 2. New York : McGraw-Hill.

Harrow, A.(1969). A taxonomy of the psychomoto domain : A guide for developing behavioral objectives. New York : David Mckay.

Krathwohl, D., Bloom, B., & Masia, B.(1964). Taxonomy of educational objectives. The classification of educational goals. Handbook II : Affection domain. New York : David Mckay.

Skinner, B. F.(1968). The technology of teaching. New York : Appleton-Century-Crofts.

Torrance, E. P.(1971). Creativity in the educational practice. In G. S. Lesser (Eds.). Psychology and edrcational practice (pp. 217-241). Glenview, IL : Scott.

제7장

기억, 망각 및 전이

본 장에서는 망각의 과정과 파지에 관한 연구를 기초로 학습된 내용의 망각을 방지하는 동시에 파지를 증가시키기 위해 파지에 영향을 미치는 요인을 탐색하고 활용할 수 있는 학습방법을 설명하며, 파지된 학습내용이 다른 영역과 내용의 학습을 촉진시킴으로써 전이의 효과를 높일 수 있는 교수-학습과정을 설명한다.

제1절 기억과 망각의 이해

1. 기억과 망각의 연구

학습 활동 후에 기억된 것이 없다면 학습은 전혀 이루어지지 않았다고 할 수밖에 없다. 기억이 없이는 학습이 불가능한 것이다. 학습이 경험한 내용을 획득하는 과정이라고 본다면 그러한 경험내용을 저장하고 재생하는 일련의 과정이 기억(memory)이다. 즉 일상에서 경험한 내용을 머릿속에 저장하고 보존했다가 필요한 시기에 재생하여 인지해 내는 일련의 과정을 기억이라고 한다. 따라서 기억을 정의한다면 "경험내용의 흔적(trace)"이라고 할 수도 있겠고, "경험에서 얻어진 내용의 저장"이라고 말할 수 있다.

예부터 기억은 정신이나 의식의 일부로서 간주되어 많은 사람들이 기억에 관심을 가지고 탐구하여 온 것으로 최근에 이르러서는 기억의 과정과 구조로 나누어 고려되고 있다. 기억의 과정은 4개의 과정으로 분류하고 있는데, 기명(memorizing), 파지(retention), 재생(reproduction or recall) 및 재인(recogintion)이다. 기명이라 함은 경험내용을 흔적으로 머릿속에 새기는, 즉 각인(imprinting)하는 과정을 말하며, 파지란 기명된 것을 일정기간 기억흔적(memory trace)으로 간직하는 것을 말하며, 재생이란 파지된 것을 다시 의식화하는 과정을 뜻하며, 재인이라 함은 기명된 내용과 재생된 내용의 일치를 의식함을 말한다. 그 과정에서 기명된 것을 재생하지 못할 때 우리는 이를 망각(forgetting)이라고 한다. 비록 망각하였다고 하더라도 완전히 상실한 것이 아니라 재생될 수 없는 경험으로 의식화되지 못할 뿐이다.

확실히 기억은 대뇌와 관련이 있는 것으로 운위되고 있다. 그것은 동물의 대뇌제거에 따라서 정보의 저장과 재생에 직접적 관련이 있다는 연구들이 있는가 하면 대뇌의 손상이 재생에 영향을 주는 것이어서 그러한 주장을 뒷받침해주고 있다. 그런가하면 기억정보는 신경계통이나 신경원에 보존되어 있는 것이 아니라 리보핵산(RNA. riboneucleic acid) 속에 보존된다는 주장도 있다. 그것은 DNA의 지시로 단백질

을 생산하는 것으로 보아 분명 기억과 관련이 있는 것으로 인정되기 때문이다. 이러한 주장들은 모두가 기억이나 망각에는 생리적 측면이 관련되어 있음을 시사하고 있는 것으로 인정된다.

기억과 관련된 주요한 관심사의 하나가 장기기억으로 저장된 정보를 다시 의식화시키지 못하는 것이다. 즉 장기 기억화된 정보를 재생하여 의식화하지 못하는 현상이 바로 망각(forgetting)이다. 학습심리학의 선구자로 알려지고 있는 Ebbinghaus(1885)는 무의미한 철자를 가지고 학습된 내용을 얼마나 기억하는가를 밝히려 한 적이 있다. 그는 순수한 형태의 학습을 고려하였기에 의미성이 학습에 영향을 미치는 것으로 판단하여 이를 배제하기 위하여 cav, pum 등의 무의미한 음절을 사용하여 연구하였다. 그의 연구결과, 학습된 것은 일정비율로 망각되는 것이 아니고 그 대부분이 아주 빠르게 이루어지며 그 나머지는 서서히, 그리고 안정된 비율로 망각된다는 점이다. 그리고 새로운 학습 자료를 배우기 위해서는 전체를 학습하기보다는 일정한 간격을 두고 연습하는 것이 보다 효과적이라는 사실을 밝혔다.

이러한 무의미철자에 의한 연구결과는 학습이론가들에게는 흥미있는 것이 될지라도 실제 학습 현장에의 적용에는 문제가 있나. 우선 무의미한 정보의 학습을 지배하는 법칙은 의미있는 학습재료의 학습에 일반화할 수 없다는 점이고, 또 하나는 학습재료의 간격을 띄우는 문제 등이 있다. 그러나 이런 문제의 제기에도 불구하고 그의 연구는 이른바 파지곡선이니 망각곡선이니 하여 시간이 경과함에 따라 망각의 정도, 다른 한편으로는 시간의 경과에 따른 재생의 정도를 최초로 밝힌 점에서는 큰 의의가 있다. 다음은 그가 제시한 파지곡선과 파지량이다.

표 7.1 시간경과에 따른 망각률

경과시간	파지율(%)	망각률(%)
.33	58.2	41.8
1	44.2	55.8
8.8	35.8	64.2
24	33.7	66.3
48	27.8	72.2

경과시간	파지율(%)	망각률(%)
6×24	25.4	74.6
31×24	21.1	78.9

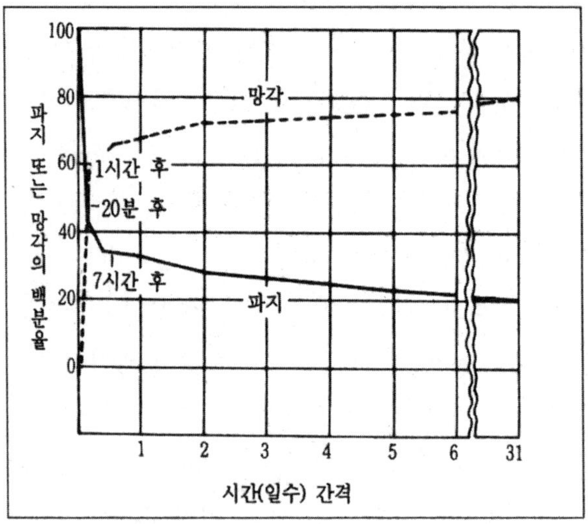

[그림 7.1] **무의미철의 파지 및 망각곡선**(Ebbinghaus, 1885)

이 곡선에서 보면 20분 후의 파지량이 60%에도 미치지 못하였다. 즉, 기억의 직후에는 파지량이 급격히 감소된다. 그러나 시간이 경과함에 따라 그 감소율이 낮아져 2일 후의 파지량과 31일 후의 파지량의 차가 매우 적음을 보여 준다. 같은 현상으로 망각된 양으로 표시되면 점선이 보여주는 것처럼 망각곡선이 된다. 또한 〈표 7.1〉 시간경과에 따른 망각률을 보면 1시간 경과 후에 약 55%, 24시간 경과 후에는 약 66%, 6일 경과 후에는 74%, 1개월 후에는 약 79% 정도를 망각하고 있음을 알 수 있다.

Ebbinghaus의 연구는 자신 혼자만을 대상으로 그리고 무의미철자로 실험했다는 점에서 신뢰성의 문제점도 갖고 있고, 타 연구에서는 파지량이 급격히 감소되지 않는다는 연구도 있다. 그러나 무의미철자 연구들과 Ebbinghaus의 연구의 결과를 비교할 때, 파지의 정도에는 차이가 있지만 감소의 경향은 놀랍게도 대부분이 비슷

하다는 것이다. Ebbinghaus의 파지곡선에 의하면 첫째, 기억된 지식이나 정보는 시간이 지남에 따라 파지수준이 0에 이를 것이 아닌가? 또한 둘째, 무의미철자 자체가 학습자에게 아무런 뜻을 나타내지 못한 것이라면 실제의 학습(교육)은 의미있는 자료이므로 Ebbinghaus의 파지곡선은 학습자에게 의의가 없지 않는가? 하는 두 가지의 의문이 제기된다.

첫 번째의 의문이 잘못되었다는 근거는 다음과 같은 사실에서 찾을 수 있다. Titchener(1962)는 46년 전에 학습했던 200행의 Milton의 「성탄의 아침」을 전혀 기억할 수 없었지만 그것을 재학습함에 있어서 소요시간이 감소되는 것을 경험했으며, Worecester(유기섭, 1993)는 5년 후의 산문의 재학습에서 40% 이상의 시간을 절약할 수 있었다고 한다. Mathis는 학습 및 재학습의 시행 횟수에 따라 파지의 비율이 [그림 7.2]와 같이 증가함을 보여주었다.

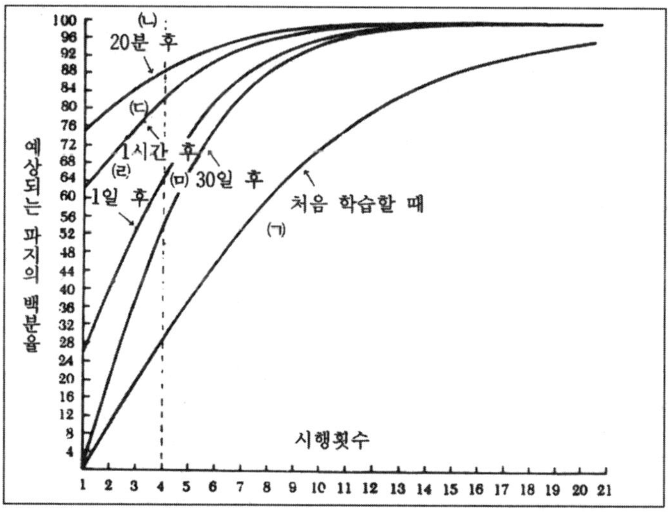

[그림 7.2] **계속적인 학습 및 재학습의 시행횟수에 따라 예상되는 파지의 비(파지량은 재학습까지의 간격이 적을수록 크다)**

[그림 7.2]에서 특정 횟수에 있어서 처음 학습곡선과 재학습곡선 간의 횡적 거리는 그때에 나타나는 처음 학습의 기억효과라 할 수 있다. 가령 처음 학습에 있어서는 4회의 시행으로 28%정보밖에 기억해 낼 수 없었다(ㄱ). 그런데 일단 충분히 학습하고 나서 20분 후에 재학습한다면 같은 4회의 시행으로 88% 정도를(ㄴ), 1시간 후에

재학습한다면 82% 정도를(ㄷ), 하루 뒤에 재학습 시에는 65% 정도(ㄹ), 그리고 30분 후의 재학습에서는 54% 정도를(ㅁ) 기억할 수 있다는 것을 보여주는 것이다. 즉 한 번 학습한 것을 30일 후에 다시 학습한다면 4회 시행했을 때의 학습량의 54%가 되어 처음 학습할 때 4회 시행시의 28%(a)보다 거의 두배가 되는 것이다. 물론 시행횟수가 증가함에 따라 그 차이는 감소된다.

처음 학습에서 10회 시행했을 때는 72%를 재생할 수 있지만, 30일 후의 10회 시행 후에는 약 93% 정도로 그 차는 4회 시행의 경우보다 적다. 그러나 이 자료는 처음 학습의 파지효과가 매우 크다는 것과 중간에 간헐적 재학습이 있었다면 파지효과는 더욱 커질 것이라는 것을 보여준다. 따라서 시험 직전에 학습을 해야 효과적이라고 보는 생각은 잘못된 것이다. 또 다른 근거는 교과 내용은 일반적으로 위계에 따라 기초적인 것부터 점진적으로 전개해 가는 것이므로 처음 부분을 철저히 이해하고 기억해 두는 것은 다음 단계의 학습을 보다 의미있게 함으로써 학습의 효율성을 높여준다는 사실에 있다.

두 번째의 의문 즉, 무의미철자와 의미있는 철자와의 관련성에 관한 연구들은 다음과 같다. Ebbinghaus는 7음절로 된 무의미철자는 한 번 읽고 외울 수 있었고, 12음절의 경우는 17회, 16음절의 경우는 30회를 읽어야 외울 수 있었다. 즉 과제가 의미가 없는 것일 때 그것을 기억하기 위해서는 학습자료의 양이 많을수록 더 많은 노력을 해야 했다. 한편, 의미가 있는 글을 가지고 실험한 Henmon은 100단어, 200단어 및 300단어로 길이가 다른 산문을 기억하게 했던 바, 소요된 평균 반복횟수는 각각 6.1, 7.3 및 7.0회였다. Ebbinghaus의 연구에서 무의미철자를 기억하는 데, 7음절에서 12음절로 5음절이 증가했을 때 그것을 기억하기 위해서는 17배의 노력이 필요했으며, 16음절로 7음절의 2배가 조금 넘는 길이의 경우에는 30배의 노력이 필요했다. 그러나 의미가 있는 글인 산문의 경우에는 길이가 2배, 3배로 길어도 그에 소요되는 노력의 증가는 매우 작은 것이었다. 특히 200단어와 300단어의 경우에는 거의 차이가 없었다. 300단어의 경우에 오히려 0.3회가 줄어들었다.

유의미 자료는 무의미 자료보다 파지율이 분명히 높고, 소요 시간도 짧은 것이 사실이어서 무의미 철자의 파지 원리와는 관계가 없는 것으로 생각된다. 그러나 의미 자료란 객관적으로 자료 자체가 의미가 있다 하더라도 이전의 과제에 대한 이해가 부족하여 결손 현상이 심한 학습자의 경우, 그 때의 과제는 무의미 철자와

같게 될 것이다. 따라서 학습자는 교과 학습의 각 단계에서 지극히 적은 노력만 하여도 이해하고 소화할 수 있었는데도 그것을 제대로 하지 못해서 학습 지진 현상이 누적되어 대부분의 교과 내용을 무의미 철자로 받아들이는 불행한 사태를 초래한다는 사실에 대해 교사 역시 그 책임이 전혀 없는 것은 아니다. 교사는 학습자의 인지 수준을 재해석하여야 하며 자료를 그들의 배경과 관련시키고, 적용의 예를 보여주며, 여러 과목 또는 개념과 관련성을 보여주고, 또 개인차가 큰 학생들의 경험에 어울리도록 설명할 때, Ebbinghaus의 무의미 철자의 파지곡선에서 벗어나게 될 것이다.

2. 망각의 원인

일단 장기기억 속에 저장된 정보는 그곳에 영원히 남아 있다는 것이 많은 심리학자들의 견해이다(Johnson, 1979, 173). 그러나 많은 노력으로 기억해 둔 것이 필요할 때(예 : 시험칠 때) 생각나지 않아 어려움을 경험하는 일은 누구에게나 있다. 기억했던 것을 사용하기 위해 재생하는 것을 인출(retrieval)이라 한다. 즉, 인출이란 저장된 정보를 기억으로 끌어내오는 과정인 것이다. 따라서 기억했던 것이 생각에 떠오르지 않는 것은 인출에 실패한 것이다. 그런데 그 원인이 무엇일까?

망각의 원인을 설명하는 이론가들은 그 원인을 기억의 쇠잔(decay)과 간섭(interference)을 원인으로 제시하고 있다. 쇠잔을 원인으로 설명하는 이론을 기억흔적 쇠잔론(memory trace decay theory)이라 하고, 간섭을 원인으로 하여 망각을 설명하는 주장을 간섭설(interference theory)이라고 한다.

기억흔적 쇠잔론(memory trace decay theory)이란 우리가 학습한 내용이나 유입된 정보는 뇌속에 기억흔적으로 남게 되는데 그것을 사용하지 않으면 않을수록 기억흔적은 점차 쇠잔되거나 퇴락하기 때문에 망각현상이 나타나게 된다는 주장이다. 실제로 이는 새로운 주장은 되지 못하는 것이 Thorndike의 S-R 결합설에서 제시된 바와 같은 것으로 생각할 수 있다. 우리는 그의 학습의 3가지 주요법칙 가운데 연습의 법칙(law of exercise)을 기억하고 있다. 그것은 자극-반응의 결합은 사용하면 할수록 강해지고 사용하지 않으면 않을수록 약화되는 것으로 설명하는 것이었다.

따라서 저장된 정보도 사용해야 만 재생될 수 있는 것이다. 사용하지 않기 때문에 점차 그 흔적이 쇠잔해지거나 혹은 퇴화되는 것으로 설명한다. 때문에 한편으로는 용불용설이라고도 한다. 그래서 정보의 계속사용, 즉 암송하거나 반복사용을 통하여 기억흔적의 쇠잔이나 퇴락을 방지하는 것이 망각을 방지하는 것으로 설명하고 있다. 그러나 기억흔적이 쇠잔되거나 퇴락하여 재생할 수 없게 되었다고 간주된 후에도 최면(hypnosis)상태나 무의식적 과정에서 기억내용이 재생되는 경우를 보면 망각을 쇠잔이론으로 설명하기에는 부족하다는 지적도 있다.

일부 정보처리이론가들은 우리의 감각기억이 불과 수 초내에서는 재생되나 불과 1분도 되지 않아 망각되는 현상을 들기도 하고, 또 Penfield(1969)의 주장에 따르면 우리의 뇌는 녹음기와 같아서 모든 것을 영구적으로 저장하는 것으로 설명하며, 기억흔적쇠잔이론을 옹호하였다. 즉 그는 뇌수술시 뇌의 여러 영역에 약한 전류로 자극했던바 환자는 과거의 경험을 생생하게 되살릴 수 있었다. 자극이 그쳐도 환자가 망각하고 있었던 기억을 회상한 것으로 보고하면서 기억은 온전하게, 또한 일생 동안 유지되는 것이나 보통시에는 회상되지 않는 것으로 주장하기도 하였다. 그러한 주장에도 불구하고 어떤 이유로 인하여 평시에 망각되었던 것이 전기자극에 의하여 재생되었는지를 설명 못할 뿐만 아니라 기억화되었던 것이 왜 망각되는지를 설명하지 못하고 있는 것이다

이러한 쇠잔이론의 약점을 보완키 위하여 제시되는 이론이 간섭이론(in-terference theory)이다. 간섭이론은 우리가 어떤 정보를 재생하게 될 때 다른 정보의 유입으로 인하여 회상이 방해받기 때문에 망각이 일어난다고 주장한다. 이러한 주장에 따르면 학습된 내용이나 기억된 정보는 다른 학습이나 다른 정보에 의하여 간섭받지 않는 한 그대로 기억흔적으로 잔존하고 재생될 수 있는 것이나 또 다른 학습이나 정보의 간섭으로 인하여 망각현상이 야기된다는 것이다. 이러한 주장은 자극-반응 결합설을 주장한 바 있는 1930년대의 Edwin Guthrie도 학습과 관련하여 망각의 이유로 이 간섭을 주장한 바도 있다.

특히 이러한 간섭설을 주장하는 사람들은 간섭의 형태를 두 가지 유형으로 나누어 설명하고 있는바 순행성 제지(proactive inhibition)와 역행성 제지(retroactive inhibition)가 그것이다. 순행성 제지란 선행학습내용이나 이미 유입된 정보에 의하여 후행하는 학습이나 정보가 방해받아 재생되지 않고 망각되는 것을 말하며 역행성 제지란

반대로 후행하는 학습이나 정보로 인하여 학습된 것이 재생되지 않는 경우를 지칭하는 것이다. 사실 우리는 친구의 전화번호를 장기기억화하여 재생할 수 있었음에도 그 후 유입된 정보인 다른 사람의 전화번호의 간섭을 받아 회상이 어려웠던 역행성제지로 인한 망각이나, 반대로 선행학습이 너무나 완벽하게 이루어져 후행학습경험이 회상되지 않는 순행성 제지의 경험을 가졌던 것이다. 그러나 또 어떤 때는 후행하는 학습이나 정보의 유입이 없었음에도 그것이 망각되는 것을 체험한 바 있기도 하다. 이러한 간섭이 없이 일어나는 망각현상에 대하여 간섭이론은 설명이 불가능하게 되는 것이다.

한편으로는 정서적 요인이 기억에 작용하여 망각을 일으키게 하는 것으로 설명하는 주장도 있다. Freud에 의하면 인간은 의식화하기 곤란한 문제나 사회적으로 금기(taboo)시 되고 있는 사항, 또는 충격적 경험 등과 같이 그것을 의식화함으로써 불안이 야기되는 기억 등은 무의식적으로 억압되기 때문에 망각이 일어난다고 주장하였다. 사실 우리의 경험내용이나 정보가 정서적으로 유쾌하였던 것들은 흔히 잘 기억되고 불쾌하고 부정적이었던 정보 따위는 쉽게 망각되는 경향이 있는 것으로 인정되어 있고 정서적으로 혼란되었을 때나 혹은 긴장, 당황중에 있을 때에는 저장된 정보의 재생이나 인출에 장애가 있었던 것을 인정할 수 있어 기억이나 망각에 정서적 문제가 관계있다는 것을 짐작할 수 있다.

3. 기억의 강화

학습과 관련하여 늘 고심하는 것이 학습내용을 어떻게 잘 기억시킬 것이냐의 문제이다. 다른 말로 이를 표현하면 학습경험이나 정보를 어떻게 잘 기억화하여 더 오래 파지하게 하고 잘 재생할 수 있게 도와주며 그것을 쉽게 재인할 수 있도록 도와주는가의 문제이다. 그것을 정보처리적 입장에서 말한다면 감각적으로 유입된 경험이나 정보가 감각기억화되어 다시 단기기억화되고 장기기억화되어 잘 저장되게 하며, 그것을 잘 인출하며 의식화되도록 도와주는 방안이 무엇인가 하는 것이다.

일반적으로 말하면 일차적으로는 정보를 완전학습, 충분한 이해, 학습내용의 조직화 및 정보의 결합이 잘 이루어질 수 있게 하는 것이 중요하다고 말할 수 있다.

Keppel(1968)의 연구에 의하면, 학습이 보다 완전하게, 혹은 유입된 정보에 보다 충분히 숙달되어 있을수록 파지기간이 길어졌고 보다 쉽게 회상되고 있다는 사실이 밝혀지고 있다. 이러한 사실은 개개인이 그것을 마스터하려고 노력하거나 혹은 마스터시키려는 노력의 필요를 지적하는 것이다. 또 그 학습내용이나 정보를 충분히 이해하고 있었을 때는 그 정보의 학습이나 되풀이만이 아니라 보다 빨리 효율적으로 학습되고 회상도 가능해지며 새로운 사태에의 적용도 가능하게 됨을 알 수 있다. 아무리 어려운 개념도 그것을 충분히 이해하고 있을 때에는 쉽게 추리하게 될 수 있는 것이다.

또한 정보의 조직화는 새로운 학습이나 정보의 기억을 쉽게 하는 것으로 인정된다. 이는 정보가 전이(transfer) 되도록 한다는 표현으로 대치될 수 있겠으나 그 학습이나 정보의 기초를 나름대로 형성하게 되었음을 의미한다. 우리는 스케이트를 타는 것을 통하여 몸의 균형과 회전방법을 터득하게 되었을 때는 눈 위에서 스키를 보다 쉽게 빨리 학습하게 되고 일단 그렇게 되면 스키 타는 것을 계속할 수 있음을 안다. 이는 그 정보를 나름대로 형성하고 있었고 조직화하고 있었기 때문이다. 물론 새로운 정보를 기존의 정보와 관계짓는 것도 중요하지만 보다 중요한 것은 그 정보와 관련된 것을 모두 서로 연결시킬 때 기억이 잘 될 수 있는 것이다. 그것은 단일 측면에서의 정보만이 아니라 광범한 측면으로의 정보가 되기도 하려니와 그것을 통하여 기억이나 회상이 쉽게 되는 것이기도 하다.

이러한 것에 기초하며 구체적으로 제시된 것이 이른바 기억술(mnemonics) 혹은 기억기술이라는 것이다. Mnemonics란 말은 희랍신화에 등장하는 기억의 여신인 Mnemosyne에서 유래된 것으로 이미 희랍시대에도 관심이 있었던 것을 의미하기도 했다. 여기서 장기기억화에 도움이 되는 몇 가지 기법을 소개한다.

1) Loci법

이 방법은 고대 희랍이나 로마의 웅변가들이 저들의 웅변의 요점을 잘 기억하기 위하여 사용했고 현대에서도 많이 이용하는 기법으로 알려지고 있다. 이는 기억할 내용이나 정보를 자기가 알고 있는 장소나 거리, 혹은 잘 알고 있는 대상과 관련시켜 기억하고 재생하는 방법이다. 정보의 요약기법으로 우리는 이씨조선의 역대임금을 기억함에 있어 태조, 정종, 태종, 세종, 문종, 단종의 순으로 기억하지 아니하고 태정태세문단세……로 기억하거나 무지개의 7가지 색상을 "빨주노초파남보"로 요약하였던 적이 있다. 이는 여러 정보의 두문자어(acronym)를 따라 기억하였던 것이다. 이 기법은 현대에서는 "first letter mnemonics"로 알려지고 있고 또 Nelson과 Archer(1974)의 연구에 의하면 하나하나의 정보가 복잡하지만 않다면 이기법이 재생에 크게 도움이 되는 것임을 입증하고 있다.

2) 정보의 의미화

이는 기억해야 할 정보를 그 정보와 관련되어 있는 의미와 관련지어 기억하는 방법이다. 우리 주위에서 흔히 발견되는 예는 이삿짐센터의 전화번호는 2424, 복덕방의 전화번호는 4989, 서울역 안의 전화는 그 번호가 칙칙폭폭 7788임을 기억하고 있다. 이는 전화번호를 그 정보가 갖는 의미를 숫자화한 것이다. 이런 경우 전화번호를 기억하는 것보다는 의미만을 파악하고 있다면 그 재생은 훨씬 용이하고 빨리 이루어진다. 다만 어떻게 의미화하느냐가 질을 결정하게 되는 것이다.

3) 정보의 구조화

기억해야 할 정보를 나름대로 구조화하여 기억할 때는 재생이 비교적 수월하다는 것을 쉽게 이해하게 된다. 예를 들면 476674라는 수를 기억함에 있어서는 476만을 기억하고 나머지는 그 수의 역인 674인 것으로 구조화한다는가 "ice"란 단어를 기억함에 있어서 "c"만을 기억하고 그 앞에는 "i"가 뒤에는 "e"가 있다고 구조화할 수도 있는 것이다. 따라서 정보를 나름대로 어떻게 쉽게 구조화하는가가 재생에 영향을 준다.

4) 정보의 속성에 유의

이는 기억술의 하나라고 하기보다는 기억에 도움을 주는 것이라고 말할 수 있다. 이는 주어지는 자극, 정보에 대해 그 크기, 색, 명암, 형태와 같은 자극의 속성이나

정보가 갖는 특성에 유의한다거나 혹은 거기에 주의를 집중하여 관찰하게 되면 장기기억화에 도움이 되는 것으로 알려져 있다.

5) 언어나 신체적 동작의 연결

우리가 어렸을 때 구구법을 기억할 때 선생님은 소리내서 큰소리로 암송시킨 경험이 있다. 이는 기억하는 정보를 언어와 관련시켰던 예이다. 또 주판셈을 잘하는 사람들이 암산하는 것을 보면 주판이 주어지지 않았음에도 마치 주판알을 튕기듯 계속 손가락을 움직이면서 암산을 한다. 또 어떤 사람은 기억하거나 재생할 때 책상을 두드리거나 발바닥으로 땅을 치는 따위의 특수한 행동을 하는 것을 볼 수 있다. 이와 같이 기억함에 있어서 언어나 행동과 관련시켰을 때는 보다 쉽게 기억될 수 있고 또 그에 따라서는 재생도 잘 되는 경우가 있기도 하다.

물론 이러한 기법들은 기억주체의 특성이나 정보의 내용에 따라서 방법이나 기억 효과는 달라질 수 있는 것이다. 다만 분명히 말할 수 있는 것은 정보의 암기 혹은 기계적 기억보다는 기억내용을 기호화한다거나 의미화, 구조화할 때는 장기기억화 되고 그것을 다시 인출할 때 효과가 있다는 것이다.

학교학습과 관련하여 망각을 방지하기 위한 제안

◆ **암송과 반복이다.**

물론 학습은 완전히 이루어져야 하는 것이기는 하지만 학습한 것의 기억흔적은 쇠잔하는 것이어서 강요에 의한 정서적 문제를 야기하지 않으면서 암송이나 여러 가지 방법으로 반복 사용케 함으로써 흔적의 쇠잔을 막는다.

◆ **의미성의 강조와 변별학습이다.**

맹목적인 암기학습, 반복학습을 배제하며 간섭현상으로 인한 기억의 혼란을 줄이기 위하여 기억내용에 의미가 포함되도록 하면서 학습한다.

◆ **즐겁고 유쾌한 학습장면의 설정이다.**

억압현상이 나타나지 않도록 가능한 한 학교생활, 학습장면이 즐겁고 유쾌하도록 노력한다.

◆ **간섭의 최소화이다.**

학습간에 간섭을 최소화하기 위하여 충분히 학습이 되도록 하며 적절한 학습기간을 설정하며, 교과의 특성에 따라 전습법이나 분습법을 사용한다.

◆ **요점에 주의를 기울이도록 한다.**

칠판이나 노트, 혹은 책에 중요한 부분이나 요점에는 색깔로 표시하거나 밑줄을 긋는다거나 또 다른 표시로 다른 부분과 차이점이 나타나도록 하며 그렇지 못할 때는 구두, 즉 언어로라도 강조하여 학습자들이 그것에 주의하도록 한다.

- **학습내용이나 정보를 기호화하거나 상기하도록 한다.**

학습내용의 의미를 강조하면서 이미 학습한 것과 계속 관련지우면서 기억하는 방식을 제시하고 계속 상기하도록 한다.

- **내용의 구조화, 형태화, 체제화이다.**

학습내용을 나름대로 구조화하거나 형태화 혹은 체제화하는 데 주의를 갖도록 한다.

* 출처 : Biehler, 1978

4. 기억에 영향을 미치는 기타 요인

기억의 효과를 향상시키기 위해서는 그에 대한 논의를 충분히 이해할 필요가 있으므로 여기에서는 기억에 영향을 미치는 그 외의 요인 몇 가지를 더 살펴보기로 한다.

1) 반복학습과 과잉학습

학습이 철저할수록 파지는 증가하고 망각은 감소되리라는 것은 짐작하기 어렵지 않다. 또 이 사실은 연구에 의해서 뒷받침되고 있기도 하다. McGeech와 Irion(1952)은 학습의 수준에 관한 많은 연구를 개관한 결과로서 잘 학습된 것은 그만큼 더 잘 기억된다는 결론을 내리고 있다. 이 사실은 학습한 것을 상당한 시간이 지난 후까지 파지하고 재생하기 위해서는 반복학습 또는 과잉학습이 필요하다라는 것을 뜻한다. 여기에서 과잉학습이란 무엇을 뜻하는 것일까? 학습한 내용을 틀림없이 처음으로 재생할 수 있을 때 그 자료에 대해 100%의 학습을 했다고 한다. 그리고 그 학습을 더욱 철저히 하기 위해 같은 내용에 대한 학습을 반복하는 것을 과잉학습이라 한다. 가령 어떤 자료를 8회 읽어서 하나도 틀리지 않고 모두 외울 수 있었다고 가정한다면 8회 읽은 것을 그 학습 자료에 대한 최소한의 기준으로 본다. 이때 그 자료의 기억을 더욱 확실히 하기 위해서 4회를 더 읽는다면 그것은 50%의 과잉학습 또는 150%의 학습이 되고, 또 다시 4회를 더 읽는다면 그것은 100%의 과잉학습 또는 200%의 학습이 된다. 이와 같이 과잉학습이란 일단은 학습한 내용전체를 틀림없이 재생할 수 있었음에도 불구하고 그 내용의 기억을 더욱 확실히 하기 위해 추가로 반복학습을 하는 것을 뜻한다. 이 같은 과잉학습은 얼마만큼 효과가 있는 것일까? 오래 전에 Krueger(1929)는 이를 확인하기 위해 일련의 낱말들을 기준(100%), 150%, 200%로 학습하게 한 다음 학습으로부터의 간격을 여러 가지로 달리하여 재생량을 조사하였으며 그 결과는 [그림 7.3]과 같다.

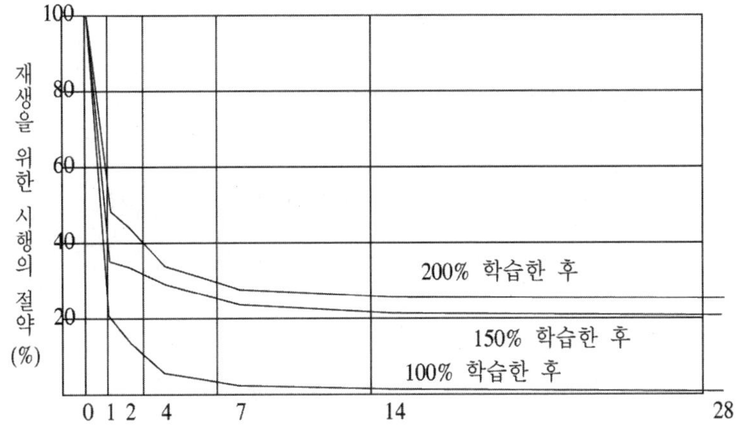

[그림 7.3] **과잉학습 정도에 따른 재생량**(%)

[그림 7.3]은 과잉학습이 150% 및 200%로 많아짐에 따라 파지량도 많아지는 것을 보여준다. 그러나 100%와 150% 학습 간의 파지증가량은 150%와 200% 학습 간의 증가량보다 훨씬 크다. 즉 반복학습의 효과는 일정한 것이 아니어서 150% 이상에서는 반복학습의 효과가 감소되고 있다. 이와 같이 일정한 수준을 상회하는 반복의 효과가 감소되는 것은 Krueger의 계속적인 연구에서도 확인되었고 그보다 훨씬 후의 Postman(1962)의 연구도 비슷한 경향을 보였다. 이와 같은 연구결과로 볼 때 학습을 100%에서 중지하는 것보다는 좀더 과잉학습을 하는 것이 훨씬 효과적이다. 그러나 그 과잉학습이 150%를 넘을 필요는 없을 것 같다. 또한 과잉학습의 효과는 그것을 집중적으로 실시하는가 아니면 분산해서 실시하는가에 따라서도 다르다.

2) 집중학습과 분산학습

같은 양(횟수)의 학습(반복학습, 과잉학습)이라도 그것을 여러 차례로 분산시키는 것과 한 번에 집중적으로 실시하는 것의 효과는 다를 것인가? 이에 대한 오래된 연구 몇 가지를 살펴보기로 한다. 실험에 사용된 학습 자료는 역사에 관한 짧은 설명 및 경제학에 관한 짧은 설명 각 30개씩이었다. 실험의 설계는 이 두 가지의 자료를 5회 계속해서 읽는 것(집중학습)과 하루에 한 번씩 5일 간에 걸쳐서 5회를 읽는 것(분산학습)이었다. 이 두 가지 조건에 있어서의 대상자들의 연습 및 피로의 효과를 상쇄하기 위해서 대상자와 실험조건을 교대해서 실험을 실시하였다. 이렇게 학습한 후 간격을 여러 가지로 달리하여 대상자들은 각자가 기억하고 있는 것을 기록하도록 하였다. 그 결과는 다음 〈표 7.2〉와 같다.

표 7.2 집중학습과 분산학습의 파지량

파지량 / 집단	5회를 읽은 후의 파지량	2주 후의 파지량	한 달 후의 파지량
한 번에 계속해서 5회 읽은 집단	66%	13%	11%
하루에 한 번씩 5일에 걸쳐 5회 읽은 집단	64%	41%	33%

즉, 5회를 읽은 직후의 파지량은 두 집단 간에 의의있는 차가 없다. 그러나 얼마 동안의 시일이 지난 후의 파지량에는 많은 차가 있다. 즉 집중적으로 학습한 집단의 망각이 훨씬 많다. 2주 후 및 한달 후의 분산학습집단의 파지량은 집중학습집단의 3배에 이르고 있다. 그보다 앞서 실시된 다른 실험 연구에서는 무의미 목록을 16회를 2주 동안 학습한 결과의 파지량은 다음 〈표 7.3〉과 같다. 이 결과는 학습에 투입되는 시간과 횟수를 같게 한다면 하루의 반복횟수를 적게 하고 그 대신 여러 날에 걸쳐서 반복할수록 파지량은 증가한다는 것을 보여준다.

표 7.3 학습방법에 따른 파지량

읽기 방법의 종류	파지량
하루에 한 번씩 16일간 간에 걸쳐 읽기	79%
하루에 두 번씩 8일간에 걸쳐 읽기	43%
한 번에 4회씩 4일간 읽기	25%
한 번에 8회씩 2일간 읽기	9%

그러나 이 같은 분산효과는 한계가 있는 것이어서 가령 한 번 읽고 다음 복습까지의 간격이 너무 길다면 한 번 읽은 효과가 다음 복습할 때까지 완전히 사라질 수도 있을 것이다. 그리고 분산효과가 모든 연구에서 언제나 이렇게 현저하게 나타나는 것은 아니지만 많은 연구에서 어떤 형태가 되었든 간에 반복학습을 분산시키는 것이 집중시키는 것보다는 더 효과적이라는 것을 보여준다.

분산효과는 학습과제에 따라서도 다른 것이어서 일반적으로 쉬운 과제보다는 어려운 과제의 경우에, 그리고 같은 이치로 해서 의미있게 받아들여지는 자료의 경우보다는 비교적 의미성이 낮은 자료의 경우에 더 효과가 크다. 그러나 학습과제에 많은 발견적 요소가 포함된 것일 때에는 분산학습의 효과가 별로 없다. 따라서 개념형성이 필요한 학습과제, 또는 문제해결의 성격을 가지는 학습과제로써 적절한 반응을 여러 가능성 중에서 탐색해야 되는 경우는 집중학습이 오히려 더 좋을 수 있다. 그러므로 언제나 분산학습을 실시하도록 권고할 수는 없는 것이지만, 대부분의 운동기능학습이나 외우는 것이 주가 되는 학습과제에 있어서는 대체로 분산학습이 더 유리하다.

3) 학습결과에 대한 지식

결과에 대한 지식, 즉 어떤 학습활동의 결과로서 자기가 무엇을 얼마나 성취했는가 하는 것을 아는 것이 학습활동에 대한 동기적 역할을 한다. Book와 Norvell(1922)의 연구는 이를 분명히 보여준다. 수준이 비슷한 6학년으로 구성된 2집단이 10일간

매일 같은 길이의 연습문제를 공부하고 시험을 쳤다. 두 집단 모두 같은 교사가 같은 방법으로 지도하였으나 한 가지 차이가 있었다. 한 집단에게는 모든 학생에게 그 전날의 시험결과를 알려줌으로써 각자의 진보상황을 알게 함은 물론 학생들 상호 간의 비교도 가능하게 하였으나, 다른 한 집단에게는 시험결과를 전혀 알려주지 않았다. 10일 간의 실험을 마치고 두 집단의 비교하였던 바, 두 집단이 같은 수준에서 출발하였음에도 불구하고 시험결과를 알려준 집단이 그렇지 않은 집단보다 훨씬 앞서고 있었다. 11일째가 되는 날부터는 반대로 첫 집단에게는 아무것도 알려주지 않는 반면, 두 번째 집단에게는 지난 10일간의 각자의 성적은 물론 매일 전날의 시험점수를 알려주면서 5일 간 실험을 더 계속하였다. 그 결과 두 번째 집단은 현저한 향상을 보인 반면 첫 집단의 향상도는 매우 둔화되어 이 실험을 마쳤을 때는 두 번째 집단이 약간 앞서 있었다.

이처럼 결과에 대한 지식이 학습에 도움을 주는 까닭은 무엇일까? 이에는 두가지의 설명이 있을 수 있다. 그 한 가지는 결과에 대한 지식이 정보의 역할을 한다는 것이다. 학습에 있어서의 자기의 노력의 결과를 정확하게 그리고 적절하게 확인하는 것은 학습자로 하여금 자기가 학습의 과정에서 잘한 것, 잘못한 것 그리고 자기의 진보도 등을 알려주는 정보가 된다. 만일에 자기가 한 것 중에서 무엇이 옳았고, 무엇이 잘못되었으며, 또 무엇이 목표달성에 도움이 되고, 무엇이 그에 도움이 되지 않는다는 것을 알게 되면, 자기의 노력이 더 많은 효과를 거둘 수 있도록 학습자는 잘못되었거나 부족했던 부분을 수정하고 보완하는 일이 가능하게 될 것이다. 즉, 잘못 이해한 것 또는 이해하지 못한 것을 발견하는 것이 빠를수록 그 양이 적을 것이므로 적은 노력으로도 그것을 이해할 수 있을 것이며 다음 학습에도 도움이 될 것이다. 그러나 반대로 그 잘못에 대한 발견이 늦어져서 잘못이 누적되면 그것의 해결은 그만큼 더 어려워질 것이다.

또 다른 한 가지는 결과의 지식이 동기로서 작용한다는 것이다. 자기가 쏘는 화살이 표적에 점점 더 가까워진다고 하는 것을 안다면, 화살을 더욱 가까이 보내고 또 명중시키고 싶은 의욕이 생길 수 있는 것이다. 언어적인 학습과제에서도 마찬가지로 자기의 노력이 진전을 가져오고 있다는 것을 안다면 그것을 더 잘해보고 싶은 의욕이 생길 수 있는 것이다. 결과에 대한 지식이 동기의 역할을 하는 것은 Page(1958)의 연구에서도 볼 수 있다. 그는 중학생들의 객관식 문제로 된 답안지를

세 집단으로 무선분류한 다음, 한 집단의 답안지에는 점수만 기입해서 돌려주었고, 두 번째 집단의 답안지에는 높은 점수에는 '잘했다', 낮은 점수에는 '더 잘하자'는 등의 상투적인 평을 기입해서 돌려주었다. 그리고 세 번째 집단의 답안지에는 점수를 고려하여 각 학생들에게 적합할 것으로 생각되는 개인적인 평을 기입해서 돌려주었다. 이렇게 계속한 결과 두 번째 및 세 번째 집단의 성적이 첫째 집단의 아동들보다 훨씬 좋아졌고, 세 번째 집단의 아동들이 두 번째 집단의 아동들보다 더 잘했다. 개인적인 평이 상투적인 평이나 아무런 평이 없는 경우보다 더 효과적이었고, 상투적인 평을 기입해주는 것도 평이 없이 점수만 알려주는 것보다는 더 좋은 결과를 나타낸 것이다. 물론 점수만을 아는 것도 그것을 모르는 경우보다는 다음의 학습활동에 긍정적으로 작용할 것이다. 그러나 비록 상투적인 것이지만 자기의 점수에 대한 교사의 평이 있을 때 자기점수에 대한 해석이 가능하여 자기 점수의 의미를 좀더 자세히 알 수 있게 되는 것이다. 그리고 개인적인 평이 주어질 때에는 자기가 잘한 것, 그리고 부족했던 것의 보완에 필요한 정보는 물론 교사의 관심이 자기에게 주어지고 있다는 것을 느끼게 하는 것이며 바로 이 사실이 세 번째 집단에게 가장 많은 향상을 보이게 한 것으로 생각할 수 있다.

제2절 전이의 이해

1. 전이의 의미

학습의 일차적 목적은 기존의 학습이나 경험이 다음에 주어지는 학습이나 경험, 혹은 새로운 장면에 적용될 수 있는 행동으로 변화시키는 것이다. 가령 산수에서 더하기 학습은 더할 줄 아는 것보다는 앞으로의 학습 즉 뺄셈, 곱셈, 나눗셈에 도움이 되어야 하는 것이거나 혹은 일상생활에서의 적용에 도움이 되어야 하는 것이다. 그것은 지식내용에서만이 아니라 기능적 측면에서도 마찬가지이다. 읽기 학습은 국어에만 한정된 것이 아니라 산수. 사회. 음악. 미술 등 다른 것에도 계속

영향을 미치며, 계산능력은 산수나 수학에서만이 아니라 물리, 화학에도 관련이 있다. 이렇게 개개의 학습은 학습 내용간에, 개개의 교과는 교과간에 관련이 있어 서로 영향을 주는 것이다.

이를 다른 말로 표현한다면 선행학습과 후행학습간에 서로 관련을 맺고 있으며 영향이 있는 것이다. 이 선행학습과 후행학습간의 영향 관계를 설명하는 것이 전이(transfer)의 문제이다. 따라서 전이란 선행학습이나 선행경험이 후행학습이나 경험에 영향을 미치는 현상을 말하는 것이다. 그러한 영향은 위의 더하기학습에서처럼 항상 후행학습에 도움이 되거나 긍정적 영향을 미치는 것만은 아니다. 때로는 방해하거나 부정적 효과를 가져올 수도 있고, 때로는 아무런 영향도 미치지 않는 경우도 있다.

따라서 선행학습이나 경험이 후행학습이나 경험을 촉진하거나 조장하게 되는 경우를 긍정적 전이(positive transfer), 혹은 적극적 전이라고 하며 반대로 선행학습이나 경험이 후행학습이나 경험을 방해했거나 억제하였다면 이를 부정적 전이(negative transfer) 혹은 소극적 전이라고 하며 전혀 아무런 영향도 미치지 않았다면 그것을 영전이(zero transfer)로 구분한다.

그러나 Gagné(1970)는 수평적 전이(lateral transfer)와 수직적 전이(vertical transfer)로 구분하고 있는바 수평적 전이는 선행학습이나 경험이 후행하는 학습이나 경험과 내용이 다르기는 하지만 비슷한 수준에 있는 것이어서 영향을 미치는 현상을 말하며 수직적 전이란 선행학습과 후행학습간에는 내용이나 특성면에서 어떤 위계관계가 있어 영향을 미치는 것을 고려하고 있는 것이다.

따라서 학교학습은 그것이 긍정적이건 부정적이건, 혹은 수평적이건 수직적이건 전이의 문제에 관심을 두게 되는 것이며 일반적으로는 긍정적 전이에, 또는 긍정적 전이의 값이 보다 크게 되는 데 관심을 두게 되는 것이다. 그것은 앞의 기억의 문제에서 학습내용의 기억효과를 크게 하는 것과 마찬가지로 주요 관심사의 하나이다. 따라서 전이와 관련된 기제를 이해하고 있을 때 그러한 방법은 터득될 수 있을 것이다.

2. 전이이론

1) 형식도야설(theory of formal discipline)

20세기 초반까지도 전이현상을 설명하는 데 있어서는 형식도야설(theory of formal discipline)이 기본적인 견해로 유지되어 왔다. 이러한 견해를 가진 사람들은 인간의 정신을 여러 가지 능력의 결합으로 설명하면서 기억력. 주의력. 추리력. 상상력 등은 집중적 훈련에 의하여 연마되는 것으로 주장하였고 다른 말로는 능력연마설(theory of mental discipline)이라고 불리워지고 있는 것이다. 형식도야설의 이론적 근거는 멀리 그리스시대까지 거슬러 올라갈 수 있다. 그들의 생각은 집중적 신체훈련이 근육을 튼튼하게 단련시키는 것과 같이 인간의 정신적 기능도 이와 유사한 방법으로 강화시킬 수 있는 것으로 간주하였다.

그리하여 평면기하학은 추리력을 향상시켜 주고 기억연습은 기억력을 증대시켜 주어서 보다 많은 것을 기억할 수 있는 것으로 보았으며, 특히 어느 분야나 개발시키려는 특정 정신능력이 있고 그것을 연마시켜야 하는 것으로 고려하였던 것이다. 이러한 견해는 20세기초까지도 인정되어 정신능력의 연마라는 측면에서 실제적인 가치는 없었음에도 라틴어, 혹은 논리학 등이 교과로서 가르쳐지기도 하였다.

이 형식도야설에 대한 최초의 도전은 James(1890)에 의한 것이다. 그는 만약 형식도야설이 옳다면 긴 시를 기억하는 데 연마의 결과가 나타나야 하는 것으로 믿고 스스로 자신이 Victor Hugo의 “Satry”라는 시를 8일간 132분에 걸쳐 기억하고 나서 John Milton의 서사시 ”실락원“을 기억하는 데 미치는 영향과 함께 4명의 학생에게도 매일 20분씩 38일간 그것을 암기하게 하고 기억력의 증진을 검토하였던바 학생에 따라서는 약간의 기억력의 진전을 보인 경우도 있었으나 전혀 진전이 나타나지 않는 경우도 있어 모든 기억의 진보는 습관적 방법에 의한 것으로 결론지었다.

두 번째의 형식도야설에 대한 도전은 Thorndike와 Woodworth(1901)에 의해서 이루어졌다. 그들은 학생들에게 10-100제곱cm의 면적을 판단하는 학습을 충분히 시키고 난 후에 150-300제곱cm의 직사각형의 면적을 판단하게 하였던 바 이러한

면적의 판단능력에 연습효과가 나타나지 않았음을 발견하였다. 그들은 그 외에도 0.5-1.5inch의 줄긋기 학습을 충분히 시킨 후 6-12inch의 줄긋기의 실행에서도 앞의 학습간 것의 연습효과가 뚜렷하지 않았음을 발견하였다. 그리하여 두 번째의 과제에 약간의 증진이 있었다면 두 과제간에 어떤 동일한 요소가 존재하여 전이된 것으로 보았던 것이다. 그래서 그의 전이이론이 동일요소설(theory of identical element)로 불리워지게 된 것이다. 그 후 Brigges에 의하여서는 영어의 문법훈련이 문법에 관한 능력을 개선시켜 주었지만 다른 학습장면에까지는 전이되지 않았음을 밝힘으로써 형식도야설의 타당성을 감소시켜 버렸다.

세 번째로 등장한 도전자가 Judd(1908)로 지적되고 있는 바 그는 형식도야설과 함께 Thorndike에 대한 도전자이기도 하였다. 그의 주장에서 전이는 선행학습과 후행학습에서 일반화에 의하여, 또는 그 속에 포함된 원리가 같기 때문인 것으로 설명하고 있어서 그의 주장을 일반화설(theory of generalization) 또는 원리의 일치설로 부르는 것이다.

그 후 일반화설은 더욱 확대되어 학습장면에서의 역학적 관계를 이해하는 형태나 그 관계가 전이를 유발하게 한다는 이른바 형태이조설(theory of transposition) 이 등장하게 되고 완전히 형식도야설은 고전적 의미밖에는 없는 것으로 인정되기에 이르렀던 것이다.

2) 동일요소설(theory of identical elements)

Thorndike와 Woodworth는 직사각형의 면적이나 줄긋기 실험 외에도 교과서의 단어의 뜻을 빨리 알아내도록 학습시키는 것이 전치사를 찾아내는 데 도움이 되지 못하는 사실을 발견하고는 "어떠한 하나의 정신기능이 발달한다고 하여 같은 것으로 흔히 간주할 수 있는 다른 기능을 발달시키지 못한다... 다만 영향을 주고 받는 기능에 동일한 요소가 포함되어 있을 때만이 연습효과의 확대가 나타나게 되는 것이다"라고 결론지었다. 그리하여 그는 수학에서 추리능력은 논리학의 추리에 전이되고, 라틴어의 학습은 라틴어에 어원을 둔 영어학습에 전이될 수 있는 것은 그 내용에 있어서의 요소의 공통적인 것 때문이라고 설명하였다. 따라서 두 개의 학습간에 적극적 전이가 일어날 수 있게 하려면 서로간의 유사성이 있어야 하는 것이며, 그러한 유사성의 정도가 클수록 보다 적극적이고 활발한 전이가 일어나는 것으로 보았다.

이러한 주장에 대하여 Gestalt학파에서는 원자론적이라고 강하게 비판을 가하고 있기도 하고 한편으로는 훈련에 의하여서는 구체적이고 광범하게 전이가 기대되지 않는다는 의미로 해석될 수도 있는 것이다. 그러나 어떻게 하면 전이현상을 증가시킬 수 있느냐 하는 물음에 대하여 중요한 단서를 제공하고 있어서 이에 기초하여 학습의 전이에는 동일한 요소들은 숫적으로 증가시켜줌으로써 전이효과를 크게 할 수 있다는 사실을 인정하게 되고 학교학습과 관련된 전이현상의 실험적 연구들은 그러한 추론을 확인시켜주게 됨으로써 학교학습에 그 적용노력이 가시화되어 교과내용의 구성이나 교과의 도입에 이론적 기초를 마련하는 데 공헌하게 된 것이다.

3) 일반화설(theory of generalization)

전이현상을 설명하는 또 하나의 이론이 Judd(1908)에 의하여 주창되었다. 그는 선행학습과 후행하는 학습 사이에 나타나는 전이현상은 학습자 스스로가 경험을 통하여 거기에 내포된 원리를 일반화하게 됨으로써 나타나는 것으로 믿었다. 초등학교 5,6학년학생을 두 집단으로 나누어 수면 아래 12inch지점에 놓여져 있는 표적맞추기 훈련을 시켰다. 실험집단에게는 빛의 굴절에 대한 원리를 가르쳐 주었으며 다른 한 집단에게는 빛의 굴절에 대해 알려주지 않았다.

12inch의 표적맞추기 실험에서는 이 두 집단이 모두 잘 맞추고 있었으나 그 표적을 4inch되는 낮은 곳으로 옮겨 놓았을 때는 실험집단의 학생들, 즉 빛의 굴절의 원리를 알고 있었던 학습자들은 곧 빛의 굴절량과 물의 깊이에 따라서 표적의 각도의 크기가 달라지는 것을 알게 되었고, 보다 빨리 적응하여 빛의 굴절의 원리를 알지 못하였던 집단에 비하여 훨씬 표적맞추기를 잘하고 있음을 발견하고 그러한 결과가 나타난 것은 동일요소에 의한 것이 아니라 굴절의 원리를 이해한 결과, 즉 계속 그 원리를 이해하고 새로운 장면에 계속 적용하여 확대하면서 일반화된 것에 따른 결과로 설명하였던 것이다. 그뿐만 아니라 그는 한걸음 더 나아가 교과의 세부사항도 자세히 가르칠 뿐 아니라 추상적 개념과 일반화할 수 있는 것 모두를

가르쳐야 한다고 강조하였다.

그 후 Henrickson과 Schroeder(1941)에 의하여 Judd의 실험은 재확인 되었으며 특히 Overing과 Travers(1966)도 이를 확인하였고, 원리를 가르칠 뿐만 아니라 실제의 시행이 보다 전이를 잘 일어나게 하고 있음을 밝혔다. 이러한 연구들은 보다 효과적인 교수에 도움이 될 포괄적인 자료를 많이 제공하게 된 것으로 인정되고 있다.

4) 형태이조설(transposition theory)

형태심리학자들은 특정의 학습장면에서 일어나는 역학적인 관계를 이해하는 형태나 관계가 다른 학습에도 적용되게 됨으로써 전이가 이루어진다고 주장한다. 즉 선행학습과 후행학습간의 단편적인 요소나 원리의 공통성에 의하여 전이가 일어나는 것이 아니라 학습을 이해하는 형태나 관계성에서 전이를 설명하는 이론을 형태이조설이라고 칭한다. 형태심리학자들은 A,B의 명암에 차이가 있는 두 장면을 설정하고 닭으로 하여금 더 밝은 B장면을 선택하였을 때만 모이를 주는 것을 반복하면서 먹이를 얻기 위해서는 밝은 쪽을 선택하도록 하는 학습을 시켰다. 닭들이 이를 학습하고 난 후에 B장면보다 더 밝은 C장면을 설정하고 닭의 행동을 관찰한 바 B장면이 아닌 보다 밝은 C장면을 선택하는 사실을 알게 되었다.

만약 동일요소에 의하여 전이가 이루어진다면 학습한 대로 B장면을 선택해야 했음에도 이 실험에서 A와 B장면의 명암관계를 이해하고 그 관계성을 B와 C장면에서도 적용된 것으로 본다. 즉 선행경험의 구도 속에 포함된 인지구조가 새로운 경험에 있어서의 인지구조형성으로 옮겨져서 전이현상이 나타난다는 것이다.

사실 이러한 현상은 학습장면이나 학습활동에서 흔히 관찰될 수 있는 것이며 앞서의 학습형태나 경험형태로 다른 장면에서 그대로 나타나는 따위가 그것이다. Bruner등이 말하는 발견학습이라는 것도 이러한 주장에서 연유된 것으로 볼 수 있으며 또 Scott와 Frayer(1970)의 연구에 의하면 발견학습을 통할 때 파지와 전이가 훨씬 잘 이루어지고 있음을 보고하기도 하였다.

지금까지 전이와 관련된 4가지의 이론을 소개하였으나 형식도야설은 나머지 3개

의 이론들이 나름의 구체적인 증거를 제시하게 됨으로써 부정되었다. 앞에서 이미 설명하였지만 동일요소설은 확실히 S-R결합설과 관련이 있고, 형태이조설은 인지론자의 주장과 맥을 같이 하는 것이어서 전이는 학습이론에 포함시키게 되는 것이다. 인간의 학습현상을 어떤 한 가지의 이론으로 설명할 수 없었던 것처럼 전이현상도 어느 한 가지 이론으로 완전히 설명될 수는 없다. 모두가 나름대로의 한계점을 포함하고 있는 것이다. 따라서 전이는 그들의 주장을 포괄적으로 이해하여야 할 것이다.

3. 전이의 조건

전이의 문제는 교육에 있어서 형식도야설이나 실질도야설에 깊이 관계된다. 일반화설이나 형태이조설의 기저 위에서 형식도야설은 전이의 효과를 크게 중시하며 교육내용은 생활이나 지식들의 기본원리로서 짜여져야 하며 그 지식들은 잘 조직되고 구조화되어야 된다는 주장이다. 이에 대해서 실질도야설은 전이의 효과를 경시하거나 아니면 요소들의 유사에서 오는 것이니 행동이나 지식을 구체화시켜 실제적 경험으로 학습시켜야 한다는 입장이다. 그 어느 입장이든간에 학습간에는 전이가 이루어진다고 보고 있으며 이와 같은 전이현상을 얼마만큼 유효하게 활용하느냐의 문제는 학습경제원리와 관계된다. 따라서 전이의 조건들에 깊이 관심을 가지면서 교과조직이나 교과운영에 임해야 할 필요가 있다.

전이의 조건은 이미 앞부분 전이의 이론에서 그 일부가 제시되었다. 즉, 학습자료의 유사성, 학습내용에 담겨 있는 원리의 동일성 그리고 학습자료 내의 조직이나 관계성의 유사 등이 그것들이다. 그러나 이 동일성과 유사도는 다른 조건들 예컨대 학습의 정도나 양학습간의 시간적 간격의 길이 등에 따라 적극적 전이일 수도 혹은 소극적 전이일 수도 있다는 점을 유의해야 할 것이다. 전이의 조건들에 대해 좀 더 구체적으로 살펴보자.

1) 학습자료의 유사도

학습자료가 유사할 때 두 학습간에는 전이가 일어난다. 그리고 그 전이의 정도는

유사도가 높을수록 전이도 높다.

2) 반응의 유사도

어떤 자극에 대한 반응이 같거나 유사할 때는 다른 자극이라도 그 자극간에는 전이가 일어난다. 즉 학습자료가 다르더라도 결과가 같으면 그 학습자료간에는 전이가 일어난다. 이와 반대로 자극이 같아도 반응이 다르면 같은 두 자극간에는 소극적 전이가 일어난다.

3) 학습간의 시간적 간격

선행학습과 후행학습간의 시간적 간격 또한 전이의 조건이 된다. 물론 이 요인은 절대적 조건은 아니다. 어디까지나 학습자료의 유사도와 그 학습자료의 학습된 정도간의 관계로서 결정이 된다. 즉, 학습자료의 유사도나 학습 정도에 따라 두 학습간에 동일한 시간적 간격이라도 적극적 전이가 일어날 수도 있고 소극적 전이가 일어날 수도 있다.

4) 학습의 정도

선행학습의 정도가 뒤따르는 후행학습의 전이도에 크게 영향을 미친다. 즉 선행학습이 충분히 이루어질수록 그것에 뒤따르는 학습에 크게 전이된다.

5) 학습방법

학습방법의 전이도 학습자료의 전이에 못지 않게 중요한 역할을 한다. Woodrow (1927)는 훈련방법의 유형에 따라, 즉 학습방법을 학습한 군이 학습방법을 학습하지 않은 군보다 좋은 학습효과를 나타내고 있음을 밝혔다. 뿐만 아니라 최근에 이르러 교과나 단원의 성질에 따라, 학습방법의 학습을 중시하고 있는 것은 바로 학습자료간의 전이보다 방법의 전이가 더욱 중요시되고 있다는 증거이기도 하다.

6) 학습자의 지적 능력

학습자의 지적 능력 또한 전이에 커다란 역할을 한다. 속담에 되(升)글로서 말(斗)글로 쓴다는 말과 이와 반대로 말글을 되글로도 못쓴다는 말이 있는데, 이는 곧 적용력을 뜻하는 동시에 전이를 뜻하는 것이다. 지능이 높을수록 적극적인 전이가 잘 일어나고 지능이 낮을수록 전이되지 않거나 소극적 전이가 일어난다.

4. 전이와 학습방법

20세기 초기 과학적인 연구에 치중하였던 교육학자나 심리학자들은 형식도야설에 대하여 지나치게 부정적 입장을 보여 능력발달과 관련이 있는 전이의 문제를 밝히는 데 제동을 거는 오류를 범하였다는 지적이 있으나 그런 중에서도 훈련이나 학습방법, 혹은 학습에 임하는 태도와 관련된 연구가 있어 왔다.

Sailsburg(1935)는 초등학교 학생과 고등학교 학생들을 대상으로 특수한 과제에 대한 학습방법을 훈련시킨 결과 그 효과가 다른 학습에도 전이되고 있음을 밝혔고 Woodrow에 의하여서도 같은 결과를 얻었다. Woodrow는 일단의 학생들을 A, B, C의 3개 집단으로 나누고 이들에게 6회에 걸쳐 기억에 관한 사전검사를 실시하고 난 후 A집단을 통제집단으로 지정하고 아무 훈련도 시키지 않았으며 B집단에게는 일상적인 기억훈련을 시켰으며 C집단에게는 기억훈련과 함께 기억기술이나 방법을 지도하였다. 그 후 기억검사를 실시하였던바 A,B집단에서는 기억효과에 의미있는 변화가 나타나지 않았으나 C군에서는 확실히 기억기술이나 방법을 지도하였던 결과로 우수한 점수를 보인 것으로 나타났다. 따라서 학습방법이 후행하는 학습에 효과적으로 전이되는 것이 밝혀졌다.

또 Dorsey의 보고는 현재의 학습이 다른 학습장면에 도움이 될 것이라는 편의상의 단순한 조언이 전이효과를 16%나 높여주었다고 밝혔다. 또 Klausmeier(1969)는 현재의 학습이 후행학습에 어떻게 적용될 수 있는지, 또 그것과의 관계, 방법 등을 강조하면서 후행학습에 미치는 그 효과를 검증한바 그러한 시도가 이해정도와 유용한 지식의 양을 증가시켜주고 있음을 입증하기도 하여 학습방법이나 기술에 따라서

전이효과를 결정할 수 있다는 사실을 인정하게 되는 것이다.

한편으로는 교수방법이 학습자의 학습에도 전이되고 있음을 밝힌 연구도 있다. Mager는 교수방법이 학습태도를 긍정적이거나 혹은 접근반응을 낳게도 되고 부정적 혹은 회피반응을 낳게 될 수도 있는 것임을 주장하고 있다. 그는 학생들이 가능한 한 잘 학습할 수 있도록 도와주면서 교수목표를 분명히 설명해 주었을 때는 학생들은 그 교과에 대하여 긍정적 반응, 즉 접근반응이 현저하게 증가하였으며, 반대로 그 학습과제와 관련하여 고통, 공포, 불안, 좌절, 부담, 신체적 불편과 같은 부정적 조건들이 주어졌을 때 학습자들에게 회피반응이 현저하게 출현하고 있음을 밝히면서 교수방법이 학습자의 학습태도에도 영향을 미치고 있어 전이의 문제는 학습과제가 학습내용 혹은 학습자의 학습방법에서만 고려될 것이 아니라 교수방법의 질에 따라서 다양하게 전이될 수 있다는 것을 시사하고 있다.

우리가 다루는 학습이나 기억, 망각, 전이의 문제는 학습효과의 제고에 관심이 있는 것이고 학습에서 전이효과를 극대화시키려는 것이다. 이러한 점을 고려한 Blair(1975)는 여러 학자들의 연구결과와 함께 그 방안을 제안한 바 있다. 그가 밝히고 있는 전이를 크게 할 수 있는 학습 및 지도를 위한 제언을 여기에 소개한다.

전이를 위한 제언

- 교수목표의 분명한 설정과 그것에 대한 행동적 용어로 진술이 되었을 때 효과적인 전이를 가져온다.
- 전이가 될 것이라는 학습자의 기대와 학습자료의 일반화 및 그것이 새로운 장면에 유용할 것이라는 자세 유지 등이 전이를 유발한다.
- 선택적인 주의와 분명한 지각을 통하여 전이효과를 크게 할 수 있다.
- 학습 경험 중에 단순히 경청하고, 읽고, 지켜보기보다는 읽기, 쓰기 따위의 외형적 반응으로 형태화 하였을 때 훨씬 전이효과가 크다.
- 추상적인 원리를 특수과제에 적용하는 방법을 학습할 수 있을 때 전이가 용이하게 이루어진다.
- 선행학습이 충분히 잘 이루어졌을 때 전이가 크다.
- 단순한 예를 통하여 일반화하기보다는 개념, 원리, 방법을 다양화시켰을 때 전이효과가 크다.
- 원리나 법칙 및 그 용법을 강조했을 때 전이가 커진다.
- 학습자료의 내용 속에 포함되어 있는 개개의 요소에 주의하면 전이가 커진다.
- 학습방법을 학습하였을 때 전이효과가 증대한다.

- 지식의 적용에 있어서 실패를 알게 하고 잘못의 원인을 토론하게 하면 실패를 줄이고 전이를 크게 한다.
- 반응이 강화에 의하여 확실하게 되는 것처럼 일반화된 반응, 문제해결, 창조적 활동 등은 강화되고 전이된다.

연습 문제

1. 시간이 경과함에 따라 파지량이 영에 도달한다는 주장을 반박할 수 있는 두 가지 이유는 무엇인가?

2. 파지량과 재학습의 시행횟수에 관한 연구에 기초하여 파지량을 높일 수 있는 학습방법을 제시하라.

3. 기억된 학습내용이 망각되는 이유는 파지된 직후부터 발생한 일들에 의한 방해 때문이라고 하는데, 이러한 현상을 방지하기 위한 학습방법은 무엇인가?

4. 학습한 내용에 대한 기억을 증진시킨 전략들을 생각해 보자.

5. 우리의 학교교육은 과연 꼭 필요한 것을 가르치고 있는가에 대한 비판을 전이에 대한 그릇된 관점에서 논의해 보라.

참고 문헌

유기섭 · 하종덕(1992). 수업직후에 실시하는 시험의 효과, 중앙대학교 교육문제연구소 논문집 제7호.

이기우(1992). 학습전략 훈련과 상위인지가 아동의 독해학습에 미치는 효과. 중앙대학교 대학원 박사학위논문.

이희도 · 한상철 (1989). 교재이해를 위한 읽기전략의 분석, 지도상담, 14, 계명대학교, 학생생활연구소.

Blair, G. M., Jones, R. S., & Simpson, R. H.(1971). Educational psychology(3rd ed.). New York : The Macmillan Company.

Book, W. F., & Norvell, L.(1922). The Will to learn : An experimental study of incentive in learning. Pedagogical Seminary. 29, 305-365.

Ebbinghaus, H. (1885). Memory. New York : Teachers College.

Gagne', R. W.(1974). Essentials of learning for instruction. New York : Holt, Rinehart, & Winston.

James, W.(1899). Talks to teachers on psychology and to students on some of life's ideals. New York : Henry Holt and Company.

Johnson, D. W.(1979). Educational psychology. Englewood Cliffs, New Jersey : Prentice-Hall.

Judd, C. H. (1908). The relation of special training to general intelligence. Eductional Rrview, 36, 28-42.

Kruger, W. C. F.(1929). The effect of overlearning on retention. Journal of Experimental Psychology, 12, 71-78.

McGeoch, J. A. & Irion, A. L.(1952). The psychology of human learning(2nd ed.). New York : Longman, Green.

Page, E. B.(1959). Teacher comments and students performance. Journal of Educational Psychology, 49, 123-181.

Perkins, N. L.(1914). The value of distributed repetitions in role learning. British Journal

of Psychology, 7, 253-261.

Postman, L.(1962). The temporal course of proactive inhibition for serial lists. Journal of Experience Psychology, 63, 361-369.

Salishury, R.(1935). Some effects of training in outlining. The English Journal (College Edition). 24, 111-116.

Thorndike, E. L.(1924). Mental discipline in high school studies. Journal of Educational Psychology, 15, 1-22, 83-98.

Titchener, E. B.(1923). Relearning after 46years. American Journal of Psychology, 34, 468-469.

제8장

성격발달과 적응

한 사람이 어떤 상황에서 그 나름의 독특하고 일관된 방식으로 느끼고 생각하고 행동한다면, 그를 이해하기 위해 우리는 '성격'이라는 개념으로 탐구할 수 있다. 성격이란 행동양식을 결정하는 개별 경향성을 의미한다. 반응이 상황에 적절한가의 여부에 따라 적응의 여부가 가려질 수 있다. 부적응이 성격의 장애를 의미하는가? 적응을 돕는 건강한 성격의 특징은 무엇인가? 건강한 성격은 또 어떻게 형성되고 발전하는가? 따라서 이 장에서는 성격에 대한 전반적 이해, 그리고 인간의 적응과 부적응의 문제, 또한 부적응 행동을 도와 주기 위한 지도 방안 등을 살펴보고자 한다. 그리고 학생들의 부적응적 문제를 정확하게 파악하기 위한 심리검사의 방법을 개괄적으로 탐색해 본다.

제1절 성격의 이해

1. 성격과 건강한 성격

성격이란 무엇인가? 사전에서는 "개인이 가지고 있는 독특한 성질이며 그 사람을 특징짓는 지속적이며 일관된 행동양식"이라고 설명한다. 본래, 성격(personality)이란 고대 희랍의 연극에서 배우들이 얼굴에 썼던 가면을 지칭하는 희랍어로 per(-을 통하여)와 sonare(말하다)란 합성어, persona 라는 말에서 유래되었는데, 이처럼 성격은 배우의 역할을 수행할 때 취하는 피상적인 사회적 이미지를 나타내는 공적 성격(public personality)을 뜻했다.

Jung(1954)은 persona를 다른 사람들과 인간관계를 맺을 수 있도록 돕는 사회적 자아(social self)라고 했는데, 이 사회적 자아는 자아의 핵심부분인 성격으로 일상생활에서 인간이 자신을 숨기기 위해서 쓰는 가면과 같은 것이라고 했다. 즉, 배우가 연기할 때 각각의 상황에 따라서 부과되는 요구에 맞추어 행동하거나 태도를 취하는 것과 같은 것이다.

성격과 유사한 용어로 성품, 인품, 품성, 인성, 기질, 개성 등 많이 있지만 이러한 말들은 다소 도덕적 뉘앙스나 정서적 특성을 가리키므로 인간의 종합적인 성질을 내포한 personality에서 유래된 성격이란 말과는 구분된다.

성격은 "다른 사람들과의 인간관계에서 드러내 보이는 한 개인의 특유한 독특성으로 생득적 기질을 토대로 생후의 총체적 경험에 의하여 획득된 통일되고 일관성 있는 정신적 반응양식의 총합체"로 볼 수 있다. 그러므로 성격은 성장과정의 경험에 따라 건전한 성격의 형성여부가 결정될 수 있다. 그렇다면 건강한 성격이란 무엇을 의미하는가? Schultz(1977)는 「성장심리학」(이상우 · 정종진 역)이라는 저서에서 건강한 성격이란 무엇이며 어떻게 형성되는지 여러 심리학자들의 관점을 들며 다음과 같이 설명한다.

Allport(1961)는 건전한 성격을 지닌 사람은 과거의 경험으로부터 축적된 무의식

이나 충동적인 힘에 지배되지 않으며, 자신을 통제하는 힘들을 잘 알고 그 힘들을 삶의 목적을 위해 활용할 수 있다고 하였다. 건강한 사람은 과거에 집착하기보다는 미래의 계획과 목표를 향해 산다고 믿었으며, 청소년기를 거치면서 "나는 누구인가' '와 같은 자아정체의식을 발달시키며 미래의 계획과 목표에 관심을 갖고 목표달성을 위해 동기화되는 사람의 성격을 건강하다고 설명하였다. 김태호(1990)는 정체감의 발달과 직업선호의 관계를 밝히는 연구에서 정체감이 발달된 청소년들이 발달되지 않은 청소년들에 비하여 일관된 분야의 직업들을 선호하며 비교적 자신이 결정한 진로목표를 지니고 있음을 확인했다. 미국사회에 살고 있는 한국청소년들은 그들의 이중 문화권의 생활환경에서 정체의식을 발달시키기 어려우며 진로결정에 있어 자칫 부모나 교사들의 영향을 쉽게 받을 수 있다. 정체의식을 발달시키기 어려운 이러한 상황에서도 자아정체감이 발달된 청소년들은 타인에 의한 영향보다는 자신이 결정한 목표를 갖고 산다.

Fromm(1947)은 성격을 문화의 산물로 보고, 인간이 그가 소속된 사회의 요구에 어느 정도 순응하느냐가 정신건강의 척도가 된다고 주장했다. 즉, 어떤 사회의 문화적 환경이 그 사회의 구성원들의 욕구를 만족시킬 수 있는 여건이 될 때 그 사회의 구성원들의 건강한 성격이 형성될 수 있다는 것이다. 불건전하거나 병든 사회는 그 구성원들에게 적대감과 의심과 불신을 심어주고 자아의 완전한 성장을 방해한다. 즉, 병든 사회는 병든 사람을 만든다고 했다.

Rogers(1961)는 모든 사람들, 즉 건전한 성격이 아닌 사람들조차도 자신의 성격을 변화시키는 점에 있어서 책임을 느끼며, 의식적이고 이성적인 사고능력이 있다고 믿었다. 건강한 성격을 지닌 사람은 자신의 삶의 과정에서 선택과 행동에 더 많은 자유와 책임을 누리며, 무엇이든 할 수 있다고 느낀다. 건강하지 못한 사람들은 선택은 하지만 행동에 옮기지 못하고, 새로운 도전과 자극과 흥미보다는 안전을 추구하고 긴장을 줄이며 고정된 생활방식에 빠지는 것에 반하여, 건강한 사람은 삶이 풍부하고 도전적이며, 그러한 가운데 고통을 느낄지라도 안전하고 완성된 상태에서 사는 것이 아니라 항상 창조적인 삶을 산다고 주장했다.

Maslow(1971)는 인간이 발달시킬 수 있는 잠재력의 정도를 이룬 사람들을 대상으로 연구하면서 모든 인간은 선천적으로 자아실현을 이루고자 하는 경향을 타고나지만, 자아실현의 욕구는 그 하위의 네 가지 욕구들이 차례로 충족될 때 마지막으로 나타나는 욕구이므로 모든 사람들이 자아실현의 욕구를 충족시킬 수 있는 것은 아니라고 하였다. 자아실현을 이룬 건강한 사람들은 성장동기화(growth motivation) 혹은 존재동기화(being motivation)의 상태에서 사는데, 이것의 의미는 가장 높은 수준의 동기로서 동기화되지도 않으며 어떠한 노력도 할 필요가 없는 경지임을 뜻한다.

Maslow에 의하면 건강한 사람은 그들 주변의 사물과 사람을 객관적으로 지각하며, 자신의 판단과 지각에 의존하되 편견이나 선입견을 갖지 않는다. 그들은 또 불평 없이 자신의 약점과 장점을 수용하며, 자신의 약점과 결함에 대하여 부끄러워하거나 죄책감을 가지지 않는다. 모든 삶의 과정에서 꾸밈이 없고 솔직하며, 자신의 감정과 정서를 솔직하게 나타낸다. 그들은 또 자신에게 열중하고 사명의식을 갖고 자기의 일에 최선을 다하며, 자신의 일을 사랑하고 몰두한다.

2. 성격의 형성과 발달

성격을 설명하는 관점에는 여러 이론들이 있다. 여기에서는 크게 정신분석적 관점, 사회문화적 관점, 인본주의적 관점 그리고 행동주의적 관점에서 설명하고 있는 성격을 간단하게 살펴보고자 한다.

정신분석학의 선두자인 Freud(1949)는 성격을 원본능(id), 자아(ego), 초자아(superego)의 세 요소로 구성된 것으로 보았다. 원본능(id)은 성적이고 동물적인 쾌락추구 본능에 따라 움직이는데 비하여 초자아(superego)는 유아가 성장과정에서 부모나 교사와 같은 사회질서를 강조하며 양심과 윤리의 대변자와 같은 사람들과의 상호작용을 통해서 사회규범과 행동기준을 내면화하여 옳고 그름, 선과 악, 도덕과 부도덕을 분별하는 기능을 한다. 그러므로 초자아는 원본능의 쾌락추구의 세력과 상치되는 관계에 있게 된다. 자아(ego)는 id의 충동적이고 쾌락추구의 요구에 맞서는 초자아(superego)와의 갈등을 해소하기 위하여 현실원칙을 따르는데, 즉 현실세계의 합리적이고 논리적인 수준에서 사고하고, 추리하고, 지각하고, 결정하는 역할을 한다. 성격의 세 요소가 이와 같은 역할을 하는 가운데 결정적인 반응양식이 일정한 경향으로 나타나며 성격으로 형성된다.

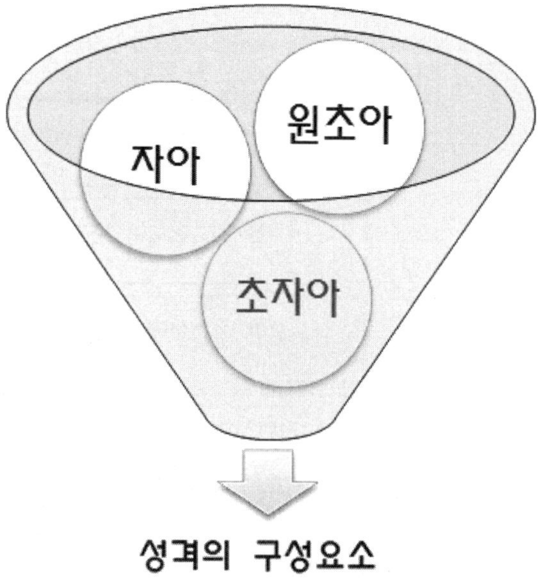

[그림 8.1] **프로이드의 성격 구성요소**

Jung(1945)은 사회적으로나 경제적으로 안정되고 꽤 성공한 중년의 나이에 인생에 대한 무의미와 삶에 대한 열정의 상실로 정신적 혼란을 겪으면서 자신의 어린 시절의 꿈과 환상을 분석하고 성격내면의 깊은 곳에 있는 무의식 탐구에서 해결방안을 찾았다. Freud가 성격형성에 있어서 무의식의 영향을 강조한 사람이라면, Jung은 인간 내면의 삶을 무의식의 깊은 차원에서 이해할 수 있도록 한 사람으로 평가된다.

사회문화적 관점에서 Erikson(1968)은 성격형성과 발달에 대하여 처음엔 Freud와 상당히 일치되는 견해를 가졌었지만, 성격형성에 성적 욕구와 무의식의 영향을 강조한 부분에 비판을 가하면서 자아의 성장과 발달에 관한 심리사회성의 발달이론을 제시하였다. 성격이라는 용어 대신 심리사회성이라는 개념을 쓰고 있는데, 이는 인간의 심리를 주로 사회성의 발달측면에서 설명하려고 한 의도로 보인다. 성격을 문화의 산물로 본 Fromm(1947)은 건전한 사회는 그 구성원들이 서로 사랑하게 만들며, 생산적이고 창조적이며, 이성에 예민하고 세련되게 하고 그들의 잠재력을 완전히 발휘하게 하는 자아의 실현을 촉진한다고 주장했다. 그는 모든 사람은 인간으로서 공통된 다섯 가지의 기본적인 욕구가 있다고 하였다.

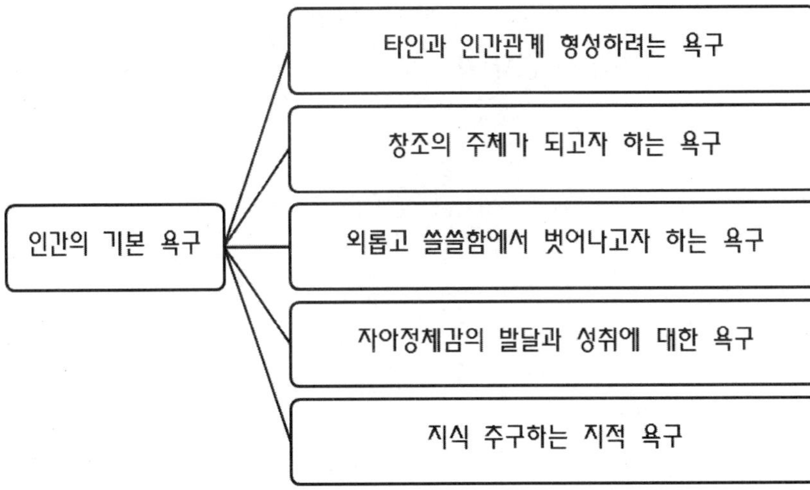

[그림 8.2] **프롬이 설명한 인간의 공통된 기본적 욕구**

Sullivan(1953)은 성격을 인간생활을 특징짓는 비교적 지속적인 형태의 인간관계를 형성하는 요인으로 정의하였으며, 성격을 인간 내부적인 것으로 보기보다는 다른 사람들과의 인간관계의 형태라고 보아야 한다고 설명하였다. 인간은 타인과의 관계를 떠나서는 삶의 의미를 느낄 수 없기 때문에 한 사람만을 따로 연구하기보다는 타인과의 관계에서 연구해야 한다는 것이다. Adler(1969) 또한 통일되고 일관성 있는 하나의 통합체인 개개인이 가상적인 목표를 추구하는 가운데 창조적인 자아의 성격을 형성해 나간다고 주장했다. 즉, 성격형성에 있어서 유전과 환경이 중요하지만 삶의 목표를 추구해 나가는 과정에서 결정적인 영향을 더 받는다는 것이다. 인간의 삶은 사회적인 관계 속에서 일어나므로 사회에 소속된 한 구성원으로서, 다른 사람들과 경쟁하고 협동하며 상호작용하는 전체적인 측면에서 이해해야 한다고 주장했다.

인본주의적 관점에서의 Rogers(1961)는 과거의 경험이 주관적으로 현실을 지각하는 방식에 영향을 미칠 수 있지만 인간은 본질적으로 보다 나아지려는 자아실현의 기본 욕구를 지니고 있어 과거보다 현재의 의식이 그를 지배한다고 보았다. 그러므로 의식적이며 주관적인 현재의 경험이 성격의 핵심임을 강조하며 현상학적

관점을 취했다. 현상학적 관점은 개인에게 현실로 보이는 것은 바로 그가 인식하는 모든 것을 포함한 인간의 내적 준거체계나 그의 주관적 세계 내에 존재하는 것을 뜻한다. 이 입장은 개인의 지각과 경험들이 그의 진실을 구성할 뿐만 아니라 그의 행동에 기초를 형성한다고 믿는다. 인간은 그들이 사물을 어떻게 지각하여 해석하였는지에 따라 사실을 형성한다.

인간의 성장 가능성에 관심을 기울인 Maslow(1971)도 모든 인간은 선천적으로 자아실현을 이루고자 하는 욕구를 지니고 있다고 믿었다. 자아실현의 욕구가 성취되는 과정에 선행조건으로 보다 낮은 수준의 다른 네 가지의 욕구들을 설명하고 있는데, 즉 신체적이며 생리적 욕구, 안전의 욕구, 소속과 애정의 사회적 욕구, 그리고 자기존중의 욕구가 그것이다. 이러한 네 개의 욕구들이 차례로 만족되어야 마지막으로 자아실현의 욕구가 나타나며 충족되어질 수 있는 기회를 갖는다.

행동주의적 관점을 설명하고 있는 Skinner(1953)는 인간이해의 방법으로 행동부분에 초점을 두고 조작적 조건화의 연구에 일생을 보냈다. 그는 행동연구에서 행동을 수량화했으며 조건강화인자와 혐오자극의 적절한 적용으로 행동의 학습 원리를 체계화하였다. 인간의 내면에서 일어나는 자율적인 행동의 동기나 유전적인 방법으로 설명하는 방법을 배격했다. 인간의 성격은 타고난 것이 없으며 출생시의 그것은 백지와 같은 것에 비유할 수 있다. 그러므로 유아는 어떤 행동이든지 배워서 행동할 수 있는 무한한 가능성을 지니고 있다. 부모는 유아의 특정행동에 보상을 제공하며 그 바람직한 행동을 강화하며 바람직하지 못한 행동은 어떤 형태의 보상도 배제시킴으로써 소멸시킨다. 이와 같이 인간의 행동은 점진적이고 체계적인 강화에 의하여 학습된다.

다른 성격이론가들과는 달리 Skinner는 성격을 행동의 유발원인으로 생각하지 않는다. 그는 인간의 행동을 강화의 산물이라고 주장한다. 즉, 우리의 행동은 어떤 일정한 강화원칙에 의하여 일정한 양식으로 행동하도록 학습된 것이기 때문에 건강하지 못한 성격을 다시 재학습의 과정을 통하여 건강한 성격으로 재형성할 수 있다고 설명하였다.

제2절 적응과 부적응

1. 적응과 부적응의 개념

우리는 흔히 청소년기를 심리적 격동기라고 부른다. 인간의 성장과정에서 영 · 유아기를 제외하고 신체발달이나 인지 · 정서 발달 등 여러 가지 영역에서 청소년기만큼 큰 변화를 가져오는 시기는 없을 것이다. 또한 가정이나 사회에서 기대하는 역할에 있어서도 청소년기는 부모에게 돌봄을 받고 의존하는 어린아이의 위치에서 한 몫을 하는 성인의 위치로 전화되는 시기가 된다. 이와 같이 중요한 신체적, 심리적, 사회적인 변화가 큰 폭으로 한꺼번에 일어나게 됨으로 해서 청소년기에는 이러한 변화들에 적응하는 능력이 크게 요구되며, 정신적 스트레스 또한 높아지게 된다. 따라서 청소년기에는 정서적 불안정이나 기타 적응문제가 나타날 가능성이 높으리라는 것은 쉽게 예측할 수 있다.

청소년기에 심리적 부적응 증상이 나타날 때, 이것이 일시적인 부적응 현상인가 아니면 좀 더 근본적인 심리장애의 시작으로 보아야 할 것인가를 판정하는 것은 쉽지 않은 일이다. 대체로 심각한 심리장애의 표징으로 해석되는 증상들도 소위 '정상'적이라고 볼 수 있는 청소년들에게서 나타나는 경우도 있고, 반면에 별로 우려할만한 심각한 증상을 보이지 않았던 청소년이 점차적으로 중한 심리장애를 나타내는 경우도 있다. 따라서 청소년기의 부적응 증상들은 그 자체가 반드시 심각한 심리장애의 시작을 의미한다고 볼 필요는 없겠으나, 동시에 이를 무조건 청소년기에 의레 있을 수 있는 일시적인 현상으로 가볍게 보아 넘기는 것 또한 피해야 할 것이다. 특히, 고도로 발달된 과학기술, 복잡한 사회제도, 그리고 급변하는 현대를 살아가고 있는 우리 청소년들에게 있어서 가정이나 학교 및 사회에서 자기 자신의 욕구를 어떻게 조정하여 행복한 삶을 영위해 나갈 것인가 하는 적응의 문제가 심각하게 대두되고 있는 실정이다.

적응이란 개인이 심리적, 사회적 장애를 극복하고 자신의 욕구를 충족시키기 위해 개인적으로나 사회적으로 수용될 수 있는 행동을 하는 것을 의미한다. 생물학

적, 심리학적 두 입장을 종합한 적응의 개념을 정의하면, "적응은 인간이 자발적으로 행동하고, 보다 적극적으로 환경을 이용하며, 사회적 변화에 능동적으로 참여하는 개인과 환경과의 능동적 상호작용"(여광응 등, 1995)이라고 요약할 수 있다. 그러므로 적응이란 환경에의 적응 뿐만이 아니라 개개인의 생물학적, 심리학적 상태에 대한 적응도 의미한다. 그리고 현대사회는 개인의 마음 편안함의 성취, 잠재능력의 개발, 환경의 극복을 통해서 적응할 수 있는 능력을 중요시 한다. 왜냐하면 건전한 적응은 개인의 성장에 긍정적으로 영향을 미치며, 그것은 결국 인간 성장 가능성을 최대한 이끌어낼 수 있도록 만들어 주는 심리적 속성이기 때문이다.

한편 적응에 반대되는 개념은 부적응이다. 부적응이란 주어진 환경 조건에 적절하게 적응하지 못하는 비정상 상태를 의미한다. 개인이 주위 환경이나 사회규범 및 요구에 적응하지 못하든가 타인에게 인정을 받지 못하고 갈등과 불만이 쌓여 마음이 편하지 못한 상태에 있는 경우에 우리는 그를 부적응행동을 가진 사람이라고 말할 수 있다(이성진, 1997). 따라서 적응은 부적응 요인을 제거하고 사람으로 하여금 자기 일을 성공적으로 수행하는 습관을 길러주어 바람직한 성격을 형성하고 유지시키기 위해 필요하다.

적응 또는 부적응의 의미는 개인의 욕구나 개인이 처한 사회적 · 환경적 요인에 따라 달라질 수 있나. 예를 들어, 우리나라에서 잘 적응하여 생활하던 사람이 생소한 외국에 나가게 되면 그 사회가 가지는 독특한 문화나 언어생활에 제대로 적응하지 못하는 부적응 현상을 경험할 수 있다. 따라서 적응과 부적응의 개념은 고정된 것이 아니라 상대적인 것으로 가능성의 차이이다. 인간은 욕구와 환경에 따라 평소 적응적인 행동을 보이던 사람도 부적응 행동을 보일 수 있으며, 부적응적이라고 보여지던 사람도 적응행동을 할 수 있는 것이다. 부적응을 지도하기 위해서는 내적 요인 욕구와 외적 요인, 즉 환경적 요인이 무엇인지를 살펴서 그 저해요인을 제거해 주어야 한다. 적응행동 문제는 어릴 때부터 올바른 습관형성이 중요하고 장면에 따라 바람직한 행동을 강화해 주어야 한다.

2. 적응의 과정과 적응기제

적응기제란 무엇인가? 어떻게 형성되는가? 인간은 적응과정에서 자기가 설정한 목표에 도달하지 못하든가, 심리적으로 감당하기 어려운 문제 사태에 당면했을 때 갈등에 빠지게 되는데, 이런 상태에서 목표를 수정하거나 문제 사태를 우회 내지 대리적 목표를 설정하고 긴장이나 불안을 해소하려고 한다. 이와 같은 해소방법을 적응기제라고 하는데, 적응기제는 방어기제, 도피기제, 공격기제로 분류할 수 있다(Shaffer, 1959).

1) 방어기제(defense mechanism)

심리적으로 극복하기 어려운 현실에 당면하여 직접 문제를 해결하려 하지 못하고, 현실을 왜곡시켜 체면을 유지하고, 심리적 평형을 되찾아 자기를 보존하려는 무의식적 책략을 방어기제라고 한다. 방어기제는 원래 정신분석이론이 제안한 적응기제로서, Freud는 본능적 에너지의 표출이 좌절되어 심리구조의 심층에 억압되면, 그 억압된 에너지가 표현될 때 야기되는 불안을 해소하기 위하여 채택하는 책략을 방어기제라고 하였다. 대표적인 방어기제는 다음과 같다.

(1) 보상(compensation)

욕구과절로 인한 스트레스로부터 벗어나 이를 해소하여 자기를 보호, 방어하되 다른 만족한 것으로 대치하여 자기를 안전하게 방어하려는 적응기제를 보상이라 한다. 예를 들면, 신체적으로 결함이 있는 아동이 예술적인 면에서 뛰어나려고 노력한다든지, 미모에 자신이 없는 여성이 복장이나 소지품으로 사람의 눈을 끌려고 하는 것 등이다.

(2) 합리화(rationalization)

자기변명이나 그럴듯한 이유를 들어서 정서적인 불안이나 당면하고 있는 난처한 입장, 결점 등을 은폐함으로써 사회적으로 용인받으려는 행동을 하게 되는 것을 합리화라고 한다. 자기에게 향한 공격을 남에게 전가시키려는 것과 자기의 실패를 변명으로 정당화하려는 경우 모두 합리화에 속한다. 예를 들면, 시험성적이 좋지 못한 학생이 그 이유를 시험공부를 열심히 하지 않았다든지 자기의 학습능력이

미흡하다든가의 이유를 들지 않고 시험채점이 불공평하다든가, 결석한 날 학습하지 않았던 문제만이 출제되었다든가 하는 변명이나 이솝우화 중 '여우의 신포도'를 들 수 있다.

(3) 동일시(identification)

자기의 것이 아님에도 다른 사람의 여러 가지 특별한 성질을 자기 내부로 끌어들여 승인을 얻으려는 행동이 여기에 속한다. "국무총리 후보로 거론되고 있는 모대학 총장이 바로 내 중학 동기동창이지"와 같은 반응이나 유명 연예인이나 운동선수를 우상으로 삼고 그와 똑같이 되려는 생각을 예로 들 수 있다.

(4) 투사(projection)

투사는 외현적 행동은 합리화와 비슷하나 내적으로 차이가 있다. 자기의 불만이나 불안을 해소시키는 방법으로서 그 이유를 다른 사람이나 다른 장면과 결부시킴으로써 자기를 방어하려는 기제이다. 예를 들면 시험에서 부정행위를 하는 것이 옳지 않다는 것을 잘 알고 있으면서도 다른 학생이 하니까 나도 별수없이 한다고 하며 도리어 선생님의 감독이 불충분하다고 분노의 태도를 취하는 경우를 볼 수 있을 것이다.

(5) 승화(sublimation)

승화는 곤란이나 문제 혹은 불만을 오히려 극복하고 사회적으로 승인되는 가치있고 윤리적인 활동으로 대치하여 인정을 받음으로써 정신적 갈등이나 불만을 해소하려는 방어기제이다. 개인의 욕구불만을 종교적, 예술적, 사회봉사적 활동으로 발전시키는 것으로 사회적, 윤리적으로 만족할 수 없는 욕구를 발산하여 부적응에서 자기를 방어할 수 있는 기제로써 교육적으로 잘 활용하면 부적응 행동을 지도할 수 있다.

2) 도피기제(escape mechanism)

도피기제는 욕구불만에 의하여 발생된 정서적 긴장이나 불안감을 해소하기 위하

여 비합리적인 행동으로 당면하고 있는 현장이나 또는 비현실적 세계로 벗어나 정서적 안정을 추구하려는 현상을 말한다. 도피기제에는 다음과 같은 것이 있다.

(1) 고립(isolation)

고립은 자기의 안정을 얻기 위하여 욕구불만의 대상에서 도피하여 그와 접촉을 하지 않으려는 행위이다. 정치적으로 거세된 사람이나 사업에 실패한 사람이 은둔 생활하는 것을 예로 들 수 있다.

(2) 퇴행(regression)

욕구를 실현할 수 없을 때 유아시절의 감정이나 태도 등의 행동으로 되돌아가서 자기욕구를 충족시켜 보려는 기제이다. 예를 들면, 부모의 관심이 갓 태어난 동생에게 집중될 때 부모의 사랑을 받으려고 공연히 어리광을 부리는 경우가 그것이다.

(3) 억압(repression)

자기의 욕구가 쉽게 달성될 수 없을 때 그것을 스스로 의식에서 배제시킴으로써 안정을 유지하려는 기제이다. 이 억압된 행동은 주로 부끄러운 일, 수치러운 일 또는 무서움을 무의식의 세계로 감추려는 특징이 있다.

(4) 거부(negativism)

불안하고 위협이 되는 현실에 대한 지각을 인정하기를 거부함으로써 안정을 유지하려는 기제이다. 예를 들어 "우리 애는 그럴 리가 없어", "그것은 잘못된 것일꺼야" 라고 말하는 것이 여기에 속한다.

(5) 백일몽(day-dreaming)

욕구를 성취할 수 없을 때 꿈과 같이 공상의 세계로 도피하여 자기욕구를 직접 충족시켜 보는 경험을 상상해 보아 욕구불만을 발산하고 긴장을 해소하며 일시적으로 안정을 얻는 기제이다. 운동에 소질이 없는 사람이 운동경기에서 경쟁자를 물리

치고 우승컵을 타는 모습을 혼자 상상하고 만족한다거나 실연당한 남학생이 자기를 환자로, 상대 여학생을 간호사로 가정하여 정성껏 간호받는 장면을 생각하는 예가 그것이다.

(6) 강박관념(compulsive conception)

무엇을 잊으려 해도 더욱 분명하게 되살아나는 현상이다. 불합리하다고 생각하고 그것을 그렇게 생각하지 않으려 해도 더욱 분명해지는 강박행위로 도피의 반대적 심리현상이기도 하다. 강박관념은 부모 자식 사이에, 부부 사이에 부도덕적인 공격적 행동에 대한 우려, 건강이나 병에 대한 지나친 걱정, 극성스런 신자 등에서 흔히 볼 수 있는 도덕과 의지에서 벗어난 사고에서 나타난다.

3) 공격기제(aggression mechanism)

방어나 도피기제와 같이 수동적인 것이 아니라 능동적 태도로서 어떤 욕구불만에 대한 반응양식으로써 욕구충족의 과정이 방해되었을 때 방해대상에 대해 적대시하는 감정이나 태도를 취함으로써 정서적 긴장을 해소하려는 기제이다. 예컨대 싸움에 지고 축구공을 차면서 마치 싸움대상을 찬 기분으로 불만을 해소하는 것은 불만 기분을 풀어버리는 좋은 공격기제의 하나이다. 공격기제는 싸움, 폭행, 폭언, 반항, 불순종, 무시, 보복, 적대시, 파괴 등이 행동으로 나타나기 때문에 사회도덕적으로 용납되지 않거나 법에 저촉되므로 불만행동을 승화하도록 지도할 필요가 있다. 공격기제도 물리적인 힘에 의하지 않고 조소, 비난 등과 같은 간접적인 공격기제가 되도록 할 필요가 있으며, 제삼자가 피해를 보지 않도록 해야 한다.

3. 부적응의 원인과 증상

부적응의 원인을 밝히기란 그렇게 쉽지 않은 일이다. 그것은 단순한 원인일 수도 있겠지만 대부분은 여러 가지 복합적 원인인 경우가 많다. 따라서 현상적으로 파악되는 원인은 촉진원인은 될 수 있으나 소인적 원인이 따로 있다는 것이어서 부적응의 원인을 밝히는 데 어려움을 더하게 된다. 그러나 여기서는 여러 가지 연구들을 통하여 밝혀진 바 있는 것을 범주화하여 알아보고자 한다.

첫째, 생물학적 원인이 있다. 부모로부터의 전수받은 생물학적 특성이나 질병 및 생리적 조건 등이 원인이 되어 부적응을 일으키는 경우는 허다하다. 그러함에도 그러한 원인들은 경시되거나 무시되어 오기도 한다.

둘째, 욕구의 좌절이나 갈등이 그 원인이 된다. 사실 인생사는 욕구의 충족과정이라고 할 만치 모든 행동이 욕구와 관련되어 있음을 앞에서 살펴보았다. 그래서 욕구를 인간행동의 동인으로 간주하기도 한다. 이러한 욕구는 때로는 만족스럽거나 약간 불만족스럽더라도 얼마간은 충족되는 경우가 있는가 하면 여러 가지 조건에 따라서, 즉 물리적, 사회적 혹은 그 자신의 심신의 조건에 따라 좌절되는 경우가 많다. 그러나 욕구의 충족은 또다른 욕구의 추구로 옮겨가지만 욕구의 좌절은 부적응을 낳는다. 때문에 부적응의 원인으로 충동이나 욕구의 좌절, 혹은 두 개 이상의 욕구의 공존으로 빚어지는 좌절들을 부적응의 원인으로 간주한다. 그러나 이러한 좌절이 모두 부적응의 원인이 되지는 않는다. 그것은 그 개인의 욕구좌절 내성(frustration tolerence)이나 적응능력에 따라 달라지는 것이다.

셋째, 불건전한 정서적 경험이 그 원인이 된다. 인간에게 정서나 감정이 결여되면 어떨까? 정서나 감정은 없고 이성에만 지배된다면 아무 멋도 없을 것이다. 그것은 로봇에 지나지 않는다. 이 정서란 내외적 자극에 따라서 신체적인 표현과 함께 일어나는 폭발적인 감정들을 지칭하는 말이며 그것은 생활의 일부이며 자연스러운 현상이다. 그러나 우리의 경험들 가운데는 계속적인 긴장이나 과도한 불안, 불필요한 공포를 야기하거나 적대감이나 죄책감을 낳게 하고 있어 이러한 정서적 경험이 부적응의 원인으로 간주되고 있다.

넷째, 가정조건이 그 원인이 된다. 가정은 어린이가 태어나서 양육되고 보호받는 피난처이기도 하고 생활터전이다. 그래서 가정은 심신의 안정도 보장해 주며 사회적으로 종족보존과 사회화가 이루어지는 곳이다. 그러나 이러한 가정의 조건이 만족한 것이 못되어 부적응이 야기되는 경우는 허다하다. 친자간의 갈등, 형제간의 불화를 비롯하여 부부간에, 고부간에 불화 따위가 있는가 하면 부모의 양육태도나 그것의 질, 가정에서의 지도방법은 모두가 문제로 지적되는 것들이며 특히 최근에는 적절한 심리적 양육이나 지도가 중시되는 것도 그러한 면에서의 고려이

다. 물론 그러한 조건이 모든 어린이에게 똑같이 작용하는 것은 아니다. 그것은 그러한 조건이나 자극을 수용하는 사람에 따라 달리 나타나고 있다는 것도 이해해야 할 문제이다.

한편 부적응 행동의 증상은 그 유형이나 경증에 따라서 다양하며 그것을 명시적으로 제시할 수는 없을지 모른다. 그러나 일반적으로 나타나는 신호나 증상은 다음과 같은 네 가지의 형태로 제시되고 있다.

첫째, 근심이나 걱정이 평상시보다 많아진다. 적응에 실패로 나타나는 신호의 하나는 근심, 걱정이 많아지는 것이 신호로 간주된다. 이것이 좀 더 발전하면 불안, 공포, 우울, 죄책감 따위로 확대되기도 하나 걱정과 근심이 생겨 생활에 위축과 문제에 효과적 대처가 제대로 안 되는 것으로 설명된다.

둘째, 신체적 질병의 호소가 많다. 학교에서의 적응에 실패한 어린이가 배가 아프다, 골치가 아프다하며 학교에 가기를 피할 때 흔히 이를 꾀병으로 간주한다. 그러나 최근의 임상적 연구결과는 신체적 질병이 심리적 원인에 영향을 받아 일어나고 있음을 발견하여 이러한 질병을 심인성 신체질환(psychosomatic disorder)으로 이름하여 일반적인 신체적 질병과 구분한다. 이는 꾀병이 아니라 심리적으로 적응하지 못하여 나타난 증상으로 이해되어야 하는 것이다. 실제로 나타나는 전형적인 것은 편두통, 기관지천식, 소화불량, 구토, 불면증, 심장병, 고혈압 등이 대표적인 것으로 물론 그러한 증상이 모두 부적응의 신호로 간주될 수는 없더라도 때로는 부적응의 신호나 증상으로 나타나기도 한다.

셋째, 사회적 준거나 규범에서 일탈된 행동의 출현이다. 인간은 사회적으로 수용되고 안정된 행동규범 속에서 행동하고 생활하는 것이 특히 잘 적응하고 있는 사람들의 전형이다. 그래서 그는 그가 속한 사회와 조화를 유지하게 된다. 그러나 적응에 실패한 사람들은 사회적 규범을 무시하고 일탈된 행동을 보이거나, 혹은 사회적으로 위협적인 행동을 보이면서 행동의 조화와 조절을 하지 못하는 것이다. 우리는 적응에 실패한 사람들, 혹은 사회적으로 적응하지 못한 사람들이 일으키는 끔찍한 이야기들을 날마다 지상을 통하여 듣고 보는 것이다. 그러한 행동은 모두가 이러한 증상의 대표적인 예이다.

넷째, 기능상에 비효율성이 나타난다. 우리는 새로 전학을 하여 잘 적응하지 못해 학업상에 문제를 호소하는 어린이의 경우, 혹은 당면문제에 적절히 대처하지 못하여 안절부절못하면서 주어진 일을 처리해 내지 못하는 사람들에 대한 이야기들을 익히 접하고 있다. 이는 부적응 상태에서 그의 기능상에 변화가 있어 비효율성이 나타나고 있음을 말하는 것이다. 그것은 보다 심하게는 인격의 붕괴, 혹은 현실검증의 상실이나 괴기한 언어 · 사고 또는 망상이나 환각으로까지 진전될 수 있는 것이다. 미국정신의학회에서 발행한 정신장애의 진단 및 통계요강(DSM-Ⅳ)에 의하면 정신신경증(psychoneurosis)이나 정신병(psychoses)까지도 부적응의 형태로 설명하고 있다.

이상이 일반적으로 나타내는 신호나 증상으로 고려할 수 있는 것이라면 사실 누구나 쉽게 부적응아를 가려낼 수 있는 것이다. 특히 학습자와 매일 여러 시간을 함께 하는 노련한 교사들에게는 결코 어려운 작업은 아니다. 그들은 어떤 학습집단에서나 충족되어야 할 기본적인 심리적 욕구조차 충족하지 못한 이른바 심리적 기아상태에 빠져 있고, 사회적 인정이나 성공과 만족에 굶주려 있으며 인간적 가치를 인정받고 싶어하는 학생이 있음을 안다. 그들 나름대로 적응을 시도하나 곤란에 봉착하여 쉽게 당황해 하며, 실패하며, 부적응의 증상을 보이며, 점차 그 증상이 악화되어 가는 경우도 흔히 보아 왔다. 물론 노련한 교사만이 아니라 그렇지 못한 교사들도 세심한 주의와 관심만 있으면 그러한 학생들을 쉽게 발견할 수 있을 것이다. 특히 일상의 학습활동과 관련하여 그러한 부적응 학생을 발견할 수 있는 장면과 함께 나타날 수 있는 부적응의 증상들을 가상해 볼 수 있다.

학습활동과 관련된 부적응의 증상

◆ 토의과정

학교생활에서는 어떤 문제에 대해 집단적으로 토의과정을 거쳐 해결하게 되는 경우가 있다. 토의과정에서 나타나는 아집, 자기상실, 반대 의견의 배척, 혐오감, 공격적 행동, 또는 참여의 기피나 도피적 경향 등은 부적응 증상이다.

◆ 학습활동

학습활동 과정에서 과도한 의존성, 주의집중 결여, 변덕스러움, 괴기한 행동, 때로는 학생활동에 대한 부정적인 태도나 인간가치에 대한 회의적 태도는 어떤 문제가 있고 부적응 상태에 있음은 분명하다.

◆ 집단활동
집단활동에서의 독단적이고 지배적 경향, 협동에서 배제되는 현상이 따로 발생한다. 이들은 부적응의 경향이 있음이 분명하다.

◆ 역할수행 활동
인간은 누구나 자기의 특성이나 경향성을 외부로 노출하고 행동으로 투사하고 있다. 따라서 연습이나 각본이 없고 어떤 역할이 주어질 때는 부적응 증상이 그대로 행동에 투사되는 경우가 흔하다. 즉 적개심, 공격성 혹은 억압된 내적 욕구는 쉽게 표출될 수 있어 교사는 학생들에게 어떤 역할을 수행하게 함으로써 부적응아를 쉽게 발견할 수 있다.

◆ 과외활동
이제 학교생활도 학습활동과 함께 과외활동에도 많은 관심과 비중을 두고 있다. 그러한 활동 중에서는 참여의 기피, 잦은 이탈, 문제야기, 규범파괴 등의 현상이 나타나면 이는 분명 부적응의 신호이다.

◆ 일상적 관찰
교사에게는 학생을 관찰할 수 있는 다양한 기회가 주어져 있다. 그러한 관찰은 많은 정보를 제공해 줄 수 있다. 잦은 결석, 파괴적 성향, 이상한 몸짓이나 행동, 고립이나 비활동성 등은 쉽게 관찰될 수 있고 이는 부적응의 증상이다.

제3절 부적응의 유형과 지도

복잡하고 급변하는 현대사회를 살아가는 우리의 생활은 스트레스의 연속이다. Freud(1901)가 주장한 바와 같이 수많은 적응요구에 직면한 우리 인간은 어느 정도는 모두 비합리적이며 부적응행동을 할 수밖에 없는 다양한 성격질환을 지니고 있어 보인다. 무한경쟁이니 적자생존이니 하는 냉혹한 삶의 환경에서 그 어느 때보다도 유동적이고 복잡하여 예측하기 어려운 미래사회에서 자신의 위상을 선택하고 결정하는 과정은 학생들에게 스트레스의 원천이다. 특히, 오늘날의 현대사회는 위기에 처한 가정도 많고, 친구들과의 친밀한 인간관계를 맺고 유지하는데 어려움을 겪는 학생들도 적지 않다. 스트레스를 유발시키는 학교와 가정과 사회환경에서

학생들은 만성적인 긴장과 불안을 항상 느끼며 학업에 지쳐 감기, 두통, 식욕부진, 위통 등의 질병에 시달리기 쉽다.

미국의 질병예방통제센터(Center for Disease Control and Prevention)가 1992년에서 1999년까지 7년간의 통계자료를 분석한 결과보고서에 의하면, 새 학기가 시작되면서 생활환경의 변화로 많은 스트레스를 경험하는 봄과 가을에 학생들의 자살률이 높은 것으로 나타났다. 학교는 학생들에게 작지만 하나의 온전한 세계이기 때문에 학생들은 학교생활과 관련된 각종 과제와 활동에 직면하게 된다. 그 과정을 잘 적응하게 되면 결국 건강한 삶을 살 수 있는 기본적 토대를 형성할 수 있게 되지만 그러지 못할 경우 많은 부적응적 행동들로 연결되는 경우가 많다.

그렇다면 학생들이 직면하는 많은 적응에의 요구를 줄이거나 없애 주어야 하는 것일까? 물론 그렇지는 않다. 그리고 그것은 가능한 일도 아니며 바람직하지도 않다. 오히려 적응과정에서 겪는 가벼운 심리적 부담은 그들의 성장과 발달에 해롭지 않으며 오히려 필요하기까지 하다. 그러므로 학생들을 지도하는 교사는 학생들이 직면하는 각종의 적응요구를 올바로 이해하고 어떻게 받아들이고 대처할 것인지, 인지적이며 정서적 행동상의 방법들을 올바로 이해하고 활용하도록 도와야 한다.

학교에서 학생들이 보여주는 부적응적 문제들은 실로 다양하나. 학생들의 부적응적 문제로는 학습 분위기를 해치는 공격적인 행동, 학력부진, 가족구성원의 사망으로 인한 슬픔, 우울증과 자살충동, 약물남용, 사회적 고립, 폭력과 따돌림(왕따), 스트레스, 정체감의 혼란으로 인한 장래목표 설정의 어려움 등이 있다. 일일이 그 원인과 지도방법을 살펴보는 것은 불가능하여 여기에서는 크게 인간의 생각, 느낌과 감정, 행동의 세 요소로 구분하여 살펴보고자 한다.

1. 부적응적 문제 – 그릇된 사고(사실왜곡, 자기비하, 자기부정)

생각과 행동은 불가분의 관계에 있다. 학생들이 드러내 보이는 많은 부적응의 행동들은 그들의 그릇된 사고방식에 기인한다. 중학교 수학선생님에게 매맞은 학생은 고등학교 수학선생님을 싫어하거나 무서워할 수 있다. 수학선생님은 모두

매를 사용하는 것으로 잘못 생각할 수 있기 때문이다. 학생들은 지적 성숙과 발달의 과정에 있으므로 잘못 생각할 수 있는 여지가 많다. 논리적이며 합리적인 사고를 할 수 있는 단계까지 도달한 학생들도 단 한번의 부끄럽고, 상처받은 경험으로 현실을 왜곡시키며 그릇된 사고방식으로 빠져들기 쉽다. 낮은 시험점수로 자신은 지능이 남보다 열등하다거나, 남보다 잘하는 것이 아무 것도 없다고 생각하여 자기 비하와 부정적인 자아개념으로 무력감에 빠진다. 친구가 자기에게 관심을 보이지 않는 것을 배신했다고 생각하고 친구를 멀리할 수 있다. 느낌과 감정이나 행동으로 드러나는 학생들의 많은 문제도 그릇된 사고에서 기인할 수 있다. 그릇된 사고에 직접적인 영향을 미치는 것은 과거의 경험이며, 그것으로 인한 현재의 관점이다.

그릇된 사고의 지도방안에 대한 정신분석학적 관점은 과거 유아기와 아동기 동안 심리적 충격을 입었던 경험이나 그와 유사한 상황으로부터 자신을 보호하기 위해 사용했던 적응기제와 습관들이, 청소년기의 유사한 상황에 무심코 재연되거나 전이되는 것으로 본다. 청소년들이 문제를 의식하거나 일으키는 상황은 그 언젠가의 경험에서 비롯된 자아방어기제의 형태이지만 학생들은 그것을 올바로 인식하지 못한다. 따라서 교사는 학생들로 하여금 그 경험과 그에 따라 형성된 습관이 어떤 것이었는지 인식하도록 도와줄 수 있다. 기억되는 인생 초기의 경험은 무엇인가? 부모님은 어떤 분이며 형제자매와의 관계는 어떠했는가? 무의식적으로 또는 충동적으로 행해지는 자아방어기제로서의 습관은 어떤 것이 있으며 언제부터 나타났는가? 교사는 학생과 대화를 통하여 이러한 것들을 보다 낫게 인식시키고 사고할 수 있도록 함으로써 현재 당면하는 문제상황에 새롭게 대응하도록 도울 수 있다. 그리고 학생이 지속적으로 나타내 보이는 일관된 생각이나 행동들을 민감하게 파악하여 그 근원을 탐색하여 학생 스스로 해석하고 새로운 방식으로 생각해 보도록 도와줄 수 있다.

합리적 · 정서적 상담이론을 창시한 Ellis(1984)에 의하면 인간은 스트레스에 대처하기 위하여 스스로 다짐하는 혼자말(self-talk)을 배우며 이것이 비합리적이고 패배적이면 문제상황을 해결하기보다는 더 어렵게 만든다고 한다. 특히 신경증환자나 적응력이 약한 사람은 이와 같은 비합리적인 자신의 혼자 말을 의식하거나 의도적으로 하는 것이 아니라 무의식적이고 습관적으로 하게 된다는 것이다. Ellis가 제시한 비합리적인 그릇된 사고와 그 지도방법은 다음과 같다.

첫째, 내가 알고 있는 주위의 모든 사람으로부터 반드시 사랑과 인정을 받아야 나는 가치 있는 사람이다. 이러한 생각을 하는 학생들에게는 남으로부터 사랑과 인정을 받으려 애쓰기보다는 다른 사람들을 사랑하고 인정하며 생활하는 것이 바람직하다는 것을 일깨워 줄 수 있을 것이다.

둘째, 가치 있다고 여겨지기 위해서는 완벽하리만큼 유능하고 성취적이어야만 한다. 이와 같은 생각은 우리 인간은 인간이 지닌 제한점 때문에 실수를 범할 수밖에 없는 존재이며 실수를 통하여 성장과 발전하기도 한다는 생각으로 바꾸도록 도울 수 있다.

셋째, 어떤 사람들은 사악하며 악랄하므로 반드시 비난과 처벌을 받아야만 한다. 이러한 생각은 정의롭고 올바른 것으로 보일지라도, 우리 인간은 살면서 비윤리적으로 행동할 때가 흔한 불완전한 존재임을 부정할 수 없다. 그러므로, 우리의 잘못된 행동을 서로 비난하고 처벌해야 된다고 생각하기보다는 서로 잘못된 행동을 변화시킬 수 있도록 돕는 것이 더 바람직함을 인식하도록 도울 수 있다.

넷째, 일이 내 뜻대로 되지 않는 것은 무시무시하고 끔찍한 일이다. 물론 우리가 기대하는 대로 일이 뜻대로 되면 좋겠지만 모든 일이 그렇게 될 수 없는 일이므로 원하는 대로 안 된다고 하여 끔찍해 할 이유는 없음을 이해시킬 수 있다.

다섯째, 사람의 불행은 환경 탓이며 사람으로서는 그 불행을 막을 길이 없다. 우리가 직면한 문제나 불행은 환경 탓보다는 우리 자신의 책임이 더 크다는 점을 수용하고 문제를 보는 자신의 관점과 평가방식을 변화시킴으로써 직면한 문제나 불행에 효율적으로 대처할 수 있도록 도울 수 있다.

여섯째, 위험하거나 두려운 일이 일어날 가능성을 늘 생각하고 있어야 한다. 어려운 일에 갑자기 직면하기보다는 미리 준비하는 것이 바람직해 보일 수도 있지만 두려운 일이 일어날 가능성을 생각하고만 있는 것은 문제해결에 도움이 되지 않는다. 두려운 일이 일어날 가능성을 늘 생각하기보다는 문제해결을 위해 최선을 다하며, 그래도 해결할 수 없다면 기꺼이 그 상황을 수용하는 것이 보다 합리적임을 인식시킬 수 있다.

일곱째, 인생에서 어려움은 직면하기보다는 피해 가는 것이 더 낫다. 어려움 없이 가치 있는 것을 얻을 수 있는 것은 아무 것도 없으므로 우리는 기꺼이 어려움에 직면할 수 있어야 하며 더욱이 어려움에 직면하기를 피하는 것은 궁극적인 문제해

결의 방법이 아님을 인식시킬 수 있다.

여덟째, 우리는 다른 사람에게 의지해야만 하고 의지할 강한 누군가가 있어야만 한다. 우리 인간은 결국 혼자이며 외로운 존재임을 수용해야 한다. 어려울 때에 의지할 만한 누군가 있으면 좋겠지만 내 대신 내 문제를 해결해 줄 사람을 원하지는 않는다. 나는 내 자신을 믿고 내 스스로 모든 일을 해결할 수 있음을 인식시킬 수 있다.

아홉째, 과거의 경험이 현재의 행동을 결정하므로 사람은 과거의 영향에서 벗어날 수 없다. 과거의 일들에 대해 올바로 해석하고 재평가함으로써 새롭게 인식할 수 있는 능력이 우리에게 있으며 또한 과거의 영향에서 벗어나 극복할 수 있음을 인식시킬 수 있다.

열째, 나는 항상 고통이 없이 편안해야만 한다. 고통은 인간의 조건이며 부정할 수 없는 부분이다. 그러므로 우리는 기꺼이 고통을 수용하며 이와 같은 고통을 참아내고 견딤으로써 보다 가치 있는 것을 얻을 수 있도록 노력해야 한다.

마지막으로, 이 세상의 모든 문제에는 반드시 가장 적절하고 완벽한 해결책이 있으며 이를 찾아내지 못하는 것은 두렵고 끔찍한 일이다. 세상일은 언제나 불확실한 상대에서 발생한다. 우리에게 부여된 삶을 진지하고 의미 있게 만들기 위해 완벽하고 옳다는 확신이 없더라도 결정하고 위험을 수용하겠다는 인식을 갖게 도울 수 있다.

Ellis가 설명하는 이와 같은 비합리적인 신념은 "……해야만 된다", "결코", "절대로"와 같은 단정적 사고와 언어적인 방식으로 나타나는 특징이 있다. 그러므로 학생들이 드러내는 이와 같은 당위적 언어에서 비합리성을 찾아 합리적인 신념으로 대치시키도록 도울 수 있다. Ellis가 제시한 비합리적 신념을 합리적인 것으로 변화시키고자 하는 교육프로그램의 목표는 학생들이 비합리적인 신념에 기초한 자기암시적 대화를 인식케 하여 보다 분명하고, 논리적이고, 합리적으로 사고할 수 있도록 돕는 것으로, 학교에서 학생들의 불안과 강박적 행동과 우울증을 감소시키며, 실수와 실망에 대한 인내심과 학업성취와 자아개념과 어려운 상황에 도전하고 대응하는 능력을 향상시키는 측면에서 많이 활용되어 왔다.

Avon(1992)또한 왜곡된 생각의 특징에 대하여 〈표 8.1〉과 같이 설명한다.

표 8.1 왜곡된 생각

① **흑백논리** : 절대적인 잣대로 세상을 본다.
② **지나친 일반화** : 부정적인 사건은 끝없는 패배형식으로 본다.
③ **색안경 끼고 보기(mental filter)** : 긍정적인 것들은 무시하고 부정적으로 세상을 산다.
④ **장점 깎아 내리기** : 자신이 이룩한 성취나 긍정적인 면들은 고려하지 않는다.
⑤ **속단하기** : 분명한 증거도 없이 나쁘게 결론짓는다.
 –독심술 : 사람들이 자신에게 부정적으로 반응한다고 가정한다.
 –점쟁이 : 결국엔 일이 좋지 않게 돌아갈 것이라고 예언한다.
⑥ **과장 혹은 축소하기** : 지나치게 확대 해석하거나 그 중요성을 축소시킨다.
⑦ **감정적 추론** : (자신의 느낌에서 판단한다) : 내가 바보같이 느껴지는걸 보니, 난 바보임에 틀림이 없다.
⑧ **당위적 진술** : 자신이나 다른 사람들을 이래야 해 혹은 저래야 해, 반드시 그래야만 해 등의 말을 하면서 비판한다.
⑨ **이름 붙이기** : 난 실수를 저질렀어 라고 말하는 대신에 난 틀려먹은 인간이야 난 실패자야 라고 낙인찍는다.
⑩ **비난하기** : 자신의 책임이 아닌 걸로 자신을 비난하거나, 자신에게 얼마간의 책임이 있음에도 불구하고 간과하거나 다른 사람을 비난한다.

Ross(1996)는 좌절과 절망상태로 생각하고 인식하는 사건과 직면하는 학생들을 돕는 가장 좋은 방법은 그 학생들의 인식과 사고를 수용하는 것이라고 말한다. 이와 같은 방법은 교사들에겐 불합리해 보일 수 있다. 그러나 교사가 학생들의 입장을 이해하고 수용한다고 하여 해로울 것은 아무 것도 없다. 그럼에도 불구하고 교사들은 그들이 학생들보다 사태파악에 훨씬 나은 판단력을 갖고 있기 때문에 그들이 어떻게 그 상황에 대처해 나가야 할지 결정해 주어야 한다는 잘못된 생각을 하는 경향이 있다. 그러한 결과는 학생들과 진지한 대화를 할 수 있는 기회를 잃을 뿐이다.

학생들은 화가 나면, 생각이 매우 과장되고 극단적이 된다. 이러한 생각들을 보다 합리적인 것들로 대치하도록 도울 수 있다. 예를 들어, '아, 끔찍해, 모든 게 엉망이야'라고 생각하는 대신 '너무 실망되어 화가 나는 건 사실이지만, 이게 세상의 끝은 아니며, 화를 낸다고 문제가 해결되는 것도 아니다.'라고 스스로에게 말할 수 있도록 도울 수 있다.

2. 부적응적 문제 - 느낌과 감정의 통제문제

학생들이 일상생활에서 겪는 심한 심리적 부담은 슬픔, 불안, 분노, 죄의식, 무력감, 절망감 우울 등 정서적 증상을 일으킨다. 이와 같은 느낌과 감정은 폭력으로 발산되어 자신은 물론 다른 학생들에게 피해를 줄 수 있다. 분노나 우울증과 같은 감정의 속성과 지도방법을 살펴보자.

1) 우울증

우울증은 일상생활의 기능을 방해하는 부정적인 감정이다. 무가치한 느낌이 들고, 지나친 죄의식과 외로움, 슬픔, 희망이 없는 느낌이다. 자살하고픈 생각이 들 수도 있다. 정상적으로 매일 느끼는 우울함은 몇 분에서부터 몇 일이 지속될 수 있다. 우리는 누구나 이러한 감정 상태를 느껴본 적이 있다. 이러한 감정은 인간의 정상적인 부분이다. 그러나 일정기간 이상 강하게 지속되는 우울증은 심리치료를 받아야 한다. 무엇이 사람들을 우울하게 하는가? 첫째, 환경에 대한 통제력 상실감을 들 수 있다. 이때 사람들은 삶에서 일어나는 불운한 사건들에 대해 아무 것도 변화시킬 수 없다고 느낀다. 비현실적인 기대나 그에 따른 실망은 우울증으로 이어질 수 있다. 혹은 실패했다고 생각하며 자신을 지나치게 비판하거나 비하하면 우울증을 느끼게 된다.

우울증의 정서적 증상은 슬픔, 불안, 죄의식, 노여움, 감정 동요, 무력함, 절망감이며, 신체적으로는 수면과 음식을 지나치게 많이 혹은 적게 취하거나, 변비, 체중의 증가 혹은 감소, 비정기적인 생리주기, 점진적인 성적 욕구 감퇴 등의 문제를 경험한다. 정서적으로 신체적으로 이와 같은 경험을 하는 사람들은 특별한 이유 없이 울거나, 다른 사람들과의 만남을 회피하며, 쉽게 화를 내거나, 어떤 목표를 세우거나 달성하는데 동기유발이 되지 않으며, 외모에 대해 관심을 두지 않으며, 한때는 흥미 있었던 활동들에 대해서도 흥미를 상실하여 약물이나 과도한 음주를 하게 된다. Schmitt(1999)는 우울증이 있는 학생들이 우울한 기분에서 벗어나기 위해 코카인에 연루되므로, 상담교사의 정기적인 점검과 관심이 필요하다고 주장한다.

그러면 이러한 우울증을 학생들이 극복 할 수 있도록 어떻게 도울 수 있는가? 사회 문화적인 관저에서 보면, 학생들은 자신이 소속된 사회의 한 구성원으로서 다른 사람들과 상호 인간관계를 기초로 자신의 삶의 목표를 추구하며 자아정체감을 형성해 가는 존재이다. 학생들은 부모, 교사, 친구들과의 신뢰와 친밀한 인간관계를 형성하지 못할 때 우울증과 같은 정서문제를 일으킬 수 있다. 뿐만 아니라 삶의 목적의식도, 성취해야 알 목표도 없으면 삶에 의미가 없어 우울증에 빠질 수 있다. Erikson(1968)이 설명한 바와 같이 청소년기의 학생들은 자아정체감을 혼동, 폐쇄, 유예, 성취의 4단계에 걸쳐 차례로 발달시켜야 할 발달과업을 완수할 수 있어야 건강한 사람으로 성장할 수 있다. 교사들은 이와 같이 자아정체감을 발달단계와 과정에 따라 발달시킬 수 있도록 돕는 한편, 학생들의 사회적 관심을 증진시킴으로써 과거의 경험에 의한 자신의 잘못된 관점을 재검토하고 새로운 관점을 형성하도록 격려하고 도전시킬 수 있어야 한다.

Meyer(2000)는 상담교사들을 대상으로 학생들의 우울증에 의한 자살예방에 관해 실시한 설문조사에서 약 200명의 조사대상자 중에서 38%의 교사들이 학생들의 자살을 예방할 수 있다고 믿는 반면 나머지 대부분의 교사들은 예방할 수 있는 방안이 거의 없는 실정이라고 느끼고 있다고 보고하며, 다른 교사들이나 학부모들과 함께 팀에 의한 지도가 가장 바람직하다고 주장한다. 그는 우울증에 의한 자살시도의 징후로 급격한 식용감퇴나 체중의 변화, 적대감의 노출, 무관심과 무력감, 외모에 무관심, 가까운 가족이나 친구와의 사별이나 결별의 경험, 부모로부터의 학대, 자존심의 손상, 약물사용 등을 소개하며, 교사들이 학생들과 신뢰하며 친밀한 인간관계를 형성하고 유지하는 가운데 다음과 같이 함으로써 학생들이 우울증을 극복하도록 도울 수 있다고 주장한다. 첫째, 우울증의 원인을 인식하고 미래에 대해 긍정적인 사고를 하도록 돕는다. 둘째, 부정적인 생각을 긍정적인 생각으로 바꾸도록 노력한다. 셋째, 긍정적인 경험에 초점을 두며, 사회적 활동을 증진시킨다. 넷째, 일상생활의 계획표를 작성하고, 취미생활을 한다. 다섯째, 현실적인 목표를 세우고, 슬프거나 화날 땐 긴장이완이나 근육이완으로 마음의 평정을 찾으며, 우울한 느낌을 표현하도록 한다.

2) 분노

우리는 모두 분노가 무엇인지 알고 있으며, 느껴본 적이 있다. 그것은 불쾌하며, 괴로운 것이며, 폭발할 것 같은 강한 감정이다. 분노는 아주 정상적이며, 건강한 인간의 정서이다. 그러나 우리가 분노를 통제하지 못하여 파괴적이 되면, 인간관계 등 전반적인 삶이 과정에서 심각한 문제를 야기할 수 있다.

분노는 다른 정서와 마찬가지로, 심리적 · 생리적 변화를 수반한다. 화가 나면 심장박동수와 혈압이 올라가고 그에 따라 에너지 호르몬, 아드레날린 및 비아드레날린 수준도 올라간다. 분노는 내 · 외적 사건들에 의해 야기될 수 있다. 부모나 국어선생님 같은 특정한 사람이나 상황에서 야기될 수도 있고, 혹은 개인문제에 관해 곰곰이 생각하거나 걱정을 하다가 야기될 수도 있다.

분노감정은 강렬하며 흔히 공격적인 형태로 표출되는데, 우리가 공격받았을 때 우리 자신을 방어하고 그에 대항해 싸우도록 만들므로, 어느 정도의 분노는 생존에 필수적이다. 반면에, 우리는 우리를 불쾌하게 만드는 모든 것들이나 사람들에게 물리적으로 욕설을 퍼부을 수는 없다. 법과 사회규범 및 일반 상식이 우리가 어느 정도로 화를 낼 수 있는지를 제한한다. 그러므로 우리는 분노를 우리의 의지대로 통제할 수 있어야 한다.

그러면 학생들이 이와 같은 분노감정을 어떻게 조절하고 통제할 수 있도록 지도할 수 있는가? Rogers, Maslow, Frankl, Perls와 같은 현상학적 인본주의 학자들은 인간은 각 개인의 지각과 경험이 사물을 보는 관점을 형성하며 행동의 기초를 형성한다고 주장한다. 그러므로, 학생들의 정서와 감정 상태를 올바로 이해하고 지도하기 위해서는 학생들 각자 사물을 어떻게 지각하고 해석하는지를 알아야 한다. 학생들은 자신의 독특한 방식으로 사물을 보며 분노와 같은 감정이 유발될 수 있기 때문에 이러한 경우, 다른 관점에서 사물을 보고 해석할 수 있도록 도울 수 있다. 그리고 많은 학생들이 일상의 반복되는 생활에서 존재의 의미를 상실한 상태로 살아갈 가능성이 있으므로, 교사들은 학생들 각자 자기경험을 주관적으로 소유하고 삶의 모든 순간에 선택의 자유를 가지며, 자신의 선택에 책임을 지도록 지도할 수 있다.

우리는 화날 때, 표현하거나 누그러뜨리거나 혹은 억제한다. 화나게 만든 대상을 향하여 공격적이 아닌 정중한 자세로 하난 감정을 해소하려 한다. 이렇게 하기 위하여 우리는 우리 자신과 다른 사람들을 존중해야 한다.

분노에 대응하는 또 다른 방법으로 우리는 분노를 유발시킨 요인에 대한 생각을 중단하고 다른 긍정적인 것들에 관심을 돌리면서 화난 감정을 누그러뜨린다. 이와 같은 방법은 우리의 분노와 관련된 외적 행동뿐만 아니라 내적인 반응도 통제함으로써 심장박동도 진정시키며 격한 감정을 통제하게 된다.

우리는 또, 화난 감정을 억압할 수 있다. 이처럼 표현되지 못한 분노는 다른 문제를 일으킬 수 있는데, 직접 화난 감정이나 원인에 대하여 이야기하지 않으면, 우리는 간접적으로 사람들에게 공격적인 언행을 하거나, 냉소적이면서 적개심 같은 태도를 병적으로 남에게 드러내게 된다. 끊임없이 다른 사람들을 비하하고, 모든 것을 비판하며 냉소적인 언급을 하는 사람들은 그들의 분노를 올바로 표현하는 방법을 배우지 못한 탓이다. 그리고 화난 감정이 밖으로 표현되지 못하고 자신의 내부로 향하게 되어 긴장, 우울증, 고혈압 등 각종 질병을 일으킬 수 있다. 그러므로 분노와 같은 감정의 통제는 우리가 일상생활에 적응하며 건강을 유지하기 위하여 매우 중요하다. 분노를 통제하기 위하여 우선 분노가 왜 유발되는지 알아보자.

왜 어떤 사람들은 다른 사람들보다 화를 더 내는가? 어떤 사람들은 다른 사람들보다 더 쉽게 더 심하게 화를 낸다. 요란하게 분노를 표출하지는 않지만 만성적으로 화를 내는 까다로운 사람들도 있다. 이처럼 쉽게 화를 내는 사람들은 좌절을 경험할 때 참을성이 적다. 즉, 이들은 좌절이나 불편함 혹은 성가신 일을 경험해서는 안 된다고 느낀다. 무엇이 이들을 이렇게 만드는가? 그 한 원인은 어떤 아이들은 성마르고, 신경이 날카로워 쉽게 화를 내게 타고나며 이런 증상은 아주 어린 나이게 나타나므로 선천적이라는 것이다. 또 다른 요인은 사회 문화적인 것이다. 분노는 종종 부정적인 것으로 언급된다. 우리는 우울한 마음이라 근심걱정 같은 다른 정서는 표현해도 괜찮지만 분노는 나타내서는 안 된다고 인식 해 왔다. 그러므로 우리는 화난 감정을 어떻게 처리해야 하는지를 배우지 않았다. 또 다른 요인은 가족 배경이라는 것이다. 일반적으로, 쉽게 화를 내는 사람들은 감정교류방법이 부족한 가정에서 양육되었을 가능성이 많다.

그러면 화난 감정을 모두 표현해야 하는가? 물론 아니다. 화난 감정을 해소하기

위하여 분노를 표출하는 것은 분노상황을 해결하는데 전혀 도움이 되지 않는다. 그보다는 분노를 유발하는 요인들을 찾아내어 근본적으로 분노를 가라앉히는 전략을 개발하는 것이 최상의 방책이다.

분노가 유발되지 않도록 하기 위해서 우선 다음과 같은 심호흡 및 이완 심상법과 같은 간단한 방법들을 사용해 볼 수 있다.

- 깊이 숨을 들이쉰다.
- '진정해', '천천히' 등과 같은 말을 심호흡을 하는 동안 반복한다.
- 심상법으로 과거의 즐거운 기억이나 상상을 시각화한다.

둘째, 자신이나 다른 사람에 관해 이야기할 때 '절대로'나 '언제나'와 같은 말은 분노를 정당화하고 속수무책으로 느끼게 할 수 있으므로 삼가도록 노력한다.

셋째, 논리적 사고는 분노를 누그러뜨릴 수 있다. 우리는 흔히 자신의 방식으로 일을 처리하려다 뜻대로 되지 않으면 실망하고 상처를 입는다. 그 실망과 상처는 분노가 된다. 화가 나면 자신의 본능적 욕구를 인식하고 그 기대를 욕망으로 바꿀 필요가 있다. 즉, '나는 어떤 것을 원해'라고 말하는 것이 '나는 어떤 것을 가져야 해'라고 말하는 것보다 낫다. 원하는 것을 얻을 수 없을 때, 좌절이나 실망, 혹은 상처를 입을지언정 분노는 아니다.

넷째, 유머는 분노와 같은 감정을 누그러뜨리는데 도움이 된다. 그 이유는 유머를 통하여 다른 관점을 가짐으로써 감정의 조화를 찾을 수 있다.

3) 공포

두려움은 사람의 정상적인 정서반응의 하나로 누구든지 공통적으로 두려움을 느끼는 대상을 여럿 생각할 수 있다. 예를 들어 죽음, 고통, 질병 등에 대해서는 그 정도에 약간의 차이는 있을지는 몰라도 대부분의 사람들이 공포감을 갖게 된다. 다만 그 공포감의 정도가 상식적으로 볼 때 지나치다든지, 현실적으로 전혀 공포감을 느낄 근거가 없는 대상에 심한 공포감을 느껴서 이를 회피함으로써 생활하는데 지장을 가져올 때 이를 문제시하게 된다.

공포는 본인이 스스로 현실성이 없음을 자인하는데도 불구하고 어느 특정한 상황이나 대상에 대하여 강한 두려움증을 느껴서 이를 회피하게 되는 것을 주증상으로

한다. 공포의 대상을 피하지 못하여 마주 대하게 되면 강한 불안감을 느끼며, 현기증, 구토증이 나고 식은땀이 나고 덜덜 떨리는 등의 신체적 증상까지도 나타난다. 공포의 대상은 뱀, 쥐 등의 동물로부터 좁은 공간, 높은 장소, 사람들이 많이 모이는 곳 등 다양한 대상을 들 수 있다.

성장기에 흔히 나타나는 이와 같은 두려움증은 대부분 일시적인 현상으로 시간이 감에 따라 저절로 해소되는 경우가 많다. 예를 들어 청소년기에 성문제나 대인관계에 불안감을 느끼는 것은 흔한 현상으로 그 자체가 크게 문제시 되지는 않는다. 다만 이렇게 흔히 경험되는 불안감일지라도 그 정도가 심하여 그 상황 자체를 계속 회피하게 되어 이를 극복하지 못한다면 이에 대한 적절한 처치가 필요하게 된다.

정신분석적 견해서 볼 때 공포증은 불안의 대상이 치환되어 나타난 것이다. 다시 말해서 원래의 불안의 대상은 너무 자아에게 큰 위협이 되므로 이를 좀더 쉽게 용납될 수 있는 대상으로 바꾸는 자아의 방어기제의 결과로 엉뚱한 대상에 큰 두려움을 느끼게 된다는 것이다. 반면, 행동주의적 관점에서 공포증은 단순히 직접 · 간접적인 경험을 통하여 학습된 것으로 본다. 즉 공포증의 대상과 관계된 불유쾌한 경험으로 인하여 그 대상을 두려워하게 되고 회피한다는 것이다.

공포의 원인을 밝히는 것은 이론적인 관점에서 뿐 아니라 실제로 공포장애의 치료에 지침을 제시해 줄 수 있다는 점에서 중요하다. 만약 공포증이 정신분석적 견해에서 제시된 것같이 전위된 불안감이라면 불안의 근본원인을 밝혀서 이를 해결하는 것이 중요할 것이다. 반면에 공포장애를 단순히 학습된 반응으로 볼 수 있다면, 학습의 원리를 이용한 행동치료가 효과적일 것이다. 근래의 공포증의 치료에 대한 연구결과를 보면, 적어도 구체적인 대상에 대한 단순공포증의 경우에는 학습의 원리를 이용한 체계적 둔감법 등의 행동치료 기법이 효과적인 것으로 나타나고 있다.

학교공포증(school phobia)

학교공포증은 간혹 등교거부증으로도 불리워지는데, 집을 떠나 등교하는 것에 대해 심한 불안감을 느껴 등교를 기피하는 것을 주증상으로 하고 있다. 두통, 복통, 설사, 구토 등의 신체적 증상도 흔히 동반되는 경향이 있다. 학교공포증은 주로 학교교육이 시작되는 초기

아동기에 많이 나타나는 것으로 알려져 있지만 실제로는 학령기 초부터 청소년기에 이르기까지 어느 연령층에서도 나타날 수 있다.

학교공포증은 비행청소년들에게서 흔히 볼 수 있는 무단결석과는 구별이 되어야 한다. 무단결석의 경우에는 학교나 학업자체에 흥미를 느끼지 못하여 부모 모르게 학교를 결석하고 유흥, 오락장소 등에서 시간을 보내는데 비하여, 학교공포증의 경우는 학업에 흥미가 없는 것이 아니고 학업성적도 수준 이상인 경우가 많으며, 학교를 결석한다해도 대부분 집에서 시간을 보내게 된다. 또한 학교에 가지 않으려는 이유에 현실적인 근거가 있을 때 – 예를 들어 교사가 지나치게 가혹적인 체벌을 준다든지, 동료 학생들에게 신체적으로 위협을 당한다든지 하는 경우에 등교를 꺼리는 것은 특별한 현실적 위험이 없는데도 불구하고 등교하기를 두려워하는 학교공포증과는 구별이 되어야겠다.

학교공포증에서 나타나는 등교에 대한 강한 불안감은 여러 원인에서 발생할 수 있다. 이는 학교생활의 어떤 측면에 대한 두려움이 원인이 될 수도 있고, 일시나마 집을 떠나는데 대한 불안이 원인일 수도 있다. 학교공포증의 원인이 무엇이든지간에 학교공포증을 치료하는데 가장 중요한 것은 가능한 한 속히 학교로 돌아가게끔 하는 것이다. 학교생활의 궤도에서 벗어난 기간이 길어지면 길어질수록 학업, 또래관계 등 여러 가지 측면에서 정상적인 발달과정에 문제로 연결되어 이차적인 부적응문제가 생기게 되어 문제의 해결이 더욱 어렵게 된다.

학교공포증은 비교적 쉽게 치료가 되고 있다. 특히 10세 미만의 아동의 경우, 그리고 좋은 적응상태를 유지하다가 어떤 사건을 계기로 돌연히 등교거부현상을 보이기 시작한 경우 주로 행동치료 방법을 사용하여 단 시간 내에 치료하게 되면 그 치료의 예후가 좋은 것으로 알려져 있다(Kennedy, 1965).

4) 불안

불안감은 청소년기 뿐만 아니라 일반적으로 가장 흔하게 경험되는 심리장애의 증상이라고 할 수 있다. 불안증상은 무슨 나쁜 일이 곧 일어날듯한 막연한 두려움, 긴장감을 그 주요특징이라고 할 수 있는데 흔히 숨이 가쁘고 식은땀이 나는 등의 신체적 증상도 함께 경험되기도 한다. 불안감은 소위 정상적인 사람들도 드물지 않게 경험하는 것으로 그 자체가 적응문제나 심리장애를 의미하는 것은 아니다. 그러나 그 정도가 유난히 심하다거나, 혹은 이것이 구체적인 스트레스에 대한 반응이라기보다는 만성적인 상태로 지속될 때, 이는 임상적으로 의미있는 것으로 받아들여지게 된다.

특히, 청소년기에 가장 많이 나타는 불안은 시험불안이 있다. 시험이나 평가를 앞두고 불안해지는 것은 어느 정도 당연한 반응이겠으나, 불안정도가 심하여서

과제를 수행하는데 지장을 가져오는 것은 큰 문제가 된다. 시험을 앞두고 심한 불안감을 느끼고 무기력해지며, 주의집중이 전혀 안 된다든지, 두통, 복통 등의 신체적 증상이 나타나는 것은 흔히 볼 수 있는 시험불안의 증상이다. 이러한 증상들은 시험이 가까워 올수록 더 심해져서, 시험지를 받고는 당황하여 눈앞이 캄캄해지고, 전혀 생각을 할 수 없는 상태가 되기고 한다.

우리 사회에서와 같이 학업성적이 절대적인 중요성을 부여하는 사회에서는 이에 대한 심리적 부담감이 시험불안의 직접적인 원인이 된다. 특히 스트레스 상황에 대처능력이 약한 경우, 주위 환경에서 비현실적으로 높은 기대를 하여 이에 대한 부담감이 심할 때 이러한 문제가 발생하기 쉽다.

시험불안은 일반적인 불안상태와는 달리 구체적인 특정상황에 국한된 문제이므로 체계적 둔감법의 방법을 통하여 많은 도움을 받을 수 있다. 즉 불안감을 주는 시험상황들을 그 불안감의 강도에 따라 차례로 배열해 놓고, 긴장이 완전히 완화된 상태에서 그 상황들을 약한 것부터 차례로 상상하게끔 한다. 긴장이 완화된 상태에서 불안상황을 상상하게 함으로써 차츰 불안상황에서도 마음의 긴장을 풀 수 있도록 훈련이 되게 된다. 또한 불안을 가라앉힐 수 있는 장면이나 심상을 임의로 떠올릴 수 있도록 반복 연습을 한 후 불안상황에서 그 심상을 이용하여 불안을 진정시키고 차분한 마음을 회복하는 방법도 이용되고 있다.

3. 부적응적 문제 - 행동의 문제

학생들의 그릇된 사고나 느낌과 감정의 통제불능은 행동문제로 나타난다. 편의상 구분하여 다루었지만 사고와 느낌과 행동은 한 덩어리로 서로 관련지어보는 것이 타당하다. 자신에 대한 잘못된 사고나 분노의 감정이나 우울증도 어느 정도는 행동의 문제로 인식할 수 있다. 그러나 학생들이 드러내 보이는 행동의 문제는 사고나 느낌이나 감정과는 달리 다른 사람들에게 피해를 주는 등 직접적인 영향을 미치므로, 학생들의 발달과정에 따라 많이 드러나는 문제행동들을 지도하는 방안을 모색하는 측면에서 살펴보자.

첫째, 발달단계별로 나타나는 행동문제를 살펴보면 초등학교의 학생들은 집중하는데 어려움을 느끼며, 교실에서 학습활동을 자주 방해하는가 하면, 학교규칙을

잘 지키지 않으며, 다른 아이들과 자주 싸운다. 실망, 비난, 놀림에 대해 지나친 분노와 복수로 반응하며, 공격적이고 폭력적인 TV프로, 영화, 비디오게임을 좋아한다. 통제하기 힘들거나 공격적이라고 알려진 아이들과 어울리기를 좋아하고, 어른들의 말을 듣지 않는다. 다른 사람들의 기분에 관해서 별로 신경을 쓰지 않으며, 애완동물이나 다른 동물들에게 잔인하거나 공격적이고, 쉽게 짜증을 낸다.

Morrissey(1998)는 초등학교나 고등학교 학생들에 비하여 중학교 학생들을 비교적 쾌활하고 활동적이고 도전적이며, 그들이 누구이며 어떤 인생을 살 것인지 생각하고 결정하는 삶의 과정에 있으며 독립적이고 천진스럽고 동기화되기 쉬운 특성이 있다고 주장한다. 그러나 그들은 감정통제가 잘 되지 않으며 신체와 성의 급격한 성장과 발달로 인하여 정서의 혼란을 겪기 쉽다. 친구관계, 자아 존중감 형성, 슬픔과 분노의 통제능력을 위한 집단상담과 개인상담이 필요하다. 그들의 발달단계상 친구문제나 가족문제가 상담의 주요관심이지만 성 문제, 성 학대, 이성관계, 자살, 약물중독, 신체나 정서의 학대, 권위 있는 사람들에게 반항, 다른 사람의 감정이나 권리에 대해서 신경을 쓰지 않으며, 세상이 자신에게 공정하지 못하고 불공평하다고 느끼며, 학교 생활에 잘 적응하지 못하고 수업에 자주 빠지며, 별다른 이유없이 결석하며, 규칙을 어김으로써 처벌을 받거나 자퇴한다. 갱단에 들거나, 폭행, 절도, 또는 환경 파괴 등의 행동을 하거나, 술이나 담배와 마약도 한다. 이와 같은 중등학생들의 행동문제는 폭행이나 범죄행위와 같은 반사회적인 성격을 띠므로 개인과 사회를 위하여 올바른 지도가 요구된다.

둘째, 이러한 행동문제를 지도하는 방법으로 Daniels, Arredondo, 및 D'Andrea (1999)는 학교폭력, 학생치사와 같은 신변을 해치는 폭력행위, 여자들을 대상으로 한 성폭력행위, 따돌림이나 집단 괴롭힘 등의 문제가 학교 안에서 일어나고 있는 것과 관련하여 학교상담교사는 학교에서 발생하고 있는 이와 같은 범죄행위를 민감하게 인식하고 대처할 수 있도록 해야 한다고 다음과 같이 주장한다. 즉, 상담교사는 학교에서 분노가 고조된 학생들과 과도한 공격성의 성향이 있는 학생들을 직접 지도해야 한다. 이러한 분노와 공격성의 폭발은 학교폭력 사태로 이끌기 때문이다. 이와 같은 폭력을 예방하기 위하여 상담교사는 우선 폭력성향이 있는 학생들을 찾아내고, 다음으로 이들이 학생들을 그들의 분노와 공격성향을 건전한 방법으로 발산할 수 있도록 개인상담과 집단상담을 통하여 지도해야 한다. 상담교사들은

학생들에게 분노조절 방법, 대인관계 향상기법, 문제해결 능력과 갈등해소능력, 각종 스트레스에 대응하는 방법, 인간의 존엄성에 대한 인식능력 등을 지도해야 한다. 특히 다수의 권익에 희생된 소수의 불공정한 생활환경에서 분노와 공격성향의 가능성을 조기에 인식하고 이에 관련된 학생들의 지도에 힘써야 한다.

학생들을 간접적으로 지원하기 위한 노력으로 상담교사는 학교장, 교사, 부모, 지역사회의 인사들과 협력하여야 한다. 상담교사 이외의 지역인사들의 간접적인 지원은 학생들의 생활에 보다 큰 영향을 미칠 수 있음이 연구결과 보고되고 있다. 상담교사는 때로는 이들 인사들을 도와 이들이 학생들을 조기발견, 지도방법과 중요성을 인식하도록 해야 한다. 분노와 적개심으로 폭력성향이 높은 학생들을 지도하기 위해서는 상담교사는 물론 다른 인사들도 다 문화주의 관점과 상담기법을 익힐 필요가 이다. 인간의 모든 행동은 학습된 것이라고 보는 행동주의 관점에서 보면, 학생들이 드러내 보이는 모든 문제는 환경과의 상호작용을 통해서 배운 것이다. 그러므로 교사들은 학생들 각자의 생활환경을 점검하고 그 환경을 바꾸도록 돕는 한편 체계적이고 점진적인 보상을 제공하여 학생들의 행동이 변화될 수 있도록 도와야 할 것이다. 다음은 학생들의 심각한 행동문제인 학교폭력에 대해 최근 미국심리학회에서 제안한 지도방안이다.

폭행은 다른 사람을 신체적으로 괴롭히는 가장 격렬하고 공격적인 행동이다. 폭행은 어릴 때 배우는 것으로 알려져 있다. 즉, 폭행은 배우는 것이다. 그러므로, 부모나 교사는 아이들이 폭력을 사용하지 않고도 감정을 조절할 수 있게 다시 배우도록 도와줄 수 있다. 가정, 학교, 지역사회는 자녀와 학생들과 지역 내의 청소년들이 폭력을 예방하고 줄이도록 다양한 노력을 할 수 있다.

부모와 교사들이 할 수 있는 몇 가지 방법은 첫째, 부모들은 아이들을 애정이 있는 가정에서 키움으로써 폭력을 줄이는데 중요한 역할을 할 수 있다. 끊임없이 신경을 써주는 부모와의 관계가 지속되지 않으면 아이는 적대감을 가지게 되어 행동을 통제하기 어렵게 된다. 부모들도 아이에게 항상 사랑을 보여주기는 쉽지 않다. 특히 젊은 부모나, 아이를 키워본 경험이 없거나, 편부나 편모일 때, 혹은 아이가 아프거나 특별한 도움을 필요로 할 때 더 어려워진다. 집안에서의 폭력은 아이에게 위험하고 무서운 일일 수가 있다. 아이들은 두려움 없이 자랄 수 있는 안전하고 애정이 있는 가정을 필요로 한다. 집안에서 폭력을 보고 자랐다고 하여

아이들이 모두 폭력적이 되는 것은 아니지만, 문제를 폭력으로 해결하려 할 수 있다.

둘째, 아이들에게도 그들 나름의 생각이 있다는 것을 알아야 한다. 아이들이 성장하여 독립심이 길러지면 어떤 부모들은 실망하거나, 화나게 되어 짜증을 내기도 한다. 자녀에게 어떤 말이나 행동으로 반응하기 전에 먼저 참고, 그 상황을 아이들의 눈을 통해 보려고 하는 마음이 감정을 조절하는데 도움이 될 수 있다.

셋째, 방과 후 아이들을 혼자 내버려두기보다는 특별활동으로 교사에 의하여 지도되는 행사에 참가하도록 권유하는 것이 좋다, 지역사회의 프로그램에 참여시키는 것도 바람직하다. 그리고 가능하면 아이들이 참가하는 활동에 부모도 같이 참가하여 아이들을 관찰하며 지도할 수 있는 기회를 갖도록 하는 것이 바람직하다.

넷째, 아이들은 주로 보고 배우는 부분이 많다. 부부간의 싸움 역시 아이들을 두렵게 만들고 그들에게 좋지 못한 모범이 된다. 부모와 형제자매들의 행동, 가치관, 태도가 아이들에게 상당한 영향을 미친다. 부모나 교사에 대한 존경, 믿음, 긍지는 아이들에게 삶의 활력소가 된다. 특히 친구와 문제가 있거나, 위험한 동네에 살거나, 또는 폭행이 난무한 학교에 다닌 때에, 대부분의 아이들은 때때로 공격적으로 행동하고 사람을 폭행하게 된다. 아이들에게 폭력적인 행동이 어떠한 결과들을 가져올 수 있는지 단호하게 얘기하고, 폭력문제를 단계적으로 해소하도록 도와야 한다.

다섯째, 비폭력적인 문제해결 방법들을 가르치는 것이 바람직하다. 아이들과 그들의 문제에 대해 얘기하기, 폭력으로 문제를 해결하려 했을 때 어떻게 될 것인지에 대해 생각해 보기, 폭력 없이 문제를 해결했을 때 어떻게 될 것인지에 대해 얘기하기, 각자의 생각을 소리내어 얘기하기 등과 같은 방법은 아이들에게 폭력을 줄이도록 도울 것이다. 부모나 교사들은 때때로 무의식적으로 아이들의 공격적인 행동을 북돋우기도 한다. 예를 들면, 어떤 부모들은 남자애들은 싸우면서 크는 것이 바람직하다고 생각하거나, 아이들에게 주먹, 협박, 또는 매를 통해서 교육시키는 것이 낫다고 잘못 생각하기도 한다.

여섯째, 아이들을 때리지 말아야 한다. 벌로 따귀나 엉덩이를 때리는 것은 때로는 문제를 해결할 때 남을 때리는 것이 괜찮다는 것을 보여주며, 그들이 당한 것처럼 남을 똑같이 혼내게 만들기도 한다. 신체적인 벌은 아주 짧은 시간 동안만 효과가

있다. 아주 심한 벌도 아이들은 쉽게 적응해서 효과가 아주 적거나 전혀 없을 수도 있다. 전보다 더 심한 벌을 사용하는 것도 똑같이 효과가 없다. 신체적 체벌을 가하지 않는 규율 방법은 아이들에게 그들의 가정을 조절하는 방법과 비폭력적 문제해결 방법을 가르쳐 준다.

끝으로 일곱째, 규칙을 한번 정하면 그것을 꼭 지키도록 해야 한다. 규칙을 정하기만 하고 지키지 않는 것은 아이들을 혼란스럽게 만들고 '어떻게 무사히 그냥 넘어갈 수 있을까'하는 생각을 하게 만든다. 규칙을 정할 때에는 아이들과 함께 정하도록 해야 한다. 아이들에게 무엇을 바라는지 설명해 주고, 규칙을 지키지 않았을 때 어떤 벌을 받게 될지에 대해 얘기한다. 이렇게 하면 아이들이 그 주위 사람들에게 좋게 행동하는 방법을 쉽게 배우게 된다. 아이들이 길거리, 학교 또는 집에서 어쩔 수 없이 폭력을 당할 수도 있다. 그리고 그들이 그러한 무서운 경험을 극복하는데 도움이 필요할 수도 있다. 학교상담교사는 상담과 심리치료를 통하여 무서운 경험을 극복하도록 돕는 한편, 아이들이 폭력의 피해자가 되지 않도록 범죄나 불길한 행동을 목격했을 때에는 부모나, 선생님, 믿을만한 어른, 또는 경찰에게 알리며 예방하는 방법과, 침착하고 단호하게 잘못된 점을 얘기하는 것과 같은 대응 방법을 가르치는 것이 중요하다.

제4절 심리검사의 이해

1. 심리검사의 정의 및 특징

학생들의 부적응을 지도하기 위하여 교사들은 우선 학생들이 어떤 그릇된 사고를 하며, 느낌과 감정을 통제하지 못하고, 어떤 행동문제를 일으키는지 이해해야 한다. 학생들의 문제를 정확히 이해하는 것은 학생지도의 첫 단계이다. 학생들을 정확히 이해한다는 것은 객관적이며 과학적인 방법으로 이해함을 의미한다. 학생들의 성격을 비교적 정확히 파악할 수 있는 각종의 심리검사가 있다.

심리검사란 특정 영역에서 일련의 행동을 표집하는 표준절차로서 인간의 심리적

현상에서의 개인차를 비교하는 개인의 정서적, 인격적, 행동적 측면을 이해하기 위한 도구이다. 또한 Cronbach(1984)에 의하면 심리검사란 두 사람 이상의 행동을 비교하는 체계적 과정이고, Anastasi와 Urbina(1997)에 의하면 심리검사는 행동의 표본을 표준화된 방식으로 측정하는 기법이다.

심리검사는 그 목적에 따라 다양하게 구분할 수 있지만 어떤 유형의 심리검사를 막론하고 모든 심리검사는 다음의 몇 가지 공통적인 특징을 갖는다.

첫째, 심리검사는 본질적으로 표본행동을 측정한다. 개인의 행동을 측정한다고 할 때 개인의 수많은 행동을 모두 측정한다는 것은 불가능하다. 따라서 수많은 행동들 중에서 표본행동을 추출하여 측정하는 것이다. 그러나 어떤 행동을 표본행동으로 선택하여 측정할 것인지 결정하는 것은 검사의 대표성 여부를 결정하는 것이고, 검사의 진단적 또는 예언적 가치를 결정하는 것이다. 대표성 있는 행동표본으로 이루어진 검사를 보다 좋은 심리검사라고 할 수 있다. 예컨대 지적 능력을 측정하기 위한 지능검사가 수리력은 제외하고 어휘력만 측정하고 있다면 그 검사는 완전한 검사가 되지 못할 것이다.

둘째, 심리검사는 표준화된 측정도구이다. 여기에서 표준화란 검사를 실시하고 채점할 때의 절차의 단일성을 의미한다. 우선 심리검사는 표준화된 조건하에서 실시되어야 한다. 표준화된 조건이란 검사실시에 주이지는 시간, 검사가 실시되는 장소의 환경적인 조건, 즉 소음, 조명, 습도, 온도, 검사반응의 요령에 대한 설명 등이 모든 사람에게 동일하게 적용되어야 함을 의미한다. 동일한 검사를 실시할 때마다 검사시간, 소음, 조명, 온도 및 지시사항에서 많은 차이가 난다면 아무리 검사가 잘 만들어졌다고 하여도 검사점수를 신뢰하기는 어려울 것이다. 이러한 차이는 심리검사의 점수에 큰 영향을 줄 수 있기 때문이다.

심리검사는 채점하는데 있어서 명확한 규칙이 있어야 한다. 응답자가 동일한 반응을 했어도 채점 규칙이 명확치 않아서 개인마다 다른 점수를 얻었다면 그 검사는 올바른 검사라 할 수 없다. 대부분의 검사가 채점규칙을 가지고 있어서 한 개인의 반응을 여러 사람이 채점하더라도 동일한 점수를 얻게 된다. 그러나 TAT(주체통각검사)나 로샤검사 등 투사적 검사에서는 주관적인 규칙에 의해서 점수가 계산된다. 따라서 피검사자의 동일한 반응에 대하여 채점자에 따라 다른 점수를 부여할 수 있을 것이다. 잘 만들어진 심리검사라면 이러한 점수 차이가 작게 나도록 채점규칙을 좀더 명확하고 자세하게 만들어야 한다.

셋째, 심리검사는 그것을 시행하고 채점하며 점수를 해석하는 일들이 객관적이어야 한다. 이를 위해서는 먼저 심리검사를 제작할 때부터 검사의 객관성을 목표로 삼아야 한다. 심리검사는 각 문항의 난이도가 수준별로 골고루 분포해야 하고, 어떤 문항이나 어떤 검사 전체의 난이도 수준을 결정하는 과정은 객관적이고 경험적인 절차에 기초해야 한다. 만일 쉬운 문항 위주로 구성되어 있든지 혹은 어려운 문항 위주로 구성되어 있을 경우 그 검사는 좋은 검사라고 말하기 어렵다. 피검사자 대부분이 맞출 수 있는 문항들, 즉 비교적 쉬운 문항들로부터, 비교적 소수의 피검사자만이 풀 수 있는 문항들, 즉 어려운 문항들끼리 모두 포함될 때 난이도가 골고루 분포되어 있다고 말할 수 있다. 만일 해당 검사에서 쉬운 쪽이나 어려운 쪽의 극단의 문항들이 너무 많이 몰려 있으면 일부 문항들을 빼 버릴 수 있다. 또한 만일 난이도 범위의 어떤 특정 수준에서 문항들이 부족할 경우 새로운 문항들을 첨가해서 부족한 부분을 채워야 한다.

넷째, 심리검사는 그 검사를 통하여 얻어진 점수를 신뢰할 수 있어야 한다. 즉 검사점수가 측정하는 사람에 따라, 검사 실시의 시기에 따라, 혹은 검사 문항의 표집에 따라 점수 변화의 정도가 어느 정도 안정적으로 일관성을 유지해야 한다. 만일 한 내담자가 월요일에 실시한 검사에서는 120의 지능지수를 얻고 토요일에 재검사했을 때에는 80의 지능지수를 얻었다면 어느 한쪽의 점수도 믿을 수가 없을 것이다. 우리가 심리검사를 유용하게 활용할 수 있기 위해서는 우선적으로 그 검사를 통하여 얻어진 결과를 믿을 수 있어야 한다.

다섯째, 하나의 검사는 그 검사가 측정하고자 하는 내용을 충실하게 측정해 내야 한다. 만일 지능을 측정하기 위한 검사도구가 실제로는 성격을 측정하려 한다든지 혹은 학력을 측정하려 한다면 그것은 지능검사 본래의 기능을 이행하지 못하고 있는 것이며 따라서 타당한 검사라고 말할 수 없다. 타당한 검사가 되기 위해서는 하나의 검사가 본래 목적했던 내용을 충실히 측정해야 하고 또한 그렇게 될 때 그 검사는 믿을 수 있는 검사가 된다. 검사의 타당도를 결정하는 일은 그 검사가 측정하고자 한 것이 무엇이든 간에 독립적인 외부의 준거를 필요로 한다. 예컨대, 직업적성검사는 새로 채용된 종업원들로 구성한 시행집단의 직무 성공을 통해 타당화될 수 있고, 비행적성 검사는 비행훈련 성취도를 통해 타당화될 수 있다.

2. 심리검사의 목적

심리검사의 목적은 개인의 심리적 · 행동적 속성을 측정하여 개인에 대한 심층적인 이해를 얻고 개인간 혹은 개인 내 비교를 하기 위한 것이다. 개인의 심리적 · 행동적 속성에는 개인의 성격, 흥미, 적성, 지능, 학력, 태도 등을 포함한다. 심리검사는 성격검사뿐만 아니라 수준별 학교학습의 이해 정도를 파악하기 위한 학력검사, 회사에서 선발용으로 실시하는 적성검사, 그리고 병원이나 상담소에서 내담자의 상태를 파악하기 위하여 실시하는 신경심리검사 등 모두를 포함한다.

Kevin과 Charles(1994)에 의하면 심리검사는 사용목적에 따라 교육용 검사, 인사선발용 검사, 임상진단검사 등으로 나눌 수 있다.

첫째, 교육용 검사는 학생들이 해당 수준의 학교에 입학하거나 혹은 해당 학년에 진학하여 수업내용을 성공적으로 소화할 수 있을지를 알아보기 위해서 실시하는 검사이다. 그리고 해당 전공분야에 배치되었을 때 잘 적응하여 자신의 능력을 충분히 발휘할 수 있을지 사전에 알아보기 위해서 실시하는 검사이다. 예컨대 미국의 경우 ACT(American College Test)나 SAT(Scholastic Aptitude Test) 등은 대학 입학자들을 대상으로 그들이 대학에 입학했을 때 학업을 성공적으로 해낼 수 있을지를 판별하기 위해서 실시하고 있다. 또한 우리나라의 경우 유치원 혹은 초등학생을 대상으로 기초학력검사를 실시하여 사전에 특수아를 선별하고, 종합학습능력진단검사를 실시하여 학습과 관련된 기본 능력 및 학습한 결과와 성취도 수준을 측정한다.

입학과 진급이 학교현장에서 검사를 적용하는 대표적인 예이지만 그것이 유일한 것은 아니다. 예를 들면 학생들의 배치를 목적으로 지능검사를 활용할 수 있고 학습장애아를 진단하기 위하여 다양한 종류의 성취도검사와 행동관찰검사를 활용할 수도 있다. 또한 학생지도를 위하여 진로상담교사는 직업흥미검사와 직업적성검사 등을 활용할 수 있다. 이렇게 볼 때 학교현장에서 실시되는 심리검사는 행정적 목적, 교실활동 목적, 상담목적 등이 있다(Patterson, 1971).

둘째, 인사선발용검사는 용어에서 알 수 있는 것처럼 산업체에서 인사선정과 관련하여 결정을 내리기 위하여 실시하는 검사이다. 생산직 조립라인 근로자로부터 비서, 부 · 과장, 최고 경영진에 이르기까지 취업이나 직종배치, 전직, 승진,

혹은 퇴직 등 심리검사가 도움이 되지 않는 경우는 거의 없다. 예컨대 능력검사와 특수적성검사는 인사선발을 위하여 광범위하게 사용되고 있다. 능력검사의 경우 회사에서 신입사원을 선발하고 배치할 때, 혹은 군대에서 신병을 선발하고, 자신의 능력과 기술에 부합하는 부대로 적절하게 배치할 때 광범하게 사용된다.

셋째, 임상진단검사는 임상장면에서 내담자가 지니는 증상의 내용과 정도를 파악하고 현재의 상태에 알맞는 치료적 접근을 계획하기 위하여 실시하는 검사이다. 임상적인 목적을 위하여 다양한 심리검사들이 활용된다. 예컨대 정신능력 또는 지능을 평가하기 위한 검사로서 고대-비네검사, 웩슬러 지능검사 아동용 및 성인용 등이 있다. 성격이나 적응상태를 평가하기 위한 검사로는 객관적 성격검사로 MMPI(다면적 인성검사), 간이정신진단검사 등이 있고, 투사법 검사로는 로샤검사, TAT 및 인물화 검사 등이 있다.

3. 심리검사의 종류

학생들을 과학적인 방법으로 정확하게 이해하는데 필요한 심리검사로는 지능검사, 적성검사, 학력검사, 흥미검사, 성격검사, 진로검사 및 관찰, 면접, 사례연구 등이 있다. Giordano, Schwiebert, Brotherton(1997)은 상담교사들을 대상으로 한 조사에서 대부분의 상담교사들이 지능검사, 성격검사, 약물남용검사, 섭식이상검사, 우울증검사, 흥미검사, 학업성취도검사 등 다양한 검사가 학생지도에 필요하다고 할지라도, 가장 많이 사용되는 5가지의 검사는 Wechsler 아동용지능검사, 진로검사, 직업능력검사, 학업적성검사, 성격검사(MBTI)라고 보고하고 있다. 특히, 표준화 학력검사나 적성검사는 학생들의 학업성취도를 파악하여 진학지도나 진로지도에 활용하는 자료가 되며, 흥미검사나 인성검사 등은 학생들이 처한 상황에 기초하여 부모로부터 성장과정에서의 문제유발에 관련된 단서나 행동양식과 함께 학생들의 장점과 단점을 인식할 수 있는 자료가 될 수 있다. 그러나, 이와 같은 전형적인 심리검사들은 학생들의 개별성향을 정확히 측정하고 진단하는데 제한점이 있을 수 있으므로 이러한 측면에서 야기되는 학생들의 비판적이며 부정적인 반응에 세심한 주의를 기울일 필요가 있다. 래포를 형성할 수 있는 상담기법의 활용이 검사실시

와 결과의 해석과 상담과정에 함께 이루어지는 것이 바람직하다.

이 밖에 교사가 제작한 학부모나 학생평가척도 등이 있는데 검사 실시 후에는 학생들이 매우 궁금해하고 불안해 할 수 있으므로 반드시 그 결과를 학생들에게 올바로 알려주어야 한다.

Sommers-Flanagan & Sommers-Flanagan(1997)은 MMPI-A와 같은 인성검사를 학생들에게 실시할 경우 상담교사는 "이 검사가 매우 길어서 굉장히 지루하고, 또 이상한 문구도 있어 감사의 신뢰도와 타당도에 의심이 갈 수도 있지만, 우리의 성격특성을 파악하는데 상당한 도움을 주므로 진지하게 응답해 주길 바라며, 나중에 그 결과가 의미하는 것이 무엇인지 함께 살펴볼 수 있을 것이다."와 같이 검사 실시 전에 이야기해 줄 것을 제안한다(pp. 60-61). 그러나, 상담교사는 이 검사가 구체적인 목적을 지니고 있는 점을 고려하여 꼭 필요한 경우에만 학생들에게 실시하고, 그 점수결과의 제한적 피드백을 고려하여 학생들에게 설명해야 한다. MMPI-A 검사는 정신 병리적인 증상을 측정하는 목적으로 만들어졌으므로 학생들에게 긍정적인 피드백을 주기가 어렵다. 특히, 검사를 실시한 후 피드백을 줄 때, 어떤 학생들은 그 결과를 두려워할 수 있으므로 상담자는 신중을 기해야 한다. 비록 학생들이 검사결과를 두려워할지라도 상담교사는 검사결과를 객관적이고 과학적인 참고자료로 활용될 수 있도록 학생에게 각 검사항목의 의미와 결과를 해석해 주는 것이 바람직하다. 예를 들면, MMPI-A의 척도 1은 우울증 척도인데, 문항이 아주 길고 신체적인 건강상태와 이상상태에 관련된 이상한 임상적인 용어로 구성되어 있다. 점수가 높은 학생들은 신체적으로 이상이 있거나, 신체적인 건강문제에 지나치게 신경 쓰며 걱정하는 사람으로 해석할 수 있다. 흔히 사람들은 심리적으로 큰 부담을 느낄 때에는 신체에 이상이 있는 것처럼 느끼기 쉽다.

현재 우리나라에서 활용되고 있는 성격검사는 유아용으로 유아성격검사(송인섭)와 상상력검사로 주제통각검사인 TAT 검사(전용신) 등이 있으며, 초등학생용으로는 이성검사(정범모), 성격적응검사(정한택) 등이 있다. 중고교생용으로는 MMPI다면적 인성검사(정범모, 이정균, 진위교), 간편 MMPI성격검사(진위교, 김형립), MBTI검사(김정택, 심혜숙, 채석봉), 성격진단검사(정원식, 김호권), 인성진단검사(정범모, 이종승), KPI(한국행동과학연구소), 표준화인성진단검사(황응연), 욕구진단검사(황정규), 일반성격검사(김기석) 등이 있다.

최근 미국학교에서 많이 사용되고 있는 심리측정 도구로 Prevatt(1999)는 다음과 같은 것들을 소개하고 있다.

1) 다면적 측정기법(Multimodal Assessment Techniques) : 아동행동 점검표(CBCL : Child Behavior Check List)

실증적인 연구를 기초로 2~18세 아동들을 대상으로 다면적 측정기법으로 아동 자신의 보고와 부모의 보고 및 교사의 보고를 포함하는 심리검사이다. 1990년대 초부터 여러 번의 수정이 이루어졌으며 41개국어로 번역되어 아동과 청소년들에게 가장 널리 사용되는 심리검사 중 하나다. CBCL/12-3과 CBCL/4-18은 부모보고형(Parent Report Forms)이며, 광범한 내면화 및 외면화 검사와 전체 문제 검사를 포함한다. 청소년 자기보고(Youth Self Report : YSR)는 11~18세에 적절한 검사로 CBCL/4-18과 유사하며 사회적으로 바람직한 항목들을 포함한다.

5~18세의 아동에게 적합한 교사보고형(Teacher's Report From : TRF)은 CBCL/4-18과 유사한 검사로, 행동문제, 학업성취, 적응기능에 대해 교사가 등급을 매긴다. CBCL/4-18, YSR, TRF는 공격적 행동, 우울증, 주의집중 문제, 일탈행동, 사회적 문제, 신체적 불평, 사상 문제, 탈퇴 등의 8가지의 하위 척도를 산출하기 위하여 통합되어진다. 이들 검사는 성별, 연령 및 각각의 하위 척도에 유사한 문제들을 측정하며 다중 문화적 일반성을 포함한다(DeGroot, Koot, & Verhulst, 1994).

2) 아동행동측정(BASC : Behavior Assesment System for Children)

학교에서의 정서적 · 행동적 장애 문제를 다루도록 설계된 통합적 측정도구이다. 4~18세 아동에게 적합하며, 부모의 등급, 교사의 등급, 자기등급, 발달사, 교실관찰 등 5개의 구성요소로 되어 있다.

3) 면접과 관찰(Interviews & Observations)

면접과 관찰은 그 어떤 평가에서나 기초가 된다. 이 방법은 BASC와 CBCL의 하위요소로 구성되어 있다.

4) 그림 그리기(Picture Drawings)

이 검사는 1983년의 한 조사연구에서 그림 그리기가 면접과 학습관찰 다음 세 번째로 빈번히 사용되는 성격측정기법으로 나타났으며, NASP(National Association of School Psychology)에서는 인물 그리기가 사회정서 기능검사에서 가장 흔히 사용되는 검사로 알려졌고(Kennedy, Faust, Willis, & Piotrowski, 1994), Stinnett 등의 연구에 의하면 학교에서는 문장완성검사 다음으로 인물 그리기 기법을 빈번히 사용하는 것으로 조사되었다. 임상적 도구로 그림 그리기가 널리 사용되기 시작한 것은 Machover(1949)의 사람 그리기(Draw-a-Person)와 Buck(1948)의 집-나무-사람(House-Tree-Person) 그리기였다. 그 이후 Koppitz의 인물 그리기 해석체계가 가장 널리 사용되고 있는데(Prevatt, 1999), 이는 구조화된 채점기법을 포함하지만, 검사의 주관적인 특성을 강조한다.

Koppitz(1983)는 개인, 가족, 그리고 학교 그리기는 학동기 아동의 성격과 자기개념, 가족 내에서 차지하는 위치, 교사와 학교에 대한 태도, 그리고 사회 문화적 집단에 대한 태도 등 중요한 네 측면의 지각을 반영한다고 보았으며, 또한 아동이 어떤 면을 가장 먼저 그리는지, 그림 완성 후 그 인물이 무엇을 하는지 혹은 무슨 생각을 하는지 등의 질문을 통한 행동관찰에도 역점을 둔다. 이러한 정보는 그림에 대한 전체적 · 일반적 측정에 사용된다(측정자가 그림의 참조체계에 대한 충분한 경험을 가지고 있다는 것을 가정함).

또한, 그림은 충동성, 불안정성, 부적합한 느낌과 불안감, 수줍음/소심함, 분노/공격성 등 5개 영역에서의 30개의 정서지표(Emotional Indicators : EI)로 분석되는데 이들은 큰 형상, 혹은 손이나 눈이 없거나, 팔이 짧거나 누드 그림 등으로 나타난다. 세 가지 이상의 EI는 정서적 문제가 있는 것으로 간주된다. Koppitz는 EI가 점수가 아니라 단순히 정상아들 보다 정서적 장애아들에게 좀더 빈번하게 발생하는 지표일 뿐이라고 강조한다. Cummings(1986)에 의하면, 특정 지표를 특정성격과 관련짓기 보다는 전체 정서지표의 합을 분석해야 하며, 그림 그리기 검사해석의 가장 큰 가치는 아동의 검사에 임하는 행동과 언어화의 분석에 있다.

그밖에 동적 가족화(Kinetic Family Drawing), 주제 이야기 기법(Thematic Storytelling Techniques), 주제통각검사(Thematic Apperception Test), 내게 이야기해 줘 검사(Tell Me a Story Test), 로르샤하(The Rorschach) 등이 있다.

4. 심리검사의 활용

심리검사 실시의 목적은 한 인간의 복합한 심리적 체계를 이해하고 보다 건강하고 행복한 삶을 살아갈 수 있도록 돕기 위한 것이다. 심리검사를 통하여 한 인간이 더욱 불행해진다면 그것은 심리검사 본래의 목적에 위배된다고 말할 수 있다. 다시 말하면 심리검사는 피검사자를 돕기 위한 과정에서 시행되는 전문적 작업이므로 이러한 목적에만 한정하여 심리검사 결과가 사용되어야 한다.

심리검사의 결과는 한 인간을 이해할 때 대략적인 판단의 자료로 활용해야 하며 절대적인 의미를 부여하는 것은 위험하다. 예컨대 지능지수를 마치 불변하는 지적 능력을 나타내는 수치로 믿는다면 대단한 오류를 범하는 것이다. 검사의 결과는 피검사자들을 보다 잘 이해하고 그들로 하여금 의사결정에 필요한 객관적인 자료를 얻을 수 있도록 활용되어야 한다. 다양한 검사결과를 통해 피검사자들은 자신이 미처 파악하지 못했거나 혹은 충분한 주의를 기울이지 않았던 자신의 새로운 능력을 발견할 수도 있다. 검사자는 심리검사시 피검사자들에게 이러한 가능성을 알려줌으로써 피검사자 스스로 자신을 객관적으로 이해하려고 하는 동기를 더욱 높이고 따라서 보다 정확한 자료들을 얻도록 할 수 있다.

심리검사의 결과는 피검사자에게 도움이 되는 방향으로만 쓰이고 활용되어야 하며, 결코 타인에게 불필요하게 공개되어서는 안 된다. 만일 검사의 결과가 타인에게 공개되어 그것이 악용된다면 심리검사 본래의 목적에 위배될 뿐만 아니라 윤리적인 문제까지도 포함하게 된다. 어떠한 이유에서든지 심리검사의 결과는 피검사자 본인에게 불리하게 활용되어서는 안 된다.

심리검사는 상담 및 임상 장면에서 다양한 목적으로 활용된다. 그러나 그것을 즉흥적으로 실시하기보다는 사전에 검사활용계획을 세워서 무슨 검사를 언제, 누구에게, 무슨 목적으로, 어떻게 실시할 것인지 먼저 생각해 보는 것이 그 활용효과를 높일 수 있는 방법일 것이며, 심리검사를 활용할 때 본래의 목적을 성공적으로 달성할 수 있을 것이다.

연습 문제

1. 건전한 성격의 특성은 무엇이며 어떻게 형성되고 발달하는가?

2. 자신의 성격을 정신분석적, 사회문화적, 인본주의적, 행동주의적 관점에서 각각 비교하며 해석해 보라. 자신의 성격을 어떤 관점에서 가장 적절하게 해석할 수 있는가?

3. 학교에서 학생들의 부적응 문제의 유형은 어떤 것들이 있는가?

4. 분노와 폭력과 같은 부적응 행동을 드러내는 학생들을 지도할 수 있는 방안은?

5. 부적응 학생들을 지도하기 위한 방편으로 활용할 수 있는 심리검사 하나를 실제로 사용하고 집단에서 발표하고 논의하라.

참고 문헌

김재은 · 유기섭(1995). 심리검사의 활용. 서울 : 중앙적성출판사.

김태호(1990). The relationship between cultural identity development and vocational preferences of Korean American adolescent students. Doctoral Dissertation. Syracuse University.

이상우 · 정동진 역(1992). 인간성격의 이해(Schultz, D. 1997). 서울 : 중앙적성출판사.

이성진(1998). 교육심리학서설. 서울 : 교육과학사.

Adler, A.(1996). The Practice and Theory of Individual Psychology. Patterson N.J. : Littlefield, Adams.

Allport, G.(1961). Personality and Social Encounter. Boston : Beacon Press.

Allport, G.(1955). Becoming : Basic Considerations for a Psychology of Personality. New Haven : Yale University Press.

Avon(1992). Feeling Good : The New Mood Therapy. New York : William Morrow & Company. 15. p. 369.

Baker, S. B.(2000). School counseling for the twenty-first century. Upper Saddle River, N.J. : Prentice-Hall.

Buck, N.J.(1948). The H-T-P Technique, a qualitative and quantitative method. Journal of Clinical Psychology, 4, 317-396.

Cummings, J. · A.(1986). Projective drawings. In H. Knoff(Ed.), The assessment of child and adolescent personality, 199-244. New York : Guilford Press.

Daniels, J., Arredondo, P., & D'Andrea, M.(1999). Give peace a chance : Developing violence prevention program in schools, Counseling Today, 42(1).

DeGroot, A., Koot, H. M., & Verhulst, F. C.(1994). Cross-cultural generalizability of the Child Behavior Checklist cross-informant syndromes. Psychological Assessment, 6, 225-230.

Edwin, L. & Lawrence, H. S.(2000). School violence : "I thought it was a toy." In L. E. Tyson & P. B. Pedersen(Eds.), Critical Incidents in School Counseling Alexandria,

VA : American Counseling Association.

Ellis, A.(1962). Reason and emotion in psychotherapy. New York : Lyle Stuart.

Ellis, A.(1984). The essence of RET-1984. Journal of Rational-Emotive Therapy, 2(1), 19-25.

Ellis, A.(1984). Maintenance and generalization in rational-emotive therapy. The Cognitive Behavorist, 6, 2-4.

Entwistle, N. J. & Cunningham, S.(1968). Neuroticism and school attainment : A linear relationship. British Journal of Educational Psychology, 38, 123-132.

Erikson, E. H.(1963). Childhood and Society. N.Y. : Norton and Co.

Erikson, E. H.(1968). Identity : Youth and Crisis. New York : Norton and Co.

Eysenck, M. W.(1981). Learning, memory, and personality. In H. J. Eysenck(Ed.), A model for personality(pp. 169-203). Berlin : Springer.

Frankl, V.(1963). Man's Search for Meaning. New York : Washington Square Press.

Freud, S.(1901). The Psychopathology of Everyday Life, Vol. 6.

Freud, S.(1949). An Outline of Psychoanalysis. New York : Norton.

Fromm, E.(1947). Man for Himself. New York : Holt, Rinehart & Winston.

Giordano, F. G. Schwiebert, V. L. & Brotherton, D. L.(1997). School counselors' perceptions of the usefulness of standardized tests, frequency of their use, and assessment training needs. School Counselor, 44. 198-205.

Glasser, W.(1965). Reality therapy. New York : Harper & Row.

Glasser, W. & Zunin, L. M.(1973). Reality therapy. In Corsini, R.(Ed.), Current psychotherapies. Itasca, Ill. : F. E. Peacock, 287-315.

Jung, C. G.(1954). The Development of Personality. New York. Pantheon. (Collected works, Vol. 17).

Kennedy, M. L., Faust, D., Wills, W. G., & Piotrowski, C.(1994). Social emotional assessment practices in school psychology. Journal of Psychoeducational Assessment, 12, 228-240.

Koppitz, E. M.(1983). Projective drawings with children and adolescents. School Psychology Review, 12, 421-427.

Machover, K.(1949). Personality projection in the drawing of the human figure. Springfield, IL : Thomas.

Maslow, A. H.(1971). The Farther Reaches of Human Nature. New York : Viking.

Meyer, B. Y.(2000). Study : 62% of school counselors feel unprepared to curb suicides. Counseling Today, 42(9), 18.

Morrissey, M.(1998). Middle school counselors playing vital role in development of youth. Counseling Today, 4(11), 13-14.

Piaget, J.(1964). Development and learning. In R. E. Ripple & V. N. Rockcastle(Eds.), Piaget Rediscovered : A report of the conference on cognitive skills and curriculum development. Ithaca, New York : Cornell University. School of Education.

Prevatt, F. F.(1999). Personality assessment in the school. In C. R. Reynolds & T. B. Gutkin(Eds.), The Handbook of School Psychology, 434-451. New York : John Willey & Sons Inc.

Ross, D. M.(1996). Childhood bully and teasing : What school personnel, other professionals, and parents can do. Alexandria. American Counseling Association.

Schmitt, S. M.(1999) Treatment Improvement Protocol(TIP) offers cocaine treatment options. Counseling Today, 42(1), 32.

Schultz, D.(1997). Growth Psychology : Models of the Healthy Personality. New York : Van Nostrand Company.

Simmons, J.(2001). Fishing for clues. Counseling Today, September, p. 4, p. 24.

Skinner, B. F.(1953). Science and Human Behavior. New York : Macmillan.

Sommers-Flanagan, J. & Sommers-Flanagan, R.(1997). Tough Kids, Cool Counseling. American Counseling Association.

Sullivan, H. S.(1953). Interpersonal Theory of Psychiatry. New York : Norton.

Wilde, J.(1996). the efficacy of short-term rational-emotive education with fourth-grade students. Elementary School Guidance & Counseling, 31, 131-138.

제9장

생활지도와 상담

학교의 교육과정은 교과교육과정과 교과교육 이외의 과정으로 나누어진다. 지금까지 우리의 교육현장에서는 교과교육을 너무 중시한 나머지, 생활지도와 상담을 간과하게 되었고, 그로 인해 청소년들의 문제가 과거에 비하여 질적으로 달라지고 있다. 여기에서는 이러한 청소년들의 부적응적 행동을 건강하게 도와줄 수 있는 전략으로 생활지도와 상담에 대해서 구체적으로 살펴보고자 한다. 따라서 본 장에서는 상담과 생활지도란 무엇이며, 왜 필요하며, 어떤 목적과 원리에 의하여 이루어져야 하는지 규명해 보고, 학교에서 생활지도가 어떤 내용과 방법으로 개선되어야 할 것인지 탐색하며, 생활지도를 실시할 수 있는 방법으로 상담에 대하여 구체적으로 살펴보고자 한다.

제1절 생활지도의 이해

1. 생활지도의 의미와 목표

생활지도는 영어의 'guidance'를 우리말로 번역한 것으로, 안내, 지도, 감독, 관리 등의 의미를 갖고 있어서, 그 의미를 사전적으로 정의하면, 청소년들을 바람직한 방향으로 안내, 지도, 훈육 및 통제하는 것을 의미한다. Jones, Stefflre, Stewart(1970)는 생활지도를 학생들로 하여금 각자 자신의 욕구를 발견하도록 돕고 잠재력을 발견하며 생애의 목표를 세울 수 있도록 도와 주어 자아실현에 이르도록 특별하게 관심을 기울이는 활동이라고 정의하였다. Miller(1971)는 생활지도를 학교와 가정 그리고 지역사회에 가장 잘 적응하기 위하여 학생들이 자기 자신을 이해(self-understanding)하고 자기신뢰와 목적(self-direction)을 가지고 스스로 결정을 내리는(self-direction making) 능력을 함양하도록 돕는 과정으로 정의했고, Shertzer와 Stone(1981)은 '자기 자신과 자신을 둘러싸고 있는 세계를 이해할 수 있도록 도와주는 과정'으로 정의했다. 황응연(1984)은 학생 개인의 성장 · 발달을 극대화시키고 잠재능력을 개발해서 갖가지 문제를 자신의 힘으로 적절히 해결해 나가도록 힘을 길러주는 활동으로 정의했고, 박성수(1986)는 개개인의 인지적, 정의적, 신체적 특성과 잠재 가능성을 바르게 이해하고 발달시켜서 교육적, 직업적, 사회적, 심리적 발달을 최고수준까지 도달할 수 있도록 원조하는 봉사활동이라고 정의했다.

여러 학자들의 이와 같은 생활지도의 정의는 생활지도가 어떤 목적과 내용으로 이루어지는가에 대한 이해를 돕긴 하지만 너무 포괄적이고 일반적이다. 하지만 여러 학자들의 정의를 정리해 보면, 다음과 같은 의미가 내재되어 있다. 즉 생활지도는 학교 또는 학교 밖에서 일어나는 개인이 그들 자신의 세계를 보다 정확히 이해하고, 또 그를 둘러싼 환경을 바르게 이해하여 현명하게 적응 · 성장할 수 있도록 도모해 주어야 하며, 사회생활에 필요한 지식, 기능, 태도, 가치 등을 습득시켜

효과적으로 사회에 공헌할 수 있는 자질을 길러 나갈 수 있도록 조력해 주는 교과교육 이외의 활동을 의미한다.

최근 우리의 교육 현장에서 생활지도가 중요시되고 있는 이유는 이것이 새로운 교육 분야이기 때문이 아니라 그것은 실제적인 면에서 교육을 보다 충실하게 발전시켜 줄 수 있는 방법이기 때문이다. 그러한 방법으로서 생활지도는 자기발견을 통한 자기지도의 능력을 증진시키고, 자기검사, 자기이해, 자기통제, 자기실현을 하도록 조력하는 것이다. 즉, 생활지도는 개인적인 조언이며 또한 체계적 · 계획적 조언으로서 아동 · 학생이 스스로 자기결정하고 개척하도록 도와서 자신의 환경 속에서 현명한 선택과 적응을 할 수 있게 하는 작용인 것이다. 이를 위해서 생활지도에서 특히 강조되는 점은 자신에 대한 이해, 상황에 적응하는 능력, 자아실현이다.

한편, 생활지도의 대상은 학생이기 때문에 학생에게 도움을 주는 것은 생활지도의 직접적인 목표가 된다. 또한 생활지도는 학교에 대해서도 도움을 줄 수 있기 때문에 교사와 학생에 대한 봉사의 의미를 지닐 수 있는 간접적인 목표를 갖는다. 즉, 생활지도의 목표를 학생 개개인의 성장 · 발달과 직결된 직접적 목표와 학교의 교사와 학교에 대한 봉사로서의 간접적 목표를 동시에 수행한다. 이러한 생활지도의 직접적, 간접적 목표를 근거하여 실제적으로 제시할 수 있는 생활지도의 목표를 살펴보면 다음과 같다.

첫째, 생활지도는 자신에 대한 올바른 이해를 목표로 한다. 사람에 따라서 각자 다른 능력, 적성, 흥미, 성격, 감정, 가치관, 태도, 외모 등을 가지고 있다. 각자의 타고난 자질과 환경이 다르므로 이 타고난 자질과 환경과의 상호작용에 의해서 각기 다른 개성을 발전시키게 된다. 이러한 개성을 발견해서 인정을 하고 바르게 이해시키는 것이 생활지도의 가장 중요한 목표가 되는 것이다. 자신에 대한 과소평가나 과잉기대를 하지 말고 있는 그대로의 자기를 발견해서 바르게 이해하도록 해야 한다.

둘째, 생활지도는 개개인의 잠재능력을 개발하는 것을 목표로 한다. 개인마다 발전 가능한 잠재능력이 있다. 문제를 이를 제대로 개발해 줄 여건이 마련되어 있지 않기 때문에 자신의 잠재능력을 제대로 발휘하지 못하고 인생을 산다는 것이다. 생활지도는 인간의 발달 가능성을 인정하고, 개인이 가지고 있는 잠재 능력을 최대한으로 개발해서 성장 · 발달할 수 있는 경험을 제공하는 것을 목표로 한다.

셋째, 생활지도는 자율적인 문제해결 능력의 신장을 목표로 한다. 우리는 삶을 통해서 계속해서 문제해결에 직면한다. 생활지도의 중요한 목표 중의 하나는 개인으로 하여금 당면하는 문제를 다른 사람에게 의존하지 않고 혼자의 힘으로, 즉 자율적으로 해결할 수 있는 능력을 길러 주는 것이다. 자신의 문제를 자율적으로 해결하는 것은 결국 자신의 결정, 즉 행동에 대해서 책임을 지는 것도 의미한다. 이는 또한 민주시민으로서 갖추어야 할 필수적인 요건이 된다.

넷째, 생활지도는 현명한 선택과 적응을 목표로 한다. 현대사회의 큰 특징은 급속한 변화와 선택의 폭이 다양해졌다는 점이다. 진로 같은 것을 예로 들어 보아도 과거에는 개인이 택할 수 있는 직업은 매우 제한되어 있었지만 지금은 직종만 하더라도 이루 헤아릴 수 없으며, 계속해서 새로운 직종이 생겨나고는 있지만 선택 범위가 넓어지고 선택 기회가 증대된 만큼 선택을 하기는 점점 더 어려워지고 있다. 이러한 상황 속에서 자신의 처지에 맞는 현명한 선택을 하도록 하는 것이 생활지도의 주요한 목표이다. 현명한 선택을 하는 것은 어떻게 보면 적응을 잘하는 것과도 일맥상통한다. 현대사회의 변화 속에서 제대로 기능하기 위해서는 주위 환경에 적응할 수 있는 능력을 가져야 한다. 이러한 적응은 현명한 선택을 통해서 가능하다고 볼 수 있다.

다섯째, 생활지도는 전인적 인간 발달을 목표로 한다. 오늘날 우리나라 교육이 당면한 가장 심각한 문제는 지식 편중 교육이라는 점이다. 즉, 지식 주입 · 입시 위주의 교육이 학교를 지배하고 있으며, 교육은 지식을 전달하는 것으로 여겨져 지적인 측면만을 강조하고 있다. 따라서 지적 측면이 아닌 사회적 · 정서적 · 신체적 발달이 골고루 이루어져야 한다. 생활지도는 이러한 전인교육을 목표로 해서 지 · 덕 · 체의 조화로운 발달에 역점을 두어야 한다.

마지막으로, 생활지도는 민주시민의 육성을 목표로 한다. 사회가 민주적이기 위해서는 사회구성원이 민주적이어야 하는데 이렇게 사회구성원을 민주시민으로 육성하는 역할을 담당하는 것이 생활지도이다. 따라서 생활지도는 개인으로 하여금 건전한 민주시민으로서 성장 · 발달할 수 있도록 모든 경험을 마련하는 데 목표를 두어야 한다.

또한 모든 교육활동은 효과성을 고려한다. 생활지도도 예외일 수는 없다. 그러므로 효과적인 생활지도를 하기 위해서 목표나 프로그램의 적용이 합리적이어야 한

다. 합리성을 추구하기 위해서는 기본 원리의 이해가 선행되어야 한다. 기본적인 원리에 의해서 구체적인 프로그램을 실행할 수 있기 때문이다. 생활지도에 있어서도 기본 원리가 고려되어야 한다.

표 9.1 생활지도의 기본원리

(1) 모든 학생을 대상으로 전인적 발달에 초점을 둔다.
(2) 치료나 교정보다는 예방에 역점을 둔다.
(3) 학생 개개인의 가치와 존엄성을 인정하고 개성발달에 역점을 둔다.
(4) 처벌보다는 선도와 지도에 역점을 두어 성장을 촉진한다.
(5) 참되고 진정한 사랑에 기초하여 학생과 상호 협력하는 가운데 이루어지는 지도를 중시한다.
(6) 학교교육 계획과 통합된 부분으로 과학적 방법에 기초한 연구와 판단에 근거하여 학생, 학부모, 학교의 요구와 환경적 특수성을 고려한 특성 있는 프로그램을 개발한다.
(7) 자아발견과 자기발전 및 자율적 지도능력을 기본으로 하여 스스로 결정하고 계획을 세우는 학생 개개인의 권리와 능력을 인정하고 존중하며 실제로 그와 같은 경험을 할 수 있는 기회를 부여한다.
(8) 학교교육과 생활지도는 불가분의 관계에 있으므로 전체교사는 물론 학부모들과 지역사회의 인사들도 생활지도에 대한 이해로 지지하고 협력할 수 있도록 해야 한다.

2. 생활지도의 필요성

과도기적 특성을 지니고 있는 청소년은 청소년기에서 반드시 성취해야 할 발달과업이 있다. 발달과업이란 개인이 환경에 적응하기 위하여 요구되는 기술이나 능력으로서 만약 한 단계에서 발달과업의 성취가 만족스럽지 못하면 그 단계에서 성공적으로 적응하지 못할 뿐 아니라 다음 단계의 발달도 지장을 받는다. 이러한 발달과업은 자동적으로 성취되는 것이 아니다. 성취하기 위하여 노력을 해야 하며, 노력을 하는 과정 중에 실수나 실패로 인한 열등의식이나 좌절감 등을 경험하기 마련이다. 생활지도는 청소년들로 하여금 열등감이나 좌절감을 극복하여 건강하게 성장 · 발달할 수 있도록 도와 주기 위해 필요하다. 생활지도의 필요성에 대해 구체적으로 살펴보면 다음과 같다.

첫째, 생활지도는 신체발달적 측면에서 필요하다.

청소년기는 아동기와 성인기 사이라고 볼 수 있고, 가장 큰 특징은 급격한 신체적 및 생리적 변화로 인한 성장급등의 현상이다. 특히 신장과 체중이 급격하게 증가하게 되고, 성호르몬의 분비로 인하여 제2차 성징이 발달하게 된다. 그런데 이러한 신체적 및 성적 변화와 발달은 정신적 · 심리적 변화를 수반하게 되는데, 급속한 신체적 · 생리적 변화에 적응하지 못하면 여러 가지 정신적인 장애를 가져올 수도 있다. 특히 성장속도가 빠를수록, 급격한 성적 발달이 있을수록, 또 준비된 지식이나 태도가 없을수록 심리적인 영향이 크다. 또 자기 스스로나 가족 · 사회가 기대했던 성장 수준과 실제 자신의 성장 수준에 차이가 많을 때도 심리적인 압력을 받아 여러 행동의 장애를 가져올 수도 있다. 청소년기에 나타나는 급격한 신체변화를 정확히 이해하며 적응할 수 있도록 하기 위한 생활지도가 필요하다.

둘째, 생활지도는 정신건강 측면에서 필요하다.

청소년기는 흔히 심리적 격동기, 질풍노도의 시기로 표현되고 있듯이, 정서적으로 불안정하고 내적 갈등이 많은 시기로 알려져 있다. 청소년기는 신체적으로, 심리적으로, 그리고 사회적으로 큰 변화가 동시에 일어나게 됨으로써 이에 적응하는 능력이 크게 중요해지며, 정신적인 스트레스 또한 높아지게 된다. 이로 인하여 삶에 대한 우울과 불안, 식욕감퇴, 불면, 사고력과 집중력의 감퇴, 죄책감 등의 심한 정서적 혼란과 심리적 고통은 죽음을 연상하게 하여 자살로 연결되는 경우가 있다. 청소년기에 일시적인 정서 불안정 상태를 경험하는 것은 흔히 보는 일이지만 비교적 심각한 적응의 문제를 보이는 경우 중 상당수는 성인이 되어서도 지속적으로 정신건강의 어려움을 보이게 된다. 따라서 청소년기의 적응문제들을 무조건 흔히 있을 수는 있는 일시적 현상으로 가볍게 보고 넘기는 것을 조심해야 하고, 청소년이 건강한 정신을 소유할 수 있도록 지도와 조언을 하기 위해 생활지도가 필요하다.

셋째, 생활지도는 가정의 측면에서 필요하다.

현대사회는 가족의 구조와 기능이 변화됨으로써 여러 가지 문제를 지니게 되었다. 특히 대가족에서 핵가족으로 가족 형태가 변모함으로써 가족관 및 도덕관의 변동으로 인하여 가족간의 관계가 단조롭게 되고, 고립화되고, 나아가 소외감을 갖거나 정서적 안정감을 잃게 된다는 점이다. 또한 핵가족은 대가족에 비하여 자녀 수가 적어 부모의 관심과 보호가 지나쳐 자녀들을 자신의 보상심리에 따라 덕육이

나 정서교육이 결여된 채 무리하게 입시 준비만 시킴으로써 심리적 부적응 현상과 청소년에게 부정적인 영향이 많다. 과잉보호는 의존성, 심약성, 비타협을, 그리고 지나친 기대는 탈선과 비행을 가져오기도 한다. 그 밖에도 배우자의 사망, 이혼, 불법출산, 별거, 부모 가출 등 결손가정은 청소년으로 하여금 극도의 열등감과 소외감 또는 반항심을 유발하여 청소년비행을 촉발시키기도 한다. 그러므로 생활지도는 가정환경에서 유래될 수 있는 청소년문제를 예방하며 치료하기 위해서 필요하다.

넷째, 생활지도는 학교의 측면에서 필요하다.

사회변동 과정에서 학교의 성격과 기능이 크게 변화하여, 학교가 점차 대중화 · 형식화 · 관료화되었고 학교의 본질적 기능보다 부차적 기능이 강조되었다. 특히 입시 위주 교육풍토는 오늘날의 학교교육 병리를 생성시키는 주요인이 되고 있다. 학교의 병리적 현상은 결국 청소년 사이에서 왕따 및 따돌림 문제, 학교 중도탈락, 학교공포증, 일탈 및 반사회적 행동의 문제를 야기시키고 있어, 이러한 현상을 해결하고, 청소년들을 이해하는데 있어서 생활지도가 필요하다.

다섯째, 생활지도는 국가적 측면에서 필요하다.

민주주의를 기본 가치로 신봉하는 국가는 적재적소에 알맞은 유능한 인간을 육성하고 교육법 제1조에서 제시하는 바와 같이 '홍익인간'의 이념 구현에 있다. 또한 교육개혁심의회에서 주창하는 바 창조적인 인간, 도덕적 인간, 협동적 인간을 육성하는 것을 목표로 하고 있다. 여기서 생활지도가 기여하는 과업은 잠재 능력의 함양, 문제의 해결, 자기지도, 자아실현의 인간 육성이 이룩되도록 노력하는 과정이다. 한편 범국가적인 차원에서 생활지도가 요구되는 것은 부정과 비리, 건전한 가치관의 확립, 도덕적 실추의 회복, 현명한 선택과 적응을 위한 지도, 문제해결 능력, 행복한 삶의 추구, 자기실현의 인간 육성으로 국가의 동량을 양성하는 역할을 충분히 수행할 수 있게 될 것이다. 국가적 차원에서 생활지도가 필요함을 제시하는 것은 우리 국민 모두가 올바른 생활지도가 정착화됨으로써 가정생활, 학교생활, 나아가 건전하게 사회의 일원으로서 충실한 인생을 누리기 위해 직업생활에서 원만하게 적응할 수 있고 선택에 대한 판단과 행복한 삶의 추구면에서 기여하고 있기 때문이다(김충기, 1996).

3. 생활지도의 내용과 방법

학교교육에서는 주로 교과교육에만 치중하고 성적의 좋고 나쁨에 따라 개인적 능력을 평가하는 획일적인 방법은 이제 그 기능을 점점 상실해 가고 있다. 교육은 어디까지나 교과지도와 생활지도가 포함되는 전체 교육프로그램이 이루어져야 한다. 전인교육이란 바로 원만한 인격과 능력의 소유자로서 개인의 잠재가능성을 적재적소에서 발휘할 수 있고 교양 있는 인격체로서 그 구실을 다해야 한다. 종래의 학교에서의 생활지도는 개인의 성적, 품행에만 중점을 두어 왔는데, 이제는 그 범위를 벗어나 아동 및 학교 생활 전반에 걸친 지도가 필요하게 된 것이다. 즉, 학교에 있어서 생활지도는 종래 개인의 학업성적이나 품행에만 중점을 두어 왔는데, 학생들의 생활경험은 그러한 영역에만 국한된 것이 아니라는 이론을 전제로 하여 오히려 학생생활 전반에 걸친 지도가 필요하게 된 것이다.

생활지도는 직업지도의 필요에 의해서 출발했기 때문에 처음에는 직업지도를 의미하는 것으로서 이해했으며, 이 직업지도를 시초로 하여 여러 가지 영역이 포함되어 발전되어 왔다. 이러한 영역은 학자에 따라서 견해를 달리하고 있지만 일반적으로 그 중요영역은 교육지도, 직업지도, 인성(정서)지도, 사회성지도, 가정지도, 건강지도, 여가선용 지도 등을 들 수 있다. 이를 간단하게 살펴보면 다음과 같다.

교육지도(educational guidance)란 신입생을 위한 안내, 교육정보 제공, 학업부진아 지도, 학습방법 지도, 독서지도 등 학업과 관련된 여러 활동과 관련된 지도를 의미한다. 진로지도(vocational guidance)는 학생들이 장래 진로에 대해 탐색해 보고 또 준비를 할 수 있도록 돕기 위한 지도로서, 직업적성지도, 진학지도, 직업선택과 정보제공, 직업알선 및 추수지도 등을 포함한다. 성격지도(character guidance)는 학생들이 건강하게 학교생활과 사회에 잘 적응할 수 있는 성격을 형성하고 발달시켜 갈 수 있도록 각종 성격문제, 정서불안, 적성과 적응문제 등을 지도하며, 욕구불만의 진단과 해석, 습관 교정 등 심리적 장애의 진단과 치료 및 정서교육 등을 실시하는 것을 의미한다. 건강지도(health guidance)는 학생들의 신체적 · 정신적 건강과 관련된 지도로 각종 보건활동 프로그램을 실시하며, 신체적 결함, 운동부족, 영향상태, 위

생관념 등의 문제들을 지도한다. 사회성지도(social guidance)는 가정과 학교 및 사회에서 건강하고 유익한 구성원으로서 생활해 나가도록 돕는 활동이다. 교우관계, 이성관계, 가족관계, 기타 사회나 타인과의 관계에서 발생하는 여러 문제를 지도하며, 이들 대인관계에 있어서 합리적으로 의사를 전달하도록 돕는다. 여가지도(leisure time guidance)는 과학기술이 발달하면서 복잡한 사회경제적 여건 속에서 발생하는 문제는 여가시간을 효과적으로 사용하지 못함에서 오는 요인과도 연관된다. 또한 개인이 자유로운 시간을 얼마나 의미 있게 활용하는가에 따라 심신을 향상시키며 인생을 풍부하게 할 수 있다. 따라서 학교는 각종 취미생활과 오락 활동, 놀이 및 여가시간 활동에 관한 개인별 및 집단별 지도를 함으로써 학생들이 건전하고 창의적인 여가활동에 대한 탐색적 경험을 할 수 있도록 돕는 활동을 의미한다.

한편, 생활지도의 주요 활동은 학생이해활동, 진로정보제공활동, 상담활동, 정치활동, 그리고 추수활동으로 구성된다. 학생조사활동(student inventory service)이란 학생들을 정확하게 이해하는데 필요한 자료수집 활동으로, 지능검사, 적성검사, 학력검사, 흥미검사, 성격검사, 진로검사 및 관찰, 면접, 사례연구 등을 통하여 학생들의 인적 사항을 파악하는 활동이다. 특히, 표준화 학력검사는 학생들의 학업성취도를 파악하여 진학지도나 진로지도에 활용하는 자료가 된다. 그 외에 다른 인성검사는 학생들의 요구나 학부모들의 요청에 따라 실시하고 그 결과를 통하여 학생들의 장점과 단점을 인식하도록 도울 수 있다.

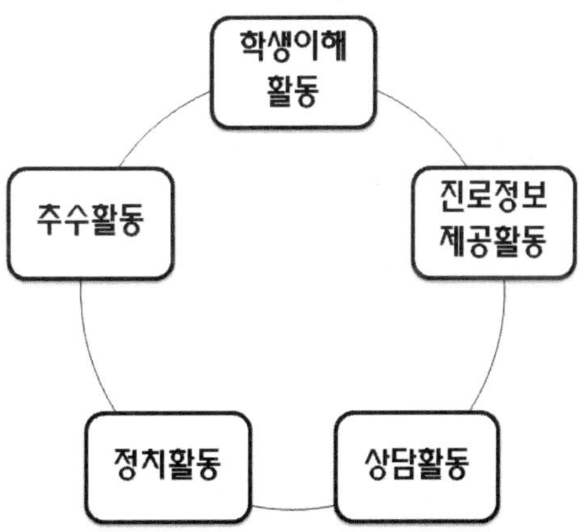

[그림 9.1] 생활지도의 활동방법

진로정보제공활동(career information service)이란 학생들이 필요로 하는 각종 교육·직업정보 및 자료를 수집, 정리, 제공하는 활동으로, 학교규칙, 교육과정, 기타 학교활동 및 프로그램, 각종 직업에 관한 업무와 조건, 장래 전망, 신체 및 정신건강에 관한 정보, 종교 및 이데올로기에 관한 정보 등을 제공하는 활동이다. 진로정보를 제공할 때 지역사회와 긴밀한 협조를 이루어 실시할 필요가 있다. 지역사회의 직업종사자들을 초빙하거나 학부모들 중에서 학생들이 관심을 갖는 직업에 종사하는 인사들을 초빙하여 그들이 하는 일을 모범으로 보여주는 기회를 갖는 것이 바람직하다. 특별활동이나 예체능 시간을 이용하여 지역에서 열리는 각종 예술행사나 지역사회의 문화탐방으로 견문을 넓히는 기회를 가질 수 있다.

상담활동(counseling service)이란 생활지도의 구체적인 방법으로서 학생들 각자가 자신이 지닌 문제를 자율적으로 해결할 수 있도록 돕는 활동으로, 학생조사 활동과 정보활동에서 얻은 자료를 바탕으로 이루어진다. 상담활동은 개인상담과 집단상담으로 구분할 수 있는데 현대의 지방화 시대에 학교생활지도는 집단활동을 강조하는 경향이 있다. 이 부분은 뒤에 가서 좀 더 자세히 살펴보고자 한다.

정치활동(placement service)이란 상급 학교와 학과선택, 특별활동, 홈룸활동, 동아리 활동, 부서 선택 등을 돕는 활동 뿐만 아니라 직업선택이나 부직 알선과 같은 활동 등이 포함된다. 전체 교직원 및 지역사회 인사와의 상호협력을 통한 지도가 필요하다.

추수지도활동(follow-up service)이란 학생조사 활동, 진로정보제공 활동, 상담활동, 정치활동의 종결과정으로 학생들이 가정과 학교 생활, 특별활동 및 사회생활, 그리고 직업생활 등에서의 적응상태를 점검하고 조력하는 지도활동이다. 서신연락, 전화문의, 동창회 활동 등을 통하여 재학생 뿐만 아니라 중도탈락자 및 졸업생에 대한 지도도 요청된다.

4. 생활지도의 전문화

현대사회에서 학생들이 성취해야 할 발달과업과 발달과정에서 직면하는 문제는 그 어느 때보다도 생활지도의 중요성과 필요성을 느끼게 한다. 그러나 학생들의 성장과 발달을 도와 학생들의 자아실현에 도움을 줄 수 있는 계획적이고 체계적인

생활지도 프로그램을 효율적으로 실시하기에는 아직도 미흡한 점이 많다. 특히 상담교사의 책임 아래 학생, 학부모, 일반교사, 교감 및 교장의 협력으로 학교의 실정에 적합한 종합적인 생활지도 프로그램을 만들어 학생지도를 할 수 있는 여건이 이루어져야 함에도 불구하고 우리의 학교현실은 아직 미흡한 실정에 있다.

생활지도의 주요기능이 학생들의 학업과 학교생활을 학교환경과 교육과정에 잘 적응하며 동시에 시민적 자질을 기르고 자신에게 적합한 진로를 선택할 수 있도록 돕는 것이라고 한다면, 이제는 상담교사의 책임 아래 보다 계획적이고 목표 지향적이며, 전체교사의 참여와 협조로 이루어지는 종합적인 생활지도 프로그램 방식으로 운영되어야 한다.

생활지도가 종합적인 프로그램 방식으로 운영되기 위해서는 다음과 같은 상담시설을 갖추어야 한다.

첫째, 학생들을 올바로 이해하기 위해 심리검사, 개인면접과 상담, 집단상담 등을 할 수 있는 심리검사실, 개인상담실, 집단상담실 등이 마련되어야 한다. 집단상담실은 약 5명에서 20명 정도로 구성된 집단구성원들이 집단상담을 할 수 있는 곳이어야 한다. 심리검사나 상담실은 언어적으로나 시각적으로 다른 사람들에 노출되지 않은 비밀보장이 확보된 장소에 위치해 있어야 한다. 바람직한 상담실의 조건과 시설에 대하여 Schmidt(1991)는 다음과 같은 시설을 확보할 것을 제안한다(표 9.2 참조).

표 9.2 학생상담을 위한 시설점검표

예	아니오	
______	______	크고 작은 집단활동을 위한 공간
______	______	상담실은 비밀이 보장되는가?
______	______	기다리며 자료를 검토할 수 있는 공간
______	______	교육/직업 관련 자료를 전시할 공간
______	______	상담자의 개인 전화
______	______	도구, 장난감, 자료를 보관할 장소
______	______	정보를 수집하고 자료를 검색할 수 있는 컴퓨터
______	______	교사가 상담활동을 방해하지 않으면서 학생에 관한 자료를 볼 수 있게 상담기록을 보관하는 안전한 공간

둘째, 학생들을 지도하는데 필요한 정보를 체계적으로 보관할 수 있는 자료실과 면접대기실이 있어야 한다. 생활지도가 학생들로 하여금 학교와 가정 그리고 지역사회에 가장 잘 적응하기 위하여 자기 자신을 이해하고, 자신의 지침 혹은 자신의 진로방향을 가지고 스스로 결정을 내리는 능력을 함양하도록 돕는 과정이라는 관점에서 볼 때, 지역사회의 각종 정보와 학생들 자신의 이해를 돕는 각종 심리검사 등의 자료준비는 중요하다. 신입생을 위한 안내, 교육정보 제공, 학업부진 학생들을 위한 특별지도, 학습방법지도, 독서지도 등 교육지도와 학생들이 장래 진로에 대해 탐색해 보고 또 준비를 할 수 있는 진로지도용 자료가 효율적으로 활용될 수 있도록 체계적으로 비치되어 있어야 한다. 또한, 학생들이 건강하게 학교생활과 사회에 잘 적응할 수 있는 성격을 형성, 발달시켜 갈 수 있도록 각종 성격문제, 정서불안, 적성과 적응문제 등을 지도하며, 욕구불만의 진단과 해석, 습관 교정, 기타 심리적 장애의 진단과 치료 및 정서교육 등을 실시할 수 있는 자료도 준비되어 있어야 한다.

셋째, 학교생활지도는 궁극적으로 학생들을 사회의 일원으로서 건강한 성격과 원만한 대인관계를 통해 개인이 지닌 자질과 역량을 발휘하게 하여 민주시민으로서 그 사회에 기여할 수 있도록 돕는 활동이라는 관점에서 볼 때, 지역사회와 밀접한 협조로 이루어져야 한다. 특히 학교생활지도는 지방의 특성과 자료와 각종 시설을 충분히 활용할 수 있어야 하므로 생활지도의 프로그램 개발과 실시에 지역사회와 협조해야 한다.

하지만 현재 많은 학교들이 학생생활지도에 필요한 시설과 자료를 학교 내에 갖추고 있지만 제대로 활용되지 않은 학교가 많다. 그 까닭은 생활지도를 운영할 상담교사를 두고 있지 않거나, 비록 상담교사가 임명되어 있다 하여도 형식적으로 직책만 주어진 채 수업이나 다른 업무에 쫓겨 생활지도에 전념할 여건과 생활지도 능력이 미흡하기 때문이다.

생활지도가 전체 교사들이 협력하여 함께 하여야 하는 일이라 하더라도, 학교의 생활지도를 책임지고 전담해야 할 상담교사는 있어야 한다. 생활지도는 주로 상담을 통하여 이루어지므로 상담교사가 그 책무를 맡는다. 학교의 생활지도 프로그램을 계획하고 실행하는 상담교사의 임무는 다른 교사들과 같이 수업을 담당하며 함께 하기엔 너무 전문적인 지식이 필요하고 과중한 업무이다. 그러므로 종합적인

생활지도 프로그램을 만들어 상담실을 운영하며 보다 체계적이고 지속적으로 전문수준에서 생활지도가 이루어질 수 있도록 상담교사의 전문 활동이 보장되어야 한다.

학교생활지도의 성패는 학생들과 교사들과 학부모들의 요구에 기초한 상담교사의 종합적인 생활지도 프로그램의 개발과 그 운영능력에 좌우된다. 그러므로 상담교사가 상담전문가로서의 능력과 기량을 함양하고 발휘할 수 있도록 교육과 훈련을 받을 기회와 생활지도를 효율적으로 할 수 있는 여건을 갖추어야 한다. 학생수에 따라 학년별 상담교사를 두는 것이 바람직하다. 가령 1학년을 맡은 상담교사는 그 1학년 학생들이 졸업할 때까지 지속적으로 책임을 지고 지도와 상담을 하는 것이 학생 이해의 측면에서 도움이 될 수 있다. 학생상담에 전력을 기울이기 위하여 상담교사는 수업을 맡지 않아야 하지만, 전체 학생들과 교실에서 학생생활의 전반에 대하여 지도하고 상담실활동을 소개할 수 있도록 정기적인 최소한의 수업시간을 갖는 것은 필요하다.

학교에서 빈번히 이루어지는 교직원회의도 가급적 교사들의 업무중심에서 탈피하여 동일학생들의 교과지도를 담당하거나 생활지도를 담당하는 교사들을 한 팀으로 하는 학생지도 중심의 회의가 되도록 운영하는 것이 바람직하다. 그러나 일탈학생의 훈육이나 처벌과 같은 특별지도 대상학생들의 생활지도와 상담은 상담교사에게만 일임하는 것이 바람직하다. 이와 같은 지도체제에서 일반교사들은 학생들과 보다 나은 관계를 형성하고 유지할 수 있으며, 특별지도 대상학생들을 보다 전문적인 방법으로 지도하고 도와줄 수 있다. 학교생활지도 프로그램과 그 운영에 대한 상담교사의 역할에 대하여 Schmidt는 예시를 통해 다음과 같이 제안하고 있다(표 9.3 참조).

표 9.3 생활지도프로그램과 상담교사의 역할

생활지도 프로그램은 학생, 부모, 그리고 교사들이 긍정적인 학습 경험을 할 수 있도록 마련한다. 프로그램은 개인상담과 집단상담, 부모와 교사의 면담, 집단지도, 정보제공, 지역 내의 다른 프로그램과 서비스에 대한 소개, 그리고 심리검사 등의 다양한 서비스 활동을 포함한다.

상담교사는 생활지도운영위원회와 교감과 교장의 후원 아래 상담프로그램을 계획하고 전개

> 하고 평가하는 일을 한다. 상담교사의 첫째 임무는 학생들에게 직접적인 도움을 주는 것이다. 따라서 상담교사는 학생들을 직접 돕기 위하여 대부분의 시간을 보낸다. 부모와 교사의 면담은 대체로 수업 시작하기 전이나 수업 후의 시간에 행해진다.
>
> 상담교사는 인간발달, 학습이론, 상담, 시험과 측정, 직업계발, 학생조사 등을 담당하는 상담 전문가이다. 상담교사와의 면담이나 상담 신청은 전화나 편지로 약속 시간을 정할 수 있다.

또한 생활지도는 학교교육의 중심활동이기 때문에 상담교사만의 역량으로 이루어지기엔 너무 중요한 학생지도 활동이다. 전체교사들의 협조 여부가 학교생활지도의 성패를 가늠할 중요한 요인이기 때문에 학년별 생활지도 담당교사들을 중심으로 운영위원회를 구성하여 중요한 사항은 운영위원회를 거쳐 결정하는 것이 바람직하다. 운영위원으로 교감이나 교장, 학부모 대표, 지역사회의 교육관련 인사, 그리고 학생대표를 참여시키는 것이 바람직하다. 학교생활지도는 궁극적으로 학생들을 사회의 일원으로서 건강한 성격과 원만한 대인관계를 통해 개인이 지닌 자질과 역량을 발휘하게 하여 자아실현을 이루게 함은 물론 민주시민으로서 그 사회에 기여할 수 있도록 돕는 활동이라는 관점에서 볼 때, 지역사회와도 밀접한 협조로 이루어질 수 있도록 노력해야 한다.

제2절 상담의 이해

1. 상담의 개념과 목표

생활지도가 학생들의 일상생활에서 부적응의 요소를 미리 발견하고 예방하는 가운데 정상적인 성장과 발달을 지원하는 목적으로 이루어진다면, 상담은 학생들의 성장과 발달이 이미 어떤 요인에 의하여 저해되고 있는 상황에서 학생들이 스스로 자신의 문제를 파악하고 해결하도록 돕기 위하여 이루어진다. 상담이란 구체적으로 무엇을 의미하는가? 이 질문에 대한 답은 이론에 따라서는 물론이고 분야에 따라서 심지어 사람에 따라서도 크게 달라진다. 그 동안 수많은 학자들이 상담의

개념을 정의하기 위해서 많은 노력들을 해왔지만 상담의 개념을 어떻게 정의하느냐 하는 것은 그렇게 쉬운 문제가 아니었다. 왜냐하면 상담의 이론에 따라 상담을 규정하는 개념이 다르기 때문이다. 하지만 많은 학자들이 각각 정의 내려온 상담의 개념을 분석하면 다음과 같은 특징들을 내포하고 있다.

첫째, 공통적으로 강조되는 것은 상담은 개인 대 개인 관계(person-to-person relations), 즉 상담자와 내담자가 얼굴을 맞대고 대화하는 대면관계(face-to-face relations)로서 상담자가 내담자 속에 들어가는 개인 속의 개인 관계(person-in-person relations)이다. 즉, 상담은 인간관계인 것이다. 상담관계는 가족관계 또는 부부관계보다 더 밀도 있고 창조적인 관계이다. 상담의 전체과정은 진정한 인간관계의 과정이며 이 관계의 과정을 통하여 새로운 세계를 통찰하고 삶의 의미를 발견하며 앞으로 가져야 할 방향의식을 배우게 된다. 상담이 성공하기 위해서 상담자와 내담자가 효과적인 관계를 형성하려면 공감적 이해, 무조건적 긍정적 존중, 진실성 등이 필요하다. 공감적 이해(empathy understanding)란 상담자가 내담자가 되는 것이다. 상담자가 가지고 있는 시각과 틀로서 내담자를 바라보는 것이 아니라, 진정으로 내담자의 입장에서 바라보는 것이다. 즉 내담자의 입장이 되어 그의 의사결정 문제, 불안, 좌절, 환경적 압력 등을 이해해야 한다. 무조건적 긍정적 존중(unconditional positive regard)이란 내담자의 신념이나 행동 및 태도에 대하여 조건없이 긍정적으로 바라보는 것이다. 마치 부모가 자녀를 사랑하는 것과 마찬가지라고 볼 수 있다. 마지막으로 진실성(genuineness)이란 상담자가 내담자와의 관계에서 그 순간순간에 느끼는 경험에 솔직해야 함을 말한다. 상담자와 내담자가 관계를 잘 형성해야 만이 그 상담은 성공이라고 볼 수 있기 때문에, 상담자는 내담자와 관계를 형성할 때 기본적으로 공감적 이해, 무조건적 긍정적 존중 그리고 진실성을 기본적으로 갖추고 있어야 한다.

둘째, 상담은 언어적 수단에 의한 역동적인 상호작용이다. 상담자와 내담자가 얼굴을 마주 대해 직접 말로써 하는 음성적 커뮤니케이션(verbal communication)뿐만 아니라 얼굴표정, 몸짓 등의 신체언어(body communication)를 포함한다. 이 커뮤니케이션은 상담자가 일방적으로 주는 작용이 아니라 서로 공동 목표를 향해 동등하게 참가하는 상호 협력적인 상호작용이다.

셋째, 상담은 전문적인 조력(professional aid)이다. 상담이란 단순히 지시나 충고

또는 조언을 주는 것이 아니다. 역동적인 상호작용의 과정이므로 상담자는 전문가이다. 전문가로서의 상담은 먼저 인간과 상호간의 관계에 대한 심리의 깊은 이론적 이해를 가져야 한다. 또한 경험적 측면에서 일정한 훈련과정을 거쳐 이론에 대한 응용 능력을 갖추어야 한다. 때문에 상담자는 부단히 전문적 소양을 쌓아야 한다. 초등학교와 중등학교의 전문상담교사 양성은 1999년부터 이론적 측면에서 9개 전공교과 18학점의 270시간 이상의 이수, 그리고 경험적 측면에서 20시간 이상의 전문적 훈련과 2편 이상의 사례연구를 자격요건으로 한다. 이것은 과거 교도교사 양성에서 교양, 교직 및 전공교과를 포함하여 180시간의 이론적 이수만을 자격요건으로 한 것에 비하여 훨씬 강화된 것이다.

넷째, 상담의 궁극적 목적은 내담자의 자기 성장이다. 상담은 내담자가 지닌 생활과제의 해결과 더불어 내담자의 사고, 행동, 감정 등의 제반측면에서 인간적 성장을 추구한다. 그러나 상담의 구체적 목표는 내담자가 지닌 문제에 따라서 다양하게 설정될 수 있으며 흔히 내담자와 상담자의 합의에 의해 정해지는 경우가 많다.

지금까지 여러 학자들이 정의한 상담의 개념을 4가지의 특성으로 구분하여 살펴보았는데, 이 4가지의 구성요소를 포함시켜 상담의 개념을 살펴보면, '상담이란 도움을 필요로 하는 사람(내담자)이 전문적 훈련을 받은 사람(상담자)과의 대면관계에서 촉진적 의사소통을 매개로 하여 내담자가 지닌 생활과제상의 문제를 해결하면서, 내담자 스스로 자신의 사고, 행동 및 감정측면의 인간적 성장을 위해 조력해 주는 과정이다'라고 설명할 수 있다.

한편, 상담의 목표는 무엇에 두느냐 하는 것은 내용이나 방법, 또는 이론이나 분야에 따라 큰 차이가 있지만 여기에서는 상담의 목표를 그것이 지니고 있는 특징에 따라 소극적인 것과 적극적인 것으로 나누어 본다. 대체적으로 소극적 목표는 제거하거나 감소시킴으로써 달성될 수 있는 것이고, 적극적인 목표는 새롭게 형성하거나 증가시킴으로써 달성될 수 있는 것이라 할 수 있다. 상담의 소극적 목표에는 내담자의 문제해결, 새롭고 낯선 상황에 대한 적응, 상처 난 것에 대한 치료, 발달과정에서 예측할 수 있는 문제의 예방, 그리고 인간과 인간 사이에서 발생하는 갈등해소 등이다. 상담의 적극적 목표에는 긍정적 행동의 변화, 합리적 의사결정, 전인적 발달 그리고 긍정적 자아존중감의 형성 등이 있다.

2. 상담의 기본 원리

상담이 개인이 가진 문제를 해결하고 적응활동을 증진시킴으로써 건전한 자아형성을 통한 성장을 돕는 것이기 때문에, 전문적 소양을 가진 상담자가 상담을 전개할 때에는 반드시 일정한 원리에 바탕을 두어야 한다.

첫째, 개별화의 원리(individulization)이다.

개별화는 내담자의 독특한 성질을 알고 이해하는 일이며, 적응을 잘 할 수 있도록 각 개인을 원조함에 있어서 상이한 원리나 방법을 활용하는 것이다. 따라서 개별화란 인간을 개별적 차이를 지닌 특정한 인간으로서 취급해야 한다는 것이므로 소위 내담자의 권리와 욕구로서의 개별화라고 표현함이 더 실감을 갖게 된다. 인간은 개인차가 있으므로 개인의 욕구충족에 따르는 행동의 권리를 갖고 의무를 다하는 개인을 존중하는 데 의미가 있다. 상담자는 개인의 개성과 개인차를 인정하는 범위 내에서 상담이 전개되어야 한나.

둘째, 의도적 감정표현의 원리(purposeful expression of feelings)이다.

의도적 감정표현은 내담자가 그의 감정, 특히 부정적 감정을 자유롭게 표현하려는 그의 욕구에 대한 인식이다. 즉, 사람은 누구나 정당하고 잘한 일에 대하여 떳떳하게 표현할 수 있는 의사표현의 자유도 있지만 반대로 자기감정, 즉 부정적 감정을 표현할 수 있는 자유도 있다는 것이다. 특히, 상담자는 내담자가 가지고 있는 감정을 자유롭게 의도적인 표현을 보장받도록 온화한 분위기를 조성해 주어야 한다. 또한 내담자의 감정표현을 비난하거나 낙심시켜서는 안 될 것이며, 인내로써 경청하도록 해야 할 것이며, 내담자가 자기표현을 유감없이 발휘할 수 있도록 상담자는 최선의 노력으로 감정표현에 민감해야 한다.

셋째, 수용의 원리(acceptance)이다.

상담자는 내담자에게 따뜻하고 명랑하며 친절하면서 수용적이어야 한다. 내담자를 하나의 인격체로서 존중하고 말로나 행동으로 특히, 비언어적 단서인 얼굴 표정에 잘 전달하여야 한다. 상담자는 내담자의 의견에 동의하지 못할 경우에는 동의하지 않는다는 사실을 분명히 전달하되, 그 표현이나 자세는 어디까지나 온화해야 한다. 상담자가 권위적이거나 강압적인 자세를 하면 상담관계는 깨어지고 만다. 따라서 내담자 중심으로 그들의 진정한 욕구와 권리를 존중하며 감정이나 태도를 적극적으로 이해할 수 있어야 한다.

넷째, 비심판적 태도의 원리(non judgemental attitude)이다.

비심판적 태도란 내담자의 문제에 대해서 '자네가 유죄이다', '무죄이다', '자네가 책임져야 한다'는 식의 말이나 행동을 삼가야 한다는 뜻이다. 내담자는 자기의 잘못이나 문제에 대하여 결과를 나무라거나 책임을 추궁하거나 잘못을 질책하는 것을 두려워한다. 그들은 죄책감, 열등감, 불만감, 고독감 등을 가지고 있기 때문에 타인의 비판에 예민하여 그들 자신을 방어하여 안전을 추구하려고 하는 것은 당연한 일이다. 따라서 상담자는 객관적으로 그의 행동 · 태도 · 가치관 등을 평가하여야 하며, 어떠한 문제에 대하여 유죄이다, 무죄이다, 책임져야 한다, 나쁘다는 등의 과격한 언어로 다루어서는 안 된다.

다섯째, 자기결정의 원리(self determination)이다.

상담과정에 있어서 상담자는 '자기 스스로 자기가 나아갈 방향을 결정하고 선택하려는 내담자의 결정'을 존중하며, 그 같은 욕구를 결정할 수 있는 잠재적 힘을 자극하여 활동하게 할 수 있도록 지도해야 한다. 그러나 내담자가 자기결정과 선택의 자유 · 권리 · 욕구가 있다고 해서 무조건적으로 도와 주자는 것은 아니다. 그들의 그 같은 자기결정의 권리 · 욕구 등은 내담자의 능력이나 법률 및 도덕적 규범, 사회기관 내에서만 이루어질 수 있다는 한계를 벗어나서는 안 된다.

여섯째, 비밀보장의 원리(confidentiality)이다.

상담과정 중 가장 중요하게 명심해야 할 사실은 상담자가 내담자와의 대화의 내용을 아무에게나 이야기하는 습관을 버리고 반드시 비밀을 지켜야 한다. 상담은 본질적으로 내담자가 상담자를 신뢰하고 믿는 데에서 이루어진다. 따라서 어떠한 경우에 놓여 있는 문제라도 개인의 명예훼손이나 누를 끼치는 일을 이야기해서는 안 된다. 즉 상담자는 비밀을 지켜줄 윤리적 의무가 있는 것이다. 상담자의 윤리 가운데 가장 주요한 것은 무조건 내담자의 비밀을 보장하는 것이다.

3. 상담의 과정과 상담자의 역할

상담은 상담자와 내담자가 만나기 시작해서 종결될 때까지 여러 번의 면접을 거치는 하나의 과정이다. 때로는 한두 번의 면접으로 내담자의 관심사와 문제가 해결될 수도 있겠으나, 교육기관에서의 상담만 하더라도 대체로 5~6회 이상에서 20여 회에 이르는 면접이 진행되는 것이 보통이다. 그러므로 상담 과정의 지속 시간에 따라 그 진행 과정이 달라질 수 있다. 그러나 1, 2회의 면접으로 끝나든 장기간 지속되든 그 과정을 단계적으로 구분해 볼 수 있다. 이 상담 과정의 단계는 문제의 정의에서부터 바람직한 행동의 실천에 이르는 상담자와 내담자의 공동노력의 특징들을 나누어 본 것이다. 실제 상담 과정에서는 이런 분류가 분명하지 않고 서로 중복되거나 생략되는 경우도 있다. 그러나 이렇게 단계적으로 생각하는 것이 상담 과정의 이해에 도움이 될 뿐만 아니라, 실제로 상담을 효과적으로 진행시키려는 하나의 지침이 될 수도 있는 것이다.

상담의 진행과정은 학생들이 자신의 문제가 무엇인지 올바로 이해할 수 있도록 돕는 문제규명의 단계, 학생들이 문제의 실체를 규명하면, 다음은 학생들 스스로 그 문제를 해결할 수 있는 방법을 찾고 체계적이며 구체적인 계획을 세우는 단계, 마지막으로 문제해결을 위하여 설정한 계획을 실천에 옮김으로써 문제를 해결하는 단계로 나누어 볼 수 있다. 이를 좀 더 세분하면, 첫째 단계의 문제규명을 위하여 상담자는 내담자가 자신의 문제를 적극적이며 솔직하게 털어놓고 이야기할 수 있도록 함으로써 그가 지니고 있는 문제의 실체가 무엇인지 종합적으로 분명히 규명할 수 있도록 친근감과 신뢰감을 형성해야 한다.

그러므로 문제의 규명단계는 래포 형성단계와 문제의 규명단계로 나눌 수 있다. 문제의 규명은 또 다시 그 문제를 지금까지의 내담자 관점과는 다른 시각에서 볼 수 있는 여지를 갖고 있다. 그러므로 내담자는 지금까지 인식해 온 자신의 문제를 전혀 다른 문제로도 인식할 수 있게 된다. 문제가 무엇인지 분명히 규명된 후, 상담자와 내담자는 그 문제해결을 위한 구체적이고 체계적인 계획을 마련해야 한다. 계획을 세우는 과정에서 상담자는 내담자가 점진적이고, 체계적이며, 계획에 의한 행동의 변화가 일어나 적절한 강화자극이 주어지는 가운데, 성취감을 맛볼 수 있도록 계획을 세우도록 도와야 한다. 내담자의 문제해결 과정에서 아마도 가장 중요한 것은 내담자가 자신을 위하여 계획한 목표들을 실행에 옮기는 일일 것이다. 아무리 정확히 문제를 파악하고 훌륭한 목표를 세웠다 하더라도 이를 실행에 옮기지 않으면 아무 소용이 없기 때문이다.

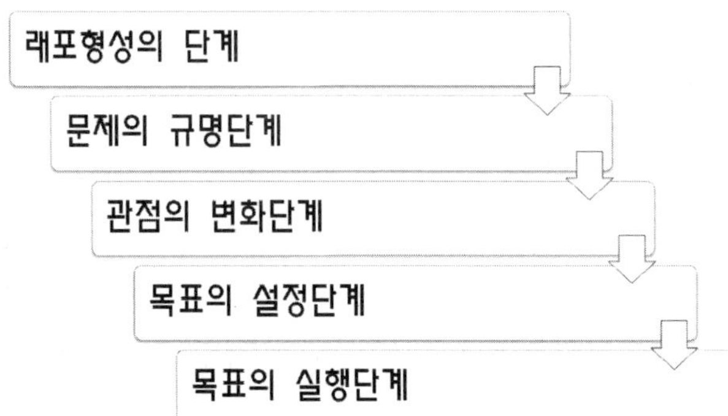

[그림 9.2] **상담의 진행과정**

1) 래포형성의 단계

교사들은 학생들을 더 많이 변화시키기 위해 노력하면 할수록 학생들은 더 많이 저항함을 경험한다. 상담자, 부모, 교사들이 학생들을 그들의 신념과 다른 쪽으로 강요하면 서로간에 힘 겨루기가 벌어지며 상황은 점점 악화된다. 상담에서 이러한 현상을 피하기 위한 방법은 학생의 입장에 대립하기보다는 협력하는 것이다.

감정이입, 온화함, 진지한 관심, 수용, 격려와 같은 상담교사의 학생을 대하는 태도와 자세는 효율적인 학생상담으로 이끈다(Lambert, 1992 ; Rogers, 1951). 효율적인 상담관계에 관한 문헌고찰에서 Patterson(1984)은 정확한 감정이입, 개성존중과 온화함, 치료적 성격을 띤 진지함 등으로 내담자를 대하는 상담관계의 중요성을 소개하고 있다. Orlinsky, Grawe, Parks(1994)는 1000개가 넘는 연구결과의 고찰을 통해 상담 과정에 내담자 참여의 수준이 상담결과에 결정적인 요인이라고 결론지었다. 내담자가 적극적이고 상호존중의 태도로 상담에 임할 때, 성공적인 상담은 이루어진다.

표 9.4 불분명할 때는 내담자에게 질문하여 확인한다

비록 상담연구자들이 상담관계에 대해 내담자들이 어떻게 생각하는지 점검하는 훌륭한 방법들을 개발했다하더라도, 가장 쉬운 방법은 내담자들에게 직접 묻는 것이다. 수업시간에 떠든 행동으로 상담교사에게 의뢰된 16세 학생인 영호와의 상담내용을 생각해 보자.

상담교사 : 이게 우리의 두 번째 만남이지? 음, 오늘 우리 얘기하기 전에, 지난번 우리가 처음 만나 얘기(상담)한 것이 너에게 어땠는지 묻고 싶구나. 내가 말한 것이 네게 도움이 되었는지, 아님 그렇게 도움이 되지 않았는지 알고 싶다.

영 호 : 괜찮았었다고 생각해요. 하지만, 가끔 선생님은 제가 첫 번째 질문에 응답하기도 전에 또 다른 질문을 하셨어요. 그리고, 선생님은 제게 무엇을 할 것인지 말씀하시기보다는 어떤 것들에 대해 제가 어떻게 생각하냐고 물으셨는데 그런건 아주 좋았어요. 전에 상담선생님은 언제나 제게 어린애들에게 하시듯이 제가 해야 할 일에 관해 말씀하셨어요. 저는 그게 아주 싫었어요.

모든 아이들이 다 그렇지는 않겠지만, 영호는 현재와 지난 과거의 상담경험에 관해 아주 솔직하게 말하고 있다. 학생들이 이러한 질문에 응답하지 않는다 하더라도, 질문 그 자체가 내담자들의 상담에 대한 생각과 평가에 상담자의 관심을 보이는 효과를 가질 수 있다.

래포를 형성하는 단계에서 상담자에 대한 내담자의 생각은 상담의 성과에 영향을 미친다. 그러므로 신속하게 래포를 형성하기 위하여 〈표 9.4〉에서 제시한 바와 같이 상담자는 상담과정과 상담에 대한 내담자의 생각을 물어보는 것이 좋다. 상담의 목표와, 중점을 두고 얘기할 주제를 결정하는데 상담자와 내담자의 상호협력은 상담을 성공으로 이끄는 주요 요인이기 때문이다(Marmar, Horowitz, Weiss, & Marziali, 1986).

래포형성의 단계에서 상담교사는 우선 학생에게 신뢰감을 줄 수 있어야 한다. 말로만 나에게 하는 모든 얘기는 비밀에 부치겠다는 상담교사의 약속은 내담자에게 공허하고 신뢰성이 없는 얘기가 될 수 있다. 특히 청소년 내담자들은 부모나 교사와 같은 기성세대에 대해 비판적이고 부정적인 관념과 태도를 가지고 저항적인 태도를 나타낼 가능성이 많으므로 상담교사는 학생들과 처음 만날 때 신중하고 민감해야 한다. 가능하면 학생들을 가르치고 훈계해야 하는 대상으로 보지 말고 자아실현을 위하여 나름대로 최선을 다하는 존엄한 존재로 인식하고 어떤 문제와 관련되어 왔을지라도 자존심을 지킬 수 있도록 학생의 인격을 존중해 주어야 한다.

학생을 대하는 상담교사의 이와 같은 진지하고 존중하는 태도는 학생에게 상담교사를 신뢰할 수 있게 만드는 중요한 요인이 된다. 학생들을 대하는 상담교사의 이러한 태도와 자세는 학생들에게 자신을 인정해 주고 이해해 주는 교사에 대한 고마움과 감격으로 존경심과 신뢰감과 친근감이 들도록 만들 수 있다.

2) 문제의 규명단계

우리의 삶이 단순하거나 간단하지 않은 만큼 삶의 과정에서 직면하는 문제도 해결하기 쉽지 않다. 문제가 무엇인지 규명한다는 의미는 내담자가 지니고 있는 문제가 무엇인지 찾아낸다기보다는 좀 더 다른 안목으로 바라볼 필요가 있다. 상담 과정에서 상담자는 내담자를 문제가 있는 열등한 사람으로 보아서는 안 되며, 내담자 역시 자신을 문제가 많은 사람으로 인식하지 않도록 도와 주어야 한다.

청소년의 문제가 부모의 지나친 교육열과 심한 경쟁 상황에서 패배의식과 열등감으로 인하여 낮은 혹은 부정적 자존감의 문제인지, 사춘기로 접어들면서 성호르몬의 변화로 인한 갈등과 이성에 대한 호기심의 문제인지, 자신의 미래에 대한 막연한 두려움과 진로 선택과 결정에 대한 문제인지, 다양해진 인간관계의 확대로 인하여 외로움, 왕따 및 따돌림 등 관계의 오류문제인지, 아니면 부모와 자녀 사이에 발생하는 양육과 관심 및 무관심의 문제인지 등 정확하게 파악하여야 한다. 이와 같이 다양한 청소년들의 문제를 규명하는 과정에서 상담교사는 지금 당장 그들이 직면하고 있는 문제 중에서 가장 중요하고 그 문제가 해결되었을 때 파급효과가 가장 큰 것부터 선택하도록 도울 필요가 있다.

내담자는 자신의 문제를 심각하게 느낄 수 있으므로 상담자는 상담에 임하는 학생의 진지한 태도와 자세에 대하여 긍정적으로 평가하고 격려해 주는 일이 중요하다. 문제해결의 효율성을 높이는 열쇠는 문제를 하나하나씩 차근차근 해결해 나가는 것이다. 문제의 규명은 '이것이 문제다' 라고 밝히기보다는 내담자 자신의 성장과 발달을 도모하기 위하여 어떤 사항들이 어떻게 해결되어야 하는지에 대한 일련의 프로그램으로 짜여질 수 있도록 이루어져야 한다.

3) 관점의 변화단계

내담자의 문제의 원인이 어디에 있든 우리는 학생들이 지시하고 명령하고 충고하고 훈계하면 그대로 따라하는 로봇과 같은 사람으로 성장하기를 원하지 않는다. 어느 정도 실수와 혼란을 경험하더라도 자기 자신이 자기의 주인으로서 주체의식을 지니고 살기를 원하므로 그런 사람이 되도록 상담자가 할 수 있는 역할은 그들과 진지하고 솔직한 대화를 나눔으로써 그들이 올바로 성장하고 발달할 수 있도록 자아성장을 돕는 역할을 하는 것이다.

상담교사는 학생들의 관점을 그들의 편에서 바라보고 이해할 수 있어야 한다. 상담교사와의 관점의 차이를 극명하게 드러냄으로써 궁극적으로 학생이 자신에게 적합한 관점을 취사선택할 수 있도록 도와야 한다. 문제해결의 주체는 상담교사가 아니라 학생임을 상기하면 상담교사의 역할은 관점의 다양성을 인식하도록 도울 뿐 자신의 관점을 강요하는 것이 아니다. 즉, 상담교사는 학생의 관점을 고치려 들며 문제를 해결하려 하기보다는 학생이 문제를 보는 시각에서 함께 보도록 노력해야 한다.

내담자와 잘못되어 가고 있는 것에서부터 잘 되어 가고 있었던 것으로 초점을 옮기며 상담자는 내담자의 조그만 성공적 경험들과 문제가 없었던 때에 대하여 묻는 것이 바람직하다. 과거 내담자의 성공적인 경험과 능력에 대화의 초점을 맞춤으로써 상담자는 내담자와의 관계요인을 강화하며 문제를 보는 관점의 변화와 문제해결을 위해 적극적인 역할을 하도록 이끈다. 상담자의 이와 같은 대화방식은 또 내담자로 하여금 항상 문제가 있는 것은 아니라는 인식을 갖게 하고, 아주 조그만 것일지라도 문제해결을 위해 이미 노력했던 것들을 다시 점검하도록 만든다.

상담교사는 학생보다 문제해결에 대한 전문적인 지식과 능력을 지니고 있다하더라도, 먼저 학생의 생각과 해결방법들을 진지하고 적극적으로 경청하고 존중하는 가운데 문제를 다른 관점에서 볼 수 있도록 도우며 새로운 관점에서 문제해결을 위한 목표를 세울 수 있도록 도와야 한다.

4) 목표의 설정단계

내담자의 문제는 아주 핵심이 되는 주요문제와 별로 중요하지 않은 하찮은 문제에 이르기까지 다양하다. 시간과 노력의 한계를 생각하면 효율적인 목표설정이 문제해결에 매우 중요하다. 효율적인 목표 설정이란 가장 핵심이 되는 주요문제를 해결하도록 계획함으로써 주변의 다른 문제들도 함께 해결될 수 있는 효과를 거둘 수 있도록 하거나, 쉬운 것에서부터 차츰 어려운 것으로 행동에 옮긴 후 그 노력의 보상으로 어떤 대가를 받을 수 있도록 계획하는 것이다.

상담의 성패는 상담자와 내담자가 문제의 해결을 위하여 어느 정도 긴밀하게 협조할 수 있는지의 여부에 달려 있다. 상담자와 내담자가 긴밀하게 협력하는 과정에서 상담의 모든 과정을 내담자가 주도할 수 있도록 하는 것이 중요하다. 어떤 내담자들은 그럴 만한 능력이 없다고 말할 수 있다. 그러나 그런 경우에도 그것은 내담자의 능력이 아니라 상담자의 능력이 부족하기 때문이다. 목표 설정단계에서 상담자는 학생들이 상담에 가져오는 독특한 장점, 신념, 가치, 기법, 경험, 능력, 변화와 성장의 잠재력, 이미 경험한 변화 등을 망라하여 상담에서 바람직한 변화를 이끌어 낼 수 있도록 목표를 세우는 것이 무엇보다 중요하다.

상담교사는 학생들이 학교문제를 해결하려 할 때, 학생들이 지니고 있는 자원들을 파악하고 활용하도록 도와야 한다. 예컨대, 학생들에게 과거에 그들의 문제를 어떻게 성공적으로 해결했는지 묻는 것은 현재의 문제를 해결하기 위한 방향과 방법을 찾는데 도움이 된다. 학생들의 잠재능력을 활용한 상담교사는 학교문제에 대해 결손에만 초점을 두는 대신 학생들의 장점을 인식하고 활용한다.

또한 학생들 스스로의 변화를 상담과정에서 충분히 활용하기 위해서 상담교사는 목표설정 과정에 학생들의 의사를 적극 참여시킴으로써 함께 협력하여 문제를 해결해 나갈 수 있도록 해야 한다. 특히 학생들이 문제해결을 위해 스스로 노력할 수 있도록 문제를 구체적으로 분명하게 정의하고 어떤 상황에서 어떻게 새로운 행동으로 옮길 수 있는지 세밀하게 목표를 정하도록 도와야 한다. 그리고 목표가 달성되었을 때 어떤 효과가 나타날 것인지에 대해서도 알 수 있도록 도움으로써 학생 스스로 환경을 통제해 나갈 수 있을 만큼 목표를 설정하도록 도와야 한다.

5) 목표의 실행 단계

우리는 누구나 우리 자신을 위해 계획한 일을 실행에 옮기지 못한 경험이 있다. 아침 일찍 일어나 운동을 한다거나, 술이나 담배를 절제한다거나, 교양을 넓히기 위하여 독서를 어느 만큼 한다거나 등등 계획은 세우지만 잘 실행에 옮겨지지 않는다. 특히, 새해 아침엔 많은 사람들이 새로운 희망과 계획을 기원하고 다짐한다. 그러나 세월이 가면서 그 많은 희망과 계획들은 실행되지 못한다. 상담의 궁극적인 목적은 내담자가 자신의 문제해결을 위하여 변화를 시도하고 변화를 이루어내는 것이다. 상담자가 신뢰감과 친근감으로 내담자와 래포를 잘 형성하고, 내담자의 관점의 변화를 통하여 문제를 보는 시각을 고치고, 문제를 정확히 규명하여 목표를 잘 세우는 등 상담자의 역할을 잘 했다하더라도 실제로 내담자에게 어떠한 변화도 일어나지 않았다면 실패한 상담이다.

내담자가 상담자와 협력하여 설정한 실행목표들을 실제상황에서 실천에 옮길 수 있도록 상담자는 내담자와 래포를 유지하는 가운데에서도 냉정하고, 너그러우면서도 엄정하고, 내담자와 함께 인생의 여정을 떠나는 동반자적인 인간관계를 형성하고 유지해야 한다.

Glasser(1965)는 내담자가 상담자와 실행에 옮기기로 약속한 목표들을 실천하지 못했을 때, 상담자는 내담자의 어떤 변명도 용납하지 말고, 그러면서도 힐책하거나 비난하여 래포가 손상되고 결국 상담이 중도에 종결되는 파국을 막기 위하여 부정적인 반응을 내담자에게 보이지 않아야 한다고 제안한다. 목표실행이 실패한 경우, 상담자는 설정된 목표들이 무슨 까닭으로 실행에 옮겨질 수 없었는지, 문제의 규명과 목표설정에 잘못이 없었는지, 내담자와 진지하고 긴밀하게 점검하여 잘못된 점들을 찾아내고 보완할 수 있도록 돕는 전문가적 역할을 발휘해야 한다고 강조한다.

4. 학교에서의 효율적인 상담전략

교사들은 학생지도에 시간적 여유가 많지 않다. 짧은 시간의 효율적인 학생상

담이 요청된다. 1회 상담에 대한 긍정적인 효과가 여러 연구자들에 의해 보고되고 있다(Hoyt, Rosenbaum, & Talmon, 1992 ; Talmon, 1990). Talmon(1990)은 1회 상담을 받은 내담자들의 88%가 3개월과 12개월 후에도 문제가 개선된 채 생활하고 있음을 밝혔다.

그 후 내담자 요인에 관한 Garfield(1994)의 연구는 단기상담이 왜 효과가 나타나는지 몇 가지 중요한 단서를 제공한다. 첫째, 대부분의 사람들은 그들의 전체 성격문제에 관한 새로운 인식을 얻으려 하거나, 과거를 탐색하려고 상담을 원하기보다는 현재 당면한 구체적인 문제해결을 위해 상담을 받으려 하기 때문이다. 둘째, 상담을 신청하는 대부분의 사람들은 단지 몇 번만의 상담이면 해결될 것이라고 기대하기 때문이다. 이러한 결과들은 대부분의 학교상담이 대개 학교 성적이나 행동문제 등으로 교사나 부모들이 어떤 학생에 대한 염려나 불만으로 신속한 변화를 기대하며 의뢰해 오는 점을 감안하면 상담교사들에게는 의미가 있다. 문제해결 중심상담과 같은 단기상담의 효과는 내담자들의 목표와 기대를 존중하고 수용하는 상담자의 태도에 의해 높아진다.

대부분의 상담교사들은 바쁜 일과와 행정적인 책무가 많아 실제로 학생들을 상담할 수 있는 시간이 매우 적다. 상담교사들은 비교적 어렵지 않은 효율적인 상담방법이 필요하다. 단기상담에 관한 연구결과들은 상담기간이 길수록 상담의 성과도 훨씬 나을 것이라는 일반적인 신념에 이의를 제기하며(Koss & Shiang, 1994), 상담교사의 학생, 부모, 교사들과의 단기상담이 변화를 촉발시키는 계기가 된다는 낙관적인 생각을 지지해 왔다(Talmon, 1990). 이러한 연구결과는 학생 상담 시간이 항상 부족한 상담교사들에게 희망과 기대를 갖게 한다.

이와 같은 효율적인 상담전략은 학생들의 잠재능력을 민감하게 인식하고 문제해결에 활용하도록 돕는 상담교사의 능력을 요구하며 신뢰감과 친밀감이 상담관계의 바탕이 된다.

연습 문제

1. 생활지도의 활동 내용으로 교육지도, 진로지도, 성격지도, 건강지도, 사회성지도, 여가지도 중 한 가지 주제를 선택하여 그 내용에 대한 생활지도 프로그램 계획안을 작성해 보자.

2. 래포형성은 상담과정에서 왜 중요하며 상담자는 어떤 방법으로 내담자와 래포를 형성할 수 있는지 생각해 보자.

3. 앞으로 생활지도와 상담이 왜 전문화가 되어야 하는지 그 이유와 원인에 대하여 구체적으로 논의하여 보자.

4. 학교에서의 효율적인 상담전략에 대하여 구체적으로 논의하여 보자.

5. 상담의 진행과정에 입각하여 실제적으로 상담을 실시하여 보자.

참고 문헌

박성수(1986). 생활지도. 서울 : 정민사.

한규원 (1999). 해방 후 전라북도 교육의 발전. 교육학연구, 제4권 제1호. 우석대학교 교육과학연구소.

황응연(1984). 현대생활지도. 서울 : 교육출판사.

Baker, S. B.(2000). School counseling for the twenty-first century. Upper Saddle River, N.J. : Prentice-Hall.

Bigner, J. J.(1971). Individual and family development : A life-span interdisciplinary approach. Engloweood Cliffs, N.J. : Prentice-Hall

Carlson, J & Lewis, J.(1993). Counseling the adolescent : Individual, family and school interventions. Denver : Love Publishing.

Dunst, C. J. & Trivette, C. M.(1987). Enabling and empowering families : Conceptual and intervention issues. School Psychology Review, 16, 443-356.

Dusek, J. B.(1991). Adolescent development and behavior. Englewood Cliffs, N.J. : Prentice-Hall.

Erikson, E.(1968). Identity : Youth, and crisis, New York : W. W. Norton.

Garfield, S. L.(1994). Research on client variables in psychotherapy. In A. E. Bergin & S. L. Garfied (Eds.), Handbook of psychotherapy and behavior change, 190-228. New York : Wiley

Glasser, W.(1965). Reality therapy. New York : Harper & Row.

Gysbers, N. C.(1997). Comprehensive Guidance Programs That Work-II. In Gysbers, N. & Hendersen, P. (Ed.), Developing and implementing comprehensive school guidance program : Some key points to remember, 293-295. EEIC/CASS Publications.

Gysbers, N. C. & Handerson, P.(2000). Developing and Managing Your School Guidance Program. Alexandria : American Counseling Association.

Havighurst, R. J.(1970). Developmental tasks and education. New York : Devid McKay.

Howard, K., Korta, M., Krause, M., & Orlinsky, D.(1986). The dose-effect relationship in psychotherapy, American Psychologist. 41, 149-164.

Hoyt, M. F., Rosenbaum, R., & Talmon, M.(1992). Planned singlesession psychotherapy. In S. H. Busman, M. F. Hoyt, & S. Friedman. The first session of brief therapy, 59-86. New York : Guilford.

Jones, A. J., Stefflre, B., & Stewart, N.(1970). Principles of Guidance(6th ed.). New York : McGraw-Hill.

Koss, M. P. & Shiang, J.(1994). In A. E. Bergin & S. L. Garfild (Eds.), Handbook of psychotherapy and behavior change, 56-66. Rockville, MD : Aspen

Lambert, M. J.(1992). Implications of outcome research for psychotherapy integration. In J. C. Norcross & M. R. Goldfried(Eds.), Handbook of psychotherapy integration. 94-129. New York : Basic Books.

Lawson, D.(1994). Identifying pretreatment change. Journal of Counseling and Development, 72, 244-248.

Marmar, C., Horowitz, M., Weiss, D., & Marziali, E.(1986). The development of the Therapeutic Alliance Rating System, In L. Greeberg & Pinsof(Eds.). The Psychotherapeutic process : A research handbook, 367-390. New York : Guilford.

Miller, C.(1971). Foundations of Guidance(2nd ed.). New York : Harper & Row.

Newman, B. M. & Newman, P. R.(1991). Development through life : A psychosocial approach. Pacific Grove, CA : Brooks/Cole.

Orlinsky, D. E., Grawe, K., & Parks, B. K.(1994). Process and outcome in psychotherapy. In A. E. Bergin & S. L. Garfield(Eds.), Handbook of psychotherapy and behavior change, 270-376. New York : Wiley.

Parsons, F.(1909). Choosing a Vacation. Boston : Houghton Miffin Company.

Ridley, C. R.(1995). Overcoming unintentional racism in counseling therapy : A practitioner's guide to intentional intervention. Twin Oaks, CA : Sage.

Rogers, C. R.(1951). Client-centered therapy. Boston : Houghton Mifflin.

Schmidt, J. J.(1991). A Survival Guide for the Elementary/Middle School Counselor. New York : The Center for Applied Research in Education, Inc.

Schmidt, J. J.(1996). Counseling in Schools(2nd ed.). Massachusetts : Allyn & Bacon.

Shertzer, B. & Stone, S. C.(1981). Fundamentals of Guidance(4th ed.). Boston : Houghton Mifflin.

Sink, C. A., & MacDonald, G.(1998). The status of comprehensive guidance and counseling in the United States. Professional School Counseling, 2, 88-94.

Sommers-Flanagan, J. & Sommers-Flanagan, R.(1997). Tough Kids, Cool Counseling.

American Counseling Association.

Super, D. E.(1955). Transition : From vocational guidance to counseling psychology. Journal of Counseling Psychology, 2, 3-9.

Vernon, A.(1993). Developmental assessment and intervention with children and adolescents. Alexandria. VA : American Counseling Association.

Wallbridge, H. R., & Osachuk, A. G.(1995). Therapy with adolescents. In D. G. Martin & A. D. Moore(Eds.), First step in the art of intervention, 208-222. Pacific GRove, CA : Brooks/Cole.

Watts, A. G. & Young, M.(1998). Models of student guidance in a changing 14-19 education and training system. In Richard Eduwards, Roger Harrison and Alan Tait(eds.), Telling Tales. New York : Routledge. 153-167.

Wexler, D. B.(1991). The adolescent self. New York : Norton.,

Weiner-Davis, M. de Shazer, S., & Gingerich, W.(1987). Using pretreatment change to construct a therapeutic solution : An exploratory study. Journal of Martial and Family Therapy, 13, 359-363.

저자 소개

✍ 김태호

중앙대학교 사범대학 교육학과 졸업 (문학사)
미국 Scranton 대학교 졸업 (상담교육 석사)
미국 Syracuse 대학교 졸업 (상담교육 박사)
현, 우석대학교 사범대학 교육학과 부교수

✍ 이 난

원광대학교 교육학 박사
원광대학교, 우석대학교 시간 강사
현, 전주대학교 객원교수

교육심리학

초판발행 2010년 8월 25일
4판발행 2015년 8월 30일

2015. 8.

저 자 김태호 · 이난
발행인 김현태
발행처 태영출판사

주 소 (08301) 서울 구로구 구로동 104-10 동남오피스텔 201호
전 화 02 · 839-3757, 839-3752
팩 스 02 · 837-3754
등 록 2005년 5월 30일 제12-421호
http://www.taeyeongbook.co.kr
E-mail tys2005@hanmail.net
ISBN 978-89-6302-044-0 93370
정 가 17,000원

NAVER 태영출판사

* 잘못 만들어진 책은 교환해 드립니다.